हंस अकेला

हंस अकेला

जैन मुनि आचार्य रूपचन्द्र के जीवन
पर आधारित उपन्यास

विनीता गुप्ता

वाणी प्रकाशन

वाणी प्रकाशन
4695, 21-ए, दरियागंज, नयी दिल्ली 110 002
शाखा
अशोक राजपथ, पटना 800 004
फ़ोन: +91 11 23273167 फ़ैक्स: +91 11 23275710
www.vaniprakashan.in
vaniprakashan@gmail.com

HANS AKELA
by Vineeta Gupta

ISBN : 978-93-5000-968-0
Novel

प्रथम संस्करण 2012
आवृत्ति 2014
मूल्य : ₹ 395

ओम ऑफ़सेट, दिल्ली-110093 में मुद्रित

वाणी प्रकाशन का लोगो मक़बूल फ़िदा हुसेन की कूची से

ॐ

आत्मनेपदम्

डॉ. विनीता जी ने जब मेरी जीवन-यात्रा पर अपनी कलम के लिए अनुमति चाही, मैंने अपने को अजीब-सी दुविधापूर्ण मनःस्थिति में पाया। मेरी यात्रा अभी जारी है। वह भी अनन्त की यात्रा। अभी जितना चला हूँ, क्षितिज पर क्षितिज खुलते जा रहे हैं। इतना अवश्य जान पाया हूँ, कोई भी क्षितिज कहीं मिलने वाला नहीं है। यह अन्तहीन सिलसिला है। अब रही अब तक की यात्रा की उपलब्धि-कथा, तो यही कह सकता हूँ मैं किसी पिंजरे में बँधा नहीं। इसलिए असीम आकाश का सुख ही मेरी उपलब्धि है।

यात्रा के बीच पिंजरे खूब मिले। एक-से-एक लुभावने पिंजरे। सोने-चाँदी के पिंजरे। रत्न-जड़ित कटोरों में स्वादिष्ट मिष्ठान-मेवे। पिंजरे का आमंत्रण स्वीकार करने पर सर्वोच्च पद, यश-प्रतिष्ठा और जय-जय के नारे। सब कुछ था सामने। लेकिन इसके लिए पिंजरे का जीवन स्वीकारना जरूरी था। असीम आकाश के सुख से मुँह मोड़ना जरूरी था। तभी भीतर से कोई चीख उठता—

रास आ गया जिस तोते को सोने के पिंजरे का जीवन,
उन पाँखों के लिए कहीं कोई आकाश नहीं होता है।

और मैं पाँखें फड़फड़ाकर फिर खुले आकाश में उड़ान भरने लगता।

कुछ ऐसे भी पिंजरे मिले, जिनमें से अनन्त आकाश की झलक साफ-साफ मिलती थी। मैंने उनकी ओर कदम बढ़ाने का जब-जब मन बनाया, भीतर से आवाज आयी—

यहाँ वे पाँखें तोड़ दी जाती हैं
जो उड़ने की कोशिश किया करती हैं
और वे आँखें फोड़ दी जाती हैं
जो इस पिंजरे की परिधि को लाँघकर
देखने की कोशिश किया करती हैं।

असीम आकाश की उड़ान का सुख ही मेरी जीवन-यात्रा का प्रयोजन रहा है। वही मेरी उपलब्धि है। छायादार पेड़ों की टहनियों पर लटके पिंजरों के आसपास जब विश्राम के लिए कुछ क्षण ठहरा, लोगों ने मेरी ओर आशा भरी नजरों से देखा। तभी मेरी आँखों के सामने पिंजरे में बैठे, विवश आँखों से आकाश को निहारते पंछी का चेहरा सामने आता, और मैं अनन्त आकाश में पंख फैलाकर उड़ पड़ता। लोग सहानुभूति के स्वरों में बतियाते– इसके नसीब में पिंजरे का सुख है ही कहाँ। उनकी सोच बिल्कुल सही है। पिंजरे का सुख मेरे भाग्य में नहीं है। असीम आकाश का सुख जो है। जीवन की इसी उपलब्धि को विनीता जी ने अपने शब्दों में बाँधा है।

अब तो यह शरीर भी पिंजरा लग रहा है। इससे भी मुक्त होने पर उस असीम नीले आकाश में उन्मुक्त उड़ान भरेगा– हंस अकेला।

मत पूछो तुम कि नभ निस्सीम का फिर माप क्या होगा,
कि जब हम छोड़ देते पुण्य भला फिर पाप क्या होगा।

असीम आकाश का असीम सुख सबको मिले, इसी शुभाशंसा के साथ–

आचार्य रूपचन्द्र

भादों का महीना उतार पर था, लेकिन बादल न एकजुट होकर बरस रहे थे, न ही प्यास-बुझी धरती को अलविदा कह रहे थे। रात भर जयचन्द लाल छत पर बैठे बादलों में दुबके चाँद को बेबसी से देखते रहे। चाँद की बेबसी में खुद अपनी बेबसी को गड्डमड्ड भी कर रहे थे। बेबस चाँद, बेबस जयचन्द! इतने बेबस कि पत्नी पाँची देवी की कराहें सुनकर कुछ भी नहीं कर पाने को मजबूर थे वे। इतना भी सम्भव नहीं था कि वे उनके माथे पर अपनी हथेली रख दो घड़ी तसल्ली दे सकते। रात से ही पाँची देवी पीड़ा से कराह रही थीं। दर्द पूनम की रात में समुद्री लहरों की तरह हिलोरें ले रहा था। रात का अन्तिम पहर! जैसे समुद्र में ज्वार-भाटा आ गया। लहरें पछाड़ें खा कर गिरने लगीं। लहरों का रुदन सुनकर पूरब में किरणें भी आकाश की खिड़की से झाँकने को आतुर हो गयीं और अब तो सूरज भी बेचैनी से सरदारशहर में ताक-झाँक करने लगा था। सहसा एक चीख के साथ ज्वार-भाटा शान्त हुआ। शिशु के मधुर रुदन स्वर से जयचन्द लाल की चौंसठ कमरों की हवेली पुलक से भर उठी।

खुशी के मारे हड़बड़ाए से जयचन्द लाल अटारी के ऊपर कुलदेवी के पाँव छू कर सीढ़ियों से सरपट नीचे उतरे तो दाई आगे बढ़कर बोली, ''बधाई हो सेठ जी, सेठानी ने पूत जाया है। अब अपना कौल पूरा करना। सारे सगुन लूँगी।''

पाँची देवी की ये पाँचवीं संतान थी। सुबह सात बजकर बारह मिनट हुए थे। साढ़े सात गुणा बारह फुट के कमरे में काँसे की थाली की आवाज से सहमा शिशु चुप हो गया।

सरदारशहर ने भी अभी जागना शुरू नहीं किया था। ढाई मंजिल ऊँची हवेली की अटारी पर से काँसे की थाली की टन्नाहट ने सबको जगा दिया। काँसे की थाली पर चाँदी का मोटा कड़ा खूब जोर से पड़ रहा था। लोग समझ गये कि सिंधी सेठ की हवेली में एक और वारिस ने जन्म लिया है। धीरे-धीरे बधाई देने वालों का ताँता लगने लगा।

कमरे के दरवाजे पर मर्दानी धोती का पर्दा डाल दिया था जिससे पता चल जाये कि बालक ने जन्म लिया है। कन्या होती तो जनानी धोती का पर्दा डाला जाता।

उतरते भादों मास की नवमी, यानी 22 सितम्बर, 1939 की भोर, रात भर की पीड़ा के बाद पाँची देवी ने अपने बगल में एक तेजस्वी शिशु को रोते देखा। उसके रेशमी बालों में हाथ फेरा तो सहसा कुछ महीने पहले देखा सपना आँखों के आगे तैर गया। सपना भी कैसा विचित्र था। वे एक मन्दिर में खड़ी हैं और एक सिंह आकर उनके बगल में शान्त मुद्रा में बैठ गया है। उन्हें अपनी बगल में सोया बालक भी किसी सिंह-शावक से कम नहीं लग रहा था। अभी वे सपने में ही डूबी थीं कि सासू माँ की आहट से हड़बड़ा गयीं। हाथ में शहद की डिबिया लिये, दादी माँ केसर बाई जच्चा और बच्चा दोनों की बलैयाँ ले रही थीं। पोते को गोदी में लिया तो पहले वह कुनमुनाया फिर रोने लगा। दादी ने अपनी उँगली से उसे शहद चटा दिया, फिर णमोक्कार मंत्र सुनाया—

णमो अरिहंताणम्
णमो सिद्धाणम्
णमो आयरियाणम्
णमो उवज्झायाणम्
णमो लोए सव्व साहूणम्

दादी ने पहली घूँटी णमोक्कार के रूप में दी अपने पोते को। आँख मूँद कर शान्त भाव से सुन रहा था शिशु। कौन जानता था उसके लिए जीवन का यह पहला पाठ ही जीवन की थाती बनेगा। सूरज चढ़ने के साथ ही हवेली ढोलक की थापों, मंगल गीतों व जच्चाई के गीतों से गूँजने लगी थी—

रंगमहल बीच जच्चा धीनड़ जायो हे...
रंगमहल...
पीलौ तौ औढ़े म्हारी जच्चा...

गीतों का सिलसिला शुरू हुआ तो बन्द होने का नाम ही नहीं। पश्चिम में सूरज ढलने को था, गीतों की सुर लहरियाँ भी थम गयीं। भर-भर हाथ गुड़ ले सब जनीं चुहलबाजी करती हुईं हवेली की सीढ़ियाँ उतरने लगीं। उधर कमरे में पाँची देवी इस इन्तजार में थीं कि कब सूरज देवता अपना पिटारा बाँधकर अपनी खोली में दुबके तो चाँद-तारों को आसमान में अपना खेल दिखाने का मौका मिले। कब उनकी ननद रानी कान्नी बाई जी आएँ, तिलक करके नारियल से पूजा करें और वे पहली बार अपने नन्हे छौने को दूध पिलाएँ। कान्नी बाई ने कमरे में प्रवेश किया तो शिशु रोने लगा। सुबह से माँ का दूध नसीब नहीं था, मारवाड़ी रीति के अनुसार चाँद-तारों की छाँव में ही बच्चा पहली बार माँ का दूध पीता है। रस्म पूरी करने के बाद कान्नी बाई ने अपनी भाभी और भतीजे की बलैयाँ लेते हुए नजर उतारी और नेग सगन का उलाहना देती हुई कमरे से निकल गयी।

दादा भीखमचन्द नवजात के नामकरण के बारे में सोचने लगे। दिन थोड़े ही बचे थे। ठीक सातवें दिन! जन्म के सातवें दिन ही तो नामकरण संस्कार होता है। आज शुक्रवार है, अगले शुक्रवार तक सारी तैयारियाँ पूरी होनी हैं। देर रात तक भीखमचन्द अपने बेटे जयचन्दलाल के साथ सलाह-मशविरा करते रहे। अगले दिन भीखमचन्द गाँव के जोशी के पास गये। उन्हें नामकरण के लिए न्यौता देने। जन्म का दिन और समय बताया तो पंडित जी ने अपनी पोथी-पिटारी खोली, बीस-पच्चीस मिनट तक पढ़ते रहे। उनके माथे पर बल और चेहरे के बदलते भावों को बड़े गौर से देख रहे थे भीखमचन्द। कलम लेकर पंडित जी ने कागज पर रेखाएँ खींचीं और ग्रहों की स्थिति देख बताने लगे-

'यह बालक तो योगी है। यह तीन जन्मों से योगी पुरुष है। वैरागी जीवन व्यतीत करेगा। अरण्यवासी रहेगा, इसे वाक् सिद्धि प्राप्त होगी। यह हमेशा अजपा जाप रहेगा (प्रभु में लीन रहेगा)। यह बालक सत्यवादी, अहिंसक, उपदेशक व ऋद्धि-सिद्धिवान होगा। इसके ज्ञान चक्षु खुलेंगे। सबसे विरक्त रहेगा, खूब यात्राएँ करेगा। प्रकाश के प्रसाद को जन-जन में बाँटेगा।'

भीखमचन्द साँस रोके सब कुछ सुन रहे थे। अजीब-सी उलझन में थे वे। किसी को कुछ नहीं बताया। पंडित जी की बात सुन कर उनके भीतर उथल-पुथल मच गयी। तीसरे दिन एक और ज्योतिषी के पास गये। उसने ग्रह-नक्षत्रों की गणना की और बताया- 'यह बालक गृहस्थ में नहीं रहेगा, सन्तान, स्त्री-सुख से वंचित रहेगा, भिक्षा से अपना जीवन यापन करेगा।'

भीखमचन्द बालक के भविष्य को लेकर खासे चिन्तित थे, लेकिन किसी को कुछ बताया नहीं। बड़े उत्साह से तैयारियों में जुट गये। बुलाए जाने वाले रिश्तेदारों, परिचितों की सूची बन गयी थी। बृहस्पतिवार की रात तक हवेली में चहल-पहल खूब बढ़ गयी, शुक्रवार को सुबह ही पंडित जी आ गये। दालान सजी-धजी महिलाओं से भर गया था। ज्यादातर के माथे पर बोड़ला चमचमा रहा था और झमझमा रहे थे गोटा-किनारी वाले लहँगा चून्दड़ी। एक के बाद एक गीतों की झड़ी लगी थी। गीत गाकर जच्चा को बच्चे के नामकरण के लिए पाटे पर बुलाया जा रहा था–

'खाटलड़ स्यूं ऊठ सखी
पाटलड़ पर पग मेल सखी
म्हारी सरब सखी
सूरज रो मुख देख सखी
साहेब रो मुख देख सखी'...

पाँची देवी नन्हे बालक को पीले की धोती के आँचल में छुपाए आँगन में आ गयीं। बोड़ले और बड़ी सी नथनी से सजा उनका चेहरा मातृ-भाव से और ज्यादा दिपदिपाने

लगा था। घूँघट में से ही उन्होंने पहले एक नजर अपने 'साहेब' जयचन्दलाल जी पर डाली और फिर गीत गा रही औरतों पर, जिनके समवेत स्वर हवेली को गुँजा रहे थे–

'पीलौ तो ओढ़ै म्हारी जच्चा
पाटै पै बैठे...'

उनकी लाल-पीले, गोटे-किनारी और सितारों वाली पोशाक में हवन कुंड से उठ रही ज्वालाएँ झिलमिला रही थीं। धीरे-धीरे ज्वालाएँ धुएँ में बदल गयीं, सबको प्रतीक्षा थी कि पंडित जी बच्चे की राशि के अनुसार क्या नाम सुझाएँगे। राशि का अक्षर 'फ' बताया, उसके अनुसार 'फूलचन्द'। दादा जी को यह नाम नहीं भाया तो अपने पोते का सलौना मुखड़ा देख वे बोल पड़े– 'रूपचन्द्र।' सच पाँची देवी की गोदी से झाँक रहे शिशु का रूप चन्द्रमा के रूप से कहीं कम नहीं था।

पाँची देवी ने अपने नन्हें छौने की ओर देखा– रू...प...चं...द्र...। और गोद में कुनमुनाते रूपचन्द्र की छवि पर मोहित हो गयीं पाँची देवी। ऐसा नहीं था कि वह पहली बार माँ बनी थीं। शुभकरण, सोहनी बाई, सुवटी बाई, रतनलाल को भी तो जन्म दिया और पाला-पोसा ही था, लेकिन इस बच्चे के गर्भ में आने से लेकर जन्म तक वह एक अलग ही भाव दशा में डूबी थीं।

दिन भर चला नेग-चार, जीमण और बधाइयों व बच्चे को आशीर्वाद का सिलसिला साँझ ढलने के बाद भी खत्म न हुआ था। रात होते शुभकरण पाँची देवी के पास आया और रूपचन्द्र को गोद में लेने की जिद करने लगा। बड़ी मुश्किल से उस दिन माना। अगले दिन से चारों बड़े भाई-बहन थोड़ी-थोड़ी देर उसे गोद में लेकर दुलारते। रतन तो बस उसके गालों पर हल्के से उँगली छुवाता और रूपचन्द्र मुस्करा कर चन्दा की सी किरणें बिखेर देता। सिन्धी सेठ की जीवन्त हवेली में खिलौना आ गया था।

x x x

'...झींटिया ने नानी के घर खूब मौज की। अब वो खासा मोटा-तगड़ा हो गया था...।'

'रतन जैसा मोटा-तगड़ा'... कहानी कहती माँ को बीच में टोकते हुए रूपा ने पास बैठे रतन को कोहनी से धकेला, तो वह पिनक गया। रूपा की यह बार-बार टोकने की आदत किसी को अच्छी नहीं लगती थी।

'बीच में क्यों बोलता है?' बड़ी बहन सोहनी बाई ने कहा।

पाँची देवी साँझ के झुटपुटे में अपने बच्चों को घेर कर कहानी सुनाती थीं। अक्सर इसी तरह बच्चों के साथ शाम बिताती थीं।

दो घड़ी में बच्चों का झगड़ा निपटा कर पाँची देवी आगे बढ़ीं- ''एक दिन झींटिया नानी से बोला– कि नानी अब तो मैं घर जाऊँगा। माँ की याद आती है... नानी के पास कोई था नहीं, जिसके साथ वे उसे भेजतीं। रास्ते में इतना घना जंगल है फिर जंगली जानवर...। नानी सोच में पड़ गयीं। तब झींटिया ने तरकीब सुझाई– नानी तुम मुझे इस ढोलक में बन्द कर के दो-तीन छेद कर दो। मैं लुढ़कता-पुढ़कता घर पहुँच जाऊँगा।''

सुवटी की पलकें झपकने लगी थीं, लेकिन रूपा और रतन दोनों बड़े गौर से झींटिया का सफरनामा सुन रहे थे।

'ढमाक-ढम... और लुढ़कता-पुढ़कता ढमाक-ढम करता हुआ ढोल में बन्द झींटिया जंगल में पहुँच गया।... शाम घिरने लगी...'

'उसे डर नहीं लग रहा था माँ?' रतन ने पूछा तो रूपा ने झट से जबाब दिया, 'डरपोक थोड़े ही है तेरी तरह। अरे, झींटिया तो ढोलक में बन्द था। देखना मैं तो बिना ढोलक के जंगल-जंगल और सारी जगह घूमूँगा। मुझे डर थोड़े ही लगता है।'

'जा-जा बड़ा बहादुर बनता है। टैं ऽऽ निकल जाएगी।' रतन की बात से चिहुँक उठा रूपा।

'सचमुच चला जाऊँगा'। अभी जाऊँ।' और ढाई साल का रूपा ऐसे तन कर खड़ा हो गया जैसे इस अँधेरी रात में ही वह जंगल में चला जाएगा।

'चुप... कर के बैठ। जाना झींटिया को है और चल दिया तू...।' पाँची देवी ने नन्हे रूपा को खींच कर अपनी गोद में बैठा लिया।

कहानी का झींटिया अपने घर पहुँच गया था और बच्चे भी सो गये थे। पाँची देवी को रूपा की हरकतों से खटका होने लगा था। रात को जब जयचन्दलाल कमरे में आये तो पाँची देवी यूँ ही रूपा की बात ले बैठीं– 'न जाने क्यों रूपा बात-बात में घर छोड़ने की कहता है? मैंने कई बार गौर किया है।'

'घुमक्कड़ बनेगा हमारा ये बेटा और क्या। देश-विदेश जाएगा और घर बैठे तो यह होने से रहा।' जयचन्दलाल और पाँची देवी फिर घर-गृहस्थी की दूसरी बातों में उलझ गये। मारवाड़ी परिवारों में रात का यही समय होता है, जब पति-पत्नी एक-दूसरे से बतियाते थे। दिन में तो बात करना भी सम्भव नहीं होता था।

x x x

जब देखो तब रूपा हवेली की दीवारों को ताकता रहता। सम्मोहित सा उन पर बने बेल-बूटों, पंछियों, जानवरों, पनिहारिनों, शिकार करते राजाओं, नर्तकियों, शृंगार

करती रानियों के चित्रों में खो जाता। बाहरी द्वार से लेकर भीतर छोटे-से-छोटे कमरे में चित्रकारों की कूची का कमाल देखा जा सकता था। चित्रों में नीले-पीले-लाल, हरे और कहीं-कहीं सुनहरे रंग रूपा को खूब लुभाते। घंटों छत की ओर ताकता रहता। जहाँ भी नजर जाती, वहाँ कला-ही-कला बिखरी थी उस हवेली में। सरदारशहर इस तरह की कलात्मक, मनमोहक चित्रकारी वाली हवेलियों का गढ़ है। और इन हवेलियों को देखकर कहीं से भी नहीं लगता कि इनका निर्माण उस काल में हुआ होगा, जब भारत अंग्रेजों की दासता से आजाद होने के लिए कसमसा रहा था, जिसका एक प्रमाण था सन् 1857 का संग्राम। महाराज कुमार सरदार सिंह के नाम से सन् 1831 में बसा सरदारगढ़ बाद में सरदारशहर के नाम से प्रसिद्ध हुआ। 1857 के स्वातंत्र्य समर में महाराजा सरदार सिंह अपने 5000 सैनिकों की बड़ी सेना के साथ अंग्रेजों की मदद के लिए मैदान में आ गये। परिणामस्वरूप अंग्रेजों से ढेरों इनाम के साथ-साथ सरदारशहर को शान्ति का माहौल भी मिला। जब शान्ति और चैन होता है तो कला भी निखरती है।

जयचन्दलाल के दादा गुलाबचन्द जी की सरदारशहर में अच्छी साख थी। 1858-59 के आसपास उन्होंने इस हवेली का निर्माण शुरू करवाया था। कहते हैं चौंसठ कमरों वाली इस हवेली की रंगाई-पुताई और चित्रकारी में बारह बरस लगे थे। सत्तर साल बीत जाने के बाद भी दीवारों के रंगों की चमक बरकरार थी। रूपा इन्हीं रंगों और आकृतियों के सम्मोहन में बँधा रहता था। देहरी लाँघकर बाहर गली में और बच्चों के साथ खेलना उसे नहीं सुहाता। हाँ, आँगन के बीच में बनी सीढ़ियाँ उसे जरूर न्यौता देती रहती थीं। सो जब-तब दुमंजिला हवेली की छत पर पहुँच जाता। बस यही स्थान सबसे ज्यादा प्रिय था रूपा को।

साँझ घिरते ही चहचहाते पंछियों के झुंड आकाश पर छा जाते तो रूपा की नजरें दूर तक उनका पीछा करतीं। बाल-मन उन्मुक्त आकाश में उड़ान भरने लगता। और जब-तब इन्हीं पंछियों के बीच बल खाती, इठलाती लाल, पीली, हरी पतंगें प्रकट होतीं। रूपा टकटकी लगाए देखता रहता, उनके रंगों में खो जाता। दूर उड़ती पतंगें उसे अपने बहुत करीब लगतीं। धीरे-धीरे पतंगों ने रूपा के मानस में गहरी पैठ बना ली थी। साँझ गहरा जाती तो उदास रूपा नीचे उतर आता और अगली साँझ की प्रतीक्षा करता। उसे पंछियों की चहचहाट में भी गीत सुनाई देता। ध्वनियाँ उसे आकर्षित करतीं। उन ध्वनियों में वह स्वर और लय तलाश लेता।

x x x

एक दिन खड़ताल, मंजीरों की आवाज से रूपा का ध्यान टूटा और वह आवाज

का अनुकरण करता हुआ हवेली के बाहर निकला, कुछ दूरी पर पाँच साधु गाते हुए जा रहे थे। उनके पीछे-पीछे चल दिया रूपा। बड़ी देर से अपने पीछे आते हुए बालक को देख एक साधु रुका और बालक से पूछा–

'बालक हमारे पीछे-पीछे कहाँ आ रहे हो?'

रूपा तो गाने की धुन में उनके साथ गुनगुनाता जा रहा था–

तैने हीरा सा जनम गँवाया...
तैने हीरा सा जनम गँवाया...

इस अप्रत्याशित प्रश्न से चौंक गया–

'ये गाना...'

'भजन है बेटा, सन्त कबीर का...।' साधु ने पहली बार किसी बच्चे में गाने के प्रति अनुराग देखा था। साधु मंडली भजन गाते हुए आगे चलती रही और उनके साथ-साथ बालक रूपा। घंटा भर बाद साधु मंडली विश्राम के लिए एक स्थान पर रुकी तो रूपा भी उनके साथ बैठ गया। तब एक साधु ने कहा– 'बालक साँझ घिर आयी है अब घर जाओ। कुछ देर बाद हम भी यहाँ से चले जाएँगे।' घर लौटते हुए रूपा के होठों पर भजन के बोल और स्वर तैर रहे थे–

'तैने हीरा सा जनम गँवाया...'

पाँची देवी ने रूपा को गाते हुए सुना तो अपने लाल के स्वरों और लय पर मोहित हो चलीं। उन्होंने पहले भी रूपा को गुनगुनाते सुना था। आचार्य तुलसी के द्वारा अक्सर गाए जाने वाले भजन– 'श्रावक व्रत धारो, निज जीवन धन सँभारो रे...' को रूपा कितने मगन होकर गाता था। संगीत के कुछ संस्कार तो उसमें जन्मजात थे और कुछ विद्यालय में संगीत के वातावरण से आ गये।

X X X

पिछले कुछ दिनों से हवेली में अजब-सी गहमागहमी थी। कुछ-कुछ सामान इस घर से कहीं और ले जाया जा रहा था।

'माँ अपना सामान कहाँ जा रहा है?'

'दूसरे घर में...' बड़े संदूक से कपड़े निकालते हुए पाँची देवी ने उत्तर दिया।

'तो अब हम यहाँ नहीं रहेंगे?' पाँच बरस के रूपा के मन-मस्तिष्क में प्रश्नों का भँवर-सा उठ रहा था। 'हम इसमें क्यों नहीं रहेंगे...? हम घर में सबसे अलग हो जाएँगे माँ?'

पाँची देवी को इतना समय नहीं था कि इन सवालों को लेकर रूपा से माथा-पच्ची

करतीं। ढेरों काम पड़े हैं। कितना सामान जाना है। सब धीरे-धीरे करके ही जाएगा। फिर रूपा समझेगा भी क्या कि परिवार बड़ा होने पर अलग-अलग घर बसाना होता ही है। हवेली की सीढ़ियों पर बैठा रूपा मजदूरों को एक-एक सामान ले जाते हुए देख रहा था।

बड़े भाई शुभकरण के साथ जाकर वह यह भी देख आया था कि नया घर कौन सा है। इस हवेली जितना ऊँचा तो नहीं, लेकिन खूब खुला-खुला है और घर में प्रवेश करने के लिए सीढ़ियाँ भी नहीं चढ़नी पड़तीं। बाहर बड़ा-सा द्वार। और उस द्वार के बीच एक छोटा द्वार। रूपा ने सोच लिया था उसे छोटे द्वार से कूद कर जाने में ही आनन्द आएगा। और फिर खुला-खुला आँगन। अब तो आँगन से ही आसमान और पंछी दिखाई देंगे। उनके बीच बल खाती रंग-बिरंगी पतंगें भी। इन्हें देखने के लिए छत पर नहीं जाना पड़ेगा। बाहर के द्वार से लगी सीढ़ियों से होते हुए जब वह शुभकरण के साथ अटारीनुमा छोटे से कमरे में पहुँचा तो पूछा– 'भाई इस कमरे में क्या करेंगे?'

शुभकरण युवावस्था में कदम रख चुका था। माँ-पिता के काम में हाथ तो बँटाता ही था। काफी समझदार भी हो चला था। उस हवेली से इस नये मकान तक सामान शुभकरण की देखरेख में ही लाया जा रहा था। कहते हैं बेटा बड़ा हो जाय तो पिता के कन्धों का आधा बोझ हल्का हो जाता है। शुभकरण आधा बोझ तो नहीं, लेकिन चौथाई बोझ उठाने योग्य अवश्य हो गया था। वह पिता जी के साथ कई बार इस नये घर में आ चुका था। मजदूरों से सफाई भी उसने ही करवाई थी। उसे मालूम था कि कौन सा कमरा, किस काम के लिए नियत कर दिया गया है। इसलिए रूपा के सवाल का जबाब देने के लिए कुछ सोचना नहीं पड़ा- 'ये हम सब बच्चों के पढ़ने का कमरा होगा। हमारी किताबें, कापियाँ यहीं रखी रहेंगी।' रूपा को समझ नहीं आ रहा था कि पढ़ने के लिए इतने बड़े कमरे की क्या जरूरत होती है। हाँ, उसे तो उस कमरे में बनी बड़ी खिड़की से बाहर गली में झाँकने में बड़ा मजा आएगा। और कमरे के बाहर सीढ़ियों पर बैठेगा तो पूरा घर वहीं से दिखाई देगा। रूपा ने कल्पना में ही अपनी दुनिया आबाद कर ली थी। नया घर देखने के बाद पुरानी हवेली का मोह खत्म ही हो गया था। यहाँ घर के बाहर गली पार करके थोड़ी दूरी पर बड़ा खाली मैदान था। रूपा को तो खेलने के लिए ऐसा ही बड़ा मैदान चाहिए था। उस मैदान से आसमान कितना बड़ा दिखाई देगा। बालक रूपा की कल्पना ने उड़ान भरना शुरू कर दिया था। कुछ दिन में सारा सामान इस नये घर में आ गया।

पूजा-पाठ, विधि-विधान के साथ गृह-प्रवेश की रस्म पूरी हुई। बहुत सारे लोग आये पूजा के दिन। देर शाम तक खाना-पीना चलता रहा। दिन भर की चहल-पहल के बाद थकान से निढाल हुए सब लोग जहाँ-तहाँ सो गये। कुछ रिश्तेदार यहाँ थे और कुछ हवेली में।

भोर में रूपा की आँख खुली तो उसे दीवारें सूनी-सूनी दिखाई दीं। हवेली के कमरों की दीवारें तो आँख खुलते ही अपनी रंग-बिरंगी चित्रकारी के साथ रूपा के सामने मुखर हो उठती थीं। पानी ले जाती पनिहारिन उससे बात करती थी, शिकार पर जाता हुआ राजा और उसके पीछे सिपाहियों का कारवाँ उसे अपने पीछे-पीछे बुलाता था। हर दीवार और छत का सूनापन उसे बहुत साल रहा था। सीढ़ियों पर उदास बैठा आसमान को ताकता रहा।

X X X

आज रूपचन्द्र ने जीवन के एक और सोपान पर कदम रखा था। विद्यालय में पहले दिन बड़ा अनमना-सा रहा रूपा। कक्षा की दीवारें और श्यामपट उसके लिए सब कुछ अटपटा सा था। उसे चाहिए था खुले आकाश वाला खेत का मैदान, जहाँ वह जी भरकर कुलाँचे भर सके। अगले दिन भी रूपा का मन कक्षा में नहीं रमा। घर से भी ठेल-ठाल कर ही पढ़ने के लिए भेजा गया था। विद्यालय में और कुछ भी अच्छा नहीं लगता था सिर्फ प्रार्थना के। आँख मूँद कर पंक्ति में खड़े हो कर ध्यानपूर्वक प्रार्थना की पंक्तियाँ बीच-बीच में चुपके से आँख खोलकर आगे दोहराते हुए प्रार्थना बोल रहे बच्चों को जरूर देख लेता। प्रार्थना के बाद जब कक्षा में जाने को कहा जाता तो बड़े बेमन से चल देता और फर्श पर बिछी टाट-पट्टी पर बैठ कर प्रतीक्षा करता, कक्षा की चार दीवारों से मुक्ति की। दो-तीन घंटा बाद वह समय आ जाता। कक्षा से खेल के मैदान की ओर भागने वालों में सबसे आगे रूपचन्द्र होता। कदमों में गजब की रफ्तार। खेल के मैदान में दौड़-दौड़ कर सबको छकाता। छुट्टी के बाद विद्यालय का द्वार लाँघते ही बच्चे तेजी से दौड़ लगाते। घर और विद्यालय की दूरी मुश्किल से पाँच-छह सौ मीटर होगी, लेकिन अगर उसे बड़ों की तरह थके कदमों में तय किया जाय तो बचपन किस काम का। रूपा और उसकी टोली के बच्चे इसलिए दौड़ नहीं लगाते थे कि उन्हें देरी से घर पहुँचने पर डाँट पड़ती, न इसलिए कि उनके पेट में चूहे कूद रहे होते थे, बस उन्हें तो अपनी ऊर्जा वापस लाने के लिए दौड़ना था। एक-दूसरे से आगे निकलने की होड़ में उन्हें आगे-पीछे की सुध भी नहीं रहती। एक दिन रूपा की टोली ऐसी ही रफ्तार से सरदारशहर की गलियाँ नापती हुई दौड़ रही थी। इस बार टोली की अगुआई रूपा नहीं कर रहा था। वह तीसरे नम्बर पर था और सबसे आगे जाने के लिए जैसे उसके कदम हवा से बातें कर रहे थे। आगे वाले दोनों लड़के गली के मोड़ पर तेजी से मुड़ गये। तभी अपनी धुन में सरपट भाग रहे रूपा की आँखों के आगे एकदम अँधेरा छा गया। उसका सिर गली के मोड़ पर खड़े खम्भे से टकरा गया था। दो पल के लिए सिर-पकड़कर नीचे बैठ गया

उठा तो हथेलियाँ खून से तर-बतर थीं। खून की धार रुकने का नाम नहीं ले रही थी। चोट की पीड़ा से ज्यादा घर में माँ की डाँट का भय उसे परेशान कर रहा था। सात साल की बाल-बुद्धि को तरकीब सूझी, उसने वहीं पड़ी मिट्टी को उठाकर माथे पर लगा लिया। मिट्टी को गीला होने में वक्त लगता। रूपा को लगा कि शायद खून बन्द हो गया। खून देखकर बाकी बच्चे रूपा की अपेक्षा कहीं ज्यादा घबराए हुए थे। रूपा ने मिट्टी अपनी हथेली से दबाई और चुपचाप घर की ओर चल पड़ा।

दिन का दूसरा पहर अपने अन्तिम चरण में था। घर का काम-काज निपटा कर पाँची देवी आराम कर रही थीं। वैसे अब उठने का समय हो चला था पर देह में आलस भरा था। रूपा के लिए तो एकदम अनुकूल समय। कनखियों से दाएँ-बाएँ देखा और बिना आहट किए चुपचाप खामोश कदमों से घर के स्नानागार की ओर चल दिया। माँ सामने वाले कमरे में ही आराम कर रही थीं, लेकिन कृपा है प्रभु की कि दरवाजा भिड़ा हुआ था। वह निश्चिन्त हो गया कि उसे कोई देखेगा नहीं। उसने नल खोला और अपना माथा पानी की धार के आगे कर दिया ताकि आसपास लगा खून साफ हो जाये। वह समझ नहीं पा रहा था कि मटैले पानी में लाल-लाल खून क्यों आ रहा है। दरअसल पानी की धार में घाव पर लगी मिट्टी बह गयी थी। और अब वहाँ सिर्फ लाल-लाल पानी ही था। रूपा सोच रहा था कि धोते-धोते खून धुल जाएगा। लेकिन घाव पर जितना पानी गिरता उतना ही खून और निकलता। पाँची देवी को टंकी के नल में पानी गिरने की आवाज सुनाई दी तो यह देखने के लिए कमरे से निकलीं कि न जाने किसने नल खोल दिया, कहीं ऐसा न हो कि पानी बहते-बहते टंकी ही खाली हो जाय, अभी तो शाम का काम शुरू भी नहीं हुआ है। पाँची देवी वहाँ पर पहुँचीं तो रूपा को देख कर दंग रह गयीं जो दूसरी तरफ मुँह किए नल की शरण में खड़ा था। पास जाकर देखा। रूपा के माथे पर घाव काफी गहरा था और उससे लगातार खून बह रहा था। उन्होंने झटपट पहले हथेली से घाव को दाबा और अपने लाड़ले को गोदी में लेकर कमरे में आयीं। रेशमी कपड़े को जलाया और उसकी राख घाव में भर दी। खून बन्द हो गया। निढाल रूपा की आँखें मुँदने लगी थीं। चोट कैसे लगी? रूपा ने सब सच-सच बता दिया था। पाँची देवी अपने सिंह शावक लाड़ले को सहलाती रहीं। उसकी देह भी कुछ गरम लग रही थी। जब रूपा गहरी नींद में सो गया तो पाँची देवी कमरे का दरवाजा भिड़ा कर शुभकरण, सोहनी बाई, सुवटी बाई और रतन लाल आदि सबको कमरे में शोर न मचाने की हिदायत देकर शाम के खाने की तैयारी करने चली गयीं।

x x x

रूपा अब कक्षा में बैठने लगा, पढ़ाई में भी मन रमने लगा था। लेकिन स्कूल जाने के लिए रोज सुबह उठना, पहाड़ पार करने जैसा था। ठेल-ठाल कर एक बार अगर स्कूल पहुँच गया, तो फिर मास्टर जी की बातों में रम जाता। पढ़ाई का मतलब सिर्फ कक्षा में पढ़ाई, उसके पहले या बाद में खेलना और सिर्फ खेलना। खेलने की अजब धुन थी रूपा को। एक बार आधी छुट्टी के समय बच्चे मैदान में खेल रहे थे। गुल्ली-डंडा खेलने वाले बच्चों की टीम में उस दिन छह-सात ही थे। एक साथी के डंडे से लगकर गुल्ली आसमान में उछली तो रूपा लपकने के लिए भागा, नजरें ऊपर गुल्ली पर ही थीं और कदम धरती पर। पूरी कोशिश की लेकिन इस बार गुल्ली हाथ न आयी। हथेलियों के कटोरे से फिसल कर मिट्टी में गिर गयी। रूपा को निराशा हुई। अनमना-सा जमीन पर गुल्ली उठाने के लिए झुका कि नजर थोड़ी दूर पर मिट्टी में से झाँक रही एक चमकीली चीज पर जा टिकी। बच्चों में तो वैसे भी जिज्ञासा होती है, फिर रूपा की जिज्ञासा तो औरों से कुछ ज्यादा थी। हर चीज को जानने-समझने की लालसा में वह दूसरों के सामने प्रश्नों की झड़ी लगा देता और जब तक संतुष्टि न हो जाय, छोड़ता नहीं।

वहीं से गुल्ली फेंकने के बाद उस चमकीली चीज के पास पहुँचा, एक उँगली से मिट्टी हटाई। देखा, वह चाँदी का रुपया था। हथेली और कमीज से रगड़ कर खूब साफ किया और फिर जेब में रख लिया। थोड़ी देर में घंटी बजी और सारे बच्चे फिर कक्षा में पहुँच गये। छुट्टी होते ही रोज की तरह हल्ला-गुल्ला मचाती हुई रूपा की टोली गलियों को गुलजार करने स्कूल के द्वार से निकली। रूपा की टोली के बाकी बच्चे उसे अपना मुखिया मानते थे। सब बातों में तेज-तर्रार था। लेकिन किसी से मार-पीट नहीं करता था। टोली में खासा लोकतंत्र था। कूदते-फाँदते सब बच्चे अपने-अपने घरों में पहुँचे। आज रूपा घर पहुँचने के लिए कुछ ज्यादा उतावला था।

'माँ-माँ, देखो क्या लाया हूँ।' बाहर से ही शोर मचाया।

'भीतर तो आ-जा, फिर दिखाना। क्या लाया है? ऐसे कह रहा है, जैसे पहाड़ उखाड़ लाया हो।' रूपा झटपट भीतर माँ के पास कमरे में पहुँचा। उनकी हथेली पर चाँदी का सिक्का रखते हुए बोला– 'देखो माँ कितना सुन्दर है।'

चाँदी का रुपया देख पाँची देवी की भवें तन गयीं। 'कहाँ से लाया है? किसका रुपया चुराया है तूने?' माँ के सवालों में फटकार का भाव देख रूपा का मुँह उतर गया। वह सोच रहा था कि माँ खुश होंगी चाँदी का सिक्का देख कर। माँ को यूँ नाराज होते देख, उसे समझ नहीं आया कि क्या हो गया?

'माँ, मैदान से मिला है। जब मैं गुल्ली-डंडा खेल रहा था। रेत में ढँका था, माँ। मैंने उठाकर खूब रगड़ा और साफ कर लिया। साफ हो गया है न माँ।' रूपा के चेहरे पर खुशी के भाव लौटने लगे थे। तभी जयचन्द लाल भी किसी काम से घर आये। माँ-बेटे

का छोटा-सा वार्तालाप उनके कानों तक पहुँच चुका था। उन्हें रूपा की बात पर विश्वास नहीं हुआ।

'सच-सच बता रूपा, कहाँ से लाया है सिक्का? किसका चुराया है? तुझे पता है चोरी करना पाप है। ठीक-ठीक बताना, वरना...।'

जयचन्द लाल ने पूछा तो रूपा और भी सहम गया। वह सच ही तो बता रहा है। आखिर बड़े लोग सच पर विश्वास क्यों नहीं करते? मन-ही-मन रूपा ने सवाल किया।

'पिता जी ये तो मुझे रेत में मिला है, जब हम खेल रहे थे। किसी का चोरी नहीं किया।' रूपा बोला। उसने तो सोचा भी नहीं था कि खुश होने की बजाय माँ-पिता जी उसे यूँ डाँटेंगे।

'अच्छा अब ले आया है तो कल जाकर स्कूल में मास्टर जी को दे देना।' जयचन्दलाल ने कहा।

'ऐसी कोई चीज घर में रखना अच्छा नहीं होता।' पाँची देवी ने अपने पति की बात को आगे बढ़ाया।

रूपा ने उसे आले में रख दिया। सामने दिखाई देगा तो सुबह स्कूल ले जाना याद रहेगा। सोचता रहा, माँ-पिता जी ने उसे चोर क्यों समझा? कुछ भी मिले, यह तो अच्छी बात होती है, ये सब इसे बुरा क्यों मान रहे हैं। इससे ज्यादा बाल-बुद्धि सोच नहीं सकी। खा-पीकर फिर खेल के मैदान की तरफ चल दिया रूपा।

जयचन्दलाल को गृहस्थ और व्यापारी होते हुए भी अक्सर जैन सन्तों और गायों की सेवा में रत देखा जाता। जब तक आसमान में पूरब दिशा में लालिमा छाती, सूर्य देवता प्रकट होते, उससे बहुत पहले ही जयचन्द लाल अपनी सातों गायों को नहला-धुला कर, सानी दे चुके होते थे। जयचन्दलाल को देखकर गायें भी प्रसन्नता से भर उठतीं। उनके भीतर की खुशी उनकी आँखों में झलकती थी। अपनी प्यारी गायों के साथ जयचन्दलाल का अटूट रिश्ता था। गायों की सेवा में उन्हें असीम आनन्द की अनुभूति होती थी। गो-सेवा पुण्य का कार्य होता है, सिर्फ यह भाव उन्हें हर सुबह गौशाला की ओर नहीं ले जाता था, उन्हें गायों में कहीं देव-दर्शन होते थे। वे बड़े चाव से पूरी गोशाला को अपने हाथों में झाड़ लेकर धोते। फिर गायों की बारी आती। साफ-सफाई के बाद एक-एक गाय को थपथपाते तो वे सब अभिवादन की मुद्रा में आ जातीं। सेवा-रत हाथों का स्पर्श पा वे गर्दन इधर-उधर झुलातीं। उनकी आँखों में अनूठी चमक आ जाती। गौशाला का पूरा माहौल ताजगी से भर उठता। अब बारी आती दूध निकालने की। हर गाय की इच्छा होती कि जयचन्दलाल पहले उसके पास आएँ। अपनी बारी की प्रतीक्षा में वे गर्दन हिलाती रहतीं। जिसका दूध निकाला जाता, वह धीरे-धीरे पूँछ हिलाकर जयचन्दलाल के प्रति अपनापन जताती। दूध की धार बाल्टी में गिरती– झर्र...मर्र...झर्र, देखते ही देखते बाल्टी झाग से भर जाती। ऐसी कई बाल्टियाँ एक पंक्ति में रख दी जातीं। गौशाला छोड़ने से पहले जयचन्दलाल सभी गायों को थपथपाना कभी नहीं भूलते थे।

उस दिन रूपा जब पहली बार पिता के साथ गौशाला आया तो यह सब देखकर अभिभूत हो गया। किस प्रकार गायें बिना कुछ बोले ही इतना कुछ कह जाती हैं। उसे बाल्टी में गिरती 'झर्र...मर्र...' दूध की धार देखकर बहुत अच्छा लगा। इस 'झर्र...मर्र...' में उसे अद्‌भुत संगीत सुनाई दे रहा था। वह बड़े गौर से देखता रहा कि कैसे हर पतली धार बाल्टी में झाग को और ऊपर उठा देती है। विस्मित-सा खड़ा रहा। और सफेद-सफेद झाग से भरी बाल्टियों की महक उसके नथुनों में भर गयी। जयचन्दलाल ने गौशाला से निकलने से पहले रोज की तरह गायों को थपथपाया। रूपा भी अपने आप को रोक नहीं सका। उसके हाथ गायों की पीठ तक तो नहीं पहुँचे लेकिन उनकी गर्दन की झालर छू-छू कर उसे रूई की सी कोमलता का आभास हुआ। गायों ने भी गर्दन हिला कर नन्हें हाथों के स्पर्श का उत्तर दिया। जाते-जाते रूपा मुड़-मुड़ कर गायों को देखता रहा। कल फिर वह पिता जी के साथ आएगा। यह सोचकर गौशाला के द्वार से बाहर निकला...।

X X X

'रूपा, उठना नहीं है क्या? स्कूल नहीं जाएगा?' रोज की तरह भाई रतनलाल की आवाज कानों में पड़ी तो रूपा करवट बदल कर दीवार की ओर मुँह करके सो गया। नींद तो खुल गयी थी, लेकिन देह में आलस का घना बसेरा था। आँख खोल कर देखा तो खूब उजाला छा गया था। तभी ध्यान आया गौशाला का। लेकिन अब क्या, अब तो बहुत देर हो गयी है, यह सोचकर रूपा लेटा ही रहा। रतनलाल ने जब दुबारा कहा, 'रूपा उठ, जाना नहीं है स्कूल?' तब भी रूपा के कानों में जूँ नहीं रेंगी। थोड़ी देर बाद अपने आप बिस्तर पर उठकर बैठ गया और कुछ सोचने लगा। रतनलाल भी कहाँ बाज आता अपनी आदत से। वह खुद तो खूब पढ़ता ही था, यह भी चाहता था कि रूपा उसके साथ उठकर पढ़े। लेकिन रूपा के रंग-ढंग ही अलग थे। रूपा को बैठे हुए देखा तो झल्लाकर बोला, 'उठ भी जा अब बिस्तर से...।'

इस बार बारी थी रूपा की। चिढ़कर बोला, 'उँह हम कुछ सोच रहे हैं। आप अपनी पढ़ाई कीजिए।' रतनलाल कहाँ चुप रहने वाला था। रूपा के जबाब से झल्लाहट और बढ़ गयी– 'अच्छा, अभी यह सोच रहा हूँ– उठूँगा, नाश्ता करूँगा, पतंग उड़ाऊँगा, फिर चला जाऊँगा स्कूल।'

आज सुबह-सुबह दोनों भाइयों में झड़प हो गयी थी। 'हम नहीं पढ़ेंगे। घर के बाकी सदस्य पढ़ेंगे। आप हमारी चिंता छोड़ अपनी पढ़ाई में लगिए।' रूपा बहस समाप्त करना चाहता था।

दरअसल रूपा प्रखर मेधा का बालक था। कक्षा में शिक्षक जो पढ़ाते, उसे बड़े ध्यान

से सुनता और गुनता। उससे ज्यादा पढ़ने की जरूरत महसूस नहीं करता था। शिक्षक उसे उसकी प्रखर मेधा और अन्य कलात्मक प्रवृत्तियों के कारण बहुत प्यार करते थे। गुरू मानदास जी के स्कूल में भी शिक्षकों का दुलारा था। यहाँ सेठ सम्पत राम दूगड़ विद्यालय में भी उसने अपने आचार-व्यवहार और मेधा से सबका मन जीत लिया था। उसे प्रार्थना गाने वाले बच्चों की टोली में शामिल कर लिया गया था। जब रूपा समेत पाँचों बच्चे विद्यालय के बाकी बच्चों को प्रार्थना बुलवाते, वह समय उसे बहुत भाता।

'जय... जय... जगमग
जय... जय... जगमग
विद्या ज्योति झरे...'

ये स्वर विद्यालय की दीवारों को पार कर बाहर गुजरने वालों को भी दो घड़ी के लिए रोक लेते। विद्यालय में जब कभी विशिष्ट अतिथियों का दौरा होता तो कुछ चुने हुए बच्चे डम्बल हाथ में लेकर संगीतमय व्यायाम से उनका मन मोह लेते। इन बच्चों की टोली में रूपा भी था। सरगम के सुरों में डम्बलों की आवाज ताल देती प्रतीत होती।

'सा गा... सा...गा... म गा रे सा,
नी रे... नी... रे... गा... रे...

नि... रे... सा।' छोटे-छोटे बच्चों की चपलता देख अतिथि विस्मित और हर्षित हो विद्यालय से लौटते।

x x x

घर के सब लोग रूपा की पतंग उड़ाने की आदत से परेशान थे। आज फिर वह स्कूल से आते ही कमरे में बस्ता पटक कर हाथ में चरखी और पतंग ले छत पर चला गया था। पाँची देवी ने अपनी पुत्रवधू पुसी देवी से कहा, 'बहू, रूपा को बुलाना तो।'

'माँ, देवर जी तो हैं नहीं। मना करते-करते वो पतंग उड़ाने चले गये। स्कूल से आकर खाना भी नहीं खाया। बहुत रोका लेकिन...' पुसी देवी ने घबराते हुए उत्तर दिया। घर में सब लोग समय पर खाना-पीना लें, यह जिम्मेदारी पाँची देवी ने अपनी बहू को सौंप दी थी। सबका सब कुछ ठीक चलता। रूपा के मामले में अक्सर पुसी देवी को डाँट पड़ती। समय पर खाना न खाने से शरीर भी दुर्बल हो चला था। चार-चार, पाँच-पाँच घंटे पतंग उड़ाता रूपा। टकटकी बाँधे निगाहें आसमान पर टिकी रहतीं। पतंग किस दिशा में जा रही है, और कहाँ ले जाना है, यही लक्ष्य। उसके लिए वैसे ही प्रयास। बालक रूपा जैसे पतंग से आसमान में कुछ लिखने की कोशिश करता। इन पतंगों के जरिये वह पक्षियों की तरह आकाश की सीमाएँ नापने लगता। उन्मुक्त गगन में विचरण करती

अपनी पतंग के साथ वह बेपर ही उड़ान भरता। गगन बिहारी हो जाता। न खाने की सुध, न पीने की और न पढ़ने की। न किसी से मोह, न किसी के प्रति आक्रोश। आकाश में डोर पर सवार पतंग के साथ उसकी असीम की यात्रा प्रारम्भ हो जाती। हाथ में चरखी, पाँव धरा पर और निगाहें आसमान पर– घंटों यही सिलसिला चलता रहता। पतंग जैसे रूपा के जीवन का अभिन्न अंग बन गयी थी।

दो-तीन बच्चे ही थे रूपा की पतंग वाली टोली में। इनमें दुलीचन्द पूरी तरह हमराही था। दोनों की अपनी-अपनी पतंगें, अपनी-अपनी चरखियाँ। धरती पर दोस्ती, आसमान में जंग। एक-दूसरे की पतंग काटने की होड़ लगी रहती। आपस में पतंग उड़ाते-उड़ाते कब दोपहर से शाम हो जाती, पता ही नहीं चलता। जब तक घर से बुलावा न आये या सूर्य देवता ही अपनी रोशनी का पिटारा बाँध कर पश्चिम में छुप न जाएँ, तब तक जमे ही रहते। घर आते ही खूब डाँट पड़ती। लेकिन पतंग उड़ाने के आनन्द के आगे डाँट का असर धूमिल हो जाता। मन अगले दिन की बाट जोहने लगता।

x x x

मौसम में ठंडी बयार दस्तक देने लगी थी। नवम्बर की गुलाबी ठंड में हल्की गुनगुनी धूप अपनी मादकता में सबको समेट लेती। रूपा के लिए तो यह मौसम जैसे नयी सौगात लेकर आता। दिन छोटे होने लगे थे।

ऐसी ही एक गुनगुनी दोपहर में स्कूल से लौटने के बाद बस्ता रख कर रूपा ने झटपट खाना खाया। उसे कल की डाँट याद थी और न मानने पर सजा भी। हाथ धोकर सीढ़ियाँ चढ़ते हुए अटारी में पहुँचा, चरखी ली। लाल-हरी पतंग उठाई और दौड़ लगा दी दुलीचंद के घर की तरफ। दुलीचंद पहले से ही तैयार था पतंग और चरखी लेकर। राम-लखन की सी जोड़ी चल दी मैदान की ओर।

हवा में न केवल ठंडक थी, बल्कि गति भी थी। ऐसे में पतंग उड़ाना चुनौतीपूर्ण होता।

'आज देखना मेरी पतंग खूब ऊँची जाएगी।' रूपा ने दुलीचंद से कहा।

'क्यों, आज क्या है विशेष?' दुलीचंद ने पूछा। 'देख ये हवा है न आज और दिनों से अलग है। तू महसूस कर।' और रूपा ने हवा की तेज गति का अहसास कराने के लिए अपने दोनों हाथ पंछी के पंख की तरह फैला दिए। दाएँ हाथ की पतंग अपनी डोर के दायरे में तेजी से फड़फड़ाने लगी। उड़ने को उतावली हो उठी। 'चल देखते हैं पतंगबाज। आज हो जाय पतंगबाजी का मुकाबला।' दुलीचंद ने चुनौती दी।

रूपा ने धरती पर अपनी पतंग रखी। बड़े कायदे से कन्ने बाँधे। कन्ने ठीक न

बँधें तो पतंग हिचकोले खाती रहती है। हवा का रुख देखते हुए बालक रूपा ने उछलकर अपनी पतंग को आकाश की ओर रवाना किया। हवा तेजी से चल रही थी। बल खाती, हिचकोले खाती पतंग ऊपर पहुँचने लगी। लेकिन हवा की गति के कारण उसे साधना मुश्किल हो रहा था। थोड़ी देर में रूपा को समझ आ गया कि किस तरह डोर को ढीला छोड़ने या खींच लेने से पतंग को ऊँचा और ऊँचा उड़ाया जा सकता है। विपरीत हवाओं में ऊँचा उड़ना है और ताकत जुटानी है। बालक रूपा हवा की हर चुनौती स्वीकार कर रहा था। हवा के थपेड़ों में डोर और पतंग को साधने में रूपा को खूब आनन्द आ रहा था। आधा घंटे में उसकी पतंग आसमान में उड़ती नन्ही चिड़िया की तरह दिखाई दे रही थी। आज रूपा ने यह सिद्ध कर दिया था कि उल्टी हवाओं में पतंग ज्यादा तेज उड़ाई जा सकती है। हर चुनौती व्यक्ति को और मजबूत करती है।

ठंडी हवा पतंग के साथ-साथ रूपा की छाती से भी टकरा रही थी। वह बनियान के साथ एक पतली-सी कमीज पहनकर घर से निकला था। जैसे-जैसे सूरज अस्ताचल को जा रहा था, वैसे-वैसे हवा में ठंडक बढ़ती जा रही थी। रूपा और दुलीचंद की पतंगें अब भी आसमान की सैर कर रही थीं। मैदान में खेलने वाले बाकी बच्चे अपने-अपने घरों को रवाना हो चुके थे। दुलीचंद भी अब डोर लपेटने लगा लेकिन, रूपा पतंग के साथ आसमान का ओर-छोर नाप लेना चाहता था। आज वह बहुत खुश था, क्योंकि उसकी पतंग आकाश की ऊँचाइयों को नाप रही थी।

'तुझे मान गये भई पतंगबाज। कलाकार है तू। लेकिन अब आसमान से धरती पर उतरेगा या नहीं।' दुलीचंद ने ध्यान-मग्न रूपा को टोका तो उसने गौर किया कि सचमुच साँझ गहरा चली है। अब आसमान से उतरना ही होगा। 'घर चल रूपा, मुझे ठंड लग रही है।' दुलीचंद ने फिर कहा।

'बस थोड़ी देर और...' रूपा ने हाथ से ठहरने का इशारा किया। 'क्या थोड़ी देर। रात हो जाएगी तो फिर कान पकड़कर ले जाया जाएगा तुझे।' दुलीचंद की बात सुनकर रूपा ने चरखी लपेटनी शुरू की। आकाश में मोटा धब्बा बन कर दूर दिखाई देती पतंग अब धरती पर उतरती लाल परी जैसी दिखाई दे रही थी। डोर चरखी में लिपटती गयी और लाल परी रूपा के करीब आती गयी। करीब आयी लाल परी को सीने से लगा लिया रूपा ने। खूब दुलारा। फिर उछलता-कूदता चल पड़ा घर की ओर।

घर पहुँचा तो पाँची देवी ने देखा, रूपा की आँखें चढ़ी-चढ़ी सी हैं। शायद घंटों आसमान की ओर टकटकी बाँधकर देखने से ऐसी हो गयी होंगी। पतंग उड़ाने की दीवानगी के लिए आज भी खूब डाँट पड़ी। खाना खाकर भक्त प्रहलाद की कहानी वाली किताब हाथ में ले बिस्तर पर सोने चला रूपा। पढ़ते-पढ़ते कब आँख लगी पता ही नहीं चला। रात को पाँची देवी ने आकर चादर ओढ़ाई। पाँची देवी हमेशा रात को एक बार

बच्चों के कमरे का चक्कर जरूर लगातीं और हरेक के माथे पर हाथ फेर अपना दुलार लुटातीं थीं। सब गहरी नींद में सो रहे थे। लेकिन रूपा बैचेनी में बार-बार करवट बदल रहा था। माँ के कदमों की आहट पहचान कर उठ बैठा।

'अब तक सोया नहीं।' पाँची देवी ने पूछा। 'माँ, नींद नहीं आ रही। और दर्द भी हो रहा है सिर में।' रूपा की आवाज में थकान का असर दिखाई दे रहा था।

'ला सिर दबा दूँ।' और पाँची देवी ने अपनी गोद में रूपा का सिर रखा। जैसे ही उनकी हथेली रूपा के रेशमी बालों को पीछे हटाते हुए माथे पर पहुँची, उन्होंने महसूस किया कि रूपा का शरीर जरूरत से ज्यादा गर्म था। उन्होंने कमीज का बटन खोल छाती पर हाथ रखा। दिल की धड़कनें तेज थीं। रूपा की तपती देह बता रही थी कि उसे तेज बुखार है। पाँची देवी ने अपनी गोद से रूपा का सिर हटाया और दूसरे कमरे से कम्बल लेने चली गयीं। रूपा को कम्बल ओढ़ाया और खुद भी उसके साथ लेट गयीं। उतरते नवम्बर की ठंडी हवाएँ रूपा के सीने में समा गयी थीं। रात भर बुखार में तपती रही रूपा की देह। बुखार के कारण बेचैनी बढ़ गयी थी। वह बार-बार करवट बदलता। इस बेसुधी में माँ के स्पर्श की अनुभूति रूपा के चेहरे पर झलक आती। करवटें बदलते बीती रूपा की रात। पाँची देवी अपने लाल की बेचैनी देख कभी उसके माथे को सहलातीं, कभी हथेली को। कभी लेटतीं, कभी बैठ जातीं। आँखों में थी भोर की प्रतीक्षा।

तड़के ही रोज की तरह जयचन्दलाल गौशाला जाने को उठे तो पाँची देवी ने रूपा के बारे में बताया। जयचन्दलाल रूपा के पास पहुँचे और उसकी देह को छुआ तो ताप उँगली के पोरों में उतर आया। 'दिन निकलने दो, मैं गौशाला से लौटकर आता हूँ। तब डॉक्टर के पास ले जाएँगे।' पाँची देवी की दृष्टि में उभर रहे प्रश्न का स्वयमेव उत्तर देते हुए जयचन्दलाल फुर्ती से गौशाला की ओर बढ़ चले।

रूपा अब भी बेचैनी में करवट बदल रहा था। पाँची देवी ने उसे थपथपाया और फिर बिस्तर छोड़ घर के कामों में लग गयीं। सब लोगों के लिए रोटी-पानी का इन्तजाम करना था। हाथ घर के काम में लगे थे लेकिन मन रूपा में रमा था। जयचन्दलाल गौशाला से लौटे तो सीधे रूपा के पास पहुँचे। रूपा की देह छूने से लग रहा था कि बुखार काफी तेज है। पाँची देवी तुलसी, काली मिर्च, अदरक और चाय की पत्ती का काढ़ा बना कर पहले ही रूपा को पिला चुकी थीं। बुखार में बड़बड़ाते हुए रूपा ने खामोशी से पी लिया था। कुछ देर बाद कम्बल की गर्मी और काढ़े की गर्मी से रूपा की देह पसीने से तर-ब-तर हो गयी थी। पसीना निकल जाने से बुखार कम हुआ तो रूपा को नींद आ गयी। जयचन्दलाल अपने काम पर निकल गये थे और बच्चे भी अपने-अपने स्कूल चले गये थे। पाँची देवी घर का काम-धाम निबटा कर रूपा के सिरहाने बैठ गयीं। थोड़ी देर बाद उनकी भी आँख लग गयी। घंटा भर बाद आँख खुली तो सीधे रसोई में गयीं

और रूपा के खाने के लिए केला ले आयीं। उसे केला बहुत पसन्द था। लेकिन आज केला खाने का मन नहीं था तो मना कर दिया— 'माँ, मन नहीं है।'

'खा ले, तुझे तो बहुत अच्छा लगता है न। फिर दूध ले लेना।' पाँची देवी ने कहा।

माँ के कहने पर रूपा ने केला खा तो लिया, लेकिन कुछ देर बाद जी मिचलाने लगा। खाया-पिया सब उल्टी के रास्ते बाहर निकल गया। निढाल रूपा फिर बिस्तर पर आ गया। उसके पेट में हल्का-हल्का दर्द हो रहा था। माँ को बिना कुछ कहे चुपचाप आँखें मूँद कर लेट गया। उनींदेपन में अवचेतन मस्तिष्क सक्रिय हो जाता है। रूपा से एक से ज्यादा केला खाया नहीं गया, लेकिन उसकी महक और स्वाद अवचेतन में तैर रहे थे। कुछ दिन पूर्व का केले से जुड़ा प्रसंग उसके अवचेतन में सज़ीव हो उठा था।

घर से दुअन्नी लेकर रूपा बाजार की ओर चला। सोच लिया था कि इससे केले खरीदेगा और जी भर कर खाएगा। केले के ठेले पर एक के ऊपर एक रखे केले बड़े सुन्दर लग रहे थे। हरियाली लिए उनका पीलापन रूपा को ललचा रहा था। रूपा के लिए केले के आगे खाने के बाकी सब पकवान फीके थे। दूर से ही दिख रही थी ठेले पर केलों के गुच्छों की ढेरी। रूपा के कदमों में और भी तेजी आ गयी थी। हथेली में दुअन्नी चिपकाए केले वाले के पास पहुँचा। दो घड़ी के लिए केलों को निहारता रहा। तभी वहाँ एक छोटी-सी लड़की और आ गयी। दोनों ने केले वाले की ओर अपनी-अपनी दुअन्नी बढ़ा दी। रूपा ने उस लड़की का हाथ पीछे कर दिया तो केले वाले ने पहले रूपा की दुअन्नी ली। रूपा बोला— 'केले देना भाई।' केले वाले ने दो केले बालक को थमा दिए। वहीं चार कदम हटकर रूपा केले छील कर खाने लगा। उसकी नजरें छोटी लड़की पर थीं जो केले वाले के साथ कुछ बहस कर रही थी। रूपा ने देखा कि केले वाले ने दुअन्नी के बदले उस लड़की को तीन केले दिए। यह अन्याय तो बर्दाश्त करने लायक नहीं है। अपील की जाये। तो झट से पहुँच गया केले वाले के पास। लड़की केले लेकर वापस लौट गयी थी।

'तुमने मुझे दुअन्नी में दो केले दिए और उस लड़की को दुअन्नी में तीन केले। ऐसा क्यों?' अपनी शिकायत दर्ज कराते हुए रूपा की आवाज में तेजी थी। केले वाले ने घूम कर बालक को देखा। फिर सोच कर बोला— 'पहले सौदा करना सीखो, फिर बाजार में आओ।' रूपा को सौदा और सौदेबाजी का चक्कर कुछ समझ नहीं आया। बस इतना अहसास हो गया कि लड़की जो बहस कर रही थी, शायद वही सौदेबाजी है। लेकिन सौदेबाजी विषय पर और ज्यादा माथापच्ची करने का मन नहीं था। हाँ, इतना तो महसूस हुआ कि अगर यह काम आता तो एक केला और खाने को मिलता। 'सौदा', 'सौदा' शब्द देर तक रूपा के मानस में घूमता रहा। फिर सोचा किसी दिन भाई शुभकरण से सीखेगा सौदा करना।

'भाई, भाई, सौदा बताओगे। सौदा क्या होता है 'सौदा'।'

गहरी नींद में सो रहे रूपा के होठों से 'सौदा', 'केला', सुनकर पाँची देवी कुछ सचेत हो गयीं। उन्होंने रूपा को झकझोरा– 'क्या सौदा कर रहा है?' झकझोरने से भी रूपा की तन्द्रा नहीं टूटी। पाँची देवी ने रूपा के माथे पर हथेली रखी, अब देह तपने लगी थी। घरेलू उपाय कुछ काम नहीं आये। रूपा से कुछ खाया भी नहीं गया। अगले दिन जयचन्दलाल सरकारी अस्पताल ले गये रूपा को। डॉक्टर साहब ने थर्मामीटर से बुखार नापा तो पारा 103 पर आकर रुक गया था। फिर स्टेथस्कोप से छाती और पीठ का मुआयना किया– 'ठंड समा गयी है इसके सीने में।' डॉक्टर साहब बोले। बारह अलग-अलग पुड़ियों में गोलियाँ और एक शीशी में गाढ़े भूरे रंग की दवा दे दी। साथ में खाने में हल्का कुछ भी लेने की हिदायत। रूपा को खासी थकान महसूस हो रही थी। डॉक्टर के बताए अनुसार पाँची देवी रूपा को समय से दवा दे रही थीं। बुखार कभी कम होता, कभी तेज हो जाता। कभी वह पेट में दर्द की शिकायत करता। कुछ भी खाता तो उल्टी हो जाती। रूपा की तीमारदारी में पाँची देवी को घर का दूसरा काम करने का ज्यादा समय नहीं मिल पाता। घर के काम का मोर्चा उनकी बहू पुसी देवी ने सँभाल लिया। सातवें दिन जब पाँची देवी रूपा के कपड़े बदल रही थीं, तब उन्होंने देखा कि उसके शरीर पर लाल-सफेद छोटे-छोटे दाने उभर आये हैं। दानों को देखकर आशंका हुई, कहीं देवी मैया का प्रकोप तो नहीं हुआ बालक पर। अगर माता निकली हैं तो...। देह पोंछ कर तुरन्त दूसरे कपड़े पहना दिए रूपा को । दूसरे घर में सासू माँ को खबर मिली तो वे आयीं पोते को देखने। कम्बल उघाड़ कर रूपा को देखा, निढाल था बालक। कमीज ऊँची कर दाने देखे। 'लगता है माता आ गयी हैं।'

बीस दिन हो चले थे रूपा को बिस्तर पकड़े हुए। देह का तपना कम नहीं हुआ था। डॉक्टरों की दवाइयाँ लगातार चल रही थीं। पाँची देवी और जयचन्दलाल की चिंता बढ़ने लगी थी। दादी माँ हर चौथे दिन अपने पोते की नजर उतार जातीं। अपने रूप से सबको लुभाने वाले रूपा को न जाने किसकी नजर लगी। किसी को समझ नहीं आ रहा था। अब किसको दिखाएँ। डॉक्टर साहब भी अपनी तरफ से पूरी कोशिश कर रहे थे। लेकिन न पेट दर्द का सिलसिला रुक रहा था, न बुखार कम हो रहा था। कई बार तो थर्मामीटर का पारा 104 और 105 तक पहुँच जाता। तब रूपा के हाथ-पैरों और माथे पर ठंडे पानी की पट्टियां रखी जातीं। ताप कुछ कम होता तो निढाल रूपा आँखें मूँद कर गहरी नींद में सो जाता।

रूपा को यूँ ही बुखार में तपते हुए पैंतीसवाँ दिन था। पाँची देवी करणी देवी की मन्नत बोल चुकी थीं। रोज देवी मैया को मनातीं- 'रूपा को ठीक कर दो माँ, उसे तुम्हारे द्वारे लाऊँगी।' उन्हें पूरा विश्वास था कि करणी मैया जरूर नैया पार लगाएँगी। रूपा ठीक

हो जाएगा। माता पर विश्वास तो था, लेकिन रूपा की बिगड़ती हालत देख आशा की किरण नजर नहीं आ रही थी। अब धीरज का बाँध टूटता जा रहा था। रूपा एकदम बिस्तर से लग गया। बगल में बैठी पाँची देवी की आँखें बार-बार भर आतीं। उनके सिंह शावक को क्या हो गया। 'देवी माँ, इसके पैदा होने से पहले तुमने दर्शन दिए थे। माँ अब क्यों रूठ गयीं इससे?' माँ से प्रार्थना करते-करते बैठे-बैठे ही पाँची देवी की आँखें मुँदीं। और आधा घंटा बाद देखती हैं कि वे खुद पसीने से तर-ब-तर हैं। आँखों से आँसुओं की धार बह रही है। कैसा भयानक सपना था। कोई घर में से रूपा को घसीट कर ले जा रहा है। अपशकुन! घबरा कर उन्होंने रूपा के माथे पर हाथ रखा और फिर देह को छू कर देखा। रूपा लगभग मूर्च्छा की सी स्थिति में था। हिलाया तो प्रत्युत्तर में उसकी देह में कोई हलचल नहीं हुई। रतनलाल माँ की और रूपा की हालत देख रहा था। वह खुद ही दौड़ा पिता को बुलाने। जयचन्दलाल अपने साथ डॉक्टर साहब को ले आये थे। घर के लोगों में अजीब-सा सन्नाटा पसरा था। छोटे-बड़े सबकी नजरें रूपा की जाँच करते डॉक्टर साहब पर टिकी थीं। डॉक्टर साहब ने अपनी दोनों उँगलियों से रूपा की आँखें खोलीं। नब्ज टटोली। छाती पर स्टेथस्कोप लगाया। कहीं कोई उम्मीद नजर नहीं आ रही थी। नब्ज बहुत धीमी चल रही थी। कुछ देर सोच-विचार करने के बाद उन्होंने जयचन्दलाल को अलग से बुलाया और आशंकित सच बता दिया- 'अब कोई उम्मीद नहीं दिखती। डबल टायफाइड ने इसकी देह को पूरा निचोड़ लिया है। दवाइयाँ भी बेअसर साबित हुईं। नब्ज बहुत मंदी चल रही है। किसी समय भी...।' और ज्यादा कुछ सुनने की हिम्मत नहीं जुटा सके जयचन्दलाल। कड़वे सच को अपने भीतर उतारने की कोशिश कर रहे थे। सब अपनी-अपनी तरह से जयचन्दलाल का चेहरा पढ़ रहे थे। पाँची देवी का आशंकित मन किसी अनहोनी की सम्भावना से काँप उठा था। जयचन्दलाल ने एक कोने में ले जाकर अपनी माँ को बताया तो पहाड़ जैसे पिघल चला। सासू माँ अपनी बहू पाँची देवी से कैसे कहें कि अब उसके लाल की बिदा की घड़ी आ गयी है।

जयचन्दलाल सबको इसी घटाटोप में छोड़ सीधे पहुँचे भंवरलाल दूगड़ के पास। पुराने घर के साथ ही था भंवरलाल का घर। जयचन्दलाल की सारी बात सुनने के बाद उन्होंने अपने झोले में कुछ जड़ी-बूटियाँ डालीं और चल पड़े जयचन्दलाल के घर की ओर।

कहते हैं कि जब व्यक्ति को चारों तरफ से टूटन मिलती है, आशा के सारे बाँध टूट जाते हैं, तब वह तिनके का सहारा ढूँढ़ता है। जयचन्दलाल का भंवरलाल दूगड़ के पास आना उस तिनके का सहारा तकने जैसा ही था। वे जानते थे कि भंवरलाल आयुर्वेद में माहिर हैं। लेकिन जब इतने बड़े डॉक्टर ने जबाब दे दिया तब...। तमाम ऊहापोह

में यह विचार उभरा मेघनाद के तीर से युद्ध भूमि में मूर्च्छित पड़े लक्ष्मण को संजीवनी बूटी ने ही पुनर्जीवन दिया था। शायद ऐसा ही कोई चमत्कार हो जाय। भगवान राम की कृपा बरस जाय। वैसे तो जन्म के साथ ही व्यक्ति ललाट पर अपनी साँसों का लेखा-जोखा लिखा कर लाता है। क्या रूपा इतनी ही साँसें लिखाकर लाया?...

सोचते-सोचते कदम कब घर की देहरी पर पड़े, पता नहीं चला। सामने जमीन पर बिछी चादर पर रखी रूपा की देह को देखकर जयचन्दलाल का मन चीत्कार कर उठा। घर में मातम था। धरती पर रूपा के सिरहाने बैठी पाँची देवी के सब्र का बाँध पूरी तरह टूट चुका था। अब बचा ही क्या था रूपा की देह में। टूट-टूट कर आती चंद साँसें। अंतिम साँस धरती माँ की गोद में ही जानी चाहिए, इसलिए रूपा को बिस्तर से नीचे धरती पर उतार लिया गया था। पुसी देवी अपने प्यारे देवर की चुहलबाजियाँ याद कर धार-धार रो रही थीं। शुभकरण को कुछ सूझ नहीं रहा था। रतनलाल सोच रहा था, रोज तो उठता नहीं, अब कैसे उठाएगा स्कूल जाने के लिए उसे। भंवरलाल जी ने रूपा के ऊपर से चादर को हटाया। पाँची देवी की रुलाई रुक न सकी। भंवरलाल जी का आयुर्वेद उपचार में खासा नाम था। उन्होंने रूपा की नब्ज देखी तो माथे पर चिंता की लकीरें उभरने लगीं। नब्ज लगभग डूब रही थी। उन्होंने एक कटोरी में पानी मँगाया। सुवटी बाई भागकर रसोई से पानी लेकर आयी। शुभकरण ने उसे भंवरलाल जी के हाथों में थमा दिया। उन्होंने झोले से एक चूरन जैसा निकाला। पानी में घोला और एक बूटी उसी पानी में मसल दी। सबको दूर हटने की हिदायत दी। एक चम्मच और छलनी मँगाई। बूटी वाले पानी को चम्मच से रूपा के मुँह में तीन बार डाला। उसके चेहरे पर थोड़ा सा पानी छिड़का।

पाँची देवी को लग रहा था कि रूपा के मुँह में दवाई नहीं गंगाजल और तुलसी दल डाला जा रहा है। मुँह में अपनी चुनरी को ठूँस रुलाई रोकने की भरसक कोशिश करती रहीं। मुँह से आवाज तो नहीं निकली, आँखों से अविरल धार बह चली। माँ की आँखों के आगे लाल का यह हाल।

दुलीचंद भी पतंग हाथ में थामे आ गया था। रूपा को तो वह रोज ही बुलाने आता था। अपने प्यारे दोस्त रूपा की कमी उसे तो खलती ही थी। पतंगें भी बिसूर रही थीं। आज का दृश्य देख दुली अधीर हो उठा और मुख्य दरवाजे के पास आँखों में पानी भरे खड़ा था। वह तो उस दिन का इन्तजार कर रहा था, जब रूपा ठीक हो जाएगा और फिर दोनों की पतंगें आपस में कनबतियाँ करेंगी। 'रूपा, देख रूपा। मैंने तेरे लिए भी नयी पतंग खरीदी है। तू कब चलेगा?' दुलीचंद मन-ही-मन बुदबुदा रहा था।

घर की हवाएँ तक सहम गयीं थीं। भंवरलाल जी ने सबको रूपा के पास से पहले ही हटा दिया था। उसकी देह अभी भी धरती पर ही थी। सन्नाटा दहाड़-दहाड़ कर अपने

अस्तित्व का बोध करा रहा था। भंवरलाल जी की निगाहें रूपा की निश्चेतन देह पर टिकी थीं। आज उनकी भी जैसे अग्नि-परीक्षा थी। ढाई घंटे बाद उन्होंने देखा रूपा की देह में हल्की-सी हरकत हुई। यह हरकत पलकों में महसूस की जा सकती थी। भंवरलाल जी को उम्मीद बँधी। दवा असर कर रही है। कुछ देर में रूपा की आँखें पूरी खुलीं और फिर मुँद गयीं। होठों पर हल्की सी थिरकन तैरी। अब भंवरलालजी को विश्वास हो गया कि दवा असर कर रही है। उन्होंने जयचन्दलाल को पास बुलाया और धीमे से रूपा को वापस चारपाई पर लिटाने के लिए कहा। शुभकरण पिता के पीछे-पीछे चला आया था। उसने आगे बढ़कर रूपा की देह पर से चादर उठाई और अपनी दोनों बाँहें फैलाकर उसे गोद में लेकर बिस्तर पर लिटा दिया।

रूपा की साँसें लौट आयीं थीं। 'जा को राखे साइयाँ...।' देर रात तक भंवरलाल जी रूपा के पास ही रहे। दस बजे तक रूपा की देह में चेतना पूरी तरह लौट आयी थी। किसी को विश्वास नहीं हो रहा था। लेकिन यह सच था। जीवन में हमारे अपने साथ कभी-कभी कुछ ऐसा घटित हो जाता है, जिस पर हमें खुद ही विश्वास नहीं होता। यह पाँची देवी की करणी माता के प्रति सच्ची भक्ति का प्रताप था या भंवरलाल जी की दवा का। एक अनहोनी-सी घटना का साक्षी बना था जयचंदलाल का परिवार।

कुछ दिन में अच्छी खिलाई-पिलाई और देखभाल के बाद रूपा एकदम ठीक हो गया। फिर से वही रूपा था, उसका मित्र दुलीचंद था, आकाश में पंछी थे, और थीं रंग-बिरंगी पतंगें। देह में पहले जैसी ताकत भले नहीं थी लेकिन जीवन जीने की उमंग पहले से ज्यादा थी। रूपा ने स्कूल जाना शुरू कर दिया था।

x x x

पूरा ओसवाल सिंधी परिवार इस घटना के बाद दूगड़ परिवार के और ज्यादा करीब आ गया था। वैसे तो दोनों परिवारों के बीच सत्तर साल से गहरे सम्बन्ध थे रूपा के परदादा गुलाबचन्द और भंवरलाल के परदादा चैनरूप दूगड़ के जमाने से ही। दोनों की हवेलियों की दीवारें आपस में मिलती थीं। दुग्गड़ परिवार सरदारशहर का सर्वाधिक प्रतिष्ठित परिवार था। यह प्रतिष्ठा पुराने जमाने से हासिल थी। तब से, जब से सरदार शहर बसना शुरू हुआ था। इसकी पृष्ठभूमि में सिर्फ अपार सम्पत्ति ही नहीं थी अपितु नैतिकता, प्रामाणिकता, मिलनसार स्वभाव और सेवाभाव जैसे गुण थे। गुलाबचंद का रुतबा भी कम नहीं था। वे सरदारशहर के सरपंच थे। चैनरूप दूगड़ और गुलाबचंद सिंघी की हवेलियाँ भी लगभग साथ-साथ बनी थीं। उनकी शानदार हवेली का काफी कुछ हिसाब-किताब गुलाबचन्द के हाथ में रहता था। बहुत साल पहले कारोबार के सिलसिले

में कलकत्ता जाते हुए चैनरूप और गुलाबचंद करीब आ गये थे। दोनों मुसाफिरी में साथ थे। बाद में दोनों वापस सरदारशहर लौट आये और जमीनें भी अगल-बगल में खरीदीं। पुश्तैनी सम्बन्ध बाद की पीढ़ियों ने भी खूब निभाए। चैनरूप के पौत्र सुमेरमल व बुधमल दूगड़ और गुलाबचंद के बेटे भीखमचंद में खूब मित्रता थी। सुमेरमल के पुत्रों भंवरलाल और कन्हैयालाल दूगड़ ने अपने व्यक्तिगत गुणों के चलते लोगों का अपार श्रद्धा भाव अर्जित किया था। कन्हैयालाल संगीत और शिक्षा के क्षेत्र में अग्रणी थे। भंवरलाल आयुर्वेद चिकित्सा के धनी। इतने सम्पन्न परिवार के होते हुए भी जैसे इनमें अहं का भाव छू तक नहीं सका था। भंवरलाल ने रूपा की तरह न जाने कितने दीन-दुखियों को रोग-मुक्त किया था। सर्दी हो या गर्मी, आँधी हो या बरसात, दिन हो या रात– जिस भी समय किसी दुखिया ने भंवरलाल के द्वार पर दस्तक दी, तभी अपना झोला उठाकर उसके घर इलाज के लिए पैदल ही पहुँच जाते। धनी की हवेली हो या निर्धन की कुटिया, उनके लिए कोई फर्क नहीं था।

सुमेरमल का परिवार काफी बड़ा हो गया था और हवेली छोटी पड़ने लगी थी। इसलिए दूसरी बड़ी हवेली बनवाना सुमेरमल की मजबूरी हो गयी थी। दो गलियाँ छोड़कर काफी बड़ी जमीन पर उनकी हवेली बननी शुरू हुई। कुछ वर्षों में वे बेटों, नाती-पोतों के साथ उस हवेली में चले गये। इस हवेली के वारिस बने बुधमल दूगड़। उनकी अपनी कोई संतान नहीं थी। उन्होंने भंवरलाल के बेटे जबरमल को गोद लिया था। बुधमल की भी समाज में बहुत प्रतिष्ठा थी। वे पूरे परिवार के सुख-दुःख में सदा शामिल होते थे। बुधमल के बेटे जबरमल और रूपा में खूब पटती थी। वैसे कक्षा में भी साथ ही पढ़ते थे। और कन्हैयालाल जी के बच्चे कनक और मिलाप दोनों परिवारों के बच्चों की एक पूरी टोली सी थी। सब बच्चे मिलकर सुबह शाम धमाचौकड़ी मचाते थे।

X X X

'रूपा उठ, जरा भाई बुधमल जी के यहाँ से वो लौंग की डिबिया ले आ। कल शाम को मैं वहाँ भूल आया था।' सुबह-सुबह पिताजी का यूँ उठाना रूपा को भा नहीं रहा था। सुबह उठने में तो उसे वैसे भी बहुत आलस्य आता था। रूपा दूसरी तरफ करवट बदल कर लेट गया, जैसे उसने कुछ सुना ही नहीं।

'रूपा सुन रहा है या नहीं? तुझे जाने के लिए बोला है भाई बुधमल जी के यहाँ।' जयचन्दलाल का स्वर थोड़ा कड़क हो गया था। अब यह उठाना भाई रतनलाल की तरह उठाना तो था नहीं कि रूपा बहस करने लगता– 'आप ही जा के ले आओ।' मजबूरी

में उठना पड़ा।

'जाता हूँ।' अनमना-सा रूपा उठा। मुँह पर पानी के छींटे डाल चल दिया हवेली की तरफ। सुबह की ठंडी-ठंडी बयार बहुत मनमोहक थी। रूपा सोच रहा था– काश! पतंग लेकर आता। पाँच मिनट में रूपा बाबोसा की हवेली में पहुँच गया। सीढ़ियाँ चढ़कर मुख्य आँगन में पहुँचा, आवाज लगाई, 'बाबोसा...।'

'अरे! रूपा तू, इतनी सुबह-सुबह'– यह आवाज बुधमल जी की पत्नी की थी, जिन्हें रूपा बडिया जी कहकर बुलाता था। रूपा ने बडिया जी को देखकर उनके पैर छुए और अपने आने का कारण बताया।

'तेरे बाबोसा ने रखी होगी डिबिया। तू ठहर अभी तो वो नहा रहे हैं। तूने कुछ खाया-पिया या नहीं?' बडिया जी ने लाड़ से पूछा।

'अभी बिस्तर से उठकर आ रहा हूँ।' रूपा ने जबाब दिया। बडिया जी रसोई में चली गयीं। शायद उन्होंने चूल्हे पर कुछ चढ़ा रखा था।

रूपा ने आसपास देखा। उसे कुछ सूझ नहीं रहा था कि क्या करे। वह बाहर बैठक कक्ष में आकर मसनद के सहारे बैठ गया, जैसे बड़े लोग बैठते हैं। दो-तीन मिनट बैठा। उसकी नजरें दीवार पर बने दो छेदों पर टिक गयीं। ये छेद क्यों? छेदों का आमंत्रण ठुकरा नहीं सका रूपा! उठा और सीधा छेदों के पास पहुँचा। दिमाग में आया कि इसमें उँगली डालकर देखा जाय क्या है। सबसे छोटी उँगली ही छेद के आकार में आ सकती थी। जैसे ही रूपा की उँगली छेद के अन्दर गयी, तेज झटका लगा। रूपा को लगा किसी ने अचानक आकर उसे धक्का दिया। पीछे मुड़कर देखा। कहीं कोई नहीं था। कहीं चक्कर तो नहीं आ गया। बाल जिज्ञासा। रूपा ने दुबारा उँगली छेद में डाल दी कि इस बार हटाऊँगा नहीं। लेकिन इस बार भी तेज झटका लगा। पहले से कहीं ज्यादा तेज। इस बार झटके से वह अपने को सँभाल नहीं पाया, गिर गया। आँखें फटीं की फटीं, आखिर बात क्या है?

जब तक वह उठता और तीसरी बार उस छेद में उँगली डालता, बाबोसा बैठक में आ गये थे। रूपा काँप रहा था।

'रूपा क्या हुआ? काँप क्यों रहा है?' बुधमल ने पूछा।

मारे घबराहट के रूपा की आवाज नहीं निकल रही थी। उसने उँगली से छेदों की तरफ इशारा किया। बुधमल को समझते देर नहीं लगी। उन्होंने रूपा की उँगली सहलाई। पानी मँगा कर पिलाया और बताया– 'यह बिजली का प्लग है और बिजली तेज करंट मारती है। आगे से कभी ऐसे ही किसी छेद-वेद में हाथ नहीं लगाना, समझे।'

रूपा बैठक में है, यह बुधमल को पता था। क्यों आया है, इसका अंदाजा भी हो गया था। रूपा को डिबिया थमाते हुए फिर कभी ऐसी हरकत न करने की हिदायत देते

हुए वापस भेजा। बुधमल के घर आने के पीछे बच्चों में एक आकर्षण था उनके घोड़े। वे घोड़ों के बड़े शौकीन थे। शुभकरण को इन घोड़ों से प्यार था। वह अक्सर घोड़ों को फिराने जाता था। जाते समय रूपा भी घोड़ों को देखना नहीं भूलता।

X X X

तीस जनवरी, उन्नीस सौ अड़तालीस पूरे देश में शोक की लहर थी। महात्मा गांधी की हत्या ने देशवासियों को झकझोर कर रख दिया था। रेडियो के जरिए गांधी जी की हत्या का समाचार सरदारशहर तक भी पहुँच गया। सम्पत राम दूगड़ विद्यालय में शोक सभा का आयोजन किया गया। रूपा जानता था कि महात्मा गांधी राष्ट्रपिता हैं। उन्होंने देश की आजादी में बड़ी भूमिका निभाई है। अभी देश को आजादी मिले डेढ़ साल ही बीते थे। बच्चे-बच्चे की जुबाँ पर गांधी का नाम था।

रूपा महात्मा गांधी के नाम से खूब परिचित था। उसे पता चला कि गांधी जी की हत्या कर दी गयी। सहसा उसकी आँखों के आगे सरदारशहर के गढ़ के सामने दो-तीन साल पहले हुई एक विशाल सभा के दृश्य विचरने लगे। उसके कानों में खादी की धोती पहने गीत गा रही बहन जी के स्वर गूँजने लगे–

'अगर है राष्ट्र गीत गाना,
पहन लो खादी का बाना...'

कैसा मधुर स्वर था उन बहन जी का। सफेद खादी की धोती में वे औरों से कितनी अलग लग रही थीं। रूपा ने ऐसा वेश पहली बार देखा था। मन हुआ था उनके पास जाकर पैर छुए। लेकिन बहुत दूर मंच पर थीं वे। 'महात्मा गांधी की जय,' 'भारत माता की जय' के नारों से सभा-स्थल गूँज रहा था। रूपा को बताया गया था कि यह गांधी जी के अनुयायियों की टोली है। देश आजाद करने के लिए देशभक्तों को जगाने, उनका मार्गदर्शन करने निकली है। कई दिन तक बालक रूपा के मन में इस सभा का दृश्य घूमता रहा।

महात्मा गांधी जी की हत्या का समाचार सुन रूपा का मन सुबह से ही व्यथित था। अनमना-सा वह घर से स्कूल के लिए निकला। रास्ते भर डेढ़ साल पहले की घटनाएँ उसके मन को मथ रही थीं। देश की आजादी की घोषणा सुनकर सबके चेहरे खिले हुए थे। बालक रूपा सबके चेहरों को बड़े गौर से पढ़ता था। देश की स्वतंत्रता के पर्व को वह कैसे भूल सकता था। सहसा उसकी आँखों के आगे उस ऊँट गाड़ी का दृश्य घूम गया। गाड़ी के पहियों की चर्र-मर्र कैसे 'भारत माता की जय,' 'महात्मा गांधी की जय' और 'भारत देश अमर रहे' नारों में विलीन हो गयी थी। स्वतंत्रता पर्व मनाने के लिए

विद्यालय की ओर से एक प्रभात फेरी का आयोजन किया गया था। सुबह सात बजे तक विद्यालय में सभी बच्चे पहुँच गये थे। अच्छा गाने वाले पाँच बच्चों को पहले ही गाने का अभ्यास करा दिया गया। इन पाँचों को ऊँटगाड़ी पर खड़ा कर दिया गया था। इनमें एक बच्चा रूपा भी था। रूपा खुद को कितना गौरवान्वित अनुभव कर रहा था उस दिन। आगे-आगे ऊँटगाड़ी चल रही थी। पीछे-पीछे विद्यालय के बाकी बच्चे। ऊँटगाड़ी से आ रही पाँचों बच्चों की स्वर लहरियों का अनुकरण बाकी बच्चे कर रहे थे। इस समय रूपा को उन गीतों में से सिर्फ एक गीत ही याद आ रहा था—

'भारत का झंडा आलम में,
फहराया वीर जवाहर ने...'

यों विचारों में डूबता-उतराता रूपा कब विद्यालय पहुँच गया, पता ही नहीं लगा। सुबह प्रार्थना के लिए रोज की तरह सब बच्चों को विद्यालय के विशाल प्रांगण में बुलाया गया। प्रार्थना समाप्त होते ही प्रधानाचार्य रामचन्द्र जैन का वक्तव्य शुरू हुआ। उन्होंने महात्मा गांधी जी का परिचय दिया। भारत की स्वतंत्रता के आंदोलन में उनके योगदान को रेखांकित करते हुए बताया कि किस प्रकार दिल्ली में राष्ट्रपिता की हत्या कर दी गयी। बोलते-बोलते प्रधानाचार्य का गला भर्रा आया। ज्यादातर बच्चे मास्टर जी के चेहरे को ताक रहे थे। कुछ पीछे पंक्ति में बैठे हमेशा की तरह बातों और शरारत में व्यस्त थे।

'अब हम सब अपने राष्ट्रपिता को श्रद्धांजलि देने के लिए दो मिनट का मौन रखेंगे... ।' मास्टर जी ने कहा। रूपा ने गौर से देखा मास्टर जी की नम आँखों से आँसू निकले। उन्होंने झट से उन्हें पोंछा और फिर सब बच्चों और शिक्षकों को दो मिनट का मौन रख राष्ट्रपिता को श्रद्धांजलि देने के लिए कहा। मौन की भी एक दहाड़ होती है, जिसे सुनने का प्रयास वह कर रहा था। राष्ट्रपिता के प्रति उसके संवेदनशील मन में गहरी श्रद्धा थी। क्यों गोली मारी? कैसे गोली मारी?... प्रश्न उसके मन को मथ रहे थे। तभी उस मौन में से कुछ बच्चों की हँसी रूपा को तीर की तरह बेध गयी। दो मिनट का मौन समाप्त हो गया, किन्तु बच्चों की हँसी रूपा को व्यथित करती रही। राष्ट्रपिता को श्रद्धांजलि देने के बाद विद्यालय में छुट्टी कर दी गयी। बच्चे बड़े खुश थे कि पढ़ाई से छुटकारा मिला। कोई अन्य दिन होता तो रूपा भी छुट्टी के नाम से गद्‌गद हो उठता कि अब पूरे दिन पतंग उड़ाएँगे और गुल्ली-डंडा खेलेंगे। लेकिन आज बेहद थके मन से वह घर पहुँचा। भीतर की पीड़ा उसके चेहरे पर झलक रही थी। पाँची देवी ने रूपा को देखा तो मन में खटका हुआ। अभी इतनी बड़ी बीमारी से उबरा है।

'क्या बात है रूपा, ये मुँह क्यों लटका रखा है? तबीयत तो ठीक है न?' पाँची देवी ने रूपा को पास बुलाकर पूछा।

'माँ तबीयत ठीक है। वो बच्चे... । स्कूल के...' । रूपा का स्वर ऐसा था, जैसे अभी रो पड़ेगा। पाँची देवी को लगा कि बच्चों ने मारपीट की है रूपा के साथ। बीमारी के कारण रूपा वैसे भी बहुत दुबला हो गया था। 'मारपीट हुई क्या आपस में?' पाँची देवी ने पूछा- रूपा अपनी रुलाई न रोक सका। रुँधे गले से बोला– 'माँ आज स्कूल में गांधी जी को श्रद्धांजलि देने के लिए दो मिनट का मौन रखा गया। कुछ बच्चे हँस रहे थे। माँ राष्ट्रपिता की हत्या में हँसी की क्या बात थी?' पाँची देवी को नहीं मालूम था कि रूपा का मन संवेदनशील है। व्यथित रूपा को समझाने के लिए उन्होंने कहा, 'हाँ, बेटा कुछ बच्चे बहुत नासमझ होते हैं। उन्हें अपनी शरारतों के अलावा कुछ नहीं सूझता। ऐसे नासमझों के कारण अपना मन दुःखी नहीं करते। तुमको अपना देखना चाहिए कि मैं कितना ठीक हूँ। बेटा, सबको तो ठीक नहीं किया जा सकता ना।'

रूपा इस विषय पर माँ से और बात नहीं करना चाहता था। सोचता रहा कि बच्चे क्यों हँसे? क्या उन्हें राष्ट्रपिता की मृत्यु का शोक नहीं? वह छुट्टी का दिन रूपा ने बिना पतंग उड़ाए बिता दिया। अपने कमरे में गया और एक किताब उठा ली पढ़ने के लिए। बहुत दिन से मन था उसे पढ़ने का। उसमें भक्त प्रहलाद और ध्रुव की कहानियाँ थीं। विद्यालय की पढ़ाई और पतंग उड़ाने में ही समय निकल जाता था।

प्रभु-भक्ति के अनुपम उदाहरण, प्रह्लाद और ध्रुव की कथाओं ने रूपा को भीतर तक झकझोर दिया था। प्रभु-भक्ति में इतनी शक्ति है! रूपा आश्चर्यचकित था। कई दिनों तक इन प्रसंगों को लेकर उसके मन में उथल-पुथल रही।

X X X

यूँ तो दूगड़ परिवार में रूपा सभी का लाड़ला था लेकिन कन्हैयालाल दूगड़ जी का उस पर विशेष स्नेह था। वे संगीत के जानकार थे। रूपा में संगीत की संभावनाओं को उन्होंने काफी पहले परख लिया था। छुटपन से ही रूपा अक्सर उनके पास जाया करता था।

'तूने हीरा सा जनम गँवाया...' भजन नन्हे रूपा के मुँह से सुनकर वे भाव-विभोर हो जाते थे। सरस्वती का वरदान मिला था रूपा को। स्वर, लय और ताल की पावन त्रिवेणी थी रूपा के भीतर। रूपा संगीत सीखना चाहता था। घर में मेज हो, दीवार, या फिर कोई डिब्बा मिल जाये, रूपा उसे तबले की तरह बजाने लगता। इस आदत के लिए कई बार उसे घर में डाँट भी पड़ चुकी थी! एक बार रूपा को पता लगा कि सरदारशहर में ग्वालियर से एक संगीत शिक्षक मास्टर सदाशिव आये हैं। बस उनसे गाना सीखने की जुगत भिड़ा ली। वहाँ संगीत शिक्षा का क्रम टूटा तो मंगलदास से

हारमोनियम और तबला सीखने लगा। हारमोनियम के साथ भजनों में रूपा का स्वर फूल सा खिल उठता।

'पग घुंघरू बाँध मीरा नाची रे...।'

X X X

'गहरी नदिया दूर किनारा.ऽऽ'
खेवनहारा है मतवारा..
तुम बिन कोउ नहीं सहारा
हे निर्बल की टेर सुनैया
पार करो अब मोरी नैया ...'

गाते हुए रूपा का मन-मयूर पंख फैला कर नाचने लगता। रूपा चाहता था कि घर में तबला और हारमोनियम आ जाय तो वह घंटों अभ्यास करेगा। लेकिन आये तो आये कैसे, यही उधेड़बुन रहती। एक दिन जयचन्दलाल को किसी काम से दिल्ली जाना था। दिल्ली जाना है तो बच्चों के लिए कुछ न कुछ लाना भी है। उन्होंने सब बच्चों से पूछा कि बताओ उनके लिए क्या लाया जाय। सबने अपनी बात रख दी। रूपा की बारी आयी–

'बोल रूपा तेरे लिए क्या लाऊँ, दिल्ली से?' जयचंदलाल रूपा की उत्सुकता देख रहे थे कि वह क्या कहेगा, यही कि अच्छी-सी पतंग। पतंग के अलावा तो यह कुछ सोच ही नहीं सकता। जयचन्दलाल जानते थे।

'आप तबला ले आना दिल्ली से...' रूपा के मुँह से तबले की बात सुनकर जयचन्दलाल का मन कसैले स्वाद से भर गया।

'बस अब घर में तबले ही बजेंगे और क्या?' रूपा को पिता जी की बात अच्छी नहीं लगी। उसी समय अपनी इच्छा को उसने धरती में दस गज नीचे गाड़ दिया।

धीरे-धीरे संगीत की विधिवत् शिक्षा पीछे छूटती गयी। संस्कारों में संगीत निशि-दिन पल्लवित होता रहा। जब तब कोई-न-कोई प्रसंग उसकी हरियल टहनियों को हवा देता रहता।

X X X

विद्यालय में कला शिक्षक हनुमानप्रसाद ने एक नाटक खेले जाने की बात बताई। रूपा की खुशी का ठिकाना नहीं था। मास्टर जी ने रूपा को बुलाकर

कहा था कि वे उसे नाटक में लेंगे। 'अंधा क्या चाहे, दो आँखें...' रूपा का कलाकार मन और क्या चाहता था। बस ऐसा ही कुछ चलता रहे।

शिक्षा के प्रचार-प्रसार को केन्द्र में रखकर कन्हैया लाल दूगड़ ने एक नाटक लिखा था। नाटक का पहला मंचन विद्यालय में होना था। निर्देशक थे हनुमान प्रसाद। नाटक की रिहर्सल के लिए जो जगह चुनी गयी, वह रूपा के घर से दूर एकांत में थी। दिन में गर्मी होती और सबको समय भी नहीं मिल पाता था। इसलिए रिहर्सल का समय रात को रखा गया। रूपा को वहाँ जाने और लौटने के लिए अँधेरी पतली गली से होकर गुजरना पड़ता था। बालक के मन में नाटक के उत्साह को पहले ही दिन अँधेरे ने पछाड़ दिया। उस गली में कुत्ते जिस तरह से पीछे पड़े, उसमें रूपा को जान बचानी भारी पड़ गयी। एक कुत्ते ने झपट कर उसके पैर में पंजे से खरोंच मार दी। कुत्तों से बचने के प्रयास में रूपा बेदम भागता रहा। हाँफता हुआ घर में दाखिल हुआ और चुपचाप सो गया।

अगले दिन जब विद्यालय में मास्टर जी ने रात को सभी को समय पर रिहर्सल के लिए पहुँचने को कहा तो रूपा ने मना कर दिया।

'मास्टर जी, अँधेरा होता है गली में। डर लगता है।' यह कहते हुए रूपा के कानों में कुत्तों की भौं-भौं और आँखों के आगे रात का अँधेरा छाने लगा था।

'देखो, रूपा इतनी जल्दी घबरा गये अँधेरे से। तुम्हें तो बहुत दूर तक लम्बी यात्रा करनी है। ऐसे डर जाओगे तो कैसे काम चलेगा। अच्छा ऐसा करना आज घर से टार्च लेकर चलना। जब भी अँधेरा खाने को दौड़े, झट टार्च जला कर उस पर रोशनी का हमला कर देना। देखना तुम्हारी जीत होगी।' हनुमानप्रसाद जी ने जैसे कोई घुट्टी दे दी थी रूपा को। रूपा ने उस दिन ठीक वैसा ही किया। फिर तो घने अँधेरों का जबाब रूपा को रोशनी में मिल गया था।

जमकर नाटक की रिहर्सल हुई और फिर उसके बाद सफल मंचन। सबने रूपा के अभिनय को सराहा। रूपा का एक और रूप लोगों के सामने आ गया था, अभिनेता का। रूपा जिस तरह मंच पर अपने साथी कलाकार की मार खाकर गिरा और छटपटाया, उसने सबकी सहानुभूति बटोर ली थी।

रूपा का यह नया रूप सबको बहुत भाया।

x x x

पतंग के सहारे आकाश में उड़ान भरने वाले रूपा की कल्पना में अब दो पहिए उभरने लगे थे। वह स्वयं दो पहियों की साइकिल पर पैडल मारते हुए हवा से बातें करना

चाहता था। लेकिन न साइकिल पास में थी और न ही चलाना आता था। रूपा की मित्रमंडली में सिर्फ सेठ सुमेरमल बुधमल दूगड़ के पोतों कनक और मिलाप के पास साइकिलें थीं। रूपा ने जब-तब इनकी साइकिल लेकर अभ्यास करना शुरू किया। जल्दी ही उसने दो पहियों की साइकिल पर महारत हासिल कर ली।

उस दिन रूपा ने कनक की साइकिल खूब चलाई। और कनक के पास थी मिलाप की साइकिल। दोनों बड़ी देर तक सरदारशहर की गलियाँ नापते रहे। साँझ ढले हवेली पहुँचे तो द्वार पर ही आग-बबूला मिलाप मिल गया। कनक को अपनी साइकिल पर बैठे देख उसके क्रोध का ठिकाना न रहा। दरवाजे पर ही दोनों भाइयों में तू-तू मैं-मैं हो गयी। लड़ते-झगड़ते दोनों भीतर माँ के पास पहुँचे। रूपा ने दोनों में बीच-बचाव किया, लेकिन झगड़ा थमा नहीं तो वह सिर पकड़ कर वहीं दालान में बैठ कर सोचने लगा। तभी भीतर से मिलाप के बिफरने की आवाजें आयी–

'माँ देख, कनक मेरी साइकिल ले जाता है। मैं इसकी वजह से चला नहीं पाता। आज फिर ये लेकर गया था।'

'कनक, जब तेरे पास अपनी अलग साइकिल है तो तू मिलाप की साइकिल को हाथ क्यों लगाता है?' माँ मिलाप के पक्ष में एक वकील की मुद्रा में पूछने लगीं। जज तो वे थीं ही, न्याय भी उन्हें ही करना था।

'मेरी साइकिल रूपा ने ले रखी है। इसलिए मैं मिलाप की चलाता हूँ।' कनक ने अपना पक्ष रखते हुए बचाव किया।

सुनते ही माँ ने कनक के गाल पर तमाचा जड़ दिया। 'रूपा ने क्यों ले रखी है साइकिल? उसे क्यों दी?'

यह आखिरी वाक्य दालान में खड़े रूपा को भीतर तक बेध गया। उल्टे पैरों वह अपने घर लौट आया। उसके बाद से साइकिल के सपने देखने बंद कर दिए।

X X X

अब उसके चित्त में खेल-कूद के अलावा अलग-सा कुछ करने की चाहत जागने लगी थी। जैन मुनियों के धवल वस्त्र और प्रवचन उसे बचपन से ही अपनी ओर खींचते थे। उसके मन में धवल पथ का आकर्षण बढ़ने लगा था।

X X X

घर में बच्चों का कमरा आमतौर पर कापी-किताबों से भरा रहता था। इन किताबों में विद्यालय के पाठ्यक्रम के अलावा और भी कई किताबें होती। कुछ बाल कथाओं की

पुस्तकें, धर्म-तत्त्व की पुस्तकें आदि। बारह वर्षीय रूपा समय निकाल कर जब-तब ये किताबें लेकर बैठ जाता और पढ़ते-पढ़ते इन्हीं में खो जाता। मन में कुछ अलग हटकर करने के विचार जन्मते। घर के एक कोने में मुख्य द्वार के दाईं ओर एकांत अटारीनुमा इस कमरे का माहौल रूपा की सोच को और पुष्पित करने का कार्य करता। यहीं कमरे की अलमारी में थी एक डिबिया जिस पर अक्सर रूपा और बाकी भाई-बहिनों की नजर रहती थी। रूपा के अलावा उसे कोई और हाथ नहीं लगाता था। सब जिज्ञासु दृष्टि से उसे देखते अवश्य थे। रूपा जेब खर्च में मिले पैसे बचाकर उसमें डालता रहता था। उसने टीन की एक छोटी सी डिबिया का सारा खजाना जमीन पर बिछा लिया। बड़े महाजन की तरह अपनी जमा पूँजी का हिसाब करने लगा। कुल रकम नौ रुपये हो चली थी। दस का आँकड़ा छूने में सिर्फ एक रुपया कम था। एक बच्चे के लिए बहुत बड़ी पूँजी थी वह। रूपा ने एक-एक कर सिक्के गिने और वापस डिबिया में डाल दिए। डिबिया हर नये सिक्के का स्वागत खनखनाहट के साथ करती। डिबिया और सिक्कों के संस्पर्श से निकले स्वर में रूपा ने लय और ताल तलाश ली थी। आखिर में उसने अपनी दोनों हथेलियों में डिबिया को थामा और एक खास लय में हिलाता रहा। इस नये वाद्य यंत्र से निकले स्वर उसे भा रहे थे। तभी माँ की आवाज से स्वर लहरी टूटी और रूपा जल्दी से डिबिया को अलमारी में रख कर भागा।

रूपा की चाहत थी कि जल्दी से नौ के दस हो जाएँ। वह जानता था कि अभी इस आँकड़े तक पहुँचने में समय लगेगा। इसी में से कुछ पैसे उसे भजनों की पुस्तक छपवाने के लिए देने हैं। रूपा की मित्रमंडली ने कुछ चुनिंदा भजन एक कापी में नोट कर लिए थे। अब वे चाहते थे कि उन्हें पुस्तक के रूप में छाप कर लोगों तक पहुँचाया जाये। लेकिन इस काम के लिए चाहिए थी रकम। सब बच्चों ने अपने-अपने जेब खर्च से चवन्नी-चवन्नी बचा कर भजनों की पुस्तक छपवाने का इन्तजाम कर लिया था। इस काम में अगुआई रूपा ही कर रहा था।

मिलजुल कर काम करने, कराने और नया कुछ रचने का अपार उत्साह था रूपा की मंडली में। इसलिए खेलने के अलावा हमेशा कुछ-न-कुछ करने में व्यस्त रहते थे ये बच्चे। भजनों की पुस्तक छपवाने की तैयारी लगभग पूरी हो चुकी थी।

X X X

घर के लोग उस दिन हवेली में थे। जब भी कोई वार-त्योहार होता तो पूरा ओसवाल जैन परिवार एक साथ पुरखों की हवेली में ही मनाता। रात को देर हो गयी तो सब वहीं सो गये। जयचन्दलाल यहीं से सीधे गौशाला पहुँचे और वहाँ से घर की ओर। पाँची

देवी और बच्चे जयचंदलाल से पहले पहुँच चुके थे। दरवाजा खोल कर घर का नजारा देखा तो हक्के-बक्के रह गये। रात में चोरों ने घर को खँगालने की पुरजोर कोशिश की थी। मुख्य कमरों के दरवाजों पर जड़े ताले तो वे खोल नहीं पाए। हाँ, बच्चों के कमरे पर उनका दाँव लग गया था। लेकिन वहाँ कापी-किताबों के अलावा क्या मिलता। शायद कुछ हाथ लग ही जाय, यह सोच कर उन्होंने सारी किताबें-कापियाँ, खिलौने जमीन पर बिखेर दिए। हाथ लगी टीन की सुन्दर सी डिब्बी को हिलाया तो सिक्के खनखने लगे होंगे। जल्दी-जल्दी में उसे उलटा होगा और जो कुछ हाथ लगा, लेकर चलते बने होंगे। बालक रूपा ने कोने में खुली पड़ी डिब्बी देखी तो लपक कर उठा लिया। खाली डिबिया हाथ में लिए वह सन्न खड़ा था। डिबिया में सिर्फ चवन्नी बची थी। रूपा का दस का आँकड़ा छूने का सपना चोरों की कारस्तानी से छू-मन्तर हो गया। लेकिन उसे इतना सन्तोष था कि एक चवन्नी बच गयी। इस चवन्नी की कीमत उन बाकी रूपयों से ज्यादा थी। इसी एक चवन्नी के सहयोग से भजनों की पुस्तक छपनी थी। शायद वह चवन्नी एक नेक काम में लगनी थी, इसीलिए बची रह गयी।

रूपा आठ रूपये पचहत्तर पैसे जाने का दुःख भूल चुका था।

x x x

सरदारशहर में यूँ तो किसी न किसी जैन संत का प्रवास रहता ही था। इस बार नब्बे वर्षीय सुविख्यात जैन संत श्री मगन मुनि जिन्हें मंत्री मुनि भी कहा जाता था, का प्रवास सरदारशहरवासियों के लिए आशीर्वाद स्वरूप था। उनकी निर्मल प्रज्ञा और यश कीर्ति की चर्चाएँ रूपा के कानों में भी पड़ चुकी थीं। जयचन्दलाल और पाँची देवी तो इन मुनियों के अनन्य भक्त थे। हर कोई चाहता था कि उसे मगन मुनि की सेवा का अवसर मिले। जयचन्दलाल पर मगन मुनि की विशेष कृपा थी। गायों की सेवा के साथ-साथ जयचन्दलाल जैन मुनियों की भी खूब सेवा किया करते थे। रूपा भी अक्सर पिताजी के साथ मंत्री मुनि के पास जाने लगा था। मंत्री मुनि के यहाँ अक्सर भक्तों का ताँता लगा रहता। तरह-तरह की चर्चाएँ होतीं। रूपा को उन चर्चाओं का गूढ़ मर्म भले ही समझ न आता हो, लेकिन उन्हें सुनने और समझने की ललक उसमें सदा बनी रहती। लोगों के मन में मंत्री मुनि और अन्य संतों के प्रति श्रद्धा-भाव देख रूपा चमत्कृत हो जाता। वह देखता कि लोग अपने सांसारिक जीवन की तमाम परेशानियाँ लेकर संतों के पास आते। मुनि जी की अमृत वाणी का रस सबके तापों को कम कर देता। रूपा के मन में बार-बार यह बात उठती कि क्या वह भी मंत्री मुनि की तरह ऊँची साधना नहीं कर सकता? उनकी बातों में कितना रस है। रूपा को संत बाने में जीवन का सार

दिखाई देने लगा। जब वह मंत्री मुनि के साथ कठोर तपस्वी मुनि श्री सुखलाल तथा प्रभावी प्रवचनकार कवि मुनि श्री सोहनलाल की चर्चाएँ सुनता तो उसके मन में संत बनने की इच्छा और भी हिलोरें मारने लगती। मुनि सोहनलाल डिंगल भाषा के प्रख्यात कवि थे। उनकी रचनाओं में रूपा को बड़ा रस आता। रूपा के भीतर बैठा बाल कवि कुछ कहने को मचलने लगता, लेकिन बाहर कुछ विशेष नहीं आ पाता। अभी रूपा की अभिव्यक्ति को राह नहीं मिली थी। अभिव्यक्ति में स्पष्टता भी नहीं थी। बारह वर्षीय बालक की कविताओं में रुचि को मुनि सोहनलाल ने पहचान लिया था। दोनों के बीच कवि और श्रोता का ऐसा अंतरंग सम्बन्ध स्थापित हो गया था कि उसमें आयु के सभी तटबंध स्वतः टूट गये।

साठ साल के मुनि सोहनलाल और कुल जमा बारह बरस का रूपा। प्रज्ञा के धरातल पर आयु की सीमाएँ सचमुच टूट जाती हैं। रूपा और मुनि जी जैसे एक ही धरातल पर आ कर काव्य-रस में निमग्न हो जाते। उस एकरस भाव में सर्जना होती एक अनूठे संसार की। सांसारिक दृष्टि से जब लोग दोनों को देखते तो कह देते- कैसा दादा-पोते का-सा साथ है।

x x x

उस दिन शाम को सूरज बादलों की ओट में जल्दी छुप गया था। हल्की बूँदा-बाँदी शुरू हो गयी थी। सरदारशहर की प्यासी धरती पर जब बूँदें पड़ीं तो माटी की सौंधी महक चारों ओर फैल गयी। रूपा मुनि सोहनलाल के पास जाना चाहता था, लेकिन पाँची देवी ने उसे जाने से मना कर दिया यह सोचकर कि भीग जाएगा। कब बारिश तेज हो जाये, कुछ कह नहीं सकते। माटी की महक रूपा को बार-बार मैदान की ओर बुला रही थी। लेकिन माँ की अनुमति न मिलने से मन मसोस कर रह गया और अपने कमरे की खिड़की पर बैठकर बाहर झाँकता रहा। खिड़की से घर का बाहरी द्वार और आने-जाने वालों को देखता हुआ रूपा बूँदों की टप-टप का आनन्द लेने लगा। थोड़ी देर बाद उसने देखा कि घर के मुख्य द्वार से पिताजी निकले। वह जानता था कि पिताजी मंत्री मुनि की सेवा में और मुनि सोहनलाल के पास जा रहे हैं। रूपा उन्हें तब तक कदम बढ़ाते देखता रहा, जब तक गली के मोड़ पर वे ओझल नहीं हो गये।

जयचन्दलाल के कदम गधैया जी के नोहरे की तरफ तेजी से बढ़ चले थे। गधैया जी का नोहरा सरदारशहर में संतों के प्रवास का स्थान था। नेमिचंद गधैया का परिवार सरदारशहर का बड़ा नामी परिवार था। इस परिवार की भक्ति और धन-शक्ति अपार थी। श्रीचन्द गधैया से लेकर गणेशदास गधैया और अब उनके बेटे नेमिचंद गधैया- यानी

तीसरी पीढ़ी संत-सेवा में समर्पित थी। गधैया जी का नोहरा इसका साक्षात् प्रमाण प्रस्तुत करता था। लगभग पाँच हजार गज में फैली यह संत स्थली समवसरण भी कहलाती थी। समवसरण शब्द भगवान महावीर के सन्दर्भ में प्रयुक्त होता है– वह स्थान जहाँ अरिहंतों के प्रवचन-श्रवण का सभी को समान अवसर मिले। जयचन्दलाल का नोहरे की तरफ झुकाव लगातार बढ़ता जा रहा था। नोहरे की देखभाल का जिम्मा गधैया जी धीरे-धीरे उन्हें सौंपते जा रहे थे। नेमिचंद गधैया और जयचंदलाल दोनों का पारिवारिक सम्बन्ध बहुत करीबी था। नेमिचंद जयचंदलाल की बुआ के बेटे थे। यानी दोनों ममेरे-फुफेरे भाई थे। नोहरे और संत-सेवा में जयचंदलाल का मन इतना रमने लगा कि मंत्री मुनि की सेवा के लिए व्यापार से निवृत्ति ले ली थी।

तेजी से कदम बढ़ाते हुए जयचंद लाल नोहरे में पहुँचे तो देखा मंत्री मुनि, मुनि सोहनलाल और मुनि सुखलाल के साथ एक-दो और भी संत किसी गहन-गम्भीर चर्चा में व्यस्त थे। जयचंदलाल भी चुपके से जाकर एक तरफ बैठ गये। चर्चा ज्यादा लम्बी नहीं चली। मुनि सोहनलाल का ध्यान जयचंदलाल की ओर गया। मंत्री मुनि अपनी साधना के लिए भीतर चले गये थे। मुनि सुखलाल और बाकी संत भी अन्य चर्या में व्यस्त हो गये। मुनि सोहनलाल और जयचंदलाल ही उस कक्ष में अकेले रह गये थे। रूपा को आज जयचंदलाल के साथ न देख मुनि जी ने पूछा– 'आज रूपा नहीं आया?'

'बूँदाबाँदी हो रही थी, वैसे भी शरीर से कुछ कमजोर है, भीग गया तो बीमार पड़ जाएगा यही सोचकर उसकी माँ ने नहीं आने दिया।' जयचंदलाल ने रूपा के न आने का कारण बताया। दोनों की चर्चा का विषय रूपा था।

'एक बात कहूँ जयचंदलाल। मैंने गौर किया है कि तुम्हारा रूपा और बच्चों से बहुत अलग प्रवृत्ति का है। इसके भीतर संत-वृत्ति छुपी है, और मैं बता रहा हूँ, यह बहुत ऊँचा संत बनेगा। अगर यह तुमसे संत बनने के लिए कहे तो मना मत करना।'

मुनि सोहनलाल की बात सुनकर जयचंदलाल बारह साल पीछे लौट गये, जब रूपा का जन्म हुआ था। वह उसकी जन्मपत्री बनवाने पंडित के पास गये थे। पंडित ने कुछ ऐसा ही कहा था और फिर एक दिन कन्हैयालाल दूगड़ ने भी इसके पाँव की रेखाएँ देखकर कहा था, 'यह घर में रहने वाला नहीं है...।'

जयचंदलाल नहीं चाहते थे कि उनका बेटा संतों का बाना पहने। हालाँकि संतों के प्रति उनकी अगाध श्रद्धा थी, किन्तु वे उनकी कठिन चर्या को भी जानते थे। रूपा को वे अपने सामने इस कठिन पथ पर नहीं भेजना चाहते थे। मन में अजब-सी उलझन के साथ वे दूसरे कामों में लग गये। रात को लौटे तो पहले बच्चों के कमरे में गये। उनकी नजर रूपा पर आ कर ठहर गयी, जो गहरी नींद में सो रहा था। वे उलटे पैरों अपने कमरे में लौट आये।

रविवार की छुट्टी थी। दुलीचंद सुबह-सुबह रूपा को बुलाने आ गया। दरवाजे से ही जोर-जोर से आवाज लगा रहा था, 'रूपा...रूपा...रूपा..' रूपा को भी दुलीचंद की प्रतीक्षा रहती थी। हाथ में पतंग और चरखी लिये जल्दी-जल्दी वह अपने कमरे की सीढ़ियाँ उतर रहा था कि सामने जयचंदलाल आ गये। पिता जी को सामने देख एक पल के लिए रूपा रुका और फिर कदम दरवाजे की ओर बढ़ा लिए। 'रूपा...' जयचंदलाल ने आवाज दी तो वह ठिठका। वापस पिताजी के पास आया। 'रूपा तुम पतंग उड़ाना कब छोड़ोगे? इतना समय तुम पतंगबाजी में बर्बाद करते हो। चलो वापस, पतंग रखो और पढ़ाई के लिए बैठो।' पिता का आदेश रूपा टाल नहीं सकता था। मन मसोस कर वापस लौट गया अपने कमरे में। खिड़की से इशारा कर दुलीचंद को जाने के लिए कह दिया और प्रतीक्षा करने लगा, कब पिता जी बाहर जाएँ और कब वह पतंग और डोर लेकर रफूचक्कर हो। इसके लिए रूपा को डेढ़ घंटा प्रतीक्षा करनी पड़ी।

इधर जयचंदलाल घर से बाहर निकले और उधर पाँच मिनट बाद रूपा के कदम पतंग उड़ाने के लिए मैदान की ओर बढ़ चले। शाम को जयचंदलाल लौटे तो उन्हें खबर लग गयी थी कि रूपा मना करने के बावजूद पतंग उड़ाने के लिए गया था। वे उसकी इस आदत से तंग आ गये थे। पचासों बार मना करने पर भी कोई असर नहीं था। रूपा पर तो जैसे पतंग उड़ाने का नशा तारी था। जयचंदलाल जानते थे कि रूपा सीधी तरह से मानने वाला नहीं, इसकी लगाम कसने का एक ही तरीका हो सकता है, किसी संत से इसे पतंग न उड़ाने का नियम दिलवा दिया जाये। लेकिन यह किसी की बात इतनी आसानी से मानेगा नहीं। इसके लिए अचूक तीर साबित होंगे मुनि सोहनलाल। जयचंदलाल को जैसे नुस्खा मिल गया था, रूपा की पतंगबाजी छुड़वाने का।

एक दिन उन्होंने मुनि सोहनलाल से अपने घर आने का आग्रह किया। अगले दिन वे घर आये। वैसे जयचंदलाल के घर में संतों-साध्वियों का आना नयी बात नहीं थी। संतों-साध्वियों की सेवा का पुण्य उन्होंने खूब अर्जित किया था। मुनि सोहनलाल घर आये हैं, यह देखकर रूपा बहुत प्रसन्न था। रूपा और मुनि सोहनलाल जी कविता के धरातल पर एक-दूजे से गहरे जुड़े हुए थे। रूपा को पतंगबाजी के साथ-साथ कविता से भी बहुत प्रेम था। अपनी पाठ्य-पुस्तकों में छपी सभी कविताएँ उसे कंठस्थ थीं। न केवल कंठस्थ थीं अपितु जब वह सस्वर उनका पाठ करता तो श्रोताओं को बहुत अच्छा लगता।

मुनि सोहनलाल के घर में आने से रूपा को वातावरण में परिवर्तन की अनुभूति हो रही थी। आहार आदि ग्रहण करने के बाद उन्होंने रूपा को अपने पास बुलाया-

'रूपचन्द्र, तुमको बहुत सारी कविताएँ याद हैं, कोई कविता सुनाओ आज।' बरामदे में पधारे मुनि जी ने रूपा से कहा।

मुनि सोहनलाल के प्रति श्रद्धानत रूपा का मन कविता सुनाने को नहीं था। लेकिन वह उनकी आज्ञा का उल्लंघन भी नहीं कर सकता था। कुछ देर सोच की मुद्रा में रहने के बाद उसने सुभद्राकुमारी चौहान की कविता सुनानी शुरू की–

'सिंहासन हिल उठे, राजवंशों ने भृकुटी तानी थी,
बूढ़े भारत में भी आयी, फिर से नयी जवानी थी।
बुंदेले हरबोलों के मुँह हमने सुनी कहानी थी,
खूब लड़ी मर्दानी वो तो झाँसी वाली रानी थी।'...

बिना किसी विराम के रूपा ने तीन पन्नों की लम्बी कविता सुना डाली। जयचंदलाल, पाँची देवी और बड़ा बेटा शुभकरण गौर से रूपा के मुँह से कविता सुनते रहे। खत्म होने पर तीनों ने एक-दूसरे को बड़े प्रशंसा भाव से देखा।

'तुमको तो इतनी लम्बी कविता याद है रूपचन्द्र। बहुत अच्छा। माँ सरस्वती का आशीर्वाद तुम्हें मिले। माँ शारदा तुम्हारी वाणी में विराजें।' मुनि सोहनलाल ने रूपा से कहा तो वह श्रद्धानत खड़ा हो गया।

'अच्छा रूपचन्द्र एक बात बताओ, तुम पतंग उड़ाने में इतनी ऊर्जा और समय क्यों बर्बाद करते हो? तुम्हारी ऊर्जा इस तरह व्यर्थ नहीं जानी चाहिए। यह किसी और काम में लगनी चाहिए।' मुनिश्री कविता के बीच में यह अचानक पतंग की बात कहाँ से ले बैठे? रूपा कुछ समझ नहीं पाया। रूपा क्या जानता था कि यह उसकी आकाश में उड़ान पर लगाम कसने की पृष्ठभूमि बनाई जा रही है। पतंग और आसमान तो उसके जीवन में सबसे अधिक महत्त्वपूर्ण हैं। पतंग के सहारे उसकी कल्पनाओं को आकार मिलता है। इसके सहारे तो वह आकाश में न जाने क्या-क्या लिख देता है, जिसे सिर्फ वही पढ़ सकता है या फिर हवाएँ। घड़ी भर के लिए रूपा वहीं खड़ा रहा फिर आकाश में पहुँच गया। मुनिश्री की वाणी ने उसे आकाश से फिर घर में ला खड़ा किया– 'रूपा जीवन में हर व्यक्ति को कुछ नियम लेने होते हैं। मैं तुम्हें नियम देना चाहता हूँ कि तुम अब कभी पतंग नहीं उड़ाओगे।'

यह सुनकर रूपा जैसे कटी पतंग की तरह हिचकोले खाता हुआ धरती पर आ गया। वह पतंग उड़ाना कैसे छोड़ सकता है? उसके साथ ऐसा अन्याय क्यों किया जा रहा है? प्रश्नों की ऊभ-चूभ से रूपा के मानस में घमासान मचा था, लेकिन मुनिश्री की बात मानने के अलावा कोई चारा नहीं था।

'जी, मुनि जी।' कहकर रूपा ने सिर झुकाया और फिर कुछ देर वहाँ खड़ा रहकर चला गया। देर तक अपने कमरे की खिड़की से खुले आकाश को ताकता रहा। अब आकाश में पंछी होंगे, सूरज-चंदा होंगे, औरों की पतंगें होंगी, सिर्फ उसकी ही पतंग नहीं होगी। यह सोचते हुए बालक रूपा के गालों पर दो आँसू लुढ़क आये।

जयचंदलाल प्रसन्न थे कि उनकी तरकीब रंग लाई। अब न तो रूपा अपना समय बर्बाद करेगा और न ही छतों पर पतंग उड़ाते हुए उसके गिरने या चोट लगने का कोई खतरा होगा। जयचंदलाल निश्चिन्त हो गये। मुनि जी को सादर विदा करते हुए पूरा परिवार स्वयं को धन्य मान रहा था।

X X X

रूपा के मन में वैराग्य का पथ आकार लेने लगा था। पिता जी से कुछ भी कहने का साहस उसमें नहीं था। लेकिन आम बच्चों की तरह वह स्वयं को माँ के बहुत करीब पाता था। वह मौका तलाश रहा था कि कब माँ से अपने मन की बात कहे। एक दिन विद्यालय से जल्दी आ गया। वह जानता था कि अब तक उसके बाकी भाई-बहन लौटे नहीं होंगे। माँ अकेली होंगी। घर लौटा तो देखा माँ अकेली थीं। छोटे भाई झूमर और माणक को खिला रही थीं। रूपा को जल्दी आया देख वह चौंकी, लेकिन बहुत अचम्भा नहीं हुआ। 'रूपा, जल्दी आ गया, क्या तबीयत ठीक नहीं है?' अपने कमरे में बस्ता रखने के लिए सीढ़ियाँ चढ़ते रूपा ने माँ का प्रश्न तो सुन लिया, लेकिन कोई उत्तर दिए बिना सीधे भीतर चला गया। उसने सोच रखा था कि आज वह अपनी मंशा माँ के सामने जाहिर कर देगा। पाँच मिनट बाद कमरे से निकला और सीधा माँ के पास पहुँचा। छोटी बहन गिन्नी को गुदगुदाया तो वह खिलखिलाकर हँस पड़ी। उसकी खिलखिलाहट रूपा को बहुत भाई। पाँची देवी को समझ आ गया था कि सब ठीक-ठाक है। उन्होंने ज्यादा सवाल-जबाब नहीं किए। देखा कि रूपा गिन्नी के साथ खेल रहा है। वे उठकर रसोई में गयीं और कटोरी में रूपा के लिए मीठा ले आयीं। खाते हुए रूपा ने अपना मन कड़ा किया। और आखिर अपनी बात कहनी शुरू की—

'माँ, एक बात कहूँ। मना मत करना। मैं संत बनना चाहता हूँ, दीक्षा लूँगा आचार्य जी से। मुनियों-संतों की तरह जीवन बिताऊँगा।'

एक साँस में ही कह गया रूपा यह सब। पाँची देवी के काटो तो खून नहीं। जड़ हो गयीं रूपा की बात सुनकर। फिर उन्हें आचार्यश्री तुलसी की बात याद आयी। कुछ बरस पहले सरदारशहर प्रवास के दौरान उन्होंने पाँची देवी से वचन लिया था- 'अगर आपके घर का कोई भी सदस्य दीक्षा लेने के लिए कहे तो आप मना नहीं करेंगी। खुशी-खुशी उसे अनुमति देंगी।'

पाँची देवी ने भरी आँखों से रूपा को देखा और उठ कर चली गयीं। उस समय तो आचार्यश्री को वचन दे दिया था, लेकिन यह थोड़े ही पता था कि सचमुच उनका अपना ही जिगर का टुकड़ा रूपा संन्यास लेकर पूरे संसार का हो जाएगा। भीतर ही भीतर

भीषण आँधी चल रही थी। वे कमरे में जा कर बिस्तर पर आँखें मूँद कर लेट गयीं। तेज हवाओं का रेला थम नहीं रहा था। रूपा को जबाब देने से पहले उन्हें अपने आप को जबाब देना था। कभी-कभी उनकी स्वयं की भी इच्छा होती थी वैराग्य की। किन्तु सांसारिक दायित्वों को वे जानती थीं। उन्हें निभाना उनकी प्राथमिकता थी। वैराग्य का पथ उन्हें आमंत्रित करता था, लेकिन सांसारिक कर्तव्य उस आमंत्रण को ठुकरा देने को बाध्य करता था। संत जीवन की निर्मलता और ऊँचाइयों से वे परिचित थीं। लेकिन अपना बेटा घर-बार छोड़कर वैराग्य-पथ पर चल पड़े, एक माँ कैसे सोच सकती है? पाँची देवी माँ थीं। माँ तो बच्चे को जन्म देने के बाद उसकी शादी-ब्याह और गृहस्थी जमने तक के सपने देखने लगती है। रूपा ने दीक्षा लेने की बात कहकर शान्त मानस-जल में जैसे कंकड़ फेंक दिया था। वे जल्दी ही जल की हलचल को शान्त कर देना चाहती थीं। रूपा से उन्हें कुछ ज्यादा ही लगाव था। अचानक उनकी मुँदी आँखों में एक दृश्य उभरने लगा। घर के सब लोग बीमार रूपा की चारपाई के इर्द-गिर्द खड़े हैं। कहा जा चुका है कि अंतिम साँसें तो धरती माँ की गोद में ही होनी चाहिए। और मरणासन्न बेटे रूपा को चारपाई से उतार कर धरती पर लिटाते हुए देख उनका धीरज टूट गया था, तभी भंवरलाल दूगड़ हनुमान जी की तरह बूटी लेकर आये और रूपा की मृतप्राय देह में चेतना लौटी।

बाईं करवट लेटी पाँची देवी के आँखों से बहे आँसुओं ने तकिए के एक हिस्से को भिगो दिया था। वे आगत-अनागत से जूझ ही रही थीं कि बाहर धड़ाम की आवाज और माणक की चीखों ने उन्हें झकझोर दिया। आँसू पोंछ कर वे तेजी से बाहर की ओर भागीं। रूपा माणक को उठा रहा था। पाँची देवी ने झट से माणक को गोद में उठाया। उसका माथा दबाया। माथे पर बड़ा-सा नीला गूमड़ पड़ गया था। पाँची देवी ने अपनी साड़ी के पल्लू को रूमाल की तरह मुँह पर लगाया। भाप से गरम किया और गूमड़ पर रख कर दबा दिया। दर्द से बेहाल माणक का रोना अभी बन्द नहीं हुआ। रूपा घबराया-सा देख रहा था।

X X X

रूपा को पतंग न उड़ाने का नियम दिलवा दिया गया था। उसका पतंग उड़ाना भी बन्द हो चुका था। लेकिन मन हमेशा ही आसमान में डोर के साथ उड़ान भरता था। अभी भी दुलीचंद और दूसरे पतंगबाजों के साथ रूपा वहां मैदान में पहुँचता था। मन होता कि वह भी अपने हाथ में डोर थाम ले, लेकिन अब उसकी हैसियत एक दर्शक से ज्यादा नहीं थी। उस दिन पतंगबाजी की महफिल दुलीचंद गोठी के घर की छत पर जमी हुई थी। रूपा मुंडेर पर बैठा आसमान में बल खाती, ठुमकती पतंगों के नजारे देख

रहा था। चरखी मिलाप के हाथ में थी। दोनों हाथ के अंगूठों और तर्जनी के बीच घूमती हुई चरखी पतंग को दिशा दे रही थी। तभी भीतर से दुलीचंद की माँ की आवाज आयी–

'दुली कितनी देर हो गयी पतंग से उलझते, इधर आ। जरा अपने चाचा को दुकान पर जा कर ये डिब्बा दे आ।'

'आया माँ...' दुलीचंद ने जबाब दिया। लेकिन उसका मन तो पतंग में उलझा था। उसने माँ की बात अनसुनी कर दी। थोड़ी देर बाद फिर माँ की आवाज से तंद्रा टूटी- 'सुना नहीं तूने- दुली, मैंने तुझे आवाज दी थी,' माँ की आवाज के साथ उनके पाँवों की पायलों के घुँघरुओं की आवाज भी करीब आती लग रही थी। उन्होंने दुली की कान खिंचाई के लिए उसकी ओर कदम बढ़ा दिए। दुली समझ गया कि मामला बिगड़ रहा है। इससे पहले कि माँ छत तक आतीं, उसने डोर चरखी मिलाप के हाथ में थमा दी और चरखी रूपा के हाथ में और यह कहते हुए सरपट भागा– 'रूपा, तूने पतंग न उड़ाने का नियम लिया है, चरखी थामने का तो नहीं।' दुलीचंद रूपा का गहरा मित्र था। रूपा के मन को वह समझता था। यह भी जानता था कि रूपा नियम का पक्का है और कुशल पतंगबाज भी। एकबारगी चरखी थामते हुए उसके हाथ जरूर काँपे, लेकिन दुलीचंद की बात से सारी हिचक दूर हो गयी। सचमुच नियम तो सिर्फ पतंग न उड़ाने का लिया है। और जब चरखी हाथ में आ गयी तो रूपा खुद को पतंग का हिस्सा मानने लगा। पतंग की दिशा के साथ चार कदम इधर-उधर चलने में उसे आनन्द आ रहा था। पतंग कुछ देर के लिए आकाश में स्थिर हुई। फिर हवा के साथ नृत्य करने लगी। रूपा ने चरखी पर ढील देनी शुरू की और पतंग आकाश की गहराइयों को नापते हुए पंछियों से होड़ करने लगी। शाम के समय साफ नीले आकाश में पतंग वर्तुलाकार घूमते लाल धब्बे की तरह दिखाई दे रही थी। इतने दिन बाद रूपा पतंग की उड़ान में हिस्सेदार बना था। भूखे के सामने भोजन हो, उसकी गन्ध नथुनों में आ रही हो और उसे न खाने का नियम दिलवा दिया जाय। ऐसी स्थिति रूपा की हो गयी थी। रूपा और मिलाप बड़े मगन होकर पतंग के साथ आकाश की उड़ान भर रहे थे कि मिलाप के घर से भी बुलावा आ गया। मिलाप के घर में अनुशासन बहुत कड़ा था। एक बार बुलाने के बाद अगर वह नहीं पहुँचा तो उसकी खैर नहीं। यह बात मिलाप अपने अनुभवों से अच्छी तरह जानता था। इसलिये जैसे ही तुरन्त घर पहुँचने का उसे सन्देशा मिला, वह डोर छोड़ सीढ़ियों की तरफ चला। डोर छोड़ते ही पतंग हिचकोले खाने लगी। एक कुशल पतंगबाज के आगे पतंग हिचकोले खाने लगे? एक कुशल माँझी के होते हुए नैया डूब जाय? कैसे सम्भव है? कब रूपा के हाथों ने पतंग की डोर थाम ली, स्वयं रूपा भी समझ नहीं पाया। नियम, पिताजी, मुनि सोहनलाल सब उसके मानस से ओझल हो गये। चरखी जमीन पर थी और पतंग की डोर रूपा के हाथ में। वह ढील दे या डोर को खींचे,

सब उसके अपने ऊपर निर्भर था। रूपा सधे हाथों से पतंग को दिशा दे रहा था। वह जानता था कि उसने नियम तोड़ा है। मुनिश्री को दिए व्रत को खंडित किया है। पतंग की उड़ान के साथ-साथ कुछ प्रश्न बराबर उसके मानस को घेरते रहे- यह क्या परम्परा है, नियम के नाम पर किसी की खुशियाँ छीन ली जाएँ? क्या कभी जबरन दिए गये नियमों का ईमानदारी से पालन किया जा सकता है? वह मन-ही-मन नियमों की व्याख्या करने लगा। व्रत तो वह होता है जिसे व्यक्ति अपने आप धारण करे। नियम तो वह होता है, जिसका पालन करने में कहीं कोई हिचक न हो। बन्धन तो अपने मन का होता है। खैर! आज उसने जबरन दिलाया गया नियम तोड़ दिया। देर तक आसमान में पतंग के साथ खुलकर अठखेलियाँ करता रहा। पश्चिम में सूरज ढलने के साथ साँझ घिरने लगी थी। ऊँची उड़ती पतंग घोंसलों की तरफ वापस लौटते पंछियों की कतार में गुम हो गयी थी। रूपा ने चरखी उठाई और डोर लपेटनी शुरू की। पतंग धीरे-धीरे धरती के पास आती जा रही थी। अन्ततः रूपा के हाथों में आ गयी। आज रूपा ने आनन्द-सागर में गोते लगाए थे। लेकिन वह नियम तोड़ने के अपराध-बोध से घिरा हुआ था। चुपके से पतंग और डोर दुलीचन्द के बरामदे में टाँगी और अपने घर चला आया।

जयचंदलाल को खबर लग गयी थी कि रूपा ने नियम लेने के बावजूद पतंग उड़ाई है। वे उसकी इस हरकत से नाराज थे। लेकिन अपनी नाराजगी जाहिर नहीं की।

X X X

पाँची देवी ने जैसे ही जयचंदलाल को रूपा की दीक्षा लेने की मंशा बताई, उनका माथा ठनक गया। क्या रूपा सचमुच घर छोड़कर दीक्षा के नियमों से बँधने की सोच रहा है? जयचंदलाल यह सब सोच-सोच कर परेशान थे। उन्होंने तय कर लिया था कि वे उसे समझाएँगे-बुझाएँगे कि संन्यासी जीवन के नियम-धर्म, व्रत का पालन करना आसान नहीं होता। वे यह भी सोच रहे थे, जब यह पतंग न उड़ाने के नियम का पालन तो कर नहीं पाया, दीक्षा के नियमों का पालन क्या करेगा? फिर अभी रूपा की उम्र ही क्या है? बारह पार कर उम्र का तेरहवाँ साल ही चल रहा है। अभी इसने जीवन में देखा ही क्या है? कुछ नहीं बालपन की बहक है। जयचंदलाल के मानस में घमासान मचा हुआ था। लेकिन वे जानते थे कि इसे शान्त करने में वे सक्षम हैं। थोड़ा समझाना-बुझाना और थोड़ी डाँट-डपट। और नहीं तो मंत्री मुनि और मुनि सोहन लाल हैं ही अन्तिम दवा के रूप में।

वे चुपचाप रूपा की गतिविधियों पर नजर रख रहे थे। रूपा पहले से कुछ ज्यादा गम्भीर हो गया था। गधैयाजी के नोहरे की तरफ उसका आना-जाना बढ़ गया था। उसका

अधिक समय संतों की संगत में व्यतीत होने लगा था। एक दिन दोपहर बाद वह मुनि सोहनलाल के पास बैठा कुछ चर्चा कर रहा था। बातों ही बातों में पता चला कि आचार्य तुलसी सरदारशहर आने वाले हैं। रूपा ने आचार्यश्री के सामने अपनी दीक्षा के लिए अर्जी की रणनीति खुद ही बनानी शुरू कर दी थी।

सरदारशहर में आचार्यश्री का प्रवास पूरे नगर के लिए किसी पर्व से कम नहीं होता था। सुविख्यात जैन संत आचार्यश्री तुलसी तेरापंथ संघ के प्रमुख होने के साथ-साथ परम विद्वान और समाज-सुधारक के रूप में प्रतिष्ठित थे। न सिर्फ सरदारशहर के तीन हजार जैन परिवार अपितु अन्य लोग भी पलक पाँवड़े बिछाकर उनकी प्रतीक्षा और स्वागत करते थे। सबके मन में उनके लिए अपार श्रद्धा थी। जब वे शहर में पधारते, पूरा सरदारशहर एक आध्यात्मिक आभामंडल से ज्योतित हो उठता। वे सदैव पदयात्रा करते थे। उनके साथ अनेक संत-साध्वी भी पदयात्रा में साथ होते।

x x x

सन् उन्नीस सौ बावन, जुलाई का महीना। सरदारशहर पर बादल घिर आये थे। सुहावने मौसम में भोर से ही हजारों लोग आचार्यश्री की अगवानी के लिए हमेशा की तरह शहर से दूर पहुँचे थे। अगवानी के लिए पहुँचने वालों में बालक रूपा भी था। बादलों के बीच सूरज ताक-झाँक करने लगा। दस बजने को थे। प्रतीक्षारत श्रद्धालुओं में कुछ हलचल हुई। धीरे-धीरे हलचल तेज हुई। रूपा समझ गया कि श्रद्धालुओं को आचार्यश्री की एक झलक मिल गयी है। रूपा भीड़ को धकेलते हुए आगे पहुँच गया। दूर से टकटकी बाँधे निहारता रहा युग-प्रवर्तक के तेजी से बढ़ते कदमों को। अद्‌भुत गति और उस गति में अनुशासन की छाप। आचार्यश्री के साथ अन्य संतों और साध्वियों के कदम सरदारशहर की ओर बढ़ रहे थे। श्रद्धालुओं में आकुलता बढ़ती जा रही थी। रूपा के लिए यह कोई पहला अनुभव नहीं था। लेकिन नवीन अवश्य था।

सरदारशहर के श्रद्धालुओं में संत-साध्वियों का समूह पहले आगे बढ़ा फिर नगर के प्रतिष्ठित जन, जिनमें एक रूपा के पिता जयचंदलाल भी थे। रूपा इन सबमें पीछे छूट गया था। अब उसे सिर्फ मुनि सोहनलाल और उनके पीछे श्रद्धालुओं का समवेत स्वर में गाया गीत सुनाई दे रहा था—

सोने रो सूरज उगियो म्हारो खिल रह्यो भाग-सुभाग हो...।
बधावो गावो गुरूवर पधार्‌या म्हारे शहर में...।

x x x

गधैया जी के नोहरे में आचार्यश्री के प्रवास से पूरा शहर आध्यात्मिक प्रभामंडल से स्नात हो गया था। इधर रूपा के मन में घमासान शुरू हो गया था कि कैसे आचार्यश्री के पास पहुँचूँ और उनके सामने अपने मन की बात रखूँ। एक दिन रूपा को यह अवसर मिल ही गया। अर्हत वंदना में अभी समय था। आचार्यश्री के आस-पास कोई नहीं था। दूर एक नन्हा-सा दीप जल रहा था। विद्युत का प्रयोग वे करते नहीं थे। अवसर पाकर रूपा सीधा आचार्यश्री के पास पहुँच गया। चरण-वंदना के बाद हिम्मत जुटाई और बोला– 'आचार्यश्री मैं संन्यासी जीवन की दीक्षा लेना चाहता हूँ। आप मुझे दीक्षा देंगे न।'

आचार्यश्री ने अपने सामने खड़े तेजस्वी किशोर बालक को सिर से पाँव तक देखा। इससे पहले उन्होंने इसे कभी नहीं देखा था। वे जानते थे कि ऐसी इच्छा व्यक्त करने वाला अपनी मंशा में बहुत दृढ़ होता है, किन्तु परिवार के लोग नहीं चाहते कि उनका बेटा दीक्षा लेकर वीतरागी जीवन व्यतीत करे। आचार्य तुलसी ने बालक का मन खंगालने और दूसरी जानकारियाँ लेने के लिए पूछा–

'तुम दीक्षा क्यों लेना चाहते हो?'

रूपा ऐसे प्रश्नों के लिए तैयार था– 'आचार्यश्री संसार में मेरा मन नहीं लगता। मेरा मन साधना और भक्ति में है। इसलिए मैं दीक्षा लेकर साधना और भक्ति के पथ पर चलना चाहता हूँ। आचार्यश्री संसार में रहते बहुत झूठ बोलना पड़ता है। छल करना पड़ता है। मुनि बन जाऊँगा तो शायद इससे दूर हो जाऊँगा।'

आचार्य श्री ने इस सम्बन्ध में और ज्यादा बात करने की बजाय रूपा से पूछा–

'तुम्हारा नाम क्या है? तुम किसके बेटे हो?'

रूपा ने परिचय देते हुए कहा–'आचार्यश्री मेरा नाम रूपचन्द्र है। मेरे पिता हैं श्री जयचंदलाल। माँ पाँची देवी हैं। दादा भीखम चंद जी ...' रूपा और कुछ बोलता इससे पहले ही आचार्यश्री ने हाथ के इशारे से उसे बात खत्म करने को कहा। आचार्यश्री रूपा की पारिवारिक पृष्ठभूमि से परिचित थे। रूपा आचार्यश्री की ओर अपने प्रश्न के उत्तर के लिए देखता रहा। आचार्यश्री ने कहा–'पहले अपनी इच्छा अपने माता-पिता को बताओ फिर सोचेंगे।'

आचार्यश्री के चरणों में प्रणाम निवेदित कर बालक रूपा मन में ऊहा-पोह लिए घर की तरफ लौटा। उस दिन मुनि सोहनलाल से भी नहीं मिला।

काफी मंथन के बाद पाँची देवी ने नियति को स्वीकार कर लिया था। नोहरे से लौटने के बाद जब रूपा ने बताया कि उसने आचार्यश्री के सामने अपने मन की बात कह दी, तो पाँची देवी के चेहरे पर कोई उद्वेग नहीं था। एक असीम शान्ति और ओज था। पाँची देवी ने कहा, 'ठीक है तू दीक्षा ले रहा है। अगर तेरा भाई माणक छोटा नहीं होता तो मैं भी तेरे साथ संन्यास ले लेती। खैर! इस बारे में तू अपने पिताजी से बात

कर ले।' पाँची देवी स्वयं उस दीक्षा-पथ पर जाना चाहती थीं। लेकिन अभी पारिवारिक दायित्व निभाने थे।

रूपा अपने मन की बात माँ से कह चुका था। उसे स्वीकृति भी मिल गयी थी। लेकिन पिताजी से कहने की हिम्मत नहीं जुटा पा रहा था। उसने माँ से कहा, 'माँ, पिताजी से आप ही कह देना। मुझे तो डर लगता है।' वह अब इस काम में और देरी नहीं करना चाहता था। उसने मन कड़ा कर हिम्मत जुटाई और तय कर लिया कि अगर माँ ने नहीं कहा तो कल सुबह ही वह पिता जी से सब बात कह देगा।

अगली भोर रूपा जल्दी उठ गया। इससे पहले कि जयचंदलाल गौशाला जाते, रूपा मुँह-हाथ धोकर तैयार हो गया गौशाला जाने के लिए। उसे तैयार देख जयचंदलाल को हैरानी हुई।

'अरे, रूपा तू रोज तो सोकर नहीं उठता, आज इतनी जल्दी एकदम तैयार।' जयचंदलाल ने पूछा–

इससे पहले कि रूपा कोई उत्तर देता, पाँची देवी बोल पड़ी, 'सुनिए, जरा भीतर आना। कुछ कहना है।'

जयचंदलाल का ध्यान पत्नी की ओर मुड़ गया।

'हाँ, क्या बात है, जल्दी करो। वहां गायें इन्तजार कर रही हैं।'

'अपना रूपा दीक्षा लेकर साधु बनना चाहता है। उसने आचार्यश्री से निवेदन भी किया है।' पाँची देवी एक साँस में ही बोल गयीं।

जयचंदलाल का माथा सुबह-सुबह ठनक गया। उन्हें रूपा की सनक और जिद का अंदाजा था। उन्होंने भीतर कमरे से आवाज दी– 'रूपा' आवाज में खासी कड़क थी। उन्होंने सोच लिया था कि अब इसकी यह जिद नहीं चलने देंगे। जैसे-तैसे पतंग उड़ाना छुड़ाया, अब यह संन्यासी बनने की सनक सवार हो गयी।

तौलिया से मुँह पोंछता, कमीज के बटन ठीक करता रूपा कमरे में भीतर पहुँचा। जयचंदलाल की त्यौरियाँ सुबह-सुबह चढ़ी हुई थीं–

'एक बात कान खोल कर सुन ले रूपा। तेरी ये बातें अब नहीं चलने वालीं। ध्यान रख, मैं तुझे साधु के बाने में नहीं देखना चाहता। चाहे अपनी जिद पूरी करने के लिए तू जान भले ही दे दे।' इतना ही कहा जयचंदलाल ने और तेज कदमों से गौशाला की ओर निकल गये। रूपा को अपनी बात कहने का कोई मौका नहीं मिला। वह सीधे बच्चों वाले कमरे में आ गया। भीतर खासी उथल-पुथल थी। उसे समझ नहीं आ रहा था कि पिताजी उसके हर काम का विरोध क्यों करते हैं। पतंग उड़ाना उन्हें अच्छा नहीं लगता था, उसे छुड़वा दिया। तबला बजाना चाहता था, वह नहीं ला कर दिया। अब संन्यास दीक्षा लेना चाहता हूँ, इसमें क्या बुराई है? वह खुद भी तो साधु-संतों की इतनी सेवा

करते हैं। उन्हें पूज्य मानते हैं। घर में उनका आगमन कितना हर्ष का विषय होता है। उनसे आशीर्वाद लेने को पूरा घर आतुर रहता है। रूपा को लगा कि पिताजी को तो मेरी हर बात का विरोध करने और डाँटने की आदत है, लेकिन मैं संन्यास दीक्षा अवश्य लूँगा।

पाँची देवी घर का काम करते हुए लगातार सोच रही थीं कि अब अवश्य कोई तूफान आने वाला है रूपा की वजह से। उधर गौशाला में जयचंदलाल गायों को नहलाते-धुलाते लगातार रूपा के बारे में ही सोच रहे थे। वे मन-ही-मन रूपा की प्रतिभा के कायल थे। उसकी समझ भरी बातें उन्हें भाती थीं। जब कभी मुनि सोहनलाल उसके विषय में बात करते तो अपने पुत्र के लिए गर्व से उनकी छाती फूल जाती। उनकी दृष्टि में रूपा के भीतर सब ठीक था, सिर्फ कुछ फिजूल की सनकों के। अब यह साधु बनने की नयी सनक जाने कहां से सवार हो गयी।

रूपा पिताजी के प्रखर स्वभाव को जानता था। उनको मनाना टेढ़ी खीर थी। रूपा ने अपनी रणनीति बनानी शुरू कर दी थी। उसे पता था कि पिताजी पर किसका प्रभाव ज्यादा है। उसका लक्ष्य था मुनि सोहनलाल और कन्हैयालाल दूगड़ से पिताजी को कहलवाना। उसने रणनीति बनाई और उसे कार्यरूप देना शुरू कर दिया। वह तैयार होकर जल्दी ही विद्यालय की ओर चल दिया। न जाने क्यों उसे बार-बार लग रहा था कि इस बार वह अवश्य अपने लक्ष्य को पा लेगा। विद्यालय की ओर जाते रूपा का हर कदम उसके दृढ़संकल्प का साक्षी था। दिन भर विद्यालय में मन के भीतर उधेड़बुन चलती रही। छुट्टी होने पर घर लौटा और किताब ले कर बैठ गया। माँ ने खाने के लिए बुलाया तो अनमना-सा हो उठा। थाली परोसी हुई थी, उसमें रोटी, गट्टे की सब्जी, लौकी की सूखी सब्जी और साथ में एक कटोरी दही था। बड़ी देर तक थाली में रखी चीजों को निहारता रहा। भूखा होने के बावजूद उसे जैसे इन सब चीजों से अरुचि हो गयी थी। पन्द्रह मिनट तक उसने कुछ नहीं खाया। बस निहारता रहा। सामने रखी थाली उसे बड़े शून्य की तरह लग रही थी, जिसमें रोटी की शक्ल में एक और शून्य। दोनों कटोरियाँ दो छोटे-छोटे शून्यों जैसी लग रही थीं। वह शून्य से शून्यों तक यात्रा कर रहा था। यह शून्य ही तो ब्रह्मांड है। इस शून्य में ही समस्त सृष्टि है, ईश्वर है।

'रूपा, तूने अभी तक खाना शुरू नहीं किया,' माँ की आवाज से उसकी विचार-शृंखला टूट गयी। उसने कोई उत्तर नहीं दिया। तब तक पाँची देवी एकदम पास आ गयीं। माँ का अंतर्मन रूपा की मनःस्थिति को अच्छी तरह पढ़ सकता था कि वह क्या सोच रहा है। वे रूपा की जिद को भी अच्छी तरह जानती थीं। माँ को पास आया देख रूपा थाली छोड़ उठने लगा। पाँची देवी ने प्यार से उसे बैठाया। वह अनमना-सा बैठ तो गया, लेकिन थाली को अब भी हाथ नहीं लगाया। माँ ने दुबारा टोका तो बोला, 'जब तक पिताजी मुझे दीक्षा की अनुमति नहीं देते, मैं भोजन में दो द्रव्यों से अधिक

कुछ नहीं लूँगा। मैं सिर्फ रोटी और केला ही खाऊँगा। उसके अलावा कुछ नहीं।' और रूपा थाली छोड़कर उठ खड़ा हुआ। माँ आवाज देती रहीं। उसने कोई बात नहीं सुनी और दरवाजे से सीधे बाहर गली में चला गया। पाँची देवी गली में आवाज लगाती रहीं। उन्होंने थाली ढँक कर रख दी। माणक के साथ घर के दूसरे कामों में उलझ गयीं।

शाम को भी रूपा ने थाली लौटा दी। माँ के बहुत कहने पर दो रोटी और दो केले खा लिये। दो दिन ऐसे ही गुजर गये। रूपा ने खाने के नाम पर रोटी और केले ही खाए। जयचंदलाल के कानों तक रूपा की इस नयी सनक की बात पहुँच गयी। वे खासे नाराज थे। दोपहर को जल्दी घर लौटे, ताकि रूपा की सनक चूल्हे में झोंकी जा सके। संयोग से रूपा उस समय खाना खा रहा था। उसकी थाली में एक केला और दो रोटियाँ रखी हुई थीं। वे सीधे वहीं पहुँचे। अपने गुस्से को पीते हुए सहज होकर बोले–

'रूपा तू बाकी सब्जी-दाल क्यों नहीं खा रहा? ऐसे तो तू कमजोर हो जाएगा।' रूपा एकबारगी सकपकाया। फिर बिना कोई उत्तर दिए उसने अपने भोजन के क्रम को आगे बढ़ाया। रूपा से कोई उत्तर न पाकर जयचंदलाल की त्यौरियाँ चढ़ने लगीं। इस बार उन्होंने थोड़ा ऊँची आवाज में कहा–

'मैंने तुझसे कुछ पूछा है, तू जवाब क्यों नहीं देता? ये सारा नाटक किसलिए है, मैं जानता हूँ। लेकिन याद रख तेरी ये नौटंकी ज्यादा नहीं चलेगी।'

इस बार रूपा बोला, 'पिताजी जब तक आप मुझे दीक्षा के लिए अनुमति नहीं देते। मैं भोजन में सिर्फ ये दो चीजें ही लूँगा, रोटी और केला। यही मेरा संकल्प है।'

जयचंदलाल की आवाज इस बार गुस्से में और भी तल्ख हो गयी थी- 'संकल्प ले रहा है। दीक्षा लेगा। मालूम है संत जीवन क्या होता है? क्या-क्या छोड़ना पड़ता है? और जो ये तू सिर्फ रोटी और केले खाने की बात कर रहा है। याद रख ऐसी नौटंकियों का मेरे ऊपर कोई असर होने वाला नहीं। रोटी और केले मिल जाएँ, फिर दूसरी चीज खाने की जरूरत ही क्या है? मौज ही मौज। इससे अच्छी तरह जिंदगी काटी जा सकती है।'

रूपा ने और कुछ सुनना या उत्तर देना उचित नहीं समझा। झटपट थाली खाली कर उठा और दूसरे कमरे में चला गया। इस प्रकार अपनी उपेक्षा पर जयचंदलाल नाराज थे। रूपा को पिता जी की बात भीतर तक चुभ गयी थी कि रोटी और केले मिल जाएँ तो और क्या चाहिए? मौज ही मौज! क्या अगर वह कुछ भी न खाए तब पिता जी को बात समझ आएगी? रूपा की उधेड़बुन और तेज हो गयी। पाँची देवी और शुभकरण के बहुत कहने के बावजूद उसने कुछ नहीं खाया।

सुबह उठा तो भूख लग रही थी। पाँची देवी ने खाने के लिए कहा तो मना कर दिया। विद्यालय से लौटा। इस बार माँ के बहुत कहने पर फिर रोटी और केले ही खाए। रूपा के कारण घर का वातावरण तनावपूर्ण हो चला था। माँ होते हुए भी पाँची देवी का

मन नियति को स्वीकार चुका था कि रूपा का जीवन-पथ सांसारिक नहीं, संन्यास का है। जयचंदलाल इस बात को स्वीकारने के लिए तैयार नहीं थे। वे उसे संन्यासी जीवन की कठिनाइयों और नियमों का आभास दिला चुके थे, लेकिन रूपा संकल्प से डिगने को तैयार नहीं था।

एक दिन घर में घमासान के बाद रूपा ने पूरी तरह खाना छोड़ दिया।

'देखते हैं कितने दिन तक खाना नहीं खाएगा?' जयचंदलाल ने तेरह वर्षीय बालक के सामने चुनौती फेंकी।

ये रूपा के लिए संन्यासी जीवन के बिना ही तपने और अपने आपको परखने के दिन थे। बाल-मन संन्यास-पथ की विकटताओं को नहीं जानता था।

वह जीवन में धवलता की ओर जाना चाहता था। संकल्प की आभा उसके मुखमंडल पर झलकने लगी थी। उसे भोजन किए बिना आज तीसरा दिन था। जयचंदलाल दोपहर को घर आये। उन्होंने सोच लिया था कि आज रूपा के सिर से वे दीक्षा का भूत उतार कर रहेंगे। वे पाँची देवी के पास पहुँचे—'रूपा ने अब तक कुछ खाया या नहीं? उसका पागलपन उतरा या नहीं?' एक ही साँस में उन्होंने दो प्रश्न पूछ लिए।

'देखिए, आज तीसरा दिन है, रूपा ने सिर्फ पानी पिया है। कुछ भी नहीं खा रहा। आप उसे दीक्षा की अनुमति क्यों नहीं दे देते?' पाँची देवी ने कहा।

'क्या हँसी—मजाक है संन्यासी होना? अभी इसकी उम्र ही क्या है। कुल तेरह बरस। इसने दुनिया ही कितनी देखी है। ये सोचता है अपनी जिद से सही-गलत सब कुछ मनवा लेगा। हर्गिज नहीं। पागल हो गया पागल! है कहाँ वो? अभी कहीं घूम रहा है?'

जयचंदलाल तमतमाए हुए थे।

'रूपा...रूपा...'

रूपा जानता था कि अब क्या होने वाला है? लेकिन वह अपने संकल्प के लिए कुछ भी सहने को तैयार था। वह पिता के सामने पहुँचा। उसके चेहरे पर दृढ़ संकल्प की आभा थी। भूखे रहने के बावजूद मुख मलिन नहीं हुआ था।

'जी, पिता जी'... रूपा ने धीरे से कहा।

'रूपा, ये जिद छोड़ो। खाना खाओ। तुम अपना भविष्य नहीं देख पा रहे हो। दीक्षा लेकर क्या करोगे? अपना व्यापार इतना फैला हुआ है। उसे सँभालना है तुम्हें। किस चीज की कमी है तुम्हारे लिए घर में? तुम क्यों संन्यास लेना चाहते हो?' जयचंदलाल के प्रश्नों के उत्तर में रूपा ने फिर अपना संकल्प दोहरा दिया जो उसने आचार्यश्री तुलसी के समक्ष रखा था—

'पिता जी, मैं देखता हूँ, इस संसार में रहते हुए कितना झूठ बोलना पड़ता है।

छल करना पड़ता है। मुनि बन जाऊँगा तो इस सब प्रपंच से दूर रहूँगा। मेरा मन इस सबमें नहीं लगता। पिता जी, आप मुझे संन्यास दीक्षा की अनुमति दें।' रूपा ने शान्त भाव से उत्तर दिया।

'जानते हो एक संन्यासी को कितने कठिन व्रतों-नियमों का पालन करना पड़ता है पूरी उम्र? तुम्हारी अभी उम्र ही क्या है। निरा बचपना है। खेलने-खाने की उम्र है, न कि नियमों का पालन करने की।' जयचंदलाल रूपा को समझाने का प्रयास कर रहे थे– 'और मैंने देख लिया तुम्हारे वश का नहीं, किसी नियम का पालन करना।'

'पिता जी मैं नियमों का पालन करना जानता हूँ।' रूपा ने उत्तर दिया।

'हुँ, नियमों का पालन करना जानता है। तभी तो पतंग न उड़ाने का नियम लेने के बावजूद उसका कितना पालन कर सका? मुझे मालूम है, तूने अब फिर पतंग उड़ाना शुरू कर दिया है।' रूपा जवाब देने को तैयार था।

'पिता जी, जो नियम जबरन दिलवाए जाते हैं या थोपे जाते हैं, उनका पालन करना मुश्किल होता है। लेकिन जब हम अपने आप ही कोई संकल्प लेते हैं तो उसे जीवन भर निभाना कोई मुश्किल नहीं होता। पतंग न उड़ाने का नियम आपने मुझे जबर्दस्ती दिलवाया था। जब तक बन पड़ा मैं मन-मसोस कर उसे निभाता रहा... ।' एक घड़ी की चुप्पी के बाद रूपा फिर दृढ़ता से बोला–

'लेकिन, जब मैं अपनी इच्छा से नियम लूँगा तो विश्वास कीजिए अंतिम साँस तक निभाऊँगा। मैंने संन्यास-पथ पर जाने का संकल्प ले लिया है। वही मेरा जीवन है, वही लक्ष्य। मुझे घर-बार, संसार कुछ भी नहीं चाहिए।... जब तक आप अनुमति नहीं देंगे। मैं कुछ नहीं खाऊँगा।'

रूपा की दृढ़ता देख जयचंदलाल हैरान थे। लेकिन उसकी जिद देखकर उनका पारा चढ़ता जा रहा था।

'कुछ नहीं खाएगा, कुछ नहीं खाएगा।' एक तमाचा उन्होंने रूपा के गाल पर जड़ दिया। उसे खींच कर भीतर वाले कमरे में ले गये। बाहर से दरवाजे की कुंडी लगाते हुए बोले, 'अब देखता हूँ तू कहाँ जाएगां।'

क्षणभर के लिए तमाचे का असर रूपा के गालों पर अवश्य दिखाई दिया। गाल लाल हो गया था, लेकिन इस तमाचे ने उसके संकल्प को और भी दृढ़ कर दिया था। रूपा शान्त भाव से कमरे के फर्श पर बैठा रहा। कोई खिड़की न होने की वजह से वह आसमान नहीं देख पा रहा था। कमरे की छत ही अब उसका आसमान थी। उसके मन में पिता जी के प्रति कोई रोष नहीं था। वह सिर्फ अपने लक्ष्य को देख रहा था। वह नहीं जानता था कि संन्यासी बनने के बाद जीवन कैसा होता है? लेकिन उसे ऐसा ही जीवन अपना अंतिम लक्ष्य दिखाई दे रहा था। रूपा ने आँखें मूँद लीं। उसकी आँखों के

आगे वर्तुलाकार प्रकाश छाने लगा था। अँधेरे कमरे में उसे अद्भुत प्रकाश के दर्शन हुए। यही, यही तो उसका अंतिम लक्ष्य है। क्या यह प्रकाश सदैव उसके साथ रहेगा? प्रकाश ...प्रकाश...प्रकाश... अचानक कमरे का दरवाजा खुलता है। रूपा के चारों ओर छाए प्रकाश का वर्तुल धीरे-धीरे बिखरने लगता है।

'अब तो तुम्हारे होश ठिकाने आ गये होंगे?' जयचंदलाल के प्रश्न से प्रकाश पूरी तरह बिखर गया। रूपा का चेहरा एकदम शान्त था। प्रकाश की तेजस्विता उसके मुखमंडल पर आभासित थी।

जयचंदलाल समझ गये थे कि रूपा को उसके संकल्प से डिगाना शायद मुश्किल है। उन्होंने सोचा था कि चार घंटा अगर कमरे में बन्द कर देंगे, तो शायद इसका भ्रम टूट जाये। लेकिन अब उन्होंने अपनी रणनीति बदलने की बात सोची।

X X X

ओसवाल सिंधी परिवार में माँ करणी देवी की बहुत मान्यता थी। सरदारशहर से लगभग एक सौ साठ किलोमीटर दूर वही करणीमाता का मंदिर जो चूहों वाला मंदिर कहा जाता है। इस मंदिर में हजारों चूहे देवी माँ के आस-पास घूमते रहते हैं। देवी माँ के सामने माथा टेक रहे नतमस्तक श्रद्धालुओं की पीठ पर चूहों का चढ़ना आशीर्वाद-स्वरूप माना जाता है। वैसे यह जैन परिवार देवी माँ का अपार भक्त था। रूपा के दादा भीखमचंद अक्सर देवी माँ की भक्ति में डूब जाते थे। मान्यता थी कि जब वे ध्यान लगाते हैं तो उनके ऊपर देवी आती और सब कुछ बता देती हैं।

जयचंदलाल अंतिम अस्त्र के रूप में करणी माता की शरण में गये। रूपा संन्यास पथ पर जाये या न जाये, इसका फैसला देवी माँ के ऊपर छोड़ दिया। रूपा को साथ लेकर वह सीधे अपनी पुरानी हवेली पहुँचे, जहाँ उनके पिता यानी भीखमचन्द रहते थे। उन्होंने पिताजी के सामने सारी बात रखी कि रूपा मुनि दीक्षा लेने की जिद कर रहा है। दादा को सहसा पौत्र के जन्म पर पंडित की भविष्यवाणी याद आ गयी कि यह योगी बनेगा। यह गृहस्थ जीवन में लिप्त नहीं होगा। यह एक नहीं, बल्कि तीन जन्मों से वैराग्यपूर्ण जीवन व्यतीत कर रहा है। इस जन्म में भी बाल्यकाल से साधु समाज में चला जाएगा... आदि-आदि। उन्हें एक दूसरे ज्योतिषी की बात भी याद आयी। उसने भी बताया था कि यह बालक गृहस्थ में नहीं रहेगा। परिव्राजक होकर विद्यार्जन करेगा। शुभ कर्म करने वाला कीर्तिवान, उपदेशक मुनि, संन्यासी, ब्रह्मचारी और ज्ञानी धर्म प्रचारक होगा।

ज्योतिषी का एक-एक वाक्य भीखमचन्द के कानों में तेरह साल बाद ज्यों-का-त्यों

गूँज रहा था। लेकिन वे बेटे और पोते की उलझन में फँस गये। बेटा जयचंदलाल नहीं चाहता था कि रूपा संन्यासी बने, लेकिन रूपा की नियति उसे संन्यास पथ पर ही ले जा रही है। वे अंतर्चक्षुओं से इस सत्य को घटित होता देख रहे थे। फिर भी जयचंदलाल के कहने पर उन्होंने देवी माँ का ध्यान लगाया। सत्य वे जानते ही थे कि 'कोई लाख करे चतुराई, करम का लेख मिटे न रे भाई।'

ध्यान-मुद्रा में वे अपने पोते रूपा को श्वेत वस्त्रधारी मुनि के रूप में विहार करते देख रहे थे। पर अभी तो एक नाटक था बेटे जयचंदलाल की खुशी के लिए। दस मिनट ध्यान लगाने के बाद उन्होने आँखें खोलीं और बोले–

'देवी माँ ने आदेश दिया है कि रूपा के लिए गृहस्थ जीवन में रहना ही शुभकर है, वह संन्यास-पथ पर नहीं जाएगा...।'

जयचंदलाल और रूपा उनका मुँह ताक रहे थे। उनकी बात सुनकर जयचंदलाल को सन्तोष हुआ। उन्होंने तिरछी नजर से रूपा की ओर प्रश्न की मुद्रा में देखा। रूपा गौर से दादा जी की मुख-मुद्राओं को पढ़ रहा था। वह बोला–

'दादा जी आप जो कुछ कह रहे हैं, वह देवी माँ ने नहीं कहा, वह देवी माँ का आदेश नहीं है। आपने पिता जी को खुश करने के लिए ऐसा कहा है।...' इससे आगे रूपा कुछ और बोलता कि दादा जी के होठों पर मुस्कान तैर गयी। बोले– 'रूपा तू ठीक कह रहा है...।'

रूपा कुछ देर वहाँ रुका। फिर पिता-पुत्र को बात करते छोड़ आया।

भीखमचन्द ने जयचंदलाल को उस सत्य से अवगत कराया, जिसे वे पिछले तेरह साल से छिपाते आ रहे थे। रूपा के जन्म के दो-तीन दिन बाद ज्योतिषियों ने इसके ग्रह-नक्षत्रों की गणना कर जो भविष्यवाणी की थी, वह पहली बार उन्होंने जयचंदलाल को बताई। 'तो क्या मैं किसी भी तरह नियति को टाल नहीं सकता?' भारी मन से जयचंदलाल पुरानी हवेली से उठे। उनके समक्ष अजब धर्म संकट खड़ा हो गया था। यहाँ से वह सीधे कन्हैयालाल दूगड़ जी के पास गये, जो हस्तरेखा विशेषज्ञ थे। अपनी उलझन जब उन्होंने कन्हैयालाल जी के सामने रखी तो उन्होंने कहा–

'मैंने रूपा की हाथ और पैर की रेखाएँ देखी हैं। सच है कि यह घर में रहने वाला जीव नहीं है। आज नहीं तो कल यह गृह-त्याग करेगा।'

जयचंदलाल को सब जगह अपनी आशा के विपरीत दूसरे ही सच का सामना करना पड़ रहा था। बाहर से भले ही वह तमाम दिनचर्याओं में जुटे रहते थे, जिनमें गधैया जी के नोहरे में जाकर संत-सेवा भी शामिल थी, लेकिन मन बड़ा उद्विग्न था। उन्हें रूपा का दीक्षा लेना अवश्यम्भावी लगने लगा था, फिर भी मन इस सच को स्वीकार करने के लिए तैयार न था।

घर में जयचंदलाल के अलावा रूपा की दीक्षा का ज्यादा विरोध था तो रूपा के सबसे बड़े भाई शुभकरण की तरफ से। जब उन्हें रूपा की मंशा पता चली तो बिफर उठे। इतने धार्मिक प्रवृत्ति वाले परिवार में रहते हुए भी वे मुनियों-संतों के समर्थन में नहीं थे। शुभकरण अक्सर व्यापार की गतिविधियों में व्यस्त रहते, घर में ज्यादा दखल नहीं देते थे। उन्हें रूपा की मंशा का पता चल गया था, लेकिन इस बारे में उन्होंने पिताजी से कोई बात नहीं की। मन-ही-मन रूपा के प्रति नाराजगी से भरे हुए थे।

रूपा के प्रसंग को लेकर डेढ़ महीना बीत चुका था। जयचंदलाल का विरोध अब भी जारी था। रूपा का संकल्प अडिग था। जयचंदलाल को बार-बार मुनि सोहनलाल की बात याद आती। वे अक्सर रूपा के बारे में कहते– 'यह ऊँचा संत बनेगा। यदि यह संत बनना चाहे तो मना मत करना।'

जयचंदलाल को लगने लगा था शायद नियति उनकी अपनी मंशा के विपरीत जा रही है। वे नियति को स्वीकार करने का मन बनाने की कोशिश में थे। तमाम आशंकाएँ उनको घेरे हुए थीं। उन्हें लगता था कि रूपा भावुकता में निर्णय ले रहा है। अभी इसे संत होने का अर्थ भी नहीं मालूम। अभी इसमें संन्यास का आकर्षण है। कल ऐसा न हो कि यह भटक जाये और पुनः गृहस्थ जीवन में लौट आये। अगर ऐसा हुआ तो वह ज्यादा खराब होगा।

रूपा घर में तनाव अनुभव कर रहा था। पिताजी के सामने पड़ने से कतराता था। जयचंदलाल भी उससे दूरी बनाने की कोशिश करते।

रूपा को यह समझ में नहीं आ रहा था कि संतों-मुनियों के प्रति अगाध श्रद्धा रखने वाले पिताजी उसे इस राह पर जाने की अनुमति क्यों नहीं दे रहे? वह यह भी जानता था कि पिताजी मंत्री मुनि की सेवा में किस प्रकार तत्पर रहते हैं। उनकी बात को वह किसी भी तरह टालेंगे नहीं। रूपा को पिताजी से अपनी बात मनवाने के लिए अंतिम अस्त्र के रूप में मंत्री मुनि नजर आ रहे थे। वह दो-तीन दिन तक लगातार मंत्री मुनि के पास गया। इधर-उधर की चर्चा के बाद अपने मन की बात रखी। अनुभवी मंत्री मुनि रूपा के अंतर्मन की दृढ़ता को समझ गये। जब रूपा ने बताया कि पिता जी अनुमति नहीं दे रहे और उनकी अनुमति के बिना दीक्षा सम्भव नहीं, तब मंत्री मुनि ने उसे आश्वस्त किया कि वे स्वयं इस बारे में जयचंदलाल से बात करेंगे।

X X X

सितम्बर का अन्तिम सप्ताह था। आसमान पानी बरसा कर धुल चुका था। हवा में उमस बाकी थी। इस चातुर्मास में आचार्यश्री के प्रवास से पूरे सरदारहशहर में एक

अलग ही रौनक थी। रोज की तरह प्रातः दिनचर्या की शुरूआत जयचंदलाल ने गौशाला से की। वहाँ से सीधे मंत्री मुनि के पास जाने का क्रम आज भी पहले की तरह रहा। नब्बे वर्षीय मंत्री मुनि की सेवा करते हुए उन्हें सुख अनुभव होता था। उनके साथ चर्चा में जीवन का सार मिलता था। मंत्री मुनि जयचंदलाल को सिंधी कहकर बुलाते थे। आज वह स्वयं ही रूपा की चर्चा छेड़ बैठे–

'सिंधी, रूपा के बारे में तू क्या सोचता है?'

'मुनि जी रूपा बच्चा है। मुनि दीक्षा लेने की जिद ठाने बैठा है। आप तो...' जयचंदलाल की बात बीच में ही रोकते हुए मंत्री मुनि बोले– 'तो इसमें बुराई क्या है? मैं उसका मन पढ़ चुका हूँ।'

'मुनि जी, अभी वह भावुकता में बहकर दीक्षा के लिए जिद कर रहा है। उसे मुनि जीवन की कठिनाइयों और व्रत-नियमों के बारे में कुछ नहीं मालूम। मुझे सन्देह है कि वह नियमों का पालन कर पाएगा। कल को वह अपने मार्ग से भटका और फिर गृहस्थ जीवन की ओर लौटा तो ठीक नहीं होगा।' जयचंदलाल जैसे अपने मन का सारा गुबार निकाल देना चाहते थे।

'सिंधी, तू इतना क्यों सोचता है? रूपा के लिए इतनी आशंकाएँ मत पाल। देख, आज यह जिस सिंह-वृत्ति से दीक्षा लेने की बात कर रहा है, यही सिंह-वृत्ति उसे संन्यास के पथ पर आगे तक ले जाएगी। यह बहुत ऊंचे दर्जे का संत बनेगा। तू मेरी बात मान इसे दीक्षा की अनुमति दे दे। इसकी नियति और वृत्तियाँ आज नहीं तो कल उसी मार्ग पर ले जाएँगी। बस अब इस विषय पर ज्यादा सोचना बन्द कर दे और दीक्षा की तैयारी शुरू कर।'

मंत्री मुनि के निर्देश को टालना जयचंदलाल के लिए सम्भव नहीं था।

X X X

जयचंदलाल रूपा की मुनि-दीक्षा के लिए मन बना चुके थे। जोर-शोर से तैयारियाँ शुरू हो गयीं थीं। अब रूपा के संन्यास-जीवन में प्रवेश के मार्ग में कोई बाधा नहीं थी। सब राजी हो गये। अवरोध का सिर्फ एक दीया अब भी टिमटिमा रहा था, वह था शुभकरण के मन में। जयचंदलाल और घर के बाकी सदस्यों के आगे उसका कोई विशेष महत्व नहीं था। लेकिन उसका अस्तित्व तो अब भी बरकरार था।

X X X

रूपा का मन मुनि जीवन में प्रवेश की कल्पना साकार होते देख पुलक से भर गया था। उस जीवन में प्रवेश की सीढ़ी का पहला पायदान था कि स्वयं रूपा और उसके परिवार के लोग आचार्य तुलसी के समक्ष रूपा की दीक्षा के लिए निवेदन करें।

सितम्बर का महीना अपने अंतिम पड़ाव पर था। गधैया जी के नोहरे में रोज ही हजारों श्रावक-श्राविकाओं का ताँता लगा रहता। आचार्य तुलसी की वाणी का अमृत हर कोई चाहता था। इन श्रावक-श्राविकाओं में बालक रूपा भी पिछले कई दिनों से शामिल हो रहा था। उस दिन प्रवचन समाप्ति के बाद वह मुनि सोहनलाल के पास पहुँचा। उसके मुखमंडल पर एक सन्तोषमयी आभा विराजमान थी—

'आ रूपा बैठ। मैं प्रसन्न हूँ कि तेरे घर के लोग राजी हो गये। अब तेरे मार्ग में कोई अवरोध नहीं है।' मुनि सोहनलाल ने रूपा को बैठने के लिए कहा।

'मुनि जी, अब मैं पिता जी, दादा जी आदि के साथ आचार्यश्री के समक्ष दीक्षा की अर्जी कर दूँगा। मुनि जी मैं चाहता हूँ कि यह अर्जी आम अर्जियों से कुछ अलग हो।' रूपा ने मन की बात कही।

बालक रूपा की प्रतिभा से मुनि जी गहराई से परिचित थे। पूछने लगे—

'कुछ अलग कैसे?'

'अगर मैं गा-गाकर आचार्यश्री के सामने अपना निवेदन रखूँ तो कैसा रहे?' रूपा ने अपनी मंशा प्रकट की।

'हाँ, तू गाता तो बहुत अच्छा है। इसमें क्या बुराई है?'

'लेकिन मुनि जी मैं गाऊँगा क्या? आप कोई गीत लिख दीजिए। मैं उसी को गाऊँगा।' रूपा मुनि सोहनलाल के स्वर और शब्द— दोनों पर मुग्ध था। एक प्रकार से वे रूपा की प्रेरणा और आदर्श थे। पुलक भरे बाल-मुख को पढ़ते हुए मुनि सोहनलाल के भीतर का कवि जागने लगा। उन्होंने रूपा से कहा— 'अच्छा ठीक है रूपा अब जाओ। मैं देखता हूँ। अगर गीत जैसा कुछ बन पड़ा तो...।'

प्रणाम कर रूपा वहाँ से चला गया।

मुनि सोहनलाल के कवि-मन के सामने चुनौती आकार लेने लगी। भीतर एक याचक जन्म ले चुका था। देर रात तक मंथन के बाद भोर में कागज पर उन्होंने कुछ उतार लिया था। एक गीत जन्म ले चुका था। यह गीत याचक का गीत था।

अगले दिन प्रवचन के बाद सभी संत और साध्वियाँ अपनी दिनचर्या में जुट गये। रूपा मुनि सोहनलाल के पास बैठा रहा इस आशा में कि आज वे उसकी झोली में अवश्य कुछ डालेंगे। उसे गीत मिल जाएगा। दोनों के बीच मुख से कोई संवाद नहीं हुआ। मन से मन की बात हुई। मुनि जी ने कागज का एक पुर्जा रूपा को थमा दिया। रूपा ने मुनि जी को प्रणाम किया और पुर्जे को बाँचने लगा—

'द्वारे तुम्हारे पै याचक है आया...'

दो पंक्तियाँ ही पढ़ी थीं कि मुनि जी ने हाथ से इशारे से उसे रोक दिया।

'ऐसे नहीं, गाकर बोल रूपा।' उन्होंने शब्दों के साथ-साथ गीत के स्वरों से भी रूपा का परिचय कराया। रूपा एक-एक शब्द और स्वर को आत्मसात् कर रहा था। गायन की प्रतिभा तो उसके भीतर थी ही।...

x x x

घर लौटा तो सीधा अपने कमरे में जाकर मनन करने लगा। कैसे वह इस गीत को आचार्यश्री के सामने प्रस्तुत करते हुए दीक्षा के लिए याचना करेगा। मंथन करते-करते उसके मन में एक और विचार उमड़ा कि क्यों न वह एक झोली लेकर आचार्यश्री के सामने दीक्षा की भिक्षा माँगे? वह उठा और माँ के पास गया। माँ से सफेद रंग की एक झोली बनाने के लिए कहा।

पाँची देवी अब घर में दो दिन के मेहमान अपने बेटे रूपा की कोई बात टालना नहीं चाहती थीं। उनके भीतर रूपा से बिछुड़ने की प्रत्यक्षतः कोई पीड़ा नहीं थी। वे अपने पुत्र को अलौकिक मार्ग पर जाते हुए देख रही थीं। उन्होंने रूपा से ही कहा– 'जा, दुकान से आधा गज सफेद रंग का कपड़ा ले आ।'

रूपा तेज कदमों से गया और कपड़ा लेकर उल्टे पाँव लौटा। 'माँ, देखो ये ठीक है...?' रूपा ने माँ से पूछा। पाँची देवी ने इशारे से 'हाँ' कह दिया। रूपा फिर अपने कमरे में आ गया और खिड़की से आकाश को ताकने लगा। उसे लग रहा था जैसे पूरा आकाश उसकी झोली में समा गया है और हजारों पतंगें उसमें अठखेलियाँ कर रही हैं। अगले दिन उसकी दीक्षा की अर्जी लगने वाली थी।

x x x

अगले दिन रोज की तरह जयचंदलाल सुबह गौशाला के लिए निकले। रूपा को उन्होंने साथ ले लिया। रूपा उनसे पहले ही जाग चुका था। उनका रूपा से कोई बात करने का मन नहीं था। दोनों के कदम नीम चुप्पी में गौशाला की ओर बढ़ रहे थे। जयचंदलाल के मन में बहुत कुछ उमड़ रहा था। वे रूपा की ओर देखते और दो घड़ी आँखें बन्द कर लेते।

गौशाला में रूपा गायों को थपथपाता रहा। जयचंदलाल उन्हें नहलाते-धुलाते रहे फिर दूध निकाला। रूपा बाल्टियों में गिर रही झर्र-झर्र दूध की धार देख रहा था। झाग

से भरी बाल्टियों को उठा कर एक तरफ रख रहा था। एक-एक कर सात बाल्टियाँ भर चुकी थीं। आठवीं बाल्टी भरने के बाद जयचंदलाल ने जल्दी-जल्दी गायों को थपथपाया और रूपा को साथ ले घर की ओर चल दिए। घर में सब लोग इन दोनों की प्रतीक्षा कर रहे थे। प्रत्यक्षतः घर में एक पुलक का सा वातावरण था। घर-परिवार के कुल पच्चीस लोग इकट्ठे हुए और सब गधैया जी के नोहरे की ओर चल दिए। इनमें से अधिकांश वहाँ जाते तो रोज ही थे, लेकिन आज जाने का मकसद कुछ और ही था।

दस बजे के आसपास सब गधैया जी के नोहरे पहुँचे। रोज की तरह आज भी लगभग एक हजार लोग ध्यान से आचार्यश्री के प्रवचन सुन रहे थे। मुनि सोहनलाल और मंत्री मुनि भी साधुओं के बीच उपस्थित थे। आचार्यश्री, मुनि सोहनलाल व मंत्री मुनि जानते थे कि आज जयचंदलाल का परिवार सहित आने का कारण क्या है। आचार्यश्री का पहले से चल रहा प्रसंग समाप्त हुआ तो श्रद्धालुजन में थोड़ी-सी हलचल हुई। कुछ ही देर में सब देखते हैं कि तेरह साल का एक बालक हाथ में सफेद रंग की झोली लिए आचार्यश्री की ओर बढ़ रहा है। दरअसल सबका ध्यान सफेद रंग की झोली ने आकर्षित किया। झोली का रहस्य किसी को मालूम नहीं था। रूपा आचार्यश्री के निकट पहुँचा, उन्हें प्रणाम किया और फिर झोली फैला दी। सभी उपस्थित श्रावकों की नजर रूपा की झोली पर थी और जुबाँ पर चर्चा, जिसके कारण नोहरे में कुछ शोर बढ़ गया। कुछ ही पलों में इस शोर के बीच सधे स्वरों में ये शब्द उभरे। स्वर और शब्द झोली वाले बालक के थे–

'द्वारे तुम्हारे पै याचक है आया
दीक्षा की भिक्षा दिला दो प्रभु
लेने को हाथों में झोली ले आया
दीक्षा की भिक्षा दिला दो प्रभु

भव-भव का भूखा
छोटा सा कूका
पाया कभी भी न संयम का टूका
दिल में भरोसा तुम्हारा जमाया
जी भर के भोजन खिला दो प्रभु
दीक्षा की भिक्षा दिला दो प्रभु...

तुम सा न दानी घट-घट का ज्ञानी
तुम से न छानी है मेरी कहानी
कहने को माता-पिता को भी लाया
आज्ञा से इनकी जिमा दो प्रभु
दीक्षा की भिक्षा दिला दो प्रभु...

जितने भी प्यारे मतलब के सारे
स्वारथ बिना हो जाते किनारे
पंजे से इनके छुड़ा कर के जल्दी
संतों के अन्दर मिला लो प्रभु
दीक्षा की भिक्षा दिला दो प्रभु

तुम ही हो नाती
तुम ही हो साथी
निद्रा तुम्हारे बिना नहीं आती
दुनिया की कल-कल ने मुझको जगाया
अमृत के प्याले पिला दो प्रभु...
दीक्षा की भिक्षा दिला दो प्रभु...

मोह में जड़ा हूँ, जकड़ा पड़ा हूँ
तो भी अभी तक मैं कच्चा घड़ा हूँ
अब तो कृपा का सहारा सुहाया
रूपे के बन्धन हिला दो प्रभु
दीक्षा की भिक्षा दिला दो प्रभु

रूपा के स्वर में याचक का ऐसा भाव था कि पत्थर भी अपने पास से कुछ न कुछ उसकी झोली में डालने को विवश हो जाएँ। रूपा के भीतर की पीड़ा ने श्रावकों के मन को झकझोर दिया था। कितनी ही आँखों से झर-झर आँसू बह रहे थे। आचार्यश्री तुलसी ने स्थितप्रज्ञ हो रूपा की याचना सुनी। उनके मुखमंडल पर दाता के भाव उभरे, किन्तु उन्होंने स्वयं को संयत किया, कुछ बोले नहीं। रूपा ने गीत में सब कुछ कह ही दिया था। फिर परिवार के लोगों ने आचार्यश्री से निवेदन किया कि वे बालक रूपचन्द्र को मुनि-दीक्षा की अनुमति दें। इसकी भावना को स्वीकार करें।

आचार्यश्री तुलसी ने अब तक मुनि दीक्षा या साध्वी-दीक्षा के लिए सार्वजनिक रूप से कितने ही याचकों का निवेदन सुना था। लेकिन शब्दों के साथ सुर और लय में पिरोई हुई यह याचना अनूठी थी। वैसे भी जब भावपूर्ण शब्दों के साथ सुर-ताल और लय मिल जाते हैं तो एक अलौकिक सृष्टि की रचना होती है। ऐसी सृष्टि जिसमें परमब्रह्म की सत्ता के दर्शन होने लगते हैं। गधैया जी के नोहरे में रूपा के याचक-गीत ने ऐसी अलौकिक सृष्टि रच दी थी, जिसमें कण-कण अभिभूत हो चला था। आचार्यश्री ने पहले रूपा की ओर देखा फिर उसके परिजनों की ओर। फिर उपस्थित श्रावकों की ओर दृष्टि केन्द्रित करते हुए बोले–

'इस बालक की भावना प्रबल है। जब से मैं सरदारशहर आया हूँ, इसे रोज ऐसा

ही यहां नोहरे में देख रहा हूँ। इसकी दीक्षा की इच्छा मेरे सामने तीन महीनों से है। मैंने इसकी वृत्तियों को परखा है। इसमें सहज साधना के भाव हैं। इसके परिवार में संतों के प्रति अगाध प्रेम और श्रद्धा है। वातावरण को देखते हुए मैं इसे दीक्षा-योग्य समझता हूँ। आने वाली बारह तारीख को दीक्षा समारोह में इसे भी दीक्षा प्रदान की जाएगी।'

हजारों लोगों के बीच रूपचन्द्र की दीक्षा की अर्जी स्वीकार की गयी थी। रूपा का मन अलौकिक भाव से भर उठा था। उसे अपना पथ और लक्ष्य स्पष्ट दिखाई दे रहा था। एक बजे के आसपास आचार्यश्री का प्रवचन समाप्त हुआ। समस्त श्रावक जन अपने-अपने घरों को लौटे। रूपा तो अपनी झोली में आचार्यश्री से ऐसी भिक्षा लेकर लौटा था, जो उसके भावी जीवन का पाथेय थी। जयचंदलाल और पाँची देवी पर अब भारी जिम्मेदारी आन पड़ी थी। किसी की मुनि-दीक्षा से पहले होने वाली रीतियों को विधिवत् सम्पन्न करना किसी वैवाहिक आयोजन से कम नहीं था।

रीति के अनुसार रूपा की बरनौली निकलनी थी। बरनौली यानी वर-यात्रा यानी बारात। रीति है कि दीक्षा से पहले किसी भी भावी संत-साध्वी को वैवाहिक परिधानों में परिचितों और रिश्तेदारों के घर ले जाया जाता है। वहाँ भोज आदि होता है और भावी संत के परिजन अपने हाथ से उस परिवार के लोगों को उपहार-स्वरूप सोने या चाँदी की अंगूठियाँ देते हैं।

जयचंदलाल अपने परिचित सुनार के पास गये और उन्हें पचास सोने की और डेढ सौ चाँदी की अंगूठियाँ बनाने का आदेश दे दिया। तीसरे दिन रूपा के कपड़े सिल कर आ गये। अंगूठियाँ बन चुकी थीं। शाम तक सुनार का आदमी खुद ही घर पहुँचा गया था। अगली सुबह रूपा की बरनौली की तैयारियाँ शुरू हो गयीं। सब कुछ रूपा के लिए हो रहा था। रूपा की पहली बरनौली अपने ननिहाल से शुरू होगी, तय हो चुका था।

जयचंदलाल के अपने घर के लिए यह पहला अनुभव था। तैयारियों में सब शामिल थे, शुभकरण को छोड़कर। सब कुछ शुभकरण की इच्छा के विरुद्ध हो रहा था। अनमने भाव से वह भोर में ही बुधमल जी दूगड़ के यहां पहुँचे और घोड़े को फिराने के लिए निकल पड़े।

रूपा को इन बाह्याडम्बरों का कुछ विशेष पता नहीं था। उसे अपना लक्ष्य साकार होता दिखाई दे रहा था। आकाश में उन्मुक्त पंछी, आकाश की गहराइयों को नापने को तैयार था। पाँची देवी के मन में अपने प्रिय रूपा के इस राह पर जाने का कोई मलाल नहीं था। वे समझ चुकी थीं कि उन्होंने अपने हाथों से गढ़ा दीपक प्रकाश फैलाने के लिए दीपों की पंक्ति को समर्पित कर दिया है।

नौ बजे तक रूपा नहा-धो कर तैयार हो गया। आज उसे अपने रोज के कपड़े

नहीं, बल्कि विशेष परिधान पहनने थे। जब अपने कमरे से वह शेरवानी और चूड़ीदार पाजामा पहन कर निकला तो पाँची देवी अपने बेटे का रूप निहारती रह गयीं– 'कैसा सुरूप लग रहा है रे रूपा–' लेकिन मन की बात होठों पर नहीं लाईं। बरामदे में चौकी पर रूपा को आईने के सामने बैठाया गया। शुरू हुआ उसके चेहरे को सजाना। गोंद जैसी ही कुछ चिपकाने वाली चीज से उसके माथे पर भवों के दोनों ओर सितारे चिपकाए गये। भवों के बीचों-बीच रोली का बड़ा-सा लाल तिलक। सितारे भवों से नीचे गालों पर चिपकाए जाने लगे। रूपा को अटपटा लगा, लेकिन उसने कुछ कहा नहीं। शायद दीक्षा से पहले यह सब करना जरूरी हो। चेहरे पर मेकअप के बाद उसके सिर पर सुनहरा साफा बाँधा गया। साफा बाँधने वाले खुद जयचंदलाल थे। एकबारगी उनके मन में आया कि बेटा दूल्हे के रूप में सजता है तो दुल्हन लेकर आता, लेकिन रूपा किसी और ही वर-यात्रा पर निकल रहा था। अपने हाथों से ही उन्होंने रूपा के गले में सात लड़ियों वाला जड़ाऊ मोतियों का हार पहनाया। दस बजते-बजते द्वार पर बैंड-बाजों की आवाज ने पूरे मोहल्ले को सूचना दे दी कि रूपा की बरनौली निकलने वाली है। सुरूप रूपा को दूल्हे के वेश में देख माँ हजारों हजार बलैयाँ ले रह थीं, मन-ही-मन। 'रूपा तू कितना सुन्दर लग रहा है। दूल्हा बन गया, दूल्हा।' सुवटी बाई अपने मन के भाव को पचा नहीं पाई। 'तेरे लिए सजी हुई घोड़ी भी आ गयी है। बाहर खड़ी है। घोड़ी तेरा इन्तजार कर रही है...।'

सुवटी बाई ने कहा तो रूपा ने अपने आप को एक बार फिर आईने में निहारा। निहारते हुए कनखियों से पास खड़ी माँ की तरफ देखा। माँ ने संकेत से बता दिया कि सब ठीक-ठाक है। थोड़ी देर में जयचंदलाल बाहरी दरवाजे से भीतर आये और सबको चलने का संकेत दिया। बैंड-बाजे पर बज रही धुन कानों में रस घोल रही थी–

उठ जाग मुसाफिर भोर भई...
अब रैन कहाँ जो सोवत है...।

लोगों को घर से बाहर निकलता देख बाजे वालों ने जरा ज्यादा ही जोश में बजाना शुरू कर दिया। घोड़ी ठीक द्वार पर लाकर खड़ी कर दी गयी। साईस ने बड़ी सावधानी से घोड़ी की लगाम थामी और रूपा को उस पर बैठाने का यत्न किया। दो-तीन बार कोशिश के बाद रूपा उस पर बैठ गया। दूल्हे के वेश में रूपा अपना घर बसाने नहीं, बल्कि पूरे संसार को अपना घर बनाने निकल रहा था। पास-पड़ोस और परिवार की महिलाओं के साथ पुरुष थे। मंगल परिधानों और जड़ाऊ आभूषणों में सजी महिलाएँ किसी बरातिन से कम नहीं लग रही थीं। साईस ने ऐंड़ लगाई तो घोड़ी तनिक हिली। धीरे-धीरे आगे बढ़ी। बाजे वालों की धुन में अब महिलाओं के गीतों के स्वर भी मिल रहे थे। वे वैराग्य के गीत गा रही थीं–

ऊभा हो बैरागी बाबोसा री पोल ओ बाबोसा
कोई लिख द्यो बाबोसा बैरागी नै आगन्या जिणराज।...

रूपा की बरनौली सरदारशहर की जिस गली से निकलती, वहाँ घरों के बच्चे बाजे की आवाज सुनकर बाहर आ जाते। महिलाएँ छज्जे से झाँकने लगतीं।

बरनौली रूपा के मामा श्री चंदनमल पींचा के घर वाणीदा वास पहुँचनी थी। रूपा के घर से चंदनमल के घर की दूरी एक किलोमीटर लगभग थी। साधारण चाल से चलते तो पन्द्रह मिनट में पहुँच जाते। लेकिन वर-यात्रा की चाल ही मंथर होती है। एक घंटा लग गया वाणीदा वास पहुँचने में।

मामा चंदनमल के घर बड़ी देर से भांजे की बरनौली पहुँचने की प्रतीक्षा हो रही थी। दूर से बाजे की आवाज सुनकर समझ आ गया था कि घोड़ी पर सवार रूपा और वर-यात्रा में शामिल बाकी लोग पहुँचने वाले हैं। घर से निकल कर सब बाहर पहुँच गये। आगे-आगे बाजे, बीच में घोड़ी पर सवार रूपा। फिर दस-बीस पुरुषों की टोली और सबसे पीछे वैराग्य के गीत गाती महिलाएँ।

द्वार पर पहुँच कर बाजे वाले एक तरफ हो गये। साईस घोड़ी को सीधे मकान की पहली सीढ़ी तक लाया। मामा ने हाथ पकड़कर रूपा को उतारा। घर की महिलाओं ने सभी की अगवानी रोली, तिलक और आरती के साथ की। कुछ ही देर में बाजों का स्वर थम चुका था।

चंदनमल जी की हवेली वैराग्य के गीतों से गूँज उठी थी।

कुछ देर गीतों का सिलसिला चला। बारी आयी भोजन-पानी की। विशेष मारवाड़ी व्यंजनों और मिठाइयों की महक चारों ओर छाई हुई थी। कैर-सांगरी, गट्टे की सब्जी, दाल-बाटी चूरमा, मैथी-पापड़ की सब्जी, गुन्दे का साग, गरमागरम पूड़ी और मूँग की दाल का गरमागरम हलवा। एक से एक स्वादिष्ट भोजन बने थे चंदनमल की रसोई में। भोजन-पानी से निबटते दोपहर के ढाई बज गये। सब अपने-अपने घरों को विदा हो चले। चार बजे तक रूपा भी अपने परिजनों के साथ घर लौट आया।

शेरवानी में पसीने से तर-ब-तर रूपा जल्दी अपना यह वेश बदलना चाहता था। कपड़ों से ज्यादा उसे तकलीफ दे रहे थे चेहरे पर चिपके सितारे। घर पहुँचते ही साफा उतार कर पहले ठंडे पानी से मुँह धो कर सितारे छुड़ाए। बड़ी देर बाद चेहरे की त्वचा का खिंचाव खत्म हुआ। रूपा ने राहत महसूस की। सामान्य वस्त्र पहने और सीधा अपने कमरे में आ गया।

मुनि-दीक्षा से पहले यह सब क्यों? रूपा पूछना चाहता था। लेकिन कुछ नहीं पूछा किसी से। प्रश्न को भीतर ही भीतर दबा लिया।

नन्ही सुवटी बाई भी बरनौली में गयी थी। उसके मन में तमाम जिज्ञासाएँ थीं।

किसी भी जिज्ञासा को मन की कंदराओं में छुपा देना उसके लिए सम्भव नहीं था। शाम ढले घर का काम निबटने के बाद पाँची देवी के बगल में बैठी सुवटी ने आखिर माँ के सामने सवाल दाग ही दिया– 'माँ भैया शादी तो नहीं कर रहे। फिर दूल्हा क्यों बने? और बारात क्यों निकली?'

पाँची देवी को और भी तमाम काम निबटाने थे। वह गिन्नी के प्रश्न में उलझना नहीं चाहती थीं। उन्होंने हँसते हुए चंद शब्दों में सवाल को टाल दिया। 'देख लेना, भैया दुल्हन नहीं लाएगा, खुद ही चला जाएगा।' और सीधे भीतर वाले कमरे में चली गयीं। सुवटी उत्तर में उलझ कर रह गयी।

इस प्रकार रोज रूपा की बरनौली किसी-न-किसी बेहद अपनों के घर जाती। उस घर के लोग स्वयं को धन्य मानते। कुछ न कुछ उपहार रूपा की झोली में डालते। रूपा के हाथों से सोने-चाँदी की अंगूठियाँ दिलवाई जातीं। उत्सव की इस दैनिक दिनचर्या में कब बारह अक्टूबर आ गया, पता ही न चला। रूपा के मात्र तेरह साल के जीवन में वह दिन आ गया, जिसके लिए वह जन्मा था। इस सांसारिक घर में आज रूपा का अंतिम दिन था। घर वालों की एक आँख में रूपा से बिछुड़ने के आँसू थे तो दूसरी आँख में खुशी के आँसू।

रूपा, जयचंदलाल और पाँची देवी की आँखों में नींद कहाँ थी? भोर में चार बजे से ही घर में जगाहर हो गयी थी। पाँची देवी और जयचंदलाल को बहुत से काम निबटाने थे। आठ बजे रूपा के मुंडन के लिए नाई को आना था।

रूपा छह बजे ही नहा-धोकर तैयार हो गया। आज वह अपने-आप को बहुत हल्का महसूस कर रहा था। जैसे सिर पर तमाम बोझ लादे कुली रेल के निश्चित डिब्बे तक पहुँचने से चंद कदम पहले हल्कापन महसूस करता है और उतावली से सिर से बोझ उतारता है, वैसा ही कुछ रूपा के साथ था। आज रूपा के सिर से सांसारिक बोझ उतर जाएगा और वह एक नये नभमंडल में विचरण करेगा। धवल हंस हो जाएगा वह। हाँ-हंस अकेला। हंस के बारे में कहा गया है–

'कै हंसा मोती चुगै, कै भूखा रह जाय'

और संत कबीर ने लिखा है-

'हंसन की नहिं पाँत...'।

नीर-क्षीर विवेक वाला सांसारिक माया-मोह से निर्लिप्त हंस अकेला ही तो होता है।

रूपा के भीतर का आनन्द उसके चेहरे पर दीप्त हो रहा था। अपने कमरे की खिड़की से आकाश देखने वाला बालक अब पूरे नभ में विचरण करेगा। आकाश की ओर ताकते-ताकते सहसा उसकी नजर गली में आते हुए नाई की ओर गयी। नाई उसके

लिए ही आ रहा है। वह अपने कमरे की सीढ़ियों से नीचे उतरा और आवाज लगाई- 'माँ, नाई आ गया।'

पाँची देवी ने आँगन में पहले से ही हल्दी और आटे का चौक पूर कर चौकी बिछा दी थी। नाई ने हथेली पर उस्तरा रगड़ना शुरू किया तो रूपा चौकी पर आकर बैठ गया। बालों पर पानी छिड़कने के बाद एक-एक कर रूपा के रेशमी बालों की लटें जमीन पर गिरने लगीं। बस बीच में चोटी छोड़ दी थी। केश मुंडन की प्रक्रिया पन्द्रह-बीस मिनट में समाप्त हो गयी। नेग लेकर नाई चला गया। रूपा को माँ ने अपने हाथों से नहलाया। माँ अपने बच्चे को छूने में ही असीम सुख की अनुभूति से भर उठती है। पाँची देवी इस सुख को अपनी झोली में भर-भर कर सहेज लेना चाहती थीं। स्नानादि के बाद रूपा पिछले कुछ रोज की ही तरह चूड़ीदार पाजामा, शेरवानी और साफा पहनकर दूल्हे की तरह तैयार हो गया।

इधर घर में तैयारियाँ चल रही थीं, उधर सरदारशहर में एक छोर पर स्टेशन के पास अर्जुन व्यायामशाला के विशाल मैदान में सैकड़ों लोग तैयारियों में जुटे थे। लगभग एक किलोमीटर में फैला मैदान। मैदान के एक ओर कनात लगाकर विशाल मंच सजा था। धवल कनातों की दीवारों और छत के बीच ढाई फुट ऊँचे मंच पर धवल चादरें बिछाई गयी थीं। यूँ तो आचार्यश्री तुलसी का प्रवास ही सरदारशहर में किसी उत्सव से कम नहीं था। लेकिन आज विशेष उत्सवी दिन था। पन्द्रह दीक्षार्थियों को आचार्य तुलसी मुनि और साध्वी जीवन की दीक्षा देने जा रहे थे। इन दीक्षार्थियों में ग्यारह बहनें थीं। साढ़े आठ बजे तक लोगों के झुंड-के-झुंड व्यायामशाला मैदान की ओर पहुँचने लगे थे।

कार्तिक बदी नवमी, तदनुसार बारह अक्टूबर, उन्नीस सौ बावन। सरदारशहर के लिए भले ही अन्य बरसों की तरह यह आयोजन हो, लेकिन रूपा के लिए विशेष आयोजन था यह। ओसवाल सिंधी परिवार के सभी सदस्य अपने दीक्षार्थी बालक रूपा के साथ दस बजे तक व्यायामशाला पहुँचे। दूर-दूर तक स्त्री-पुरुष-बच्चे दिखाई दे रहे थे। लगभग दस हजार लोग अर्जुन व्यायामशाला में आयोजित दीक्षा समारोह में उपस्थित थे।

हजारों की उपस्थिति में एक विशेष व्यक्ति की उपस्थिति सबका ध्यान आकर्षित कर रही थी। वह व्यक्ति कोई और नहीं स्वयं थे बीकानेर के महाराजा करणी सिंह। अपने महाराजा और आध्यात्मिक गुरु आचार्य तुलसी के दर्शन एक साथ कर सरदारशहरवासी धन्य हो गये थे।

रूपा की भाँति अन्य दीक्षार्थियों के परिवारीजन भी समारोह-स्थल पहुँच चुके थे। सभी दीक्षार्थी और दीक्षार्थिनियाँ अपनी वेश-भूषा के कारण अलग पहचाने जा रहे थे। चारों दीक्षार्थी दूल्हे के वेश में थे और दीक्षार्थिनियाँ दुल्हन के वेश में। सांसारिक जीवन का

अंतिम शृंगार। सभी दीक्षार्थी और उनके परिवारीजन मंच के निकट बैठे थे। मंच पर विराजमान आचार्यश्री तुलसी के साथ मंत्री मुनि और अन्य साधु-साध्वियों को देख रूपा का मन हर्ष से भर उठा। वह परमहंसों की इस दुनिया में शामिल होने का अपना सपना कब से बुन रहा था। आज यह साकार होने वाला है।

एक-एक कर दीक्षार्थियों का नाम पुकार कर उन्हें मंच पर बुलाया गया। सबने अपना मंतव्य पढ़ा और फिर मंच के पीछे कनातों से बने कमरों में चले आये। पाँचवें क्रम में रूपा का नाम बोला गया। रूपचन्द्र...।

भाव-विभोर बालक रूपा के कदम लोगों के हुजूम से मंच की ओर बढ़ रहे थे। एक-एक कदम में जैसे एक-एक लम्बी यात्रा की समाप्ति हो। दूल्हे के वेश में रूपा मंच पर पहुँचा, आचार्य तुलसी सहित समस्त साधु-साध्वियों और उपस्थितजन को हाथ जोड़ प्रणाम किया। आचार्यश्री की आज्ञा से माइक पर अपना लिखित वक्तव्य पढ़ना शुरू किया–

'मेरा सहज झुकाव आत्मा-परमात्मा के चिंतन में है। संसार में कहीं छल-कपट आदि का प्रसंग बनता है तो मेरी आत्मा काँप जाती है। आप सोचते होंगे कि मैंने संसार में देखा क्या है संसार को परखा कितना है, जो मैं सांसारिक जीवन से वैराग्य ले रहा हूँ। यह सच है मैंने नहीं देखा, लेकिन आपने तो देखा है। आप अपना अनुभव बताएँ। क्या आपको इसमें बहुत सार और आनन्द की अनुभूति होती है? मैंने तो बड़ों से सुना है कि सांसारिक जीवन बूर के लड्डू की तरह है। जो खाए वो भी पछताए और न खाए वो सोचे कि न जाने इसमें क्या-क्या है। आप सोच रहे हैं कि मैं परिवार छोड़ रहा हूँ। लेकिन सच तो यह है कि मैं परिवार नहीं छोड़ रहा, अपितु अपने परिवार को विस्तार दे रहा हूँ। अब पूरा मानव समाज मेरा परिवार बन रहा है। मुझे लगता है, यह जो जीवन मिला है, वह शारीरिक सुखों में बिताने के लिए नहीं। आत्मा-परमात्मा की ऊँचाइयों की ओर जाने के लिए मिला है। वहाँ तक जाने का मार्ग गुरुदेव हैं। मेरा निवेदन है कि गुरुदेव मुझे दीक्षा देकर उस पथ का पथिक बनाएँ।'

अपना मंतव्य पढ़ने के बाद रूपा को मंच के पीछे बने अलग कमरे में ले जाया गया। आधा घंटा बाद रूपा एक बार फिर मंच पर आया। इस बार वह मुनि वेश में था। हजारों लोगों के सामने मुनि के बाने में खड़ा था रूपा। तेरह वर्षीय बालक ने मंच पर बने एक ऊँचे आसन पर विराजमान आचार्यश्री तुलसी को प्रणाम किया। फिर वहीं नीचे आसन पर बैठ गया। आचार्यश्री रूपा को संबोधित करने लगे– 'अभी तुम मुनि-बाने में हो, मुनि नहीं। मैं चाहता हूँ, एक बार और सोच लो। मन में थोड़ी-सी भी हिचक हो तो सोचा जा सकता है। मुनि आजीवन व्रती होता है। जानते हो, जैन मुनि की चर्या में नंगे-पाँव पद-यात्रा का विधान है। भिक्षा में जो मिले, वही आहार लेना होता

है। अल्प वस्त्रों में गर्मी-सर्दी सब बितानी होती है। अपने मन पर विजय प्राप्त करनी होती है। केश लुंचन होता है...।'

विशाल मंच के पास ही कुछ नीचे बने मंच पर विराजमान महाराजा करणी सिंह और भाव-विभोर हजारों लोग आचार्यश्री तुलसी के वचन सुन रहे थे। देख रहे थे मुनि जीवन की ओर प्रस्थान करते एक बालक को। बालक ने नतमस्तक हो गुरुदेव द्वारा बताए सब विधानों को शिरोधार्य किया। अन्ततः गुरुदेव आचार्यश्री तुलसी ने दीक्षा-मंत्र पढ़ा—

करेमि भंते सामाइयं सव्वं सावज्जं जोगं
पच्चक्खामि जावज्जीवाए तिविहं तिविहेणं,
मणेणं वायाए काएणं
न करेमि न कारवेमि करंतंपिअन्नं न
समणुजाणामि तस्स भंते पडिक्कमामि
निंदामि गरिहामि अप्पाणं वोसिरामि।

यों आचार्यश्री द्वारा मंत्रोच्चार के साथ रूपा का पुनर्जन्म साधु के रूप में हुआ। एक विधान सम्पन्न हुआ। आचार्य श्री ने घोषणा की कि अभी तक इसका नाम रूपचंद्र था। अब मुनि जीवन में प्रवेश के बाद मुनि रूपचंद्र कहलाएगा। अब यह मुनि बन गया है। इसलिए सबके लिए वन्दनीय हो गया है। जो जहाँ है, वहीं से वन्दना करे। नवदीक्षित बाल मुनि की वन्दना में हजारों हाथ एक साथ जुड़े। हजारों मस्तक एक साथ झुके। आचार्यश्री ने अपने हाथों से केश लुंचन किया, रजोहरण सौंप दिया। ओसवाल सिंघी परिवार से विस्तार पाकर मुनि रूपचंद्र का परिवार पूरा मानव समाज हो गया था। अद्भुत आभा विराजमान थी मुनि रूपचंद्र के मुखमंडल पर। रूपा के परिवारजनों ने नतमस्तक हो नवदीक्षा प्राप्त मुनि रूपचंद्र की वंदना की और व्यायामशाला से प्रस्थान किया। एक अकेला दीप रूपा अब मुनि रूपचन्द्र बन दीपों की पंक्ति को समर्पित हो चला था। उसे किसी एक घर के किसी एक कोने को नहीं, पूरी सृष्टि को प्रकाश का अवदान देना था।

दीक्षा समारोह के उपरांत सभी श्रद्धालुगण भाव-विभोर हो अर्जुन व्यायामशाला से निकले। दस हजार से ज्यादा श्रद्धालुओं का हुजूम सरदारशहर की गलियों में बिखर चुका था। नवदीक्षित सभी साधु-साध्वियों ने आचार्यश्री के साथ साथ गधैया जी के नोहरे की ओर प्रस्थान किया।

पाँची देवी और जयचंदलाल घर लौट आये। घर में अजब-सा सन्नाटा पसरा था। कई दिनों की रौनक के बाद अब किसी के लिए कुछ करना शेष नहीं रह गया था। 'क्या मैंने अपने लाल को खो दिया?' बार-बार पाँची देवी स्वयं से ही प्रश्न पूछ रही थीं।

उत्तर भी स्वयं दे रही थीं– 'नहीं, मैंने खोया नहीं तो क्या कुछ पाया? क्या खोया क्या पाया?' वे इन प्रश्नों से जितना बचना चाहती थीं, उतना ही घिरती जा रही थीं।

सबसे ज्यादा उदास था शुभकरण। रूपा को मुनि दीक्षा से रोकने की उसकी तमाम कोशिशें नाकाम हो गयी थीं। अपनी उदासी और हार को वह किसी के सामने उघाड़ना नहीं चाहता था। सो चारपाई पर लेट गया और आपादमस्तक चादर ओढ़ ली। घर में किसी ने कुछ नहीं खाया। घर में छाए भुतहा सन्नाटे को तोड़ने की हिम्मत कोई नहीं जुटा पा रहा था। रूपा की कमी घर की दीवारों को भी महसूस हो रही थी। पाँची देवी रूपा के कमरे में गयीं और दीवार पर टँगी उसकी पतंगें और चरखी देख बिलख-बिलख कर रो पड़ीं। आखिर वेग को कब तक साधतीं? यह सच है कि माँ धरतीस्वरूपा होती है। बहुत कुछ रखती है भीतर। लेकिन कभी तो भीतर का दबाव आँसुओं की राह बाहर फूट ही पड़ता है। पाँची देवी को इन आँसुओं को खुद ही समेटना था। आँसुओं से तर आँखों में पाँची देवी बार-बार कुछ साल पहले का वह दृश्य नहीं धो पा रही थीं, जब मरणासन्न रूपा को जमीन पर लिटा दिया गया था। अंतिम साँसें गिनने के लिए। यह सब याद आते ही जोर से एक हूक उठी। हिचकियाँ बँध गयीं, अकेले रोते-रोते। लेकिन धीरज भी खुद ही बाँधना था। एक-एक कर पतंगों को छूते-छूते आँसू पोंछे। भारी कदमों से रूपा के कमरे की सीढ़ियाँ उतरीं।

जयचंदलाल घर में न रुके। वह अपनी पीड़ा मन में समेट कर निकल पड़े सरदारशहर की गलियाँ नापने।

x x x

साधु-साध्वियों की पंक्ति को समर्पित नवदीक्षित साधु-साध्वियों की दिनचर्या बदल चुकी थी। बालक मुनि रूपचंद्र ने रात्रि भूमिशयन किया। मुनि-बाने में रूपचन्द्र की पहली रात। कार्तिक कृष्ण पक्ष, नवमी की रात। ठंडी हवा के झोंके नवदीक्षित साधु का स्वागत कर रहे थे। नीम स्याह रंग के आकाश की खिड़की से झाँक कर चाँद मुनि रूपचंद्र को देख रहा था। आकाश का किशोर चाँद किशोर मुनि रूपचंद्र की तन-मन और वसन की धवलता देख उसके साथ अपना साम्य स्थापित करने का प्रयास कर रहा था। चाँद-तारों की छाँव में मुनि रूपचंद्र की आँख कब लगी, उन्हें पता नहीं लगा।

किशोर मन में उत्कंठा थी, नये जीवन की भोर देखने की। गधैया जी के नोहरे में यह पहली भोर किशोर मुनि रूपचंद्र के कानों में कुछ कनबतियाँ कर रही थी। बस नींद खुल गयी। दैनिक कार्य, जप-ध्यान और दिनों से कुछ अलग थे। सूर्य की किरणें धरती पर पड़ने से पहले ही मुनि जीवन की दिनचर्या का पहला दिन शुरू हो गया था।

आज से ही आवश्यक शास्त्रों को कंठस्थ करने का सिलसिला शुरू होना था। सूर्योदय के पश्चात् आचार्यश्री ने नवदीक्षित साधु-साध्वियों को अपने कक्ष में बुलाया। किसी के मुख पर आलस्य नाम की कोई चीज नहीं थी। सब ध्यान से आचार्य श्री की वाणी को दुहरा रहे थे। सर्वप्रथम सबको क्षमा-मंत्र दिया गया, जिसे सभी ने दोहराया। सभी के स्वर अलग-अलग दिशाओं में जा रहे थे–

खामेमि सव्व जीवे, सव्वे जीवा खमन्तु मे
मित्ती में सव्व भूएसु, वेरं मज्झ ण केणई।

रूपा ने यह क्षमा-मंत्र दोहरा तो दिया था, किन्तु वह प्राकृत भाषा के इस मंत्र का अर्थ जानना चाहता था। किशोर मुनि रूपचंद्र से रहा नहीं गया। उठा और प्रणाम निवेदित कर आचार्य श्री से पूछा– 'गुरुदेव इसका अर्थ क्या है?'

आचार्यश्री ने सहज वाणी में नवदीक्षित मुनि की जिज्ञासा शान्त की– 'सभी जीव मुझे क्षमा करें, सभी जीवों को मैं क्षमा करता हूँ, सभी प्राणियों के साथ मेरी मैत्री है, किसी से वैर-विरोध नहीं है।'

चूंकि सभी जैन शास्त्र अर्द्धमागधी प्राकृत में हैं, इसलिए रूपा के मन में आया कि वह प्राकृत भाषा सीखेगा। मन की बात मन में ही रहने दी और ध्यान आचार्यश्री की वाणी की ओर लगाया। आचार्यश्री प्रतिक्रमण के बाद 'दसवेआलियं' (दशवैकालिक सूत्र) के बारे में बता रहे थे। परिचय देने के बाद उन्होंने दशवैकालिक के प्रथम अध्ययन के प्रथम श्लोक की वाचना दी–

धम्मो मंगल मुक्किट्ठं, अहिंसा संजमो तवो
देवावि तं नमंसंति, जस्स धम्मे सया मणो...

आचार्यश्री के पीछे-पीछे सभी साधुओं ने इसे भी दोहराना शुरू किया। अर्थ जाने बिना किसी भी पाठ को कंठस्थ करना मुश्किल होता है। आचार्यश्री हर श्लोक का अर्थ भी समझाते चले–

'धर्म उत्कृष्ट मंगल है। अहिंसा, संयम और तप इसके रूप हैं। देव भी उसे नमन करते हैं, जिसका मन धर्म में रत है।'

लगभग एक घंटा अध्ययन का क्रम चला। फिर सभी साधु अपने-अपने कक्षों में चले गये। सभी का लक्ष्य था आज का दिया पाठ कंठस्थ करना। मुनि रूपचंद्र 'दशवैकालिक सूत्र' के श्लोकों का मनन करते हुए कंठस्थ करने की कोशिश कर रहे थे।

दस बजे तक नोहरे में श्रद्धालुओं के आने का सिलसिला रोज की तरह शुरू हो गया। श्रद्धालुओं में जयचंदलाल और पाँची देवी भी थे। नोहरे में उनकी दृष्टि मुनि रूपचन्द्र पर ही थी श्वेत वस्त्रों में जिन्हें देख बाल हंस का सा आभास हो रहा था। मुख पर असीम आभा थी। पाँची देवी का हृदय प्रसन्नता और उदासी का संगम बना हुआ

था। इस संगम में अवगाहन करते हुए कब आचार्यश्री का प्रवचन समाप्त हुआ, उन्हें पता ही न चला। सब अपने-अपने घरों को लौटने लगे। पाँची देवी सबसे बाद में गधैया जी के नोहरे से निकलीं। वे मुनि रूपचन्द्र को देर तक निहारती रहीं। बेटा चाहे जो भी हो जाये, माँ के लिए तो वह हमेशा लाडला बेटा ही रहता है। पाँची देवी मन ही मन श्वेत वस्त्रधारी अपने पुत्र मुनि रूपचन्द्र की बलैयाँ लेती रहीं। दो घड़ी माँ और बेटे के बीच मौन संवाद हुआ। फिर भारी मन से वह घर लौट आयीं।

'मुनि रूपचन्द्र, बताओ अब हम आहार के बाद क्या भिक्षा के लिए जाएँगे?' जिज्ञासु मनोहर मुनि ने पूछा। मनोहर मुनि और मुनि रूपचन्द्र समवयस्क थे। दोनों को आचार्यश्री ने एक साथ ही कल ही तो दीक्षा दी थी। दोनों ही मुनि जीवन की चर्या से अनभिज्ञ थे। इसलिए मन में जिज्ञासा थी। वैसे भी किशोर मन जिज्ञासाओं का सागर होता है। प्रवचन स्थल से अपने स्थान की ओर जाते हुए मनोहर मुनि ने मुनि रूपचन्द्र से पूछकर अपनी जिज्ञासा शान्त करनी चाही। रूपचन्द्र ने अपनी मेधा का इस्तेमाल करते हुए उत्तर दिया, हालाँकि उन्हें भी मुनि जीवन की चर्या का ज्ञान कहाँ था– 'आहार करने के बाद भिक्षा के लिए क्यों जाएँगे? भिक्षाटन तो आहार के लिए ही होता है ना।'

चूँकि मुनि जीवन-चर्या का पहला दिन था, इसलिए सब स्वानुभव से जानना और सीखना था। पूर्व दीक्षित वरिष्ठ साधुजन दोपहर तक भिक्षाटन से लौटे। आचार्यश्री ने अपने हाथों से नवदीक्षित साधुओं के पात्र में आहार दिया। मुनि रूपचन्द्र के मन में आहार विशेष के प्रति पहले से ही कोई चाहत नहीं थी। उनके पात्र में सांगर की सब्जी, गट्टा की रसेदार सब्जी, अरहर की दाल और दो रोटियाँ थीं। साथ में बालूशाही और दूध भी। अपने और मनोहर मुनि के पात्र को मुनि रूपचन्द्र ने निहारा और एक मुस्कान दोनों के चेहरे पर तैर गयी। दोनों आहार ग्रहण करने लगे। कनखियों से देखा, कहीं आचार्यश्री की नजर उन पर तो नहीं है। आचार्यश्री अन्य साधुओं को आहार दे रहे थे।

आहार करते हुए मुनि रूपचन्द्र को खयाल आया कि यह आहार उसी तरह गृहस्थों के घर से मिला होगा, जिस प्रकार उनके माँ-पिता जी अक्सर साधुओं के पात्र में आहार डालकर पुण्य लाभ का अनुभव करते थे। उन्होंने संत भाव से आहार ग्रहण किया। जब देखा कि सबका उपक्रम समाप्त हो गया तो औरों के साथ उठ गये। हाथ धोए। सब विश्राम हेतु अपने-अपने नियत स्थान पर चले गये। आचार्यश्री अपने कक्ष में पधार गये थे।

यह विश्राम का समय था। सब विश्राम कर रहे थे। लेकिन 'राम काज कीन्हें बिना मोहि कहाँ विश्राम' जैसे रामभक्त हनुमान के मनोभाव मुनि रूपचन्द्र के स्वभाव में समा गये थे। उनका मन, विश्राम में नहीं, चिन्तन में रमा था।

'मुनि जी थोड़ा विश्राम कर लीजिए', मनोहर मुनि की आवाज से विचार-शृंखला

टूटी। लेकिन तब तक सूर्य पश्चिम में ढलने की तैयारी में था। कुछ ही देर में सभी को सायं प्रतिक्रमण करना होगा। बालक मुनि उठे और हाथ-मुँह धोए। अब मुनि दिनचर्या में सिर्फ आहार बाकी बचा था–जो सूरज की रोशनी में ही ग्रहण करना होता है।

मुनि जी ने आहार के बाद दिन में आचार्यश्री द्वारा दिया पाठ कंठस्थ करना शुरू कर दिया। देखते ही देखते सूरज पश्चिम में ढल गया। रात घिर आयी और निद्रा देवी ने अपनी गोद में छुपा लिया मुनि जी को।

सात दिन इसी प्रकार की दिनचर्या में बीत गये। प्रतीक्षा थी आठवें दिन की। नवदीक्षित साधु-साध्वियों के लिए छोटी दीक्षा से बड़ी दीक्षा के बीच के सात दिन बहुत महत्त्वपूर्ण होते हैं। छोटी दीक्षा हजारों लोगों के समक्ष समारोहपूर्वक होती है। और आठवें दिन बड़ी दीक्षा कुछ ही लोगों के बीच।

ये सात दिन कड़ी परीक्षा के होते हैं। इस बीच नवदीक्षित साधु-साध्वियाँ साधु-चर्या में अपने को परख लेते हैं और आचार्यश्री भी उनको परख लेते हैं कि मुनि-जीवन के कठिन तप की कसौटी पर अमुक नवदीक्षित साधु-साध्वी खरे उतर पाएँगे या नहीं।

मुनि रूपचन्द्र ने इन सात दिनों में अपने आपको परख लिया था। उन्हें अपने संकल्प पर कोई मलाल नहीं था। वे इस चर्या में शत-प्रतिशत ढल जाना चाहते थे। कहीं कोई कमी न रह जाये। उन्हें आतुरता से प्रतीक्षा थी आठवें दिन की। यानी उन्नीस अक्टूबर की।

'कल होगी हमारी बड़ी दीक्षा'– मुनि जी ने मनोहर मुनि से कहा। दोनों के भीतर असीम आनन्द का सागर हिलोरें ले रहा था। दोनों नोहरे में एक कोना तलाश बतिया रहे थे, लेकिन इस कोने से नोहरे का मुख्य द्वार साफ दिखाई दे रहा था। आने-जाने वालों को वे देख सकते थे। कोई आये, कोई जाये, इससे उन्हें क्या? दोनों आपसी चर्चा में खोए हुए थे। फिर भी कभी-कभार नजर इधर-उधर चली जाती। अचानक मनोहर मुनि की नजर द्वार से प्रवेश करते हुए शुभकरण जी पर पड़ी। उन्होंने मुनि जी से कहा, 'देखिए आपके भाईसाहब आ रहे हैं।' संसारपक्षीय भाई शुभकरण को देखकर मुनि जी ने चर्चा को विराम देने का मन बना लिया। शुभकरण उनको नहीं देख पाए और किसी से मुनि रूपचन्द्र के बारे में पूछने लगे। यह देख मुनि जी खुद ही कोने से निकलकर आ गये। मनोहर मुनि वापस अपने कक्ष में चले गये। कोने में अब उनका स्थान शुभकरण ने ले लिया था। मुनि जी से कुशल-मंगल पूछने के बाद भीतर उमड़-घुमड़ रही बात शुभकरण की जुबान पर आ गयी। बोले, 'रूपा देख लिया तूने इन सात दिनों में, क्या है मुनि-जीवन। इससे मिलना-जाना कुछ है नहीं।'

'भाईसाहब,' मुनि जी ने बात बीच में ही रोक कर कहा।

'बात पूरी सुन ले। अभी कुछ बिगड़ा नहीं है। अगर तू चाहे तो मैं रास्ता निकाल सकता हूँ।'

'पर भाईसाहब' मुनि जी ने फिर टोका।

शुभकरण मुनि जी की बात पर कान न देकर अपनी रौ में कहते जा रहे थे। 'अगर तू कहे और तेरा मन हो तो मैं तुझे इस सबसे निकाल सकता हूँ। देख, कल सुबह जब तू शौच के लिए बाहर जाएगा, तब मैं घोड़ा ले आऊँगा और तुझे बिठाकर ले जाऊँगा। तेरे ऊपर कोई बात नहीं आएगी। मैं आने ही नहीं दूँगा। समाज सोचेगा कि मैं तुझे जबरदस्ती उठा ले गया। तू हाँ करे तो मैं ऐसा करूँ।'

शुभकरण किसी भी कीमत पर रूपा को मुनि-जीवन से वापस ले आना चाहते थे। रोज घोड़ा फिराने तो जाते ही थे नियम से। रूपा को वापस लाने की पक्की योजना बनाकर आये थे गधैया जी के नोहरे में। लेकिन योजना मुनि रूपचन्द की हामी के बिना सफल नहीं हो सकती थी।

मुनि जी ने भाई शुभकरण की सारी बात सुनने के बाद कहा, 'भाईसाहब, ऐसे थोड़े ही होता है। संकल्प तो संकल्प ही होता है और मैंने आजीवन व्रत लिया है। मुझे तो यहाँ सब खूब अच्छा लग रहा है। आपको तो अहसास हो ही गया होगा कि मैं अपने संकल्पों में कितना दृढ़ हूँ।'

शुभकरण ने आखिरी दाँव चला, 'यह एक दिन का नहीं, सात दिन, सात महीने या सात बरस नहीं, पूरे जीवन का प्रश्न है।'

'भाईसाहब, मैंने सब कुछ सोच-समझकर ही इस मुनि-जीवन को अपनाने का निर्णय लिया है। अब आप मेरे बारे में सोचना बन्द कर दीजिए।' बाल मुनि रूपचंद्र किसी बुजुर्ग की तरह शुभकरण को समझा रहे थे।

'ठीक है जैसी तेरी इच्छा, तेरी नियति। होनी को कौन टाल सकता है।' शुभकरण के स्वर में पराजय का भाव था। एक संकल्प के आगे पराजय। थोड़ी देर बाद वे घर चले आये। मुनि जी पर शुभकरण से वार्तालाप का कोई प्रभाव नहीं पड़ा। वे कल सुबह होने वाली बड़ी दीक्षा की उत्कंठा से भरे हुए थे।

उन्नीस अक्टूबर, उन्नीस सौ बावन की सुबह। रोज की तरह गधैया जी के नोहरे में आचार्यश्री के प्रवचन सुनने वालों श्रावकों का ताँता लग गया। आज कुछ ज्यादा ही संख्या में श्रावक थे। बारह सौ के आसपास। आचार्यश्री सामने मंच पर विराजमान थे। उनके आसपास नीचे आसन पर आचार्यश्री के साथ काफिले में आये इक्तालीस साधु और उनहत्तर साध्वियाँ थीं। अपनी रोगी काया के साथ चौरानवे साल के मंत्री मुनि भी उपस्थित थे। मंच के सामने एक ओर था नवदीक्षित पन्द्रह साधु-साध्वियों का समूह।

सवा दस बजे के आसपास आचार्यश्री ने इन नवदीक्षितों को बड़ी दीक्षा देने का विधान शुरू किया। अन्य दीक्षा श्लोकों के साथ पंच महाव्रतों की विस्तृत व्याख्या करते हुए बड़ी दीक्षा दी। पंच महाव्रत यानी सत्य, अहिंसा, अचौर्य, ब्रह्मचर्य और अपरिग्रह ।

मुनि रूपचन्द्र इन महाव्रतों के बारे में जानते थे। उन्होंने कुछ दिन पहले भगवान महावीर की जीवनी पढ़ी थी। दीक्षा के बाद मुनि जी का ध्यान भगवान महावीर के जीवन के उस प्रसंग पर चला गया, जब उन्होंने पहली बार ये पंचमहाव्रत अपने शिष्यों को दिए थे। पुस्तक की एक-एक पंक्ति मुनि जी के मानस में प्रक्षेपित होने लगी–

उस समय पावापुरी (बिहार) में बड़ा यज्ञ चल रहा था। इसमें उत्तर भारत के ग्यारह महापंडित अपने शिष्यों के साथ शामिल हुए। उनमें प्रमुख थे महापंडित इन्द्रभूति गौतम। यज्ञ के दौरान ही एक दिन पता चला कि पास ही समवसरण विशाल (धर्मसभा) में महावीर नाम के एक साधु का आगमन हुआ है। यज्ञ स्थल पर उपस्थित अनेक लोग भगवान महावीर के दर्शनार्थ जाने लगे। यह देख महापंडित इन्द्रभूति गौतम को आश्चर्य हुआ। मन में सोचा, उत्तर भारत में मेरी टक्कर का पंडित कौन हो सकता है? लोग जिस महावीर के पास जा रहे हैं, मैं भी तो उनको परखूँ। जब मैं उनके पास जाऊँगा तो अपनी विद्वता से उनको प्रभावित कर ही लूँगा। फिर वह मेरा शिष्यत्व स्वीकार कर लेंगे। पूरा समाज मेरा भक्त हो जाएगा। इन्द्रभूति गौतम अकेले ही समसवरण पहुँचे जहाँ भगवान महावीर अपनी तेजस्विता के साथ विराजमान थे। इन्द्रभूति गौतम को सामने देख, भगवान महावीर बोले, 'आओ, इन्द्रभूति गौतम कैसे आना हुआ?' सामने बैठे साधु के मुख से अपना नाम सुनकर इन्द्रभूति आश्चर्यचकित हुए। फिर मन में सोचा, मैं इतना बड़ा पंडित हूँ। मेरा नाम आज कौन नहीं जानता। इनको भी पता होना कोई आश्चर्य नहीं।

इन्द्रभूति गौतम कोई उत्तर देते, इससे पहले भगवान महावीर बोले– 'तुम वेदों के महान ज्ञाता हो। बड़े पंडित हो। इतना बड़ा यज्ञ कर रहे हो। आत्मा-परमात्मा की बातें करते हो। लेकिन स्वयं आत्मा की सत्ता के बारे में शंकास्पद हो। बताओ हो या नहीं?' इन्द्रभूति ने मन-ही-मन सोचा, इन्होंने तो मेरे मन का चोर पकड़ लिया। बोले– 'आप सत्य कहते हैं। मैं वैदिक धर्म-दर्शन का प्रचार करता हूँ। लेकिन मेरे मन में पर्याप्त शंका है कि आत्मा है या नहीं?'

इसके बाद भगवान महावीर और इंद्रभूमि गौतम के बीच आत्मज्ञान की लम्बी चर्चा चली। महापंडित इन्द्रभूति गौतम ने समर्पण करते हुए भगवान महावीर का शिष्यत्व स्वीकार कर लिया। इधर इन्द्रभूति के छोटे भाई पंडित अग्निभूति सोच में पड़ गये। न जाने क्यों इन्द्रभूति अभी तक नहीं लौटे। उन्होंने सोचा, यह महावीर इन्द्रजालिया है, जिसके चक्कर में मेरा भाई पड़ गया है। मैं जाकर उनको छुड़ाता हूँ। अग्निभूति भी समवसरण पहुँच गये और महावीर के दर्शनों और उनके साथ चर्चा के बाद समर्पण कर दिया। इस प्रकार यज्ञ में शामिल सभी ग्यारह पंडितों ने अपने शिष्यों के साथ महावीर का शिष्यत्व स्वीकार कर लिया।

इधर राजकुमारी, महाविदुषी चंदनबाला को पता चला। वह भी महावीर के समक्ष आयी और उनका शिष्यत्व स्वीकार करने वाली पहली साध्वी बनी।

भगवान महावीर ने अपने धर्म-तीर्थ की स्थापना करते हुए कहा, 'जो सत्य, अहिंसा, अचौर्य, ब्रह्मचर्य और अपरिग्रह— इन पंच महाव्रतों का पूर्ण पालन करे वह साधु-साध्वी और जो यथा शक्ति पालन करे वह श्रावक-श्राविका।'

किशोर मुनि रूपचन्द्र ने भी आजीवन पंच महाव्रतों का पूर्णतः पालन करने का नियम लिया था। आचार्यश्री के मुख से एक-एक व्रत के बारे में विस्तार से जानकर उन्हें परमानंद की अनुभूति हो रही थी। ज्ञान पंथ का शुभारम्भ हो चुका था। संत कबीर ने कहा था- 'ज्ञान को पंथ कुठार की धार।' 'कुठार की धार' कैसी होगी, बालक मुनि जी को नहीं मालूम था। लेकिन वह चलने को तैयार थे। नंगे पाँव ही। जैन मुनि परम्परा में तो भौतिक रूप से भी नंगे पाँव विहार करने का विधान है। भगवान महावीर का शिष्यत्व ग्रहण करने वाले जैन मुनि और भगवान बुद्ध के अनुयायी बौद्ध भिक्षु प्रथमतः आज के बिहार और उसके आसपास के क्षेत्र में नंगे पाँव विहार करते थे। सम्भवतः इसी कारण उस क्षेत्र को बाद में 'बिहार' नाम दिया गया।

अब मुनि रूपचन्द्र को भी खूब पाद विहार यानी पद यात्राएँ करने का अवसर मिलेगा। यह सोचकर वे हर्षित थे। पाँच नवम्बर को आचार्यश्री का सरदारशहर से प्रस्थान तय था। पिछले बीस-बाइस दिनों में सभी नव-दीक्षित साधु-साध्वियों को इस नये जीवन का खूब अभ्यास हो चला था। मुनि रूपचंद्र को तो ऐसे लग रहा था, जैसे बरसों से उनकी यही दिनचर्या थी। हालाँकि अभी आयु थी कुल जमा तेरह बरस। आचार्यश्री के साथ विहार में कितना आनन्द आएगा। इस कल्पना से मुनि जी का मन पुलक से भर उठा।

आचार्यश्री तुलसी के सरदारशहर चतुर्मास की समाप्ति सन्निकट थी। निश्चित दिन विदाई-समारोह आयोजन किया गया। उसमें नेमिचन्द जी पींचा (लल्लू जी) ने अपनी दिल्ली-यात्रा के संस्मरण सुनाए। राष्ट्रपति डॉ. राजेन्द्र प्रसाद का पत्र भी पढ़कर सुनाया। मुनि रूपचन्द्र का ध्यान नेमिचन्द पींचा के एक-एक शब्द पर था। उनके मुख से देश के राष्ट्रपति बोल रहे थे। राष्ट्रपति जी ने हार्दिक भक्ति-भावना प्रकट करते हुए अणुव्रती संघ की सफलता के लिए अपनी मंगलकामना प्रेषित की।

विदाई समारोह का एक-एक क्षण मुनि जी के लिए महत्त्वपूर्ण था। वे पूरी तरह संघ में रमे हुए थे।

विदाई समारोह में ही आचार्यश्री ने एक घोषणा कर सबको चौंका दिया। उन्होंने कहा, 'मैं मंत्री मुनि के लिए सरदारशहर आया और उन्हीं के लिए मैंने यहाँ चातुर्मास किया। चातुर्मास के प्रायः सभी कार्यक्रम आवास-स्थल पर हुए। दीक्षा का कार्यक्रम बाहर

हुआ। वहाँ मंत्री मुनि को साथ रखा। लक्ष्य एक ही था कि उनकी उपासना में किसी तरह का व्यवधान न आये।' वस्तुतः संघ में आयु के अनुसार वरिष्ठतम लगभग 95 वर्ष के मंत्री मुनि लम्बे समय से बीमार चल रहे थे। कई वर्षों से वे मूत्रवरोध के कारण वेदना झेल रहे थे। चौबीसों घंटे नली लगी रहती थी। नली के द्वारा ही पेशाब बाहर आता था।

एक रात नली ठीक से लगी नहीं, निकल गयी। मंत्री मुनि वेदना से छटपटाने लगे। डॉक्टर आया, लेकिन नली लगाने का प्रयास व्यर्थ गया। पास खड़े मुनि चम्पालाल जी ने नली हाथ में ली और कोशिश की। संयोग से सफल हो गये। जब नली के जरिये दो लीटर द्रव्य भीतर से बाहर आया, तब मंत्री मुनि की वेदना शान्त हुई।

मंत्री मुनि की इस स्थिति का भान आचार्यश्री को था। वे मंत्री मुनि के मन की बात समझ रहे थे। कई बार शब्दों में बिना कुछ कहे भी बहुत कुछ सुना जा सकता है, बशर्ते कहने और सुनने वाले में कहने-सुनने की क्षमता हो। शायद मंत्री मुनि और आचार्यश्री ऐसे ही वक्ता और श्रोता थे। उन्होंने मंत्री मुनि को कुछ कहने का अवसर ही नहीं दिया। विदाई समारोह में उपस्थितजन आचार्यश्री के अगले वाक्य की प्रतीक्षा कर रहे थे। प्रतीक्षा समाप्त हुई, आचार्यश्री ने बोलना शुरू किया, 'मैंने सोच रखा था कि इस बार मंत्री मुनि को कुछ माँगने का अवसर नहीं देना है। इसलिए अगला मर्यादा महोत्सव यहीं होगा।'

इस घोषणा से मंत्री मुनि के चेहरे पर छायी प्रसन्नता को मुनि रूपचन्द्र साफ देख रहे थे। वे तो कई बरसों से मंत्री मुनि को देखते आ रहे थे। लेकिन झुर्रियों-भरे चेहरे पर ऐसी चमक पहली बार देखी थी। विदाई समारोह के अगले दिन आचार्यश्री के दर्शन हेतु राजकुमार कॉलेज, राजकोट (सौराष्ट्र) के प्रोफेसर कृष्णमूर्ति तथा मेडिकल (आर्युर्वेदिक) कॉलेज जामनगर (सौराष्ट्र) के प्रो. धन्वन्तरि गधैया जी के नोहरे में आये। सरदारशहर से प्रस्थान में चार दिन बाकी थे। आचार्यश्री और दोनों प्रोफेसरों की खूब चर्चाएँ होती थीं। एक दिन आचार्यश्री ने दोनों को नवदीक्षित साधु-साध्वियों से मिलवाने की बात सोची। चर्चा के बीच में ही उन्होंने किसी को नवदीक्षितों को बुलाने के लिए भेज दिया। मुनि रूपचन्द्र सबसे पहले पहुँचे और चुपचाप उनकी चर्चा सुनने लगे। प्रोफेसर कृष्णमूर्ति ने कहा, 'आचार्यश्री हम आपके पूर्ण दर्शन करना चाहते हैं।'

'मैं कुछ समझा नहीं', आचार्यश्री ने पूछा। इस बार प्रोफेसर धन्वंतरि बोले, 'आचार्यश्री हम आपका अनावृत चेहरा देखना चाहते हैं। यह सफेद मुखवस्त्रिका बँधी होने से चेहरा ढँका रहता है। आपके पूरे व्यक्तित्व का साक्षात्कार कर हमें प्रसन्नता होगी।' आचार्यश्री को ऐसे प्रश्न की अपेक्षा नहीं थी। उन्होंने कहा, 'मुखवस्त्रिका हमारे मुँह से चिपकी हुई नहीं होती। अहिंसा, वाणी-संयम और शिष्टता की दृष्टि से हम उसका

उपयोग करते हैं। आवश्यकता होने पर हटाते भी हैं।' प्रोफेसर के इस अनुरोध पर आचार्यश्री ने मुखवस्त्रिका हटा दी। आचार्यश्री का चेहरा अनावृत हो गया। मुनि रूपचन्द्र ने दूर से आचार्यश्री के अनावृत्त चेहरे के दर्शन किए और इस आनन्द को मन के भीतर की गुफाओं में बन्द कर लिया।

कुछ क्षणों के बाद आचार्यश्री ने फिर मुखवस्त्रिका पहन ली। दोनों प्रोफेसरों के मुख पर प्रसन्नता का भाव था। एक-एक कर सभी नवदीक्षितों का परिचय आचार्यश्री ने प्रोफेसरों से कराया। दोनों प्रोफेसर चाहते थे कि आचार्यश्री का संसर्ग और अधिक मिले। इसलिए सरदारशहर से विहार के समय वे भी साथ हो लिए। विदाई की वेला आ गयी। संघ के सौ से ज्यादा साधु-साध्वियों के साथ आचार्यश्री ने गधैया जी के नोहरे से प्रस्थान किया। उनके निर्देशानुसार दोनों बाल मुनि, रूपचन्द्र और मनोहर मुनि आचार्यश्री के ठीक आगे-आगे चल रहे थे। दोनों के पीछे आचार्यश्री और उनके पीछे संघ के अन्य साधु-साध्वी। इन सबको विदाई देने वाले हजारों श्रावक-श्राविकाएँ इस काफिले के पीछे चल रहे थे। गलियों में तिल धरने की जगह नहीं थी। श्रावक-श्राविकाओं में एक माँ भी थी पाँची देवी। एक पिता थे जयचन्दलाल। दोनों मुनि जीवन की पावन गंगा की लहरों में विलीन होते अपने बेटे रूपा को देख रखे थे। उनके लिए वह जुलूस नहीं, बल्कि ऋषिकेश के पर्वतों से मैदान में हरिद्वार की ओर बहती गंगा थी, जिसकी लहरों में उनका दिया अर्घ्य समा गया था। गोठी मोहल्ला होते हुए काफिला सेठ सम्पतमल दूगड़ विद्यालय की ओर बढ़ चला। इसी गोठी मोहल्ले की गलियों को धमा-चौकड़ी करता रूपा दिनभर नापा करता था। इसी मोहल्ले में उसका घर था। लेकिन गंगा की पावन लहर बने मुनि रूपचन्द्र को न अपना अतीत ध्यान था, न गलियों की मटरगश्ती। सच ही तो, लहरें जो स्थान छोड़ देती हैं, वापस वहाँ नहीं लौटतीं। उन्हें आगे बढ़ना होता है निस्पृह भाव से। हजारों-हजार मील की यात्रा के लिए। मुनि रूपचन्द्र की हजारों-हजार मील की यात्रा आरम्भ हो चुकी थी। अपने उद्गम स्थल सरदारशहर को छोड़ अनजानी यात्रा पर बढ़ चले थे मुनि जी के पाँव।

सरदारशहर पीछे छूट गया था। हजारों श्रावक-श्राविकाएँ मंगलपाठ सुन घरों को लौट गये थे। सैकड़ों अगले पड़ाव तक काफिले के साथ ही रहे। इस काफिले में जयचन्दलाल और पाँची देवी भी थे। शब्दों में कुछ भी कहना नहीं चाहती थीं पाँची देवी। बस, उनकी आँखें ही सब कुछ कह रही थीं। अपने रूपा को आचार्यश्री के आगे चलता देख दो पल के लिए आँखें मूँद लेतीं। जब आँखें खोलतीं तो गालों पर आँसू ढुलक जाते। चार मील दूरी यूँ ही तय हो गयी। अगला पड़ाव आने वाला था। आचार्यश्री ने यहाँ तक साथ आये सभी श्रावक-श्राविकाओं से वापस सरदारशहर लौट जाने को कहा। सब हाथ जोड़कर श्रद्धानत खड़े हो गये। आचार्यश्री ने मंगल पाठ प्रारम्भ किया—

चत्तारि मंगलम्, अरिहंता मंगलम्
सिद्धा मंगलम्, साहू मंगलम्
केवलिपन्नत्तो धम्मो मंगलम्।
चत्तारि लोगोत्तमा, अरिहंता लोगोत्तमा
सिद्धा लोगोत्तमा, साहू लोगोत्तमा
केवलिपन्नत्तो धम्मो लोगोत्तमो।
चत्तारि सरणम् पवज्जामि
अरिहंते सरणम् पवज्जामि
सिद्धे सरणं पवज्जामि
साहू सरणम् पवज्जामि
केवलिपन्नतं धम्मं सरणं पवज्जामि

मंगलपाठ के बाद अधिकांश श्रावक-श्राविकाएँ वापस सरदारशहर आ गये। मुनि जी की यह पहली यात्रा थी। बाल मन यात्रा के आह्लाद से भरा हुआ था। काफिले में आचार्यश्री के आगे-आगे चलते हुए, कब पाँच किलोमीटर की दूरी पार हो गयी, पता न चला। पहले पड़ाव पर पहुँचते ही मुनि जी के चेहरे पर बड़ी-सी मुस्कान तैर गयी। यह बात अलग है कि मुखवस्त्रिका बँधी होने के कारण किसी को उस मुस्कान का पता न चला।

छोटे-छोटे गाँवों को स्पर्श करते हुए, सुबह-शाम काफिला आगे बढ़ता जाता था। पाँचवें दिन आचार्यश्री के साथ काफिला मोमासर पहुँचा। मुनि जी के लिए विहार का यह पहला बड़ा पड़ाव था। आचार्यश्री का यहाँ सोलह दिन प्रवास का कार्यक्रम था।

मुनि जी ने अपनी दिनचर्या को प्रवास के अनुसार एकदम ढाल लिया था। प्रातः चार बजे ही आचार्यश्री के पास पहुँच जाते। आचार्यश्री के मार्गदर्शन में ध्यान के बाद अध्ययन का क्रम चलता। आचार्यश्री बहुत-कुछ कंठस्थ कराते। उस समय अपने गुरुदेव के पास मुनि रूपचन्द्र जी अक्सर अकेले ही होते। भोर की निस्सीम शान्ति में निःसृत अपार ऊर्जा मुनि जी के पाठ को शत-प्रतिशत ग्राह्य बना देती। इससे पहले कि पूरब में सूरज की लाली छाए और उसकी किरणें अँधेरे के कण-कण को बटोर कर अपनी झोली में भरें, मुनि जी गुरुदेव का दिया पाठ अपनी झोली में भर लेते और उसे दोपहर में उस समय खोलते जब आहार के बाद सब विश्राम कर रहे होते। दोपहर के समय मुनि जी आचार्यश्री का दिया पाठ एक बार फिर कंठस्थ करते। संध्या समय आहार-प्रतिक्रमण पाठ के उपरान्त रात्रि में शयन से पहले एकान्त में चले जाते और अंतिम बार पाठ दोहराते ताकि प्रातः आचार्यश्री को सुनाया जा सके। इस क्रम में दो उद्देश्यों की पूर्ति होती, एक तो एकांत मिलता, दूसरा आकाश। चाँद-तारों भरे आकाश के शून्य में मुनि जी कुछ तलाशते रहते।

मुनि जी ने अनुभव किया कि मोमासरवासियों की बड़ी इच्छा है कि वहाँ दीक्षा समारोह हो। प्रवचनों आदि में तो ग्रामवासी बढ़-चढ़ कर आते ही। तीसरे दिन प्रवचनों के उपरान्त गाँव के कई प्रमुख लोगों ने खड़े होकर आचार्यश्री से दीक्षा महोत्सव की याचना की। वहीं कुछ दूरी पर बैठे मुनि जी के मन में उत्सुकता थी कि गुरुदेव क्या कहते हैं? क्या यहाँ भी सरदारशहर की तरह दीक्षा समारोह होगा? हमारी ही तरह कुछ और भी लोग नवदीक्षितों की पंक्ति में शामिल होंगे। उन्होंने देखा कि आचार्यश्री किसी न किसी तरह इस प्रसंग को टालना चाहते हैं। शायद इसी दृष्टि से अंतिम अस्त्र के रूप में आचार्यश्री ने उन याचकों से पूछा, 'आप दीक्षा की बात करते हैं, पहले यह तो बताइए, दीक्षा लेने वाला कौन है?' प्रश्न सुनकर सब एक दूसरे का मुँह ताकने लगे। कुछ पल की चुप्पी के बाद श्रावकों के बीच बैठा एक किशोर खड़ा हुआ और बोला– 'गुरुदेव! मैं तैयार हूँ। आप दीक्षा की कृपा करें।'

मुनि जी समेत सभी उपस्थितजन का ध्यान उस किशोर पर केन्द्रित हो गया। स्थानीय श्रावक जालमचन्द पटावरी का पौत्र और भोजराज जी पटावरी का पुत्र किशनलाल सैकड़ों लोगों के बीच आचार्यश्री से दीक्षा की गुहार कर रहा था। मुनि जी ने देखा, किशनलाल तो उनकी आयु का है। दो-तीन दिन में उनको यह तो पता चल गया था कि मोमासार के कुछ प्रतिष्ठित परिवारों में पटावरी परिवार का स्थान है। संघ और संघपति के प्रति पूर्णतः समर्पित। परिवार के संस्कारों का ही प्रभाव रहा होगा कि किशोर किशनलाल दीक्षा के लिए खड़ा हो गया। मुनि जी भी जानते थे कि आचार्यश्री इतनी आसानी से किसी को दीक्षा नहीं देते। पूरी जाँच-परख के बाद ही ऐसे किसी निर्णय पर पहुँचते हैं। मुनि जी के अपने साथ भी तो ऐसा ही हुआ था। आचार्यश्री ने उस किशोर से अकेले में भी बात की। उसके विचारों में दृढ़ता थी। यह देख आचार्यश्री ने प्रतिक्रमण सीखने का निर्देश दिया। श्री डूँगरगढ़ विहार से लौटते समय वापस मोमासर में दीक्षा का निर्णय लिया। वहाँ सोलह दिन प्रवास के बाद आचार्यश्री के काफिले ने आडसर, श्री डूँगरगढ़ की ओर प्रस्थान किया।

मुनि जी के लिए यह पहला विहार था। बहुत ज्यादा पैदल चलने की आदत नहीं थी। फिर भी छह-सात किलोमीटर चलना पता नहीं लगता था। उसके बाद पाँव जबाब देने लगते थे, किन्तु आचार्यश्री के आगे-आगे चलते थे इसलिए अपने थके पाँवों को भी मना लेते थे।

श्री डूँगरगढ़ पहुँचने पर भव्य स्वागत हुआ। मुनि जी के लिए सब शहर-गाँव नये थे। इसलिए जिज्ञासु मन में नये अनुभव ग्रहण करने की लालसा थी। श्री डूँगरगढ़ में बींजराज जी पुगलिया की हवेली में आचार्यश्री और उनके साथ आये साधु-साध्वियों ने प्रवास किया। प्रवचन महालचन्द भादानी के नोहरे में था।

मुनि जी रोज ध्यान से आचार्यश्री के प्रवचन सुनते। अनेक प्रश्न उनके मन में आते, जिनका समाधान वे आचार्यश्री से चाहते थे। जिज्ञासु और प्रबुद्ध मुनि रूपचन्द्र के मन में कोई हिचक नहीं थी। बस ऐसे ही दोपहर के समय एक दिन आचार्यश्री से पूछ बैठे–

'गुरुदेव, दीक्षा लेते समय और बाद में भी सब साधु-साध्वियों से कहा जाता है कि सब एक गुरु के शिष्य बन कर रहेंगे। कोई अपना शिष्य नहीं बना सकता।'

आचार्यश्री ध्यान से मुनि जी की बात सुन रहे थे। 'आचार्यश्री, अगर साधु-साध्वियों के लिए शिष्य न बनाने का नियम है तो आप सबको दीक्षा देकर अपना शिष्य क्यों बनाते हैं?'

किशोर मन में उठा प्रश्न वाजिब था। आचार्यश्री ने प्रश्न का उत्तर सहजता से दिया– 'यह बात सच है कि साधु-साध्वियों को किसी और को अपना शिष्य बनाने का प्रावधान नहीं, लेकिन जब इन्हीं साधु-साध्वियों में से जिनको आचार्य की पदवी मिल जाती है, वे किसी को दीक्षा दे सकते हैं और अपना शिष्य बना सकते हैं।' अपनी शंका का समाधान पाकर मुनि जी प्रसन्न मन अपने स्थान पर लौटे।

श्री डूँगरगढ़ में प्रवचनों के समय महाल चन्द भादानी के नोहरे में हजारों की संख्या में श्रावक-श्राविकाओं की उपस्थिति रहती थी। एक दिन प्रवचन के समय तीन योगों की चर्चा चल निकली। मुनि जी बड़ी उत्सुकता से चर्चा सुन रहे थे। आचार्यश्री बता रहे थे–

'साधु अपने मुँह पर मुखवस्त्रिका रखते हैं। अहिंसा और स्वास्थ्य दोनों दृष्टियों से उसकी उपयोगिता है। गृहस्थ के खुले मुँह बोलने का त्याग नहीं होता। वह साधु के साथ बात करते समय मुखवस्त्रिका, रूमाल आदि से 'जयणा' रख सकता है। खुले मुँह भी बोल सकता है। वह बोलते समय 'जयणा' रखे, यह बात उसे समझायी जा सकती है, थोपी नहीं जा सकती। ऐसी स्थिति में साधु उससे बातचीत करे या नहीं? यह एक प्रश्न है। इस सन्दर्भ में हमारा चिन्तन स्पष्ट है। मैं स्वामीजी (आचार्य भिक्षु) के विचारों को जहाँ तक समझ पाया हूँ– तीनों योगों–मन, वचन और काय के व्यापार अलग-अलग हैं। जहाँ वचन योग अशुभ हो, वहाँ मनोयोग और काययोग शुभ हो सकते हैं। काययोग शुभ हो, वहाँ मनयोग और वचन योग अशुभ हो सकते हैं। तीनों योग शुभ या अशुभ हों, यह आवश्यक नहीं है। कोई श्रावक साधु को वन्दन करने के लिए जाता है। उस समय उसका मनयोग शुभ हो सकता है तो वचन योग एवं काययोग अशुभ भी हो सकते हैं। कभी काययोग और वचनयोग शुभ हो सकते हैं। मनयोग अशुभ हो सकता है। कभी तीनों योग शुभ हो सकते हैं। शुभ योग की प्रवृत्ति एकान्त निर्जरा धर्म है, और अशुभ योग प्रवृत्ति पाप है। इस प्रकार एक क्रिया करते समय तीनों योगों की प्रवृत्ति अलग-अलग हो सकती है।'

मुनि जी चर्चा में रस ले रहे थे। उस दिन यही चर्चा चलती रही। नोहरे से श्रावक-श्राविकाओं के जाने के बाद मुनि जी के मन में तीनों योग घूमते रहे और वे विश्लेषण में डूब गये कि कब मनयोग शुभ होता है और वचन योग, काययोग अशुभ। क्या सदैव तीनों योग शुभ नहीं हो सकते?

यह मंथन चल ही रहा था कि पता चला साधु-साध्वियाँ गोचरी लेकर आ गये हैं। सभी आहार के लिए बैठे। मुनि रूपचन्द्र के पात्र में उस दिन बैंगन की सब्जी दी गयी। मुनि जी उस सब्जी को देखकर सोच में पड़ गये कि खाएँ या न खाएँ। इस सब्जी को वह बहुत पहले ही त्याग चुके थे। लेकिन साधु को वही आहार करना होता है, जो गोचरी में मिला होता है। अजब उधेड़बुन में पड़ गये। आचार्यश्री दूर से देख रहे थे कि मुनि रूपचन्द्र भोजन-पात्र के समक्ष उधेड़बुन में हैं। कुछ खा नहीं रहे। उन्होंने पूछा, 'क्या बात है, मन ठीक नहीं है क्या?'

अचकचा कर मुनि जी ने आचार्यश्री की ओर देखा और बोले, 'गुरुदेव आज मेरे पात्र में बैंगन की सब्जी है। मैं इसे कैसे खाऊँ, इसे तो मैं त्याग चुका हूँ दो साल पहले।' शंका का समाधान करते हुए आचार्यश्री ने कहा, 'इसे खाना तुमने दीक्षा से पहले छोड़ा था। लेकिन दीक्षा लेने के बाद तुम्हारा नया जीवन आरम्भ हो गया है। अब नये जीवन के नियम-धर्म पालन करने चाहिए। जब जीवन नया है। नया बाना है तो उस पर पिछला कुछ आरोपित नहीं होता। तुम इसे आहार में ग्रहण कर सकते हो।' मुनि जी गुरुदेव के तर्क से संतुष्ट हो गये। और उन्होंने दो साल बाद आहार में बैंगन की सब्जी ग्रहण की।

x x x

श्री डूँगरगढ़ से वापस सरदारशहर में माघ महोत्सव के लिए विहार–प्रारम्भ हुआ। मौसम में ठंडक उफान पर थी। रेगिस्तान की धरती पर रेत के टीलों को चीरती हुई हवा तीर की तरह चुभती थी। अन्य साधुओं की तरह बालक मुनि रूपचन्द्र ने भी शरीर पर सिर्फ दो वस्त्र धारण किए हुए थे। एक श्वेत चादर जैसा वस्त्र बनियान की तरह सीने पर बँधा होता और एक चादर शाल की तरह ऊपर के शरीर को ढँकती। आचार्यश्री के काफिले में आगे-आगे चलते बाल मुनियों-मनोहर मुनि और मुनि रूपचन्द्र के पाँवों की गति में भीतर का उत्साह स्पष्ट झलकता था। छोटे-छोटे पाँव बर्फ सी ठंडी रेत में छह-छह इंच तक धँस जाते, श्रमपूर्वक मुनि जी पाँव उठा कर कदम बढ़ाते, फिर रेत उन्हें अपने पास बिठा लेना चाहती। बर्फीली रेत में अगला कदम रखते ही पूरे शरीर में कँपकँपी दौड़ जाती। रेत में से अपना पाँव निकालते ही मुनि जी की नजर पाँव के

आकार के उस ताजा बने गड्ढे पर जरूर जाती, मन पुलक से भर उठता और अगले गड्ढे की बात सोचता। रेतीली बर्फ से खेल में कब रास्ता तय हो जाता पता नहीं लगता। लगातार विहार से शरीर में ऊष्मा का वास रहता। भोर में ही आचार्यश्री का काफिला विहार प्रारम्भ करता और दोपहर तक किसी न किसी पड़ाव पर गाँव में रुकता। सूरज की किरणें रेतीली, बर्फीली धरती को चूमतीं तो थोड़ी राहत मिलती। ऐसी ही कड़कड़ाती ठंड में विहार करता हुआ आचार्यश्री का काफिला सरदारशहर पहुँच गया माघ महोत्सव के लिए। मुनि जी प्रथम विहार के बाद अपनी जन्म-स्थली सरदारशहर लौट आये थे। जल का प्रवाह और संत कब रुके हैं। माघ महोत्सव से पहले ही तय हो चुकी थी जोधपुर की यात्रा। फाल्गुन कृष्णा षष्ठी, विक्रम संवत दो हजार नौ के दिन सरदारशहर से प्रस्थान हुआ। विदाई के समय मुनिजी के परिवारीजन और उनके माता-पिता भी थे। वे सब अब राग-मुक्त हो चुके थे। मुनि जी को देखकर उनके मन में आसक्ति का लेशमात्र भी न रह गया था।

X X X

अब विहार पहले की भाँति छोटे-छोटे नहीं थे। प्रतिदिन पन्द्रह से बीस किलोमीटर पद यात्रा होती थी। मौसम करवट बदल चुका था। ठंड कुछ कम हो गयी थी। फाल्गुन माह के साथ वसन्त दस्तक दे चुका था। मुनि जी प्रकृति का आनन्द लेते हुए काफिले के साथ बढ़ते जाते थे। पाँवों को चलने का अभ्यास तो हो चुका था, लेकिन एक ही बार में दस से बीस किलोमीटर चलने के अभ्यस्त नहीं हुए थे। पाँव भले ही जबाब दें, किन्तु चलना तो था ही। प्रकृति का सौन्दर्य मुनि जी के पाँव की थकान दूर कर देता था।

लम्बे विहार करते हुए आचार्यश्री का काफिला त्रयोदशी के दिन कालू पहुँच गया। स्वागत कार्यक्रम में सौ व्यक्तियों ने रात्रि-भोजन का त्याग किया। भाषणों और गीतों के बीच यह त्यागमय स्वागत मुनि जी की उत्सुकता का कारण बन गया था।

फाल्गुन शुक्ला नवमी को आचार्यश्री के साथ मुनि जी लूणकरणसर पहुँचे। एकादशी के दिन पुलिस थाने के सामने दो दीक्षाएँ हुईं। आस-पास से हजारों श्रद्धालुजन दीक्षा समारोह में शामिल हुए। मुनि जी संतों के काफिले को निरन्तर बढ़ता हुआ देख रहे थे। कई दीक्षाओं का साक्षात् तो उन्होंने पिछले कुछ दिनों में ही कर लिया था। लूणकरणसर से आगे जाटों के गाँवों—रूणियावास, सेजरासर, सारडो, पूनरासर, बड़ावास, राणीसर आदि को पार करते हुए अठारह मार्च, उन्नीस सौ तिरेपन को संतों का काफिला बीकानेर पहुँचा। फागुन का महीना, मौसम अंगड़ाई लेने लगा था। धरती पर हल्की सी तपिश बढ़ने लगी थी। मुनि जी को यह मौसम खूब रास आ रहा था। पब्लिक पार्क

से एक व्यवस्थित जुलूस के साथ संतों का नगर-प्रवेश हुआ। हमेशा की तरह आचार्य तुलसी के आगे चल रहे मुनि जी और मनोहर मुनि सबका ध्यान आकर्षित कर रहे थे। दोनों बाल मुनियों की छटा निराली थी। अट्ठाईस मार्च को भगवान महावीर का जन्मदिन था। छह दिन पहले से ही महावीर जयंती के कार्यक्रम शुरू हुए। मुनि जी ने बड़े चाव से सब में भाग लिया। मुनि जी आचार्यश्री के प्रवचनों में उमड़ने वाली श्रद्धालुओं की अपार भीड़ को देखकर हैरान हो रहे थे।

दसानियों का चौक, दम्माणियों का चौक, सिंधियों का चौक आदि शहर के चौक-चौक पर प्रवचनों में यही नजारा था। इन कार्यक्रमों में सिर्फ जैन ही नहीं, जैनेत्तर श्रद्धालु भी खासी संख्या में शामिल होते थे।

बीकानेर प्रवास मुनि जी के जीवन में एक रेखा की तरह अंकित हो गया था। मुनि दीक्षा के बाद केश लुंचन का महत्त्वपूर्ण विधान होली पर सम्पन्न हुआ। प्रतीकात्मक रूप से तो केश लुंचन आचार्यश्री तुलसी के हाथों दीक्षा के समय हो गया था। लेकिन यह पूर्ण केश लुंचन का समय था।

होली का दिन था। सुबह से ही अबीर-गुलाल के बादल चहुँओर छाए थे। रंगों की बौछारें, 'होली है, होली है...' की गुँजारें लेकिन मुनि जीवन में न भौतिक रंगों की बौछारें थीं, न 'होली है' की गुँजारें। 'सूरदास कारी कामर पै चढ़ै न दूजो रंग'। मुनि जी पर अध्यात्म का ऐसा गाढ़ा रंग चढ़ा कि दूसरा कोई रंग उसके आगे बेअसर था। तेरह साल के जीवन में पहले कितनी बार होली आयी और गयी... याद नहीं कितना रंग दूसरों के लगाया और खुद भी रंग में पोते गये। आज की होली अनूठी थी मुनि जी के लिए। उनका और मनोहर मुनि जी का केश लुंचन आचार्यश्री के बड़े भाई मुनि चंपालाल जी के हाथों होना था। पहले मुनि जी को बुलाया गया। वे बैठे और मुनि चम्पालाल जी एक-एक कर मुनि के केश लोचने लगे। घने काले, रेशमी बाल। मुनि चंपालाल जी ने तीसरी बार केश लोचा कि मुनि जी के मुँह से जो ध्वनि निकली, उससे पता चल गया, पीड़ा की सघनता का। अभी तो तीसरी बार ही केश गुच्छ निकला है, पूरे घने केशों का लुंचन होना है। जितनी बार केश लोच होता, उतनी ही बार होठों को दाँतों से दबाकर मुनि जी पीड़ा को भीतर समेटने की कोशिश करते।

यह कष्टकारक प्रक्रिया दरअसल तपस्वी जीवन के मार्ग में शारीरिक और मानसिक कष्टों के लिए तैयार होने तथा शरीर और आत्मा के भेद-ज्ञान की पृष्ठभूमि थी। मुनि जी के भीतर पीड़ा की अनुभूति सघन होती जा रही थी। डेढ़ घंटा चली केश लोच की इस प्रक्रिया में न चाहते हुए भी दो बार उनकी आँखों में मोटे-मोटे दो आँसू ढुलक पड़े। बालक को इतना कष्ट सहने की आदत कहाँ थी।

दिन था पाँच अप्रैल। प्रातः की भाँति आचार्यश्री के प्रवचन हुए। मध्याह्न में

कुछ अलग-सी सुगबुगाहट थी। मुनि जी के मन में कारण जानने की जिज्ञासा हुई तो पता चला भारत के गृहमंत्री डॉ. कैलाश नाथ काटजू आचार्यश्री के दर्शन के लिए आये हैं। मुनि जी को नहीं मालूम कि आचार्यश्री और डॉ. काटजू के बीच क्या वार्तालाप हुआ। वैसे उनके भीतर कोई जिज्ञासा भी नहीं थी इस बारे में। बीकानेर में तेईस दिन कब पूरे हुए पता ही नहीं चला। विदाई के समय बड़ी संख्या में श्रावकजन काफिले के साथ दूर तक आये। बीकानेर के अनुभव समेटे मुनि जी आचार्यश्री के साथ विहार पर आगे निकल पड़े। इस बार लक्ष्य था गंगाशहर। गंगाशहर और बीकानेर नाम भले ही अलग-अलग थे, लेकिन दोनों के बीच दूरी मात्र दो किलोमीटर की ही थी। इसलिए बीकानेर में आचार्यश्री के प्रवचन होते तेा गंगाशहरवासी भी अमृत-रस-पान करने आते और जब आचार्यश्री का काफिला गंगाशहर पहुँचा तो बीकानेर के श्रावक भी वहाँ आ जाते।

दस अप्रैल को संतों के चरण गंगाशहर में पड़े। पन्द्रह दिन बाद गंगाशहर में दीक्षा समारोह आयोजित हुआ। संत समाज में गंगाशहर के पाँच लोग थे। मुनि जी ने देखा, दीक्षा लेने वालों में आँचलिया परिवार के एक दंपति युगल भी थे। पूर्ण युवा, आर्थिक सम्पन्नता और भरा-पूरा परिवार। आखिर क्यों ये पति-पत्नी वैराग्य-पथ पर चल पड़े? क्यों कोई भौतिक आकर्षक उन्हें इस संसार में नहीं बाँध पाया। दीक्षा समारोह का आकर्षण थे ये युवा दम्पत्ति। दीक्षित होने के बाद आचार्यश्री द्वारा दिए नये नामों-मुनि सुमति चन्द्र और साध्वी सुदर्शना से संत समाज में उनकी पहचान बनी।

एक दिन आचार्यश्री के दर्शनार्थ बीकानेर के राजा शार्दूल सिंह आये। मुनि जी उस समय आचार्यश्री के पास बैठे थे। साथ में मनोहर मुनि भी थे। शार्दूल सिंह की नजर दोनों बाल मुनियों पर पड़ी। आचार्यश्री से वार्तालाप समाप्त हो चुका था। आचार्यश्री दोनों मुनियों का परिचय शार्दूल सिंह से कराने के बाद भीतर चले गये। राजा शार्दूल सिंह बाल मुनियों की ओर उन्मुख हुए। थोड़ी देर में बात केशलोचन पर आ गयी। उन्होंने दोनों से पूछा, एक-एक बाल को जड़ से निकालना बहुत कष्टकारी होता होगा। मनोहर मुनि जी, आपको कष्ट नहीं हुआ?

'नहीं, महाराज कोई कष्ट नहीं हुआ।' मनोहर मुनि ने सच को परतों में छुपा लिया था। शार्दूल सिंह जी ने यही प्रश्न मुनि रूपचन्द्र से किया, उत्तर एकदम विपरीत मिला। 'कष्ट तो बहुत हुआ, लेकिन उसे सहा।' मुनि जी के कथ्य में कोई लाग-लपेट नहीं थी। शार्दूल सिंह जी मुनि जी की स्पष्टोक्ति से प्रभावित हुए। सच तो यह है कि केश लोच की कष्टकारी प्रक्रिया के कारण मुनि जी को तेज बुखार भी आ गया था। घने और रेशमी होने के कारण केशों का लोचन और अधिक कष्टकारी था।

कड़कड़ाती ठंड हो या चिलचिलाती गर्मी, संतों के काफिले को आगे ही बढ़ते जाना

है। मई का महीना आ गया। सूरज आग बरसा रहा था। रेगिस्तानी इलाके में तो तापमान वैसे भी ज्यादा होता है। रात भर चन्द्रमा की शीतल किरणें भी धरती के तापमान को कम नहीं कर पाती। मुनि जी आचार्यश्री के साथ मीलों-मील चलते जाते, पाँवों की परवाह किए बिना। गति से लक्ष्य की ओर बढ़ता जाता काफिला। मुनि जी के पाँवों में गजब की गति आ गयी थी। भीतर का उत्साह पाँवों की गति में झलक रहा था। अचानक तेज ठोकर लगी। मुनि जी मुँह के बल गिरने को हुए, लेकिन सँभल गये। पाँव के अँगूठे में चोट लगी थी। खून बहने लगा। ये चलने वाले पाँव थे। विराम नहीं चाहते थे। अँगूठे से खून बहता रहा, पाँव चलते रहे। एक बार फिर पीड़ा को निगल लिया मुनि जी ने। संकल्प दृढ़ था, उसके आगे खून को हार माननी ही थी। फिर चलते-चलते अँगूठे के आस-पास मिट्‌टी चिपक गयी थी। मिट्‌टी के कारण खून का बहाव बन्द हो गया था। पड़ाव पर पहुँचे तो किसी सहयोगी ने डिटोल से बाल मुनि का पाँव धोया। मिट्‌टी हट जाने से खून फिर बहने लगा था। प्राथमिक उपचार के बाद मुनि जी काफिले के साथ फिर आगे बढ़ चले।

मई और जून का तपता महीना। लम्बे-लम्बे विहार। लेकिन संतों-साध्वियों के उत्साह में कहीं कमी नहीं।

मुनि जी को हर स्थिति में आनन्द की अनुभूति होती। पाँव धरती पर होते थे तो नैनों में विस्तृत आकाश। आकाश का विस्तार पाना ही तो जीवन का लक्ष्य था। आकाश में चहकते, उड़ान भरते पंछी। आकाश का इतना साथ मिलेगा, उन्होंने सोचा नहीं था। उमड़ते-घुमड़ते नृत्यरत बादलों के रेले को आते-जाते देखते। ये बादल भी संतों के काफिले की तरह हैं। दोनों ही काफिले एक-दूसरे से होड़ लगाते। बादल जल बरसाते और संत ज्ञानामृत।

जोधपुर चार्तुमास में पन्द्रह अगस्त का दिन आया, यानी भारत का स्वतंत्रता दिवस। मुनि जी जब बालक रूपा थे तब इस दिन का मतलब होता था विद्यालय में तरह-तरह के कार्यक्रम, प्रभात फेरी आदि। अब जीवन बदल चुका था। ध्यान-साधना, आगमों और संस्कृत ग्रन्थों का अध्ययन—यही था जीवन। कविता से लगाव पहले था, और अब भी बना हुआ था।

प्रतिदिन भोर में आचार्यश्री के पास अध्ययन के लिए जाते ही थे। आचार्यश्री पाठ के साथ-साथ कभी-कभी सूचनाएँ भी देते थे। ऐसे ही एक सूचना पाकर मुनि जी का मन आह्लादित हो उठा। सूचना थी कि तीस अगस्त को मध्याह्न में एक काव्य गोष्ठी का आयोजन होगा। जिसके भीतर कविता का बीज हो, उसे काव्य-जल मिलते ही पल्लवन की दिशा मिलने लगती है। मुनि जी के लिए यह काव्य गोष्ठी जल की तरह थी।

दोपहर को संत साध्वियाँ, बड़ी संख्या में श्रावक-श्राविकाएँ भी श्रोता के रूप में

उपस्थित थे। हिन्दी, संस्कृत, राजस्थानी और उर्दू अनेक भाषाओं के कवि अपनी रचनाओं के साथ उपस्थित थे। मुनि जी संतों के साथ अग्रिम पंक्ति में विराजे थे। दृष्टि और कान मंच की ओर लगे थे। कवि गोष्ठी का शुभारम्भ आचार्यश्री के संबोधन से हुआ। मुनि जी आचार्यश्री के एक-एक वाक्य को बड़े ध्यान से सुन रहे थे– 'जिस कवि के मन में देश की अव्यवस्थाओं, समाज के गलत मूल्य-मानकों और व्यक्ति के असम्यक् दृष्टिकोण को बदलने की बेचैनी नहीं होती, उसके काव्य में शब्द-शिल्पन हो सकता है, प्राण नहीं होते। मैं चाहता हूँ कि हमारे कवि मानवीय दृष्टि और चारित्रिक भावना से प्रेरित होकर लिखें। इससे उनके लेखन में शाश्वत सत्यों का समावेश होगा। उनकी रचनाएँ कालजयी हो पाएँगी।'

मुनि जी सभी कवियों की रचनाओं को आचार्यश्री की कसौटी पर कसने लगे। जीवन में पहली बार इतनी भाषाओं के कवियों की रचनाएँ सुनने का अवसर मिला था। भीतर कुलबुला रहे कविता के बीज को कुछ बूँदें काव्य जल की मिल गयीं थी।

x x x

अप्रैल का महीना। आग बरसाता सूरज। साँय-साँय करती गरम हवा। तपती धरती, नंगे पाँव। जैसे नंगे पाँवों का संघर्ष तपती धरती से था। मुनि जी के पाँव में छाले पड़ गये। घुटने के नीचे से एड़ी तक की चमड़ी पसीने के कारण गल गयी थी। इतनी गल गयी कि जरा खुजलाते ही खून निकलने लगता। घुटने से नीचे तक सफेद वस्त्र खून से रंग जाता। पाँव के अँगूठे का घाव ठीक होने में नहीं आ रहा था। पड़ाव पर पहुँच कर घाव धोया जाता, उस पर सेफ्रोमाइसिन पाउडर लगा कर कपड़े की पट्‌टी बाँध दी जाती। थोड़ा आराम लगता, क्योंकि उसमें घाव में कपड़ा छुवने का मौका नहीं मिलता। घाव तभी ठीक होते जब किसी बड़े शहर में पड़ाव होता और 2-4 दिन का विश्राम।

संतों का काफिला मुम्बई के लक्ष्य पर था। गुजरात के रास्ते मुम्बई जाना था। मारवाड़ से गुजरात में प्रवेश किया ही था कि गुजरात सीमा पर पहले गाँव में ही अप्रिय प्रसंग सामने आया। साम्प्रदायिक संकीर्णता का पहला-पहला अनुभव था मुनिजी के लिए। वहाँ तेरापंथी जैनियों की संख्या कम थी। इतर-जैनियों ने तय कर लिया था कि आचार्य तुलसी के काफिले को ठहरने नहीं देंगे। यही नहीं, इन्हें भोजन न मिले, इसका भी पूरा इन्तजाम किया गया था। संयोग से उस दिन रविवार था। इसलिए शहर के बाहर एक प्राइमरी स्कूल में ठहरने की व्यवस्था हो गयी। मुनि जी ने देखा आहार की व्यवस्था को लेकर आचार्यश्री चिंतित हैं। सदैव की भाँति वरिष्ठ साधु-साध्वियाँ भिक्षाटन के लिए निकले। दोपहर को लौटे।

'गुरुदेव, आज आहार की व्यवस्था कठिन थी, लेकिन यहाँ गाँव के शाकाहारी किसानों के द्वार पहुँचे। उन थोड़े से किसान परिवारों से कुछ व्यवस्था हो पाई।' आचार्यश्री भिक्षाटन से लौटे साधुओं की बात सुन रहे थे। मुनि जी संयोगवश वहीं थे। आहार की चिन्ता की बजाय उनका ध्यान गुजराती वर्णमाला सीखने में था। वह गुरुदेव के पास बैठे गुजराती का प्रारंभिक ज्ञान ले रहे थे। गुरुदेव ने कहा था, 'हम गुजरात जा रहे हैं। हमारे पास समय भी है। आज का पड़ाव भी स्कूल में है। क्यों न इसका लाभ उठाया जाय। क्यों न गुजराती वर्णमाला सीख लें, आगे काम आएगी।'

उस दिन आहार में सबके हिस्से सिर्फ एक-एक रोटी और छाछ ही आयी। गुजराती की अपनी लिपि देवनागरी से ज्यादा अलग नहीं है। सिर्फ कुछ अक्षरों की बनावट अलग होती है। कुछ घंटों में ही मुनि जी और अन्य साधु-साध्वियों ने गुजराती वर्णमाला सीख ली। गुजरात में भीतर तक पहुँचते-पहुँचते मुनि जी गुजराती बोलने भी लगे थे। यह सिर्फ उनकी प्रखर मेधा, नया सीखने के उत्साह और अध्ययनशील प्रवृत्ति के कारण सम्भव था। अभी तक वह आधी से ज्यादा 'लघुकौमुदी' कंठस्थ कर चुके थे। 'दशवैकालिक सूत्र' के अध्ययन और उसे कंठस्थ करने का क्रम साथ-साथ चल रहा था। संस्कृत ग्रन्थों को कंठस्थ करना मुनि जी के लिए अब कठिन काम नहीं था। विहार में जहाँ-जहाँ समय मिलता, वे अध्ययन में लगे रहते। अन्य साधु-साध्वियों की भाँति विश्राम नहीं करते थे। शाम को कंठस्थ किया पाठ रात्रि को दोहराते और प्रातः आचार्यश्री को सुनाते।

प्राथमिक विद्यालय की छत से शाम के समय मुनि जी गुजरात के पहले गाँव का अवलोकन कर रहे थे। गर्मी में तपती धरती गुजरात और राजस्थान में तो और ज्यादा मचल जाती है। लेकिन छत पर पीपल और बरगद की घने पेड़ों की शाखाएँ और उनको छू कर आती हवा बड़ा सुकून दे रही थीं। सूरज पश्चिम में ढलने की तैयारी में था। गुजरात चूँकि पश्चिम में है, इसलिए सूर्यास्त यहाँ देर से होता है। मुनि जी 'लघुकौमुदी' लेकर छत पर गये थे। तय कर लिया था कि इसके दस सूत्र कंठस्थ कर लेंगे, लेकिन क्षितिज में विलीन होते आग के लाल गोले पर नजर ठहर गयी। गोले के आगे से पंछियों का झुंड गुजरता तो दृष्टि वहीं टिक जाती। दिन में आग बरसाता गोला शाम को मनोरम लग रहा था। जब क्षितिज ने उसे पूरी तरह अपने आँचल में ढाँप लिया, तब मुनि जी ने किताब खोली और कंठस्थ करने की जो प्रक्रिया शुरू हुई, धुँधलका होने तक चलती रही।

हर विहार के साथ जीवन के नये-नये अनुभव जुड़ते जा रहे थे।

x x x

'ये रेल की पटरियाँ कहाँ तक ले जाएँगी?' मनोहर मुनि ने मुनि जी से प्रश्न किया। सहसा प्रश्न से मुनि जी एकदम चौंके और पटरी के किनारे पड़े पत्थर से अँगूठे में फिर चोट लग गयी। खून रिसने लगा। मुनि जी बड़े ध्यान-मग्न हो पटरी के किनारे-किनारे पत्थरों पर चलते जा रहे थे। कोमल नंगे पाँवों को रेत मिट्टी में चलने की आदत तो हो गयी थी, लेकिन ये क्रूर पत्थर! इन पर सँभल कर चलना पड़ रहा था। आचार्यश्री ने मुम्बई यात्रा के लिए सड़क का रास्ता लेने की बजाय, रेल-पटरियों को चुना था। भीषण गर्मी में कंकरीट और तारकोल की सड़कों पर चमड़ी तक उधड़ जाने की आशंका थी। फिर सड़क का रास्ता तमाम जोखिमों से भरा हुआ था। मुनि जी ने मनोहर मुनि के प्रश्न का उत्तर तो दिया— 'मुम्बई तक ले जाएँगी ये पटरियाँ।' लेकिन चोट खा बैठे। इसलिए गति कुछ मंद पड़ गयी। उन्हें रेल से दिल्ली तक की यात्रा की याद ताजा हो आयी। रेल की खिड़की से झाँकने पर ये पटरियाँ कैसी पानी की तरह भागती-दौड़ती नजर आती थीं। और अब लगता है कि पर्वत की तरह जड़ हो गयी हैं, जिन्हें पार करना है। जब भी मौका मिलता, पटरी के पथरीले किनारे छोड़कर बीच-बीच में लगे स्लीपरों पर रास्ता तय करते। फिर नीचे पगडंडी पर उतर जाते।

प्रतिदिन लगभग बीस किलोमीटर पटरियों के किनारे-किनारे विहार होता। जब बगल से रेल गुजरती तो लगता पूरी धरती हिल गयी। भाप की इंजन वाली छुक-छुक करती, धौंकती रेलगाड़ी कोयले के बारीक-बारीक टुकड़े और गाढ़ा-काला धुआँ छोड़ती निकल जाती। संतों-साध्वियों के श्वेत वस्त्रों पर काले धुएँ और धूल का असर साफ दिखाई देता। जिस जगह एक ही ट्रैक होता, वहाँ बड़ी सावधानी बरतनी पड़ती। स्टेशन आता तो काफिला वहाँ प्लेटफार्म पर रुकता। संतों-साध्वियों को देख यात्रियों की उत्सुकता बढ़ जाती।

पाँवों की पीड़ा भीतर के आनन्द में अक्सर लुप्त हो जाती। दूर तक फैले इतने हरे-भरे खेत, खुला आकाश-प्रकृति के सौन्दर्य को भीतर सँजोते हुए मुनि जी के कदम अपने काफिले के साथ बढ़ते जाते।

रेल मार्ग, सड़क मार्ग से बहुत अलग होता है। इसमें सड़क के दोनों किनारों पर झूलते वृक्ष नहीं मिलते। नदियों को पार करने के लिए सुघड़ पुल नहीं मिलते। भोर का समय था। पटरियों के साथ-साथ तापी नदी मंद पवन के झोंकों से लहरा रही थी। जल के स्पर्श से हवा में भी हल्की ठंडक आ गयी थी। प्रातःकाल वैसे भी ऊर्जा का अक्षय स्रोत होता है।

'अभी तो हम नदी के साथ-साथ चल रहे हैं, अगर आगे जाकर इसे पार करना पड़ा तो।' मुनि जी की बात सुनकर मनोहर मुनि भी चिंता में पड़ गये। नदी कैसे पार करेंगे। तैरेंगे क्या? दोनों का बाल मस्तिष्क ज्यादा सोच नहीं पा रहा था।

आधा घंटा चलने के बाद सचमुच नदी पार करने की स्थिति आ गयी। सोचकर मन काँप उठा। पचास फुट गहरा पानी, बीच-बीच में पटरियों को साधे जलमग्न खम्भे। पटरियों के बीच बड़ी-बड़ी दरारें। जरा-सा पाँव रपटा नहीं कि सीधे लहरों की गोद में ही समा जाएं। पुल पर पटरियाँ साक्षात् काल की तरह। पुल शुरू होने से पहले आचार्यश्री ने सबको एकत्रित कर भावी खतरे का संकेत देते हुए कहा, 'हमें यह पुल पार करते समय विशेष सावधानी बरतनी होगी। कदम बहुत सँभाल कर रखना। ध्यान सिर्फ पैरों और पटरियों के बीच बने पटरों पर ही केन्द्रित करना होगा। विहार में यह एक बड़ी चुनौती है।' मुनि जी अब काफिले में सबसे आगे नहीं थे। आगे चलने वाले संतों का बड़े ध्यान से अनुसरण कर रहे थे। यहाँ तो बस चलते ही जाना है सँभल-सँभल कर। रुके तो प्रवाह टूट जाएगा। दो-ढाई सौ-मीटर आगे ही पहुँचे होंगे कि पटरियों के बीच से नजर नीचे नदी की लहरों पर गयी। कलेजा मुँह को आ गया। पाँव जैसे जड़ हो गये। इतनी गहराई पर पानी। लगा कि लहरें पास बुला रही हैं। सिर चकरा गया, सँभले और फिर सावधानी से कदम आगे रखते चले गये। रेलगाड़ी के पहियों की रगड़ से पटरियाँ चिकनी हो गयीं थीं। लेकिन आस-पास पाँव रखा जा सकता था। पूरे काफिले को रेल पुल पार करने में पैंतीस मिनट लगे। साढ़े दस बज चुके थे। सूरज पूरे उठान पर आ गया था। नदी पार एक गाँव में संतों-साध्वियों ने विश्राम किया। आहार आदि ग्रहण किया। मुनि जी के मन में एक ही बात चल रही थी। नदी पर रेल का पुल पार करते सामने या पीछे से कोई ट्रेन आ जाय तो? जब रेल में बैठ कर नदी का पुल पार करते हैं तो लगता है पूरा पुल झूल गया है। रेल की रफ्तार तो झोंके से ही धकेल देगी।

और फिर ऐसा ही हुआ। संतों का काफिला इस बार लहराती नर्मदा नदी पर बने पुल को पार कर रहा था। तीन चौथाई पुल पार किया था कि धड़धड़ाहट के साथ पूरा पुल हिलने लगा। सामने देखा, कुछ नहीं दिखाई दिया। रेल पीछे से आ रही थी। भाग कर या तेजी से चलकर पुल पार करने का प्रश्न नहीं था। जहाँ इतनी फूँक-फूँक कर कदम रखना होता है, वहाँ भागने का सोचा भी नहीं जाता। रेल जितना करीब आ रही थी, धड़कन उतनी बढ़ती जा रही थी। संतों-साध्वियों ने पटरियाँ खाली कर दी थीं, रेल गुजरने के लिए। नहीं करते तो भी रेल को गुजरना ही था। सबकी नजरें पीछे की ओर मुड़ीं और यमराज की तरह करीब आती रेल पर जम गयीं। सिर्फ दस मीटर का फासला था। सब दम साधे पटरी छोड़कर खड़े हो गये। यह मालगाड़ी थी। और मालगाड़ी, सवारी गाड़ी के मुकाबले कहीं ज्यादा लम्बी होती है। दस मिनट, जब तक रेल सामने से गुजरी मुनि जी को लगा, दुनिया से उनका नाता टूट चुका है। मानो समाधि की अवस्था में पहुँच गये हों। किसी को क्षति पहुँचाए बिना रेल गुजर गयी। थी। उसकी थर्राहट, गुर्राहट अभी तक नसों में विद्यमान थी। दो मिनट बाद जैसे चेतना लौटी और काफिला

आगे बढ़ चला मुम्बई की ओर।

सूरत से चलकर एक जून को काफिला बोरड़ी गाँव पहुँचा। बोरड़ी गाँव का सौन्दर्य देख मुनि जी का मन खिल उठा। गाँव क्या था, पूरा बगीचा था। चारों ओर हरियाली। दरअसल बोरड़ी समुद्र के किनारे बसा गाँव था। कई बार समुद्र की लहरें उछाल मारती गाँव तक पहुँच जातीं। मुनि जी ने अभी तक नदियाँ हीं देखी थीं। अब जल के अक्षय भंडार समुद्र के भी दर्शन करेंगे। यह सोचकर आनन्द की अनुभूति हो रही थी।

बोरड़ी से गोलवड़, पालघर, भाइंदर आदि गाँवों का स्पर्श करते हुए बारह जून को सब बोरीवली पहुँचे। समुद्र तटीय नगरों में गर्मी उतनी नहीं होती, लेकिन पसीना नहीं सूखता। चिपचिपाहट बनी रहती है। मुनि जी इस अजीब तरह की गर्मी से परेशान थे। देखते ही देखते आकाश में बादल घिरने लगे। वर्षा का संकेत साफ था। बारिश होने से मौसम में हल्की ठंडक का आनन्द लिया जा सकता था। मौसम सुहाना हो गया। अब चार महीने यहाँ बम्बई में ही रहना था। तड़क-भड़क की नगरी बम्बई में आचार्यश्री का पहला चार्तुमास था। चर्च गेट, महात्मा गाँधी रोड, कालबादेवी, विट्ठलवाड़ी, झवेरी बाजार, भूलेश्वर सी.पी. टैंक और विठ्ठल भाई पटेल रोड़ होते हुए सब सिक्कानगर में निर्मित प्रवचन-पंडाल में पहुँच गये। लगभग ढाई हजार की उपस्थिति में प्रसिद्ध साहित्यकार, पत्रकार, शिक्षा-सेवी, सार्वजनिक कार्यकर्त्ता एवं शहर के गण्यमान्य व्यक्ति विशेष रूप से आये थे। आचार्यश्री ने सबके समक्ष अणुव्रत के सम्बन्ध में विस्तार से बताया।

x x x

बम्बई के सिक्कानगर में मूलजी सिक्का के मकान में माडर्न हाईस्कूल की ऊपर वाली मंजिल में आचार्यश्री और संतों के आवास की व्यवस्था थी। वहाँ से एक फर्लांग की दूरी पर ठाकुरद्वारा रोड पर नाथूराम पोद्दार की बाड़ी में साध्वियाँ ठहरीं। प्रतिदिन प्रवचनों का सिलसिला शुरू हो गया था। प्रवचनों में बड़ी संख्या में लोग आते। कई नये लोग भी आने लगे थे। आचार्यश्री के पास वैसे भी अक्सर मिलने के लिए जिज्ञासु और श्रावक आते रहते थे। इन आगंतुकों में सुन्दर भाई और रमणीक भाई प्रतिदिन आचार्यश्री के पास आते। बम्बई में प्रवास का काफी कुछ सम्पर्क-कार्य इन दोनों के हाथ में था।

एक दोपहर सुन्दर भाई के साथ आचार्यश्री के दर्शन करने कोई और सज्जन भी आये थे। मुनि जी आचार्यश्री के पास ही थे। 'आप प्रो. कृष्णमूर्ति जी...' मुनि जी खड़े हो गये। उन्होंने पहचानने में तनिक भी भूल नहीं की, ये वही प्रो. कृष्णमूर्ति थे, जो सरदारशहर में आये थे। प्रो. कृष्णमूर्ति जी भी पहचान गये मुनि जी को। सुन्दर भाई

बोले 'मुनि रूपचन्द्र जी तो अब काफी लम्बे हो गये हैं।' फिर मुनि जी की ओर देखा, मुनि जी क्या उत्तर देते। तभी प्रो. कृष्णमूर्ति ने कहा, 'लम्बे नहीं, ऊँचे हो गये हैं।' सचमुच दीक्षा लेने के बाद किशोरवय के मुनि जी का कद पहले से काफी बढ़ गया था। दुबली-पतली काया कुछ ज्यादा ही ऊँची दिखाई देने लगी थी। पता चला कि प्रो. कृष्णमूर्ति जी की बेटी यामिनी कृष्णमूर्ति भरतनाट्यम का नृत्य-प्रशिक्षण ले रही हैं।

मुनि जी तप, साधना और अध्ययन की पगडंडी पर चल रहे थे आचार्यश्री के साथ। उनमें गहन चिंतन के स्वर प्रस्फुटित हो चले थे। लेकिन अपनी वृत्तियों को वीतराग साधना नहीं लगा पा रहे थे। वैसे वीतराग साधना क्या है? अभी मुनि जी के मानस में इसकी अवधारणा स्पष्ट नहीं हो पाई थी। कहते हैं कि समय से पहले और भाग्य से ज्यादा कभी न किसी को कुछ मिला है और न मिल सकता है। मुनि जी के जीवन में वीतराग साधना को व्यावहारिक स्तर पर समझने का प्रसंग बना मुम्बई से खानदेश की ओर विहार के दौरान जामनेर गाँव में।

जामनेर जैन समाज के अग्रणी राजमल ललवानी का गाँव। इस गाँव में राजमल जी की बड़ी सी कोठी थी। कोठी क्या कहें, खानदानी रईसी की कहानी कहती हवेली। इसी कोठी के एक हिस्से में आचार्यश्री का पड़ाव था। मुनि जी को भोर बहुत भाती थी। नव ऊर्जा के साथ आने वाली भोर का स्वागत मुनि जी अपने पाठों से करते थे। उस दिन आचार्यश्री कोठी के पीछे वाले कमरे में बैठे मुनि जी और अन्य मुनियों को 'लघुकौमुदी' का अन्तिम भाग समझा रहे थे। मुनि जी अपना ध्यान केन्द्रित करने का प्रयास करते। लेकिन कमरे के भीतर आने वाला हवा का झोंका उन्हें बाहर आने का निमंत्रण दे जाता। मुनि जी बाहर आये, देखा, सामने बगीची में पौधों पर लाल, पीले, सफेद और नीले गुलाब मंद-मंद हवा झोंकों से इठला रहे थे। मुनि जी फूलों की छटा और महक से अभिभूत हो गये। फूलों का सौन्दर्य अपने भीतर सँजोने की कोशिश की। उन गुलाबों की महक तो जैसे उनकी साँसों में समा गयी थी। गुलाबों को निहारते हुए ध्यान आया आचार्यश्री का तो वापस कमरे में पहुँचे। आचार्यश्री का ध्यान मुनि जी की ओर नहीं था। लेकिन जब उस पाठ के दौरान वह चौथी बार उठकर बाहर बगीची में पहुँचे और लौटकर वापस आये तो सहसा आचार्यश्री का ध्यान मुनि जी के अचानक आवागमन की ओर गया। इस बार जब वह लौटे तो आचार्यश्री ने पूछ ही लिया, 'बार-बार उठ कर बाहर कहाँ जाते हो? क्या बात है तुम्हारा मन यहाँ नहीं है। तुम जैसे स्थितप्रज्ञ साधक का ध्यान यूँ उचटना। बात समझ में नहीं आयी।'

मुनि जी ने प्रफुल्ल मन से कहा, 'आचार्यश्री बाहर बगीची में गुलाब के बहुत सुन्दर फूल खिले हैं। उनकी महक मुझे बार-बार अपने पास बुला रही थी। वहाँ जाकर लौट आता हूँ।' मुनि जी को इसमें कुछ भी अटपटा नहीं लगा। मन में कोई पाप नहीं था सो सच बात बता दी।

आचार्यश्री ने कहा, 'यह तो राग भाव है। मुनि के लिए राग भाव वर्जित है। राग किसी भी व्यक्ति-वस्तु के प्रति नहीं होना चाहिए। फूलों की खुशबू के लिए जाना राग-भाव है। सांसारिक ऐन्द्रिक आकर्षणों से अपनी वृत्तियों को अन्तर्मुखी कर लेना ही वीतराग साधना है।'

मुनि जी को यह तो पता था कि जैन साधुओं की चर्या में पौधों को छूना वर्जित है। लेकिन यह नहीं मालूम था कि खुशबू के लिए फूलों के पास जाना राग भाव है। इस प्रसंग के बाद सहज अध्यात्म में रमण मुनि जी की प्रवृत्ति बन गयी।

मुनि जीवनचर्या, गहन अध्ययन, चिंतन-मनन और विहार के दौरान प्रकृति के अपार वैभव के दर्शन। सरदारशहर से मुम्बई तक विहार में कितने खेत खलिहान, कितनी नदियाँ पार कीं। कितने गाँव, पशु-पक्षियों से सम्पर्क हुआ, मुनि जी को संख्या याद नहीं। लेकिन उनके अनुभवों का संसार नित्य-प्रति समृद्ध होता जा रहा था।

बीकानेर, जोधपुर के हजारों मील फैले रेगिस्तान का अनुभव तो बचपन में हो गया था। लेकिन पेड़ों के नाम पर खेजड़ी, नीम, केर, फोग और आक के अलावा और कोई पेड़ नहीं दिखे थे। पक्षियों के नाम पर रंग-बिरंगे पंखों को अर्द्धचन्द्राकार फैलाए खेतों में नाचते हुए मोरों को खूब देखा था। कोयल की कुहुक राजस्थान-गुजरात की सीमा पर ही सुनी।

सूखे रेगिस्तानी इलाकों, रेत के टीलों को पार करते हुए विशाल जलराशि को अपने आँचल में समेटे समुद्र के दर्शन और फिर बम्बई की बरसात। वर्षा शुरू हुई तो कई दिन तक रुकी नहीं। मुनि जी के कवि मन में कविता के अंकुर फूटने लगे थे। फूटते कैसे नहीं, इतना खाद-पानी मिल चुका था। फिर जब एक दिन एक सहपाठी मुनि ने कविता लिखकर आचार्यश्री को सुनाई तो उन्होंने कविता की न केवल भूरि-भूरि प्रशंसा की अपितु इनाम भी दिया। मुनि जी के भीतर कुलबुला रहे कविता के बीज को पल्लवित होने का अवसर मिल गया।

कहाँ सरदारशहर में जलकुंडों में वर्षा का पानी इकटठा कर वर्ष भर काम चलाने की मजबूरी, आसमान में बादलों के एक-एक टुकड़े को तरसती नजरें और कहाँ बम्बई में कई दिन लगातार बरसने वाले बादल। सूरज का कई दिनों तक नामोनिशान नहीं।

प्राकृतिक सौन्दर्य ने मुनि जी के अन्दर एक ऐसी पुलक भर दी कि भीतर के भाव कविता के रूप में बह चले—

फूलों ने कहा—मुस्कराते रहो
कोयल ने कहा—गीत गाते रहो
आकाश में गरजते बादल ने कहा—
मेरी तरह करुणा जल बरसाते रहो।

कागज पर लिखी कविता को मुनि जी ने तीन-चार बार पढ़ा। विश्वास हो गया कि यह साथी मुनि की कविता से कहीं ज्यादा अच्छी है। आचार्यश्री पढ़ेंगे तो निश्चित ही बड़ा पुरस्कार देंगे। उत्साह से भरे मुनि जी अपने गुरुदेव के पास पहुँचे– 'गुरुदेव आज मैंने भी एक कविता लिखी है। आपको ही समर्पित है।' उन्होंने गुरुदेव के हाथ में एक पुर्जा थमा दिया। आचार्यश्री ने कागज पर लिखे शब्द पढ़ने शुरू किए। मुनि जी टकटकी बाँधे, उनके चेहरे पर आने वाले भावों को पढ़ने लगे। यह क्या, कविता पढ़ते-पढ़ते आचार्यश्री के चेहरे पर नाराजगी की रेखाएँ उभर आयीं। मुनि जी को आश्चर्य हुआ, ऐसा क्यों? पर शान्त भाव से आचार्यश्री की प्रतिक्रिया की प्रतीक्षा करने लगे। आचार्यश्री ने कविता का पुर्जा वापस मुनि जी को थमाते हुए बड़े रूखे स्वर में कहा, 'क्यों समय गँवाते हो इन सब में। अपना मन अध्ययन में लगाओ, इधर-उधर नहीं।' इस डाँट के साथ पुरस्कार के बदले नाराजगी मिली।

मुनि जी इसका कारण नहीं समझ सके कि एक को पुरस्कार और दूसरे को सजा क्यों? लेकिन गुरुदेव के सामने इस विषय पर तर्क का प्रश्न ही नहीं था। उदास मन से अपने कमरे में आ गये। भीतर उथल-पुथल मची हुई थी। 'मेरे साथ ऐसा क्यों? कविता लिख कर क्या मैंने कोई गलती की? यदि कविता लिखना मेरी गलती थी, तो सहपाठी मुनि की गलती क्यों नहीं?' मुनि जी को लगा कि गुरुदेव ने उनके कविता लेखन पर प्रतिबन्ध लगा दिया। उन्हें समझ नहीं आया कि अब तक अध्ययन में उन्होंने कहीं कोई कमी नहीं छोड़ी 'लघुकौमुदी' सहित संस्कृत के कई ग्रन्थों का पूर्ण अध्ययन कर लिया था। 'लघुकौमुदी' पूरी कंठस्थ हो गयी थी। तो क्या उन्हें कविता से नाता तोड़ना होगा जो उनके भीतर ही भीतर उमड़ती रहती है।

यह प्रतिबन्ध ज्यादा दिन नहीं चला। अगले ही वर्ष उज्जयिनी चातुर्मास में कविता के कपाट उनके लिए खुल गये। उन दिनों मुनि-संघ में एक हस्तलिखित पत्रिका 'जय-ज्योति' का प्रकाशन होता था। वैसे तो वह एक मासिक पत्रिका थी, किन्तु निरन्तर लम्बी पदयात्राओं के कारण उसका प्रकाशन जब-तब, चार मास में हो पाता था। उज्जैन चार्तुमास में 'जय-ज्योति' के दो अंक प्रकाशित हुए। इस पत्रिका में अध्ययनशील साधु-साध्वियों को यथारुचि लिखने के लिए कहा जाता था। एक अंक में बाल मुनियों को भी कुछ न कुछ लिखने का निर्देश मिला। सभी बाल मुनियों ने कुछ-न-कुछ लिखा। मुनि जी के भीतर उमड़ रही कविता को प्रकाशन की राह मिली। उन्होंने कई तुकबंदियाँ लिखीं। इनमें से एक कविता प्रकाशित हुई–

राहों में काँटों से राही मत घबराना
तुम फूलों की तरह सदा हँसना-मुस्काना
माना राहें हैं–अँधियारी

चारों ओर बड़ी लाचारी
आँखों में है नींद किन्तु तुम मत सुस्ताना!

मालूम नहीं, मुनि जी के लिए काँटा क्या था, जिससे वह घबराए नहीं। कहीं कविता पर लगा प्रतिबन्ध तो नहीं। कविता सबको खूब पसन्द आयी। फिर क्या था, बन्द कपाट खुल गये। लेकिन प्रतिबन्ध और डाँट। सजा का प्रसंग मुनि जी को अक्सर सालता रहा।

'जय-ज्योति' के अगले अंक में भी मुनि जी और उनके सहपाठी की कविताएँ छपीं। इस बार भी मुनि जी की कविताओं के मुकाबले उनके सहपाठी की कविताएँ ज्यादा ऊँचे स्तर की थीं, इसलिए खूब सराही गयीं। मुनि जी ने उन कविताओं की भूरि-भूरि प्रशंसा करते हुए कहा, 'आप इतनी अच्छी कविताएँ कैसे लिख लेते हैं? मुझे इतना अच्छा लिखना नहीं आता।'

'अरे, जान कर क्या करोगे?' बात टाल दी गयी।

लेकिन मुनि जी जानना चाहते थे। एक दिन भेद खुल ही गया उनके सहपाठी मुनि की अच्छी कविताओं का। मुनि जी के भीतर पढ़ाई का कीड़ा कुलबुलाता रहता था। उस पर पत्र-पत्रिकाएँ और कविता की पुस्तकें जहाँ-जहाँ दिखतीं, उन्हें पढ़े बिना छोड़ने का प्रश्न ही नहीं था। उज्जैन में जिस सद्‌गृहस्थ के मकान में वर्षा-वास किया था, उसमें कोने में एक कमरा था, जो उपयोग में कम ही आता था। उस कमरे की दुछत्ती पर ढेर सारी पुस्तकें, पत्र-पत्रिकाएँ रखी थीं। दीपावली के आसपास दुछत्ती की सफाई के लिए पुस्तकें और पत्र-पत्रिकाएँ उतारी गयीं। मुनि जी दो-तीन पत्रिकाएँ ले आये और शाम तक पढ़ डालीं। पत्रिकाओं में वे कविताएँ ही विशेष रूप से पढ़ते। एक पत्रिका के पन्ने पलटते हुए उनकी दृष्टि दो कविताओं पर गयी। एक साँस में उन्हें पढ़ डाला। कवि का नाम देखा। 'अरे! ये तो वही कविताएँ हैं, जो इस बार 'जय-ज्योति' में छपी हैं। अपने सहपाठी के नाम से।' मुनि जी चौंकते हुए बोले। दोबारा ध्यान से उन्हें पढ़ा। अब उन 'अच्छी कविताओं' का रहस्य मुनि जी की समझ में आ गया था। किन्तु किसी से इस बात की चर्चा नहीं की। मन में यह सोच कर सन्तोष कर लिया कि जैसे पराए धन से कोई धनवान नहीं हो जाता, उसी प्रकार पराई कविता से कोई कवि नहीं बन सकता। उसकी अपनी सीमाएँ ही पैरों की बेड़ियाँ बन जाती हैं।

मुनि जी की कविता-यात्रा निरन्तर आगे बढ़ती रही। अगले चातुर्मास तक उन्होंने अनेक तुकबंदियाँ लिखीं। लेकिन खुद को ही नहीं जँचीं। कुछ समय उन्हें अपने पास रखते और फिर विर्सजित कर देते। उनकी कविताएँ समय-समय पर भीतर उठने वाले भावों की काव्यमयी अभिव्यक्ति का प्रयास भर थीं। ऐसे ही एक कविता लिखी—

'कुर्सी तुझको शत-शत वन्दन
जिसके पैरों के नीचे दब, होता मानवता का क्रंदन।'

भाव और शिल्प की दृष्टि से भले ही वे कविताएँ उच्च कोटि की नहीं थीं, किन्तु मुनि जी के भीतर उर्वर कविता की जमीन है, इस बात का प्रमाण देती थीं। वैसे अभी आयु मात्र 15-16 साल ही तो थी। संवेदनाओं के बीज कविता की धरती पर जन्म लेने को भीतर से सुगबुगा रहे थे। किन्तु जमीन पूरी तरह तैयार न होने के कारण वे अनचाहे उगे झाड़-झंखाड़ों में खो जाते थे। इस जमीन को ऐसे हाथों की जरूरत थी, जो इसे खेती के लिए तैयार कर दे। और उस पर एक उन्नत किस्म की फसल लहलहा सके। फसल के लिए जितना जरूरी है माटी का उपजाऊ होना, उतना ही जरूरी है बीज उगाने के लिए झाड़-झंखाड़, कंकड़-पत्थर रहित भुरभुरी जमीन तैयार होना। मुनि जी यह बात अच्छी तरह जानते-समझते थे। उनके ये मनोभाव एक कविता की पंक्तियों में व्यक्त हुए—

'माटी ही तो थी
उर्वरा भी,
पर न मुझे तैयार किया गया,
न बोया गया, न सींचा गया,
वर्षा का जल मुझ पर अवश्य गिरा,
और जो भी उगना था
उग गया।

आवारा संतानें—
कंटीली झाड़ियाँ, जंगली पौधे, घास-फूस...।
उससे तुझको तकलीफ है,
मुझे भी कम नहीं,
किन्तु किसी भी रूप में उगती कैसे नहीं,
माटी जो थी
उर्वरा भी।'

जहाँ चाह, वहाँ राह। कविता का अध्ययन निरन्तर जारी रहा। किन्तु इस राह का मार्गदर्शक मुनि जी को अभी तक नहीं मिला। भीतर बेचैनी बढ़ती जा रही थी। गुरुदेव के मार्गदर्शन में संस्कृत ग्रंथों और शास्त्रों का अध्ययन चल रहा था। कविता की गहराई में उतरने के साथ-साथ उनके मन में अंग्रेजी सीखने की इच्छा बलवती होती जा रही थी। पाठ्यक्रम में अंग्रेजी नहीं थी, लेकिन चातुर्मास में जहाँ लम्बा प्रवास होता, वे अपने लिए अंग्रेजी शिक्षक की तलाश में रहते। सातवीं कक्षा तक अंग्रेजी पढ़ी ही थी और अंक भी अच्छे आते थे। इतना ज्ञान हो गया था कि हिन्दी और संस्कृत की भाँति अंग्रेजी में भी

गहरी कालजयी कृतियाँ हैं।

कविता से सम्बधित जो कुछ भी मिलता, उसे पढ़ना मुनि जी कभी नहीं भूलते। मार्गदर्शक के अभाव में भाषा और भावों की दृष्टि से अधूरापन बराबर सालता रहता। इस अधूरेपन को दूर करने के लिए पत्र-पत्रिकाओं में छपी कविताओं एवं काव्य समालोचनाओं को गौर से पढ़ते। कविता भले ही उच्च-कोटि की न लिख पाते हों, लेकिन इससे कविता के प्रति समझ अवश्य विकसित हुई। आचार्यश्री ने मुनि जी की काव्य-प्रतिभा को समझ लिया था। इस कारण बाल और युवा साधु-साध्वियों की कविताएँ समीक्षा के लिए मुनि जी के पास भिजवाने लगे।

सन् उन्नीस सौ अठ्ठावन में कानपुर चातुर्मास में ऐसे ही एक दिन आचार्यश्री ने साध्वी मंजुलाश्री जी की एक कविता मुनि जी के पास समीक्षा के लिए भेजी। मुनि जी ने कविता पढ़ी। कुछ विशेष जँची नहीं। भाषा और भाव साधारण था। मुनि जी ने अपनी बेबाक टिप्पणी लिख दी- 'पिटी-पिटाई भाषा और पिटे-पिटाए भाव, नया कुछ नहीं।' आचार्यश्री ने टिप्पणी पढ़ी। सामने बैठे मुनि जी उनके चेहरे पर आते-जाते भावों को पढ़ रहे थे। कुछ देर बाद वह बोले। बोले क्या, आचार्यश्री की टिप्पणी थी मुनि जी द्वारा की गयी टिप्पणी पर- 'औरों की रचनाओं पर टिप्पणियाँ करना आसान है। स्तरीय रचना लिखना कठिन होता है। वैसी स्तरीय रचनाएँ लिखकर दिखाओ तो पता चले।' आचार्यश्री की टिप्पणी भाले की तरह भीतर तक बेध गयी। मुनि जी ने उसी समय उच्च स्तरीय काव्य-सृजन का संकल्प लिया।

तुलसीदास ने 'श्रीरामचरितमानस' में एक चौपाई लिखी है, 'जेहि के जेहि पर सत्य सनेहू, सो तेहि मिलहि न कछु संदेहू।' कानपुर प्रवास में ही हिन्दी और राजस्थानी के विख्यात कवि कन्हैयालाल सेठिया के रूप में उन्हें मार्गदर्शक मिल गया। ये वही कन्हैयालाल सेठिया थे, जिनकी कविताएँ मुनि जी ने विद्यालय में पाठ्य-पुस्तकों में पढ़ी थीं।

बचपन में पाठ्य-पुस्तकों में जिनकी रचनाएँ पढ़ी होती हैं, उनके प्रति एक श्रद्धा भाव मन में पैदा हो जाता है। संवेदनशील बाल मन उनके जैसा लिखने की कल्पना करने लगता। जीवन में किसी पड़ाव पर यदि उस रचनाकार से भेंट का अवसर मिल जाय तो लगता बिन माँगे मोती मिल गया है। उस दिन कन्हैयालाल सेठिया के रूप में कानपुर में मुनि जी को ऐसा ही मोती मिल गया था।

'आपकी कविताएँ हमने कक्षा छह, सात में पढ़ी थीं। आज भी याद हैं।' अपना परिचय देने के बाद मुनि जी ने अपने भीतर के भाव सेठिया जी के समक्ष व्यक्त कर दिए।

सौम्यता से सेठिया जी ने पूछा, 'कौन-कौन सी कविताएँ पढ़ी थीं मुनि जी?'

'पातल और पीथल' (महाराणा प्रताप के जीवन पर लिखी कविता), 'बै कुण गमग्या (महात्मा गाँधी के महाप्रयाण से सम्बन्धित) और 'कुण जमीन रो धणी। ये कविताएँ मुझे आज भी याद हैं।'

'क्या कविता में बहुत रुचि है?'

'हाँ, सेठिया जी। कुछ-कुछ लिखने का प्रयास करता हूँ। उच्च कोटि की नहीं बन पातीं।'

'क्यों?'

'किसी मार्गदर्शक के अभाव में चल पाना मुश्किल है। कैसे हो श्रेष्ठ काव्य-रचना, यही सोचता हूँ।' मुनि जी ने मन की बात सेठिया जी के सामने व्यक्त कर दी।

'श्रेष्ठ काव्य-सृजन के लिए उच्च कोटि के काव्य का अध्ययन भी आवश्यक है। आपने अब तक किन-किन कवियों को पढ़ा है?' सेठिया जी ने पूछा।

'बस पत्र-पत्रिकाओं में छपी रचनाएँ ही पढ़ पाता हूँ। विद्यालय की पाठ्य-पुस्तकों में लिखी कविताएं पढ़ता था।' मुनि जी ने उत्तर दिया।

'जब तक हम विस्तार में नहीं जाते, तब तक हमारी दृष्टि, हमारी सोच भी विस्तृत नहीं होती, सिमट कर रह जाती है। सोच के विस्तार के लिए अध्ययन की गहराई में उतरना बहुत आवश्यक है। अच्छी कविता लिखनी है तो अच्छी कविताएँ पढ़ें।' सेठिया जी गुर की बात बता रहे थे।

'लेकिन कहाँ से मिलेंगी?' मुनि जी गुर को गुनने की कोशिश कर रहे थे।

'अच्छा, मैं दो-एक दिन में आपके लिए महादेवी वर्मा और कविवर हरिवंशराय बच्चन के काव्य-संग्रह ला देता हूँ। और पढ़ाऊँगा भी।' सेठिया जी की बात सुन मुनि जी का मुखमंडल स्मित आभा से आच्छादित हो गया।

सेठिया जी ने मुनि जी को महादेवी वर्मा और बच्चन जी के अनेक काव्य-संग्रह लाकर दिए। आवश्यकता पड़ने पर उन्हें समझाया भी। इन्हें पढ़कर मुनि जी को लगा जैसे काव्य-गंगा में अवगाहन कर उन्हें अमृत-तत्व मिल गया। मुनि जी के लिए सेठिया जी काव्य-गुरु की पदवी पर विराज चुके थे। भले ही उन्होंने प्रत्यक्षतः कभी उन्हें गुरू की संज्ञा न दी हो। भाव और श्रद्धा में उन दोनों के बीच अनजाने ही गुरु-शिष्य का नाता जुड़ गया था। बाद में एक कविता के रूप में व्यक्त भी हुआ।

"मैं श्रद्धा हूँ, तुम श्रद्धेय
जीवन के आधार बने तुम, मैं तुममें आधेय।
अनजानी कितनी राहों ने मुझको पथिक बनाया
अनजानी कितनी चाहों ने मुझको व्यथित बनाया
मैं हूँ शान्त और हर पथ भी तो पाषाण भरा है,

भ्रांत नहीं हूँ जीवन के कण-कण में प्राण भरा है
मुझे भीति क्या, पाया मैंने जीवन का पाथेय
मैं श्रद्धा हूँ, तुम श्रद्धेय।"

उसके बाद तो जैसे मुनि जी पर कविता का जुनून सवार हो गया। चित्त की स्थूल सतह पर मुनि जी पदयात्राओं पर होते। आवश्यक चर्या, विधियों से जुड़े होते, संस्कृत भाषा और आगमों का अध्ययन करते। अवचेतन के धरातल पर कोई न कोई कविता पंक्ति की बुनावट चलती रहती।

कन्हैयालाल सेठिया के मार्गदर्शन में कविता की उर्वर भूमि तैयार हो गयी थी। जब अवसर मिलता, अंग्रेजी भाषा का अध्ययन भी करते। हिन्दी, अंग्रेजी, संस्कृत की त्रिवेणी में तीनों धाराएँ बराबर होनी चाहिए, मुनि जी का प्रयास इसी दिशा में जारी था।

X X X

कानपुर चातुर्मास के बाद यात्रा का लक्ष्य था बंगाल की धरती। विभिन्न पड़ावों को पार करता हुआ संतों का काफिला गंगा-यमुना के संगम प्रयागराज यानी इलाहाबाद पहुँचा। मुनि जी का मन पुलक से भरा हुआ था। रास्ते में दोनों ओर वृक्षों से भरे जी. टी. रोड पर चलते हुए प्रकृति के अपार वैभव के दर्शन हुए थे। हरे-भरे खेतों में किसान फसल काट रहे थे। देवभूमि प्रयागराज का महत्त्व मुनि जी जानते थे। पौराणिक, ऐतिहासिक, साहित्यिक, धार्मिक, प्रयागराज की महत्ता कई मायनों में है। गंगा, यमुना, सरस्वती के संगम त्रिवेणी के शहर प्रयागराज में देश की कई जानी-मानी हस्तियाँ रहती हैं। फिर हिन्दी-साहित्य का तो गढ़ ही है इलाहाबाद। इन्हीं विचारों ने मुनि जी के मन में और उत्साह भर दिया। दिसम्बर के पहले सप्ताह में इलाहाबाद का प्रवेश द्वार कहे जाने वाले अजुआ गाँव को पार करते हुए इलाहाबाद पहुँचे और स्वरूपरानी पार्क में आयोजित स्वागत समारोह में ही राजर्षि पुरुषोत्तमदास टंडन के दर्शन हुए। मुनि जी ने देखा, कार्यक्रम सम्पन्न होने के बाद टंडन जी आचार्यश्री के निकट आकर बोले, 'आचार्यजी मेरे घर साधुओं को भिक्षा लेने भेजना।' आचार्यश्री ने उनकी प्रार्थना स्वीकार कर ली। लेकिन दोपहर के आहार के बाद पता चला कि टंडन जी के यहाँ भिक्षा लेने कोई साधु नहीं पहुँचा। आचार्यश्री कुछ साधुओं के साथ टंडन जी के घर पहुँचे। टंडन जी प्रतीक्षा कर रहे थे। आचार्यश्री ने कहा- 'टंडन जी आपने भिक्षा के लिए अनुरोध किया था, पर हम भूल गये। अब तो आप खाना खा चुके होंगे' इस पर टंडन जी बोले- 'आचार्यजी! हम खाना कैसे खा लेते? आपने प्रवचन में कहा था कि जैन-साधुओं के लिए अतिरिक्त भोजन नहीं बनाना है। अपने लिए बने हुए भोजन में से कुछ हिस्सा

देना है। यदि हम भोजन कर लेते तो आपको क्या देते?'

इस प्रसंग में मुनि जी दर्शक मात्र थे। उन्हें भिक्षा विधि के लिए अभी तक भेजा नहीं गया था। हाँ, उन्होंने अपने घर में आये जैन-साधुओं को भिक्षा ग्रहण करते अवश्य देखा था।

हिन्दी और संस्कृत के परम विद्वान टंडन जी से भेंट कर मुनि जी को हर्ष हो रहा था। घंटा-डेढ़ घंटा वार्तालाप के बाद आचार्यश्री लौटने की तैयारी में थे कि टंडन जी ने सफेद खादी का थान मँगाया और कहा– 'आचार्यजी! मैं आपको वस्त्र का दान देना चाहता हूँ। यह चालीस गज का थान मेरे कुर्ता, धोती बनाने के लिए आया है। आपके लिए नहीं मँगाया। सहज आया हुआ है। इसे ग्रहण कर आप मुझे अनुगृहीत करें।'

उनकी भावना का आदर करते हुए आचार्यश्री ने कहा- 'टंडन जी! हम अधिक वस्त्र नहीं रख सकते। अभी इतने कपड़े की जरूरत नहीं है। आप दो गज खादी हमें दे सकते हैं।' पीछे खड़े मुनि जी टंडन जी की सादगी और सहजता देख रहे थे। महान लोगों की महानता के पीछे कुछ विशेषताएँ तो होती ही हैं। टंडन जी बोले- 'अभी जरूरत नहीं है तो क्या हुआ, भविष्य में काम आएगी। आप पूरी खादी ले लीजिए।' आचार्यश्री ने साधु-चर्या के बारे में उन्हें बताया- 'हमें अपना सारा सामान कन्धों पर उठाकर चलना होता है। इतना कपड़ा लेकर चलने में कठिनाई होगी।' टंडन जी का आग्रह था कि आचार्यश्री पूरा थान स्वीकार करें। बहुत मना करने के बाद भी उनका आग्रह ज्यों का त्यों था। यह देख आचार्यश्री ने टंडन जी के हाथ से पूरा थान ले लिया। एक सुखद अनुभव समेटे मुनि जी आचार्यश्री के साथ प्रवास स्थल आ गये।

मुनि जी हिन्दी की प्रसिद्ध कवयित्री महादेवी वर्मा की नगरी में थे। महादेवी की कविताएँ– 'मधुर-मधुर मेरे दीपक जल' और 'मैं नीर भरी दुःख की बदली, विस्तृत नभ का कोई कोना...' मुनि जी के मानस में तैर रही थीं। इलाहाबाद आये हैं तो उन के दर्शन हो जाएँ। इससे बड़ा सौभाग्य क्या होगा? दो-तीन दिन तक मन में उधेड़-बुन के बाद चौथे दिन आचार्यश्री से निवेदन किया- 'गुरुदेव, मैंने कुछ समय पहले महादेवी वर्मा जी को पढ़ा है। उनकी कविताएँ बड़े गहरे तक मेरे भीतर पैठ गयी हैं। गुरुदेव, मैं महादेवी वर्मा जी के दर्शन करना चाहता हूँ। आपकी आज्ञा हो तो यह सम्भव हो सकता है।'

आचार्यश्री को इसमें क्या आपत्ति थी। वे मुनि जी की काव्य-प्रतिभा जान चुके थे। उन्होंने आज्ञा दे दी। कुछ साधुओं के साथ मुनि जी अशोक नगर की ओर चल पड़े। पौन घंटे में रेलवे स्टेशन, हाईकोर्ट और सर्किट हाउस पार करते हुए वे अशोक नगर पहुँचे। मुख्य शहर से कुछ दूर, गंगा के कछार पर छितरी आबादी वाला इलाका अशोक नगर। बड़ी दूर से ही एक बंगला अपनी विशिष्टता का भान करा रहा था। 'यही होगा महादेवी जी का निवास।' मुनि जी ने मन-ही-मन सोचा। थोड़ी ही देर में वे बंगले के

सामने थे। यूँ देखने में वह बंगला किसी रईस या बड़े अफसर का नहीं लगता था, लेकिन उसकी आभा अपने भीतर रहने वाले की विशेषता जरूर बता रही थी।

लोहे के अर्धचन्द्राकार मुख्य द्वार से अगले अर्धचन्द्राकार द्वार तक प्रकृति का बसेरा था। खूब हरी घास, पेड़-पौधे। करीने से तराशी गयी घास और उन्मुक्तता में झूमते तमाम पौधे। मध्य दिसम्बर की गुनगनी धूप गंगा की लहरों का स्पर्श करके आती ठंडी हवाएँ पौधों को प्यार से दुलार कर आगे का रास्ता नापने के लिए निकल पड़ती। इस गुनगुनी धूप में हरियल लॉन में पंख फैलाए मोर को देख हैरानी हुई। वह चारों तरफ घूम-घूम कर धूप का असली आनन्द उठा रहा था। द्वार खोलकर मुनि जी और उनके साथियों ने भीतर प्रवेश किया तो आसपास पौधों के बीच से दो नन्हे-नन्हे खरगोश एक-दूसरे के पीछे दौड़ते हुए चले आये। जैसे श्वेतवस्त्रधारी साधुओं के स्वागत में श्वेतवर्णी खरगोश आ खड़े हुए हों। पंछी डालों पर इधर-उधर चहक रहे थे। प्रकृति के असीम सौन्दर्य को कविता में उतारने वाली कवयित्री सचमुच प्रकृति के इतने करीब हैं। सोचकर मुनि जी को अच्छा लगा। कुछ कदम चलने के बाद दूसरा द्वार खोला, सामने बरामदे में पहुँचे। वहाँ चार-पाँच कुर्सियाँ रखी थीं। कुर्सियाँ इस समय खाली पड़ी थीं। मुनि जी और साथी बरामदे में रखी कुर्सियों पर बैठ गये। भीतर खबर भिजवाई अपने आगमन की। भीतर से आये युवक ने इन सबको जरा देर वहीं बैठने के लिए कहा। पाँच मिनट बाद वह लौटा और सबको भीतर दालान में ले गया। इसी दालान या कहें कि बैठक में महादेवी वर्मा जी आगंतुकों से मिलती थीं। दो-तीन मिनट में ही महादेवी वर्मा ने दालान में प्रवेश किया और मुनि जी व उनके साथियों को प्रणाम कर एक कुर्सी पर बैठ गयीं। श्वेत वस्त्रधारिणी महादेवी जी के मुखमंडल पर आन्तरिक आभा का तेज विद्यमान था। परिचय के बाद बातचीत का सिलसिला शुरू हुआ। मुनि जी ने हाल में ही महादेवी वर्मा जी को पढ़ा था। कंठस्थ करने का अभ्यास अब तक हो चुका था। उनकी कई कविताओं पर चर्चा के दौरान महादेवी जी को भान हो गया था कि किशोर मुनि रूपचन्द्र जी का रुझान भी कविता की ओर है। बातों ही बातों में मुनि जी ने उनसे प्रश्न किया—

'महादेवी जी एक बात बताएँ— कविता जैसी भीतर से आये, वैसी ही लिखनी चाहिए या उसमें संशोधन, परिशोधन आवश्यक है। मन की संवेदनाएँ-भावनाएँ जिस किसी भी रूप में शब्दायित होती हैं, उन्हें वैसा ही रहने देना चाहिए या उसमें काट-छाँट करनी चाहिए।'

इस पर महादेवी जी बोलीं— 'मुनि जी, मैं काट-छाँट के समर्थन में नहीं हूँ। गद्य साहित्य चमन की तरह होता है। चमन की सुन्दरता के लिए काट-छाँट स्वाभाविक है। किन्तु कविता फूल की तरह होती है। फूल जिस किसी भी रूप में खिलता है, वह सुन्दर

है। फूल की पंखुड़ियों का आकार कैसा भी क्यों न हो, वे सहज सौन्दर्य से आभूषित होती हैं। वे किसी आभूषण की मोहताज नहीं। वैसे ही कविता जिन किन्हीं शब्दों में प्रकट हुई हो, वह सुन्दर है। उसके सौन्दर्य के लिए शब्द-अलंकारों की जरूरत नहीं। जिस कवि के पास भावों का सौन्दर्य न हो, वही अपनी कविता को अलंकारपूर्ण भाषा से सँवारना चाहता है। ऐसा मेरा अभिमत है।'

बड़े गुर की बात कही थी महादेवी वर्मा जी ने। मुनि जी ने भविष्य में इसे गुनने का संकल्प लिया। महादेवी जी की कविताओं से तो वह पहले ही अभिभूत थे। इस छोटी-सी भेंट ने मुनि जी के मानस पर उनके सांस्कृतिक एवं सृजन-धर्मा व्यक्तित्व की गहरी छाप छोड़ी थी।

महाकवि सूर्यकान्त त्रिपाठी निराला से मिलकर भी ऐसा ही कुछ ग्रहण करने की इच्छा थी। मुनि जी उनके पास गये, दर्शन तो हुए, किन्तु मन की अभिलाषा पूर्ण नहीं हुई। निराला जी बहुत अस्वस्थ थे। बिस्तर में लेटे-लेटे कुछ-कुछ बड़बड़ा रहे थे। आँखें खोलकर उन्होंने मुनि जी को देखा अवश्य, किन्तु बात करने की स्थिति नहीं थी। कुछ देर वहां रहकर मुनि जी और उनके साथी लौट आये।

X X X

आचार्यश्री का लक्ष्य था कलकत्ता। अगला चार्तुमास वहीं निश्चित किया गया था। उत्तर भारत से पूर्वी भारत की ओर कदम बढ़ रहे थे। मुनि जी प्रकृति के वैभव को समेटते चले जा रहे थे। सम्मेद शिखर अब बहुत दूर नहीं था। जैनों का बड़ा तीर्थ माना जाता है सम्मेदशिखर। यह 24 तीर्थंकरों में से 20 तीर्थंकरों की निर्वाण-स्थली है। पहाड़ी रास्ते शुरू हो गये। प्रकृति का अपार वैभव मार्ग में बिखरा हुआ था। तीर्थ-वन्दना के पश्चात यात्रा शुरू हुई। पड़ाव था मधुबनी में। सड़क मार्ग पर श्वेतवस्त्रधारी साधुओं का काफिला ढलान में धीमे कदमों से बढ़ता जा रहा था। मुनि जी की नजर सड़क से नीचे की ओर जा रही पगडंडी की ओर गयी। सोचा, सड़क मार्ग की बजाय अगर पगडंडी पर उतरा जाय तो काफिले से बहुत पहले पहुँच जाएँगे। पगडंडी मुनि जी को आमंत्रित कर रही थी। आमंत्रण ठुकराना सम्भव नहीं था। मुनि जी ने मनोहर मुनि से कहा, 'हम लोग पगडंडी से मधुबनी के रास्ते पहुँचते हैं। दो-तीन किलोमीटर ही होगा। हम आचार्यश्री से पहले ही पहुँच जाएँगे। दोनों ने अपने समवयस्क तीन-चार श्रावकों को साथ लिया। कदम काफिले को छोड़ पगडंडी की ओर बढ़ चले। झाड़-झंखाड़ और अकूत हरियाली के बीच श्वेतवस्त्रधारी बाल मुनि बादल के छितराए हुए सफेद टुकड़ों की तरह नजर आ रहे थे। जैसे तेज हवा से बादलों के टुकड़े भागते नजर आते हैं, वैसे ही इनके पाँवों

में गति थी। पगडंडी पर दस मिनट चलने के बाद सड़क दिखाई देनी बन्द हो गयी थी, और बाल मुनि इस अंदाजे से चल रहे थे कि यह पगडंडी एक घंटे में मधुबनी पहुँचा देगी। निश्चित नहीं था कि यह पगडंडी आगे कहाँ तक जाती है। हरी पहाड़ियों और मैदान में चलते-चलते दो घंटे हो गये, लेकिन मधुबनी कहीं दिखाई नहीं दे रहा था। अब तो कोई आदमी भी नजर नहीं आ रहा था। लेकिन एक आशा मन में थी कि यह पगडंडी जरूर मधुबनी के रास्ते तक पहुँचाएगी। वे चलते जा रहे थे।

'मनोहर मुनि, यह पगडंडी तो समाप्त ही नहीं हो रही है। पता नहीं यह हमें मधुबनी तक ले भी जाएगी या नहीं।' मुनि जी के मन में आशंका जागी।

'चलते हैं, उसके आसपास तक तो पहुँचा ही देगी। फिर हम सड़क मार्ग ले लेंगे।' मनोहर मुनि जी ने आशंका को धूमिल कर दिया।

साढ़े तीन घंटा चलने के बाद भी वही पगडंडी थी, पहाड़ियाँ थीं। और अब वे ऊँचे-ऊँचे पहाड़ों के बीच थे। मुनि जी की आशंका और बलवती होती जा रही थी। 'मनोहर मुनि, लगता है हम रास्ता भटक गये हैं। अब वापसी का भी कोई मार्ग नजर नहीं आता।'

इस बार मनोहर मुनि ने मुनि जी की बात का समर्थन करते हुए कहा, 'हाँ, ऐसा ही लगता है। अब वापस कहाँ जाएँ। कुछ समझ में नहीं आता। किसी से रास्ता पूछ लेते हैं।'

'किससे पूछेंगे रास्ता? इन पेड़ों से, पहाड़ों से या हवाओं से? दूर-दूर तक कोई इंसान नजर नहीं आ रहा।' मुनि जी ने कहा। बात सच थी। आशंका के बावजूद पगडंडी पर कदम बढ़ते चले जा रहे थे। आधा घंटा चलने के बाद देखा कि वह पगडंडी एक गहरे खड्डे में उतर रही है और उसके आगे कुछ दिखाई नहीं दे रहा। मुनि जी ने आकाश की ओर देखा जैसे प्रभु से मार्गदर्शन का निवेदन कर रहे हों। अब तक अहसास हो चुका था कि निश्चित ही रास्ता भटक गये हैं। सामने गहरा खड्ड था, धूप ढलने का संकेत दे रही थी। अब क्या होगा? वे खड्ड में उतरने से पहले एक बड़ी-सी शिला पर बैठकर आगे की रणनीति बनाने लगे। रणनीति का पहला बिन्दु तो यही था कि किसी से पूछा जाय। लेकिन किससे? बड़ी दुविधा यही थी। तभी उस शान्त निर्जन में दूर हलचल-सी सुनाई दी। शायद किसी जंगली जानवर को मानव की उपस्थिति की भनक लग गयी थी। लगा कि अब अन्तिम समाधि का समय आ गया है। गुरुदेव का स्मरण हो आया। उस हलचल के स्वर लगातार करीब आते जा रहे थे। चारों ओर नजर दौड़ाई, कहीं कोई नजर नहीं आया। मन में निराशा उस खड्ड की तरह गहरी होती जा रही थी। कहाँ जाएँ, क्या करें? ये प्रश्न मन को मथ रहे थे और हलचल का स्वर हृदय की धड़कनों को और बढ़ा रहा था। उनकी दृष्टि उस स्वर का पीछा करने का प्रयास कर रही थी। लेकिन कहीं

कुछ भी नजर नहीं आ रहा था। सहसा उन्होंने देखा, झाड़ियों के बीच एक आकृति उभरी। हो न हो, जंगली पशु होगा। साँसें जैसे थमने लगीं। आकृति स्पष्ट होने लगी थी। यह मानव आकृति है, लेकिन यहाँ कैसे? सबके मन में प्रश्न कौंधा। अति श्यामवर्णी देह पर सिर्फ घुटनों से उपर धोती बाँधे एक आदमी दिखाई दिया। फिर पेड़ की ओट में चला गया। वह निरन्तर गतिमान था, उसने इनको नहीं देखा। उसे देख आशा का संचार हुआ। हो न हो, इसके रूप में ईश्वर ही भटके हुओं को राह दिखाने आये हैं। दोनों ने समवेत स्वर में उसे आवाज लगाई। आवाज सुनकर वह पेड़ की ओट से बाहर आया। उसके हाथ में कुछ सूखी लकड़ियाँ और दरांती जैसी थी। शायद लकड़ियाँ उठाने के लिए वह झुका होगा, इसीलिए पेड़ की ओट में आ गया।

वह विस्मित था, इस निर्जन में उसने पहले कभी किसी को यहाँ नहीं देखा था। सफेद-सफेद कपड़े पहने, मुँह पर सफेद पट्टी लगाए, ये कौन हैं? वह भारी उलझन में पड़ गया। कोई भी हों, क्या लेना-देना। वह लकड़ियाँ बीनने में लग गया। दोनों चलकर उसके पास तक गये। अब आशा की किरण नजर आने लगी थी। मुनि जी ने ही अगुवाई की और पूछा, 'भाई, हमें मधुबनी जाना है। रास्ता बताओगे?'

'मधुबनी!' उसने भवें सिकोड़ते हुए आश्चर्य व्यक्त किया।

'हाँ भइया, मधुबनी जाना है।' मनोहर मुनि बोले। 'यहाँ-कहाँ है मधुबनी। मधुबनी तो आप बहुत पीछे छोड़ आये हैं।' उस अज्ञात व्यक्ति ने उत्तर दिया।

'यह रास्ता कहाँ जाएगा! यानी कि ये पगडंडी कहाँ जाएगी?' मुनि जी ने पूछा।

'यह पगडंडी कहीं नहीं जाती। आप उम्र भर भी इस पर चलते रहें तो भी कहीं न पहुँचेंगे।' अज्ञात व्यक्ति के उत्तर ने दोनों को विस्मय में डाल दिया। 'मतलब?' मनोहर मुनि ने पूछा।

'यह रास्ता हम लोगों के लिए है। हम रोज ही इस रास्ते पर आते-जाते हैं। अपना और परिवार का पेट भरने के लिए लकड़ियाँ बीन कर लाते हैं। यह पगडंडी यूँ ही गोल-गोल घूमती है। जंगल में हमारे लिए यही रोजी-रोटी का रास्ता है।' उस अज्ञात व्यक्ति ने गूढ़ रहस्य खोल दिया था मुनियों के सामने।

'भैया, आप हमें मधुबनी पहुँचा देंगे?' मुनि जी असली बात पर आ गये थे।

उसने कहा, 'नहीं।'

मुनि जी, 'लेकिन क्यों? भैया बड़ा उपकार होगा तुम्हारा।'

'शाम होने वाली है। मुझे लकड़ियाँ काटनी हैं। अगर लकड़ियाँ इकट्ठी नहीं हुई तो मैं गाँव में जाकर क्या बेचूँगा? और बेचूँगा नहीं तो मेरे घर में चूल्हा नहीं जलेगा। लकड़ियाँ बेचकर ही बीवी-बच्चों का पेट भरता हूँ।' लकड़हारे ने कहा। उस अज्ञात व्यक्ति का अब परिचय मिल गया था। वह लकड़हारा था।

'कल काट लेना लकड़ियाँ।' साथ के एक मुनि ने कहा। 'कल क्यों? कल के लिए कल काटूँगा। आज के लिए आज। रोज लकड़ियाँ काटना, बीनना और फिर बेचना, तभी तो खाना बनता है घर में। इसलिए मैं कहीं नहीं जा सकता।' लकड़हारे ने अपनी विवशता जताई।

'अच्छा बताओ, तुमको लकड़ियाँ बेचकर कितने पैसे मिलते हैं?' मुनि जी ने पूछा। 'दो रुपये'— लकड़हारे ने तुरन्त जबाब दिया।

'अगर हम तुम्हें इतने ही पैसे दें तो क्या तुम हमें मधुबनी तक छोड़ दोगे?' लकड़हारे को मुनि जी का प्रस्ताव रास आ गया। उसने मधुबनी तक छोड़ने का मन बना लिया। लकड़हारे के पीछे-पीछे तेजी से कदम बढ़ाते हुए मुनि जी अपने लक्ष्य मधुबनी की ओर बढ़ रहे थे। लकड़हारे के लिए पगडंडियाँ अपरिचित नहीं थी। बरसों से तो इस पर चल रहे हैं उसके कदम। अब ये पगडंडियाँ उसकी जीवन-रेखा बन चुकी थीं। पहाड़ों के बीच छोटे-छोटे रास्तों की जानकारी इन्हें बहुत अच्छी तरह होती है। ऐसे ही छोटे-छोटे, कंटीले, पथरीले रास्ते पर सँभल-सँभल कर कदम रखते हुए मुनि जी लकड़हारे के पीछे चल रहे थे। अब तक पदयात्राओं का इतना अभ्यास होने के बावजूद वे लकड़हारे की गति को नहीं पकड़ पा रहे थे। डेढ़ घंटे की अविराम यात्रा के बाद वे मधुबनी पहुँच गये। अपना प्राप्य यानी दो रुपये लेने के बाद लकड़हारा वापस जंगल की ओर लौटा। मुनि जी अपने पड़ाव पर आचार्यश्री के पास।

आचार्यश्री ने उन को देखा। मुख पर सन्तोष का भाव उभरा और विलीन हो गया। संयत स्वर में इतना ही कहा, 'पहुँच गये हमसे जल्दी?'

'गुरुदेव, देर तो अवश्य हो गयी। लेकिन जंगल में जो दृश्य हमें देखने को मिले, वे आपको नहीं मिले।' मुनि जी ने तनाव को छितराने का प्रयास किया। उनके न लौटने से निश्चय ही सभी विशेष रूप से आचार्यश्री बहुत चिन्तित थे।

X X X

मुनि जी को इस मुनि के बाने में सात वर्ष हो चले थे। इस मानव शरीर में बीस साल। दीक्षा के प्रथम वर्ष से ही विद्याध्ययन और पदयात्राएँ—दोनों साथ-साथ चल रहे थे। पदयात्राओं में अध्ययन में जो रुकावट आती, चातुर्मास में क्षति पूरी हो जाती। इन दिनों संस्कृत भाषा और आगम ज्ञान पर विशेष रूप से ध्यान केन्द्रित था। संस्कृत भाषा पर अधिकार के लिए आवश्यक था कि सम्पूर्ण व्याकरण और शब्दकोश को कंठाग्र किया जाय। उसके बाद साहित्य में प्रवेश मिल पाता। इसी प्रकार आगम ग्रन्थों को कंठस्थ करना होता था। मुनि जी के लिए किसी भी ग्रन्थ को कंठस्थ करना मुश्किल नहीं था।

मार्च उन्नीस सौ उन्सठ में कलकत्ता प्रवास के दौरान 'उत्तराध्ययनसूत्र' को कंठाग्र करना आरम्भ किया। मन में एक संकल्प जागा कि प्रतिदिन एक अध्याय कंठस्थ करना है। इसका अर्थ था 'उत्तराध्ययनसूत्र' के छत्तीस अध्याय छत्तीस दिन में कंठस्थ करने हैं।

आचार्यश्री के कलकत्ता प्रवास के साथ ही उनका नगर-उपनगरों में विहार का सिलसिला शुरू हो गया। विहार के साथ-साथ आगम कंठस्थ करने का संकल्प निभाना सम्भव नहीं लग रहा था। मुनि जी ने आचार्यश्री से महासभा भवन में ठहरने की अनुमति चाही। अनुमति मिल गयी। महासभा भवन में प्रवचन का सिलसिला जारी रखने के लिए आचार्यश्री ने मुनि सुमेरमल जी लाडनूँ को वहाँ रखने का निश्चय किया। इनके साथ ही मुनि जी के सहपाठी मुनि मनोहरलाल जी भी महासभा भवन में ठहर गये। दोनों विद्यार्थी मुनि अध्ययन में लगे रहते। प्रवचन तथा जनसंपर्क का कार्य मुनि सुमेरमल जी देखते। एक दिन बिना पूर्व सूचना के आवश्यक कार्य से मुनि सुमेरमल जी को कहीं जाना पड़ा। दोनों विद्यार्थी मुनियों के समक्ष गम्भीर प्रश्न खड़ा हो गया कि प्रवचन कौन करे? दोनों विद्याध्ययन तक ही सीमित थे। प्रवचन से कभी वास्ता ही नहीं पड़ा था। उस स्थिति में एक घंटा प्रवचन करना हिमालय की चढ़ाई जैसा था। दोनों में वरिष्ठ मुनि जी ही थे। प्रवचन का दायित्व इन्हीं पर आ गया।

मुनि जी सभा-स्थल में पहुँचे। नजर दौड़ाई। सैकड़ों श्रावक-श्राविकाओं की उपस्थिति देख हिचक भी हुई। हाथ जोड़ प्रभु को प्रणाम किया। फिर आसन पर विराजे युवा मुनि रूपचन्द्र जी। भीतर भारी उथल-पुथल किन्तु बाहर से संयत। पहली बार प्रवचनकर्ता के आसन पर विराजे थे, मन में संशय था कि साध भी पाएँगे या नहीं। उनकी संयत वाणी महासभा-भवन में तैरने लगी—

णमो अरिहंताणं, णमो सिद्धाणं...

प्रवचन से पूर्व सोचा था कि कल 'उत्तरायध्यनसूत्र' के नौवें अध्याय में जो नमि-पव्वज्जा का प्रसंग कंठस्थ किया है, उसी को आधार बना कर एक घंटा निकाल देंगे। इस प्रसंग में मिथिला नरेश नमि राजर्षि की पूर्व जन्म कथा के साथ इस जन्म में वैराग्य-कथा और राजा नमि व ब्राह्मण वेशधारी इन्द्र देवता के बीच हुए प्रश्नोत्तर संवाद का विस्तार से वर्णन है।

मुनि जी की वाणी सभा भवन में उपस्थित श्रावक-श्राविकाओं का ध्यान आकर्षित कर रही थी। 'जहाँ एक है, वहाँ सुख, जहाँ अनेक है वहाँ द्वंद्व है। जहाँ द्वंद्व है, वहाँ संघर्ष है, वही दुःख है। आत्मरमण की स्थिति एकत्व में ही सम्भव है...। इस तत्व को मिथिला नरेश राजा नमि के प्रसंग से समझा जा सकता है। वही राजा नमि, वैराग्य में जिनकी तुलना राजा जनक से की जाती है।

एक बार राजा नमि के शरीर में दाह ज्वर हो गया। बड़े-बड़े वैद्यों से इलाज कराया,

किन्तु ज्वर था कि उतरने का नाम नहीं ले रहा था। राजा की बेचैनी बढ़ती जा रही थी। और प्रजाजनों, मंत्रियों व रानियों की चिन्ता भी। अन्तिम उपचार के रूप में वैद्यराज ने सुझाया कि अगर रानियाँ बावना चंदन घिसकर, राजा के शरीर पर लेप करें तो ज्वर उतर सकता है। बड़ी दौड़-धूप के बाद वह विशेष चंदन मिला। राजा के पास वाले कक्ष में रानियाँ उसे घिसने लगीं।

राजा की वेदना और बढ़ गयी। उन्होंने मध्यम स्वर में महामंत्री से कहा, 'यह शोर कैसा है?'

महामंत्री बोला, 'महाराज, यह शोर नहीं है। दरअसल साथ वाले कक्ष में रानियाँ चंदन घिस रही हैं। उस चंदन का लेप आपके शरीर पर करने से ज्वर कम हो जाएगा।'

राजा नमि– 'लेकिन चंदन घिसने से इतना शोर?'

महामंत्री– 'यह शोर नहीं, चूड़ियों की खनखनाहट है। चन्दन घिसते समय रानियों के हाथों की चूड़ियाँ खनखना रही हैं। सौभाग्यचिह्न को कैसे हटाया जाय?'

ज्वर से क्षीण हो चुके राजा नमि ने आँखें मूँद लीं। वेदना और भीतर की व्याकुलता मुँदी पलकों से भी झलक रही थी। उधर चूड़ियों का खनकना भी बन्द हो चुका था।

कुछ देर बाद राजा ने पलकें खोली और धीरे से कहा, 'अब कैसी शान्ति। अब कहीं शोर नहीं हो रहा। क्या रानियों ने चंदन घिसना बन्द कर दिया है, या चूड़ियाँ उतार दीं?'

महामंत्री ने तुरन्त उत्तर दिया, 'महाराज, अशुभ मत कहिए। अपने सौभाग्य के सामने रानियाँ सौभाग्य-चिह्न क्यों उतारेंगी? वे अब चंदन घिस रही हैं, किन्तु उनके हाथों में एक-एक चूड़ी है।'

बस, इसी क्षण राजा नमि के भीतर प्रकाश पुंज अवतरित हुआ। उन्हें आत्मबोध हुआ कि जहाँ एक है, वहाँ न द्वंद्व है, न संघर्ष, न दुख, बस शान्ति ही शान्ति है। जहाँ द्वैत या अनेक है, वहाँ दुख है। यह बोध होते ही उन्होंने संकल्प लिया, 'अब मैं सिर्फ एक ही की आराधना करूँगा।' चंदन के लेप से राजा का ज्वर उतरने लगा। कुछ दिन में वह पूर्ण स्वस्थ हो गये। अपने संकल्प को सत्य रूप में घटित करने के लिए एक दिन वे अपना सम्पूर्ण राज-पाट छोड़कर चुपचाप जंगल की ओर चल दिए...'

महासभा भवन में उपस्थित श्रद्धालु युवा मुनि रूपचन्द्र की वाणी पर मुग्ध थे। मुनि अपनी रौ में बहते हुए बोलते जा रहे थे–

'...राजा नमि के वैराग्य की परीक्षा लेने इन्द्र ब्राह्मण-वेश में जंगल में आये। उन्होंने नमि से पूछा, 'मिथिला में इतना कोलाहल कैसे है। तुम राजा होकर यहाँ जंगल में आ गये हो। क्यों? तुम्हें मिथिला जाकर शान्ति स्थापित करनी चाहिए।'

राजा नमि बोले– 'ब्राह्मण देवता, एक विशाल वृक्ष है। सुबह-शाम हजारों पंछी

उस पर कलरव करते हैं। वृक्ष की डालियों पर उनका बसेरा है। जब वृक्ष तेज आँधी में उखड़ गया तो पंछी कोलाहल करने लगे। ब्राह्मण देवता, मैं अब तक उस एक वृक्ष की भाँति मिथिला का राज-पाट सँभाल रहा था। आज मैं उखड़ गया तो प्रजाजन उन पंछियों की भाँति कोलाहल कर रहे हैं। जिनका सहारा वह वृक्ष था। अब मैं वहाँ नहीं हूँ। इसीलिए यह कोलाहल है...।'

राजा नमि और इन्द्र के प्रसंग में प्रश्न-संवाद को जिस ढंग से युवा मुनि ने प्रस्तुत किया, रोचक था। श्रोताओं को रस आ रहा था किन्तु मुनि जी भीतर ही भीतर परेशान थे। उन्हें विश्वास था कि राजा नमि का प्रसंग सुनाते हुए एक घंटा आराम से निकल जाएगा। लेकिन जैसा कि हर वक्ता के साथ होता है, काफी प्रवचन सामग्री विस्मृत हो गयी। पूरा प्रसंग मात्र पैंतालीस मिनट में समांप्त हो गया। प्रवचन तो एक घंटा करना है। अब क्या बोलें? इस उधेड़बुन में ओंकार जाप कर ही रहे थे कि सामने देखा, मुनि सुमेरमल जी आ गये और उन्होंने सारी स्थिति सँभाल ली। मुनि जी की साँस में साँस आयी।

X X X

कलकत्ता में नौ माह का आचार्यश्री का प्रवास काफी प्रभावशाली रहा। मुनि जी के लिए तो ये नौ माह बहुत उपयोगी सिद्ध हुए अध्ययन की दृष्टि से। इस काल में उन्होंने संस्कृत के महाकवि कालिदास के महाकाव्यों– 'रघुवंश' और 'मेघदूतम' का अध्ययन किया। 'उत्तराध्ययनसूत्र' को तो अपने संकल्प के अनुसार छत्तीस दिन में कंठस्थ कर ही लिया था। धीरे-धीरे मुनि जी का अपना काव्य-बीज भी पल्लवित होने लगा था। उसमें कविताओं के रूप में नित नयी कोंपलें फूटने लगीं। उनके भीतर एक वयस्क कवि जन्म लेने लगा था। उनकी कविता में वयस्कता के दर्शन होने लगे थे। उन्होंने एक कविता लिखी 'चरणों का इतिहास...' जिसकी चर्चा काफी दिन तक हुई। मुनि रूपचन्द्र की काव्य-प्रतिभा को अन्ततः पहचान मिलने लगी। इतनी लम्बी पदयात्राएँ करते हुए आचार्य तुलसी के साथ उन सबने चरणों का इतिहास ही तो रचा था–

'चरणों का इतिहास धूल से ढँक न सकेगा।
उड़ने का वरदान विहग को तब ही तो मिलता है
जब वह नभ में बार-बार उड़ता है फिर गिरता है
मंजिल का अनुमान अधूरा तब-तक ही रहता है
जब तक 'स्व' का स्नेह-भाव पर मैं चिपका रहता है

युग बीते हैं आज किन्तु यह घट अब भी रीता है
कौन सत्य है? क्या जीवन है? जिसे मनुज जीता है
फिर भी जब तक श्वास कि क्रम यह रुक न सकेगा।

x x x

सचमुच चरणों का इतिहास धूल से ढँका नहीं जा सका। संतों के चरण कलकत्ता से मेवाड़ की ओर मुड़ चले। तेरापंथ का द्विशताब्दी समारोह सन्निकट था। कहाँ मनाया जाय, इसका निर्णय होना बाकी था। इसी निमित्त तेरापंथी महासभा के अध्यक्ष नेमिचंद गधैया और जबरमल ने मेवाड़ की यात्रा की और आचार्यश्री के सामने विवरण प्रस्तुत किया। उदयपुर, आमेर, राजनगर और केलवा में से अन्ततः राजनगर का चुनाव हुआ। राजनगर में ही आचार्य भिक्षु को बोधि-दृष्टि मिली थी। अगले साल तेरापंथ द्विशताब्दी वर्ष का चातुर्मास राजसमंद में था। मुनि जी ने देखा सैकड़ों परिवार उपासना के लिए वहाँ उपस्थित हैं। इनमें सरदारशहर के प्रसिद्ध सेठ सुमेरमल जी दूगड़ का परिवार भी था, जो मुनि जी का अपना बहुत परिचित परिवार था। सेठ जी के ज्येष्ठ पुत्र भंवरलाल जी अपनी माँ, पत्नी आदि परिजनों के साथ आये थे। मुनि जी ने भंवरलाल जी को देखा तो कुछ देर के लिए अपना बचपन आँखों के सामने घूम गया। वही भंवरलाल जी, जिन्होंने लगभग मृत्यु शैया पर लेटे बालक रूपचन्द्र को अपनी दवाओं से पुनर्जीवन दिया था।

एक रात्रि के समय भंवर लाल जी आचार्यश्री के पास बैठे थे। मुनि जी भी वहीं उपस्थित थे। आचार्यश्री ने भंवरलाल जी से कहा– 'भंवर जी! तुमने अनेक दिशाओं में अनूठे काम किए हैं। समाज में अनेक नयी प्रवृत्तियों को प्रारम्भ किया है। पर एक दिशा बन्द रह गयी। धर्म संघ की दृष्टि से तुमने कभी कुछ सोचा है क्या?' भंवरलाल जी की कुशाग्र बुद्धि ने आचार्यश्री के अव्यक्त संकेत को ग्रहण कर लिया। वे बोले– 'गुरुदेव! यह तो मेरी भूल रही है। अब मैं जल्दी ही कोई योजना बनाऊँगा।'

भंवरलाल दूगड़ के उर्वर मन में तत्काल 'जैन विश्व भारती' की कल्पना आयी। रात्रि सवा नौ बजे तक 'जैन विश्व भारती' की कल्पना को मूर्त्त रूप देने की योजनाओं पर चर्चा होती रही। घड़ी में देखा तो दस बजकर दस मिनट हो गये थे। नव सृजन की कल्पना में डूब गये थे आचार्यश्री और भंवरलाल जी। मुनि जी अपने बालपन में तो भंवरलाल जी के पास खूब आते-जाते थे। लेकिन अब जब युवा हो गये, तब उनके सान्निध्य में कुछ अलग ही अनुभव हो रहा था। चिन्तन को विराम देते हुए भंवरलाल जी ने कहा, 'गुरुदेव, मैं सरदारशहर जाकर 'जैन विश्व भारती' की रूपरेखा को क्रियान्वित

करने का प्रयास करूँगा।' आचार्यश्री को प्रणाम कर वे वहाँ से अपने आवास स्थल चल दिए।

x x x

मार्च माह का प्रथम सप्ताह। मुनि जी का प्रवास पाली में था। मौसम काफी सुहावना था। मुनि जी सुबह-सुबह छत पर चले गये। आनन्द पंछी निहारन का। बस पंछियों के कलरव में खो गये। सूरज की किरणें धरती पर बिछने लगी थीं। तभी एक दृश्य देख सहसा ठिठक गये मुनि जी। मानस-मंथन के बाद वह दृश्य कविता के रूप में मुनि जी की कलम से कागज पर अवतरित हो गया–

धान के दानों का प्रलोभन दे
मैंने उस कबूतरी को वहाँ से उड़ाना चाहा
जो अपने अंडों को
ममता का सेंक दे रही थी,
पर उसकी पलकों के
उस एक निमेष ने ही मुझको परास्त कर दिया।
जिसने कि मुझको समझाया
कि यों शरीर की तृप्ति के लिए
कहीं अपने आत्मीय को दूर अरक्षित नहीं छोड़ा जा सकता,
शरीर का शरीर से बन्धन आखिर कब तक निभता है।
टूट ही जाता है।
पर आत्मा का आत्मा से भी एक बन्धन होता है
जिसके लिए लाख कोशिश की जाय
फिर भी तोड़ा नहीं जा सकता।'

मन के भावों को कागज पर उतार देने के बाद मुनि जी और ज्यादा गम्भीर हो गये। मन अनमना सा हो रहा था। तभी समाचार मिला कि भंवरलाल जी दूगड़ नहीं रहे। मुनि जी को कुछ समझ नहीं आया कि सब कैसे हो गया। वे आचार्यश्री के पास पहुँचे तो आचार्यश्री ने बताया कि सात मार्च को भंवरलाल दूगड़, जयचंदलाल दफ्तरी, जयचन्दलाल बोथरा, एक मुनीम, दो नाई और एक ड्राइवर- सातों व्यक्ति कार में बैठकर सरदारशहर से चले। सीकर से दस-बारह मील आगे जाकर कार दुर्घटनाग्रस्त हुई, जिसमें ड्राइवर सहित सभी लोग नीम बेहोशी की स्थिति में पहुँच गये। थोड़ी देर बाद ड्राइवर को होश आया। उसने एक-एक कर सबको बाहर निकाला। जैसे-तैसे एक बस रुकवा

कर बेहोश व्यक्तियों को लाशें मानकर बस में चढ़ाया। सीकर के हस्पताल पहुँचाया। डॉक्टरों के प्रयासों से और सब होश में आ गये किन्तु भंवरलाल जी को होश नहीं आया। हालांकि तब तक वहाँ पहुँच चुके परिजनों को आश्वासन दिया था कि– 'चौबीस घंटे निकल गये हैं। इस आधार पर मैं कह सकता हूँ कि बाबू खतरे से बाहर हैं।' लेकिन कुछ समय बाद ही हिचकियों के साथ भंवरलाल जी के प्राण पखेरू उड़ गये। मुनि जी की आँखों के सामने एक-एक कर भंवरलाल के दृश्य साकार होने लगे। बाद में पता लगा कि उसी दिन भारत के गृहमंत्री पं. गोविंद बल्लभ पंत का भी देहावसान हो गया। मुनि जी की कलम से एक और कविता के रूप में भाव बह चले–

'दो आँखें
जो दूर तारों की भीड़ में खो गयीं
जिन्हें पाने यह धरती
युगों-युगों से भटक रही है।
दो पाँखें
जो कि दूर अनन्त में खो गयीं
जिनकी अनुपस्थिति
नभ को आज भी खटक रही है।
और इन्हीं आँखों और पाँखों के बल पर
इस अजनबी प्राणी ने
न जाने जन्म और मृत्यु के
कितने आयाम पार किए हैं
जिनके साक्षी
आकाश के नहीं
पर धरती के ये माटी के दीए हैं।'

मुनि जी को दुनियावी रंगों की गहराई और धुंधलेपन की पहचान होने लगी थी। उनका कवि मन दुनिया के छल-छिद्र, मुखौटों, धूर्त्तताओं को बड़ी सूक्ष्मता से पढ़ता। जब व्यक्ति बालपन से यौवन की ओर, फिर यौवन से प्रौढ़ता और प्रौढ़ता से वृद्धावस्था की ओर बढ़ता है, तो चीजों को देखने-परखने की दृष्टि बदलती जाती है। मुनि जी की दृष्टि में तो दर्शन, अध्यात्म और ज्ञान की त्रिवेणी भी थी। उन्होंने समाज के कितने ही लोगों को दूसरे के बलबूते चमकते, उछलते, इतराते देखा था।

आजकल वे आचार्य हजारी प्रसाद द्विवेदी का 'अनामदास का पोथा' पढ़ रहे थे। एक शाम आहार के बाद वे छत पर चले गये। पढ़ते-पढ़ते दिन ढल गया। अजब दृश्य था आकाश में। एक ओर सूरज ढल रहा था, तो दूसरी ओर चाँदी की थाली जैसा चाँद

दिखाई दे रहा था। दोनों को देखते-देखते मुनि जी आकाश में ही रम गये। सूरज पूरी तरह पश्चिम में विलीन हुआ तो चाँद की चमक बढ़ने लगी। चतुर्दशी थी, चाँद अपने पूरे यौवन पर था। अँधियारा बढ़ने पर तो जैसे उसकी खूब बन आयी थी। काले पोस्टर पर धवल बिन्दु। मुनि जी टकटकी बाँधे देखते रहे और फिर नीचे कक्ष में आकर कागज-कलम लेकर बैठ गये। कई सालों की बसी टीस को शब्दबद्ध कर दिया।

'पूनम की रात
सपनों की नीली घाटी पर
मुस्कुराते हुए अन्धे चाँद ने
धरती को आलोकित करने का दम्भ अवश्य किया,
किन्तु वह अपना अन्धापन दूर न कर सका।
तभी एक दिन सुना
कि अमावस ने उसकी मुस्कान को निगल लिया!

जब बीत गयी बरसात
सपनों की नीली झाड़ियों के बीच
बेचैन लेटा प्यासा सरोवर
जीवन-भर देता रहा शीतल जल
थके-माँदे, व्याकुल पंछी-कुल को
किन्तु वह अपनी प्यास दूर न कर सका!
तभी एक दिन सुना
कि उसका दिल दरारों में छिटक-छिटक कर टूट गया!

फिर उस शारदी पूनम के दिन सबने देखा
कि अन्धा चाँद
सरोवर के उजले जल में झाँक रहा है।
और सरोवर उस चाँदनी के उजाले में
अपनी प्यास की गहराई आँक रहा है।'

मुनि जी ने चाँद को लक्षित कर या कहें कि चाँद के बहाने दम्भी और मुखौटे ओढ़े समाज को लक्षित कर और भी कविताएँ लिखीं। उनकी कहन में बड़ी क्षमता दिखाई देती थी। कविताएँ अक्सर कमलेश चतुर्वेदी के पास जातीं जो 'आदर्श साहित्य संघ' का काम देखते थे। वे इन कविताओं को एक-एक कर टाइप करते जाते।

'मुनि जी आपकी कविताओं की गहराई बढ़ती जा रही है। 'झरोखे में बैठा कबूतर'

कविता में आपने बहुत कुछ कह डाला है...'— कमलेश चतुर्वेदी कविता टाइप करने के बाद मुनि जी से बोले।

उत्तर में मुनि जी मौन रहे। बस दोनों हाथ आसमान की ओर उठा दिए।

x x x

उन दिनों बीकानेर गंगाशहर में प्रवास था। पदयात्राओं का सिलसिला यथावत् चल रहा था। मुनि जी काव्य-घाटी में और गहरे उतर गये थे। कमलेश जी ने उनकी लिखी लगभग साठ कविताओं का एक संकलन तैयार कर दिया था।

अगले दिन दिल्ली से डॉ. बुधमल श्याम सुखा गंगाशहर आये। मुनि जी के सम्पर्क में आये तो पता लगा कि ये कविता लिखते हैं। डॉ. बुधमल जी दर्शन और साहित्य के परम विद्वान और काव्य रसिक थे। उन्होंने पुनर्जन्म पर डॉक्टरेट की थीसिस लिखी थी।

'मुनि जी आप कोई कविता सुनाएँ। सुना है आप कविता में गहरे उतर चुके हैं' डॉ. बुधमल ने मुनि जी से निवेदन किया। मुनि जी ने कुछ देर सोचा और फिर अपनी नवीनतम कविता— 'झरोखे में बैठा उदास कबूतर...' सुना दी। डॉ. बुधमल ने मुनि जी की उम्र को देखा और कविता को गुनने के बाद आश्चर्य में पड़ गये कि एक युवक की कलम से इतनी प्रौढ़ कविता!

मुनि जी को प्रणाम कर वे आचार्यश्री के पास चले गये।

x x x

आचार्यश्री के पास प्रतिदिन ही देशभर से डाक आया करती थी। वह चाहे किसी भी मुनि की हो या साध्वी की, सीधे आचार्यश्री के पास पहुँचती थी। उस दिन की डाक में एक पत्र दिल्ली से डॉ. बुधमल श्याम सुखा का था। पत्र मुनि जी के लिए था। आचार्यश्री ने पढ़ा तो उसमें मुनि जी को संबोधित करते हुए उन्होंने लिखा था— 'मुनि रूपचन्द्र जी आपकी कविता का असर इतना गहरा रहा कि बीकानेर से दिल्ली की यात्रा तय करते हुए उसकी पंक्तियाँ मेरे मानस में गूँजती रहीं हैं। साधुवाद!'

आचार्यश्री ने मुनि जी को बुलावा भेजा, 'अरे! मुनि रूपचन्द्र, डॉ. बुधमल श्याम सुखा ने तुम्हारी एक कविता की चर्चा की है। कौन सी कविता लिखी है तुमने? हमें भी सुनाओ।'

गुरुदेव के कहने पर मुनि जी ने फिर उसी कविता का पाठ किया। आचार्यश्री

ने कहा, 'सचमुच बहुत अच्छी कविता है। तुम यही कविता धवल समारोह कवि सम्मेलन में पढ़ना।'

एक मार्च, उन्नीस सौ बासठ को धवल समारोह के द्वितीय चरण में था। तीन दिवसीय कार्यक्रम शुरू हुआ। दूसरे दिन मध्याह्न का उपस्थितजन को बेसब्री से इन्तजार था। कवि सम्मेलन की अध्यक्षता प्रख्यात कवि डॉ. हरिवंशराय बच्चन कर रहे थे। उनके अलावा श्री बालकृष्ण शर्मा, 'नवीन', श्री सत्यप्रकाश बजरंग, श्री विष्णु दत्त थानवी, श्री देवी चरण, श्री दयाल सिंह, श्री विश्वनाथ, श्री हरीश भादानी आदि काव्य-पाठ हेतु आमंत्रित थे।

बच्चन जी ने माइक सँभाला और अपने प्रारंभिक वक्तव्य में कहा, 'आचार्यश्री की मुझ पर विशेष कृपा रही है। मैं उसका शब्दों में बयान नहीं कर सकता। आपने अनुग्रह करके मेरे घर को पावन किया था। मैं आपका बहुत आभारी हूँ। आभारी भी इतना कि उसका अंश भी कैसे उतारूँ, यह समझ में नहीं आता।' कवि सम्मेलन का सन्दर्भ देते हुए उन्होंने आगे कहा,- 'इस कवि सम्मेलन की भूमिका संयममय रही है। मैं कवियों से निवेदन करता हूँ सुन्दर और उदात्त कविताएँ प्रस्तुत करें। हमारे कवि सम्मेलन रात को बैठते हैं और सुबह तक चलते हैं। आज भी हमें संयम का बोध न हो तो यह सम्मेलन रात भर चल सकता है। पर आचार्यश्री स्वयं संयम प्रधान हैं। इनके सान्निध्य में संयम का ध्यान रखना है।'

कवि सम्मेलन में कई साधु-साध्वियों ने काव्य-पाठ किया। चौथे क्रम में मुनि रूपचन्द्र को बुलाया गया। नाम की घोषणा हुई तो मुनि जी ने मन में सोचा– कहाँ बच्चन जी, नवीन जी, बजरंग जी जैसे कवि और कहाँ मैं...। वे मंच की ओर बढ़े, माइक सँभाला और फिर बड़े धीर-गम्भीर स्वर में उन्होंने पढ़ना शुरू किया–

'झरोखे में बैठा उदास कबूतर
भीगी पलकों से
कभी बाहर झाँकता है, कभी भीतर झाँकता है।
वह देख रहा है
कि भीतर की दुनिया उजाड़ दी गयी है
अब यह महल खंडहर है, सुनसान है
और बाहर की दुनिया बस-बस कर भी उजड़ रही है
क्योंकि नींव खोखली है और आदमी बेजान है
पुराना मकान ढह रहा है, नया बन नहीं रहा है,
इसलिए इन दो खम्भों के बीच
लटकते हुए तारों पर ही अपनी जिन्दगी बिताने को

वह कभी इधर झाँकता है, कभी उधर झाँकता है...।'
वह सोच रहा है
कि आदमियत वह चीज है
जो उजड़े को बसाना जानती है।
और जो रास्ता भूलकर भटक गये हैं
उन्हें सीधी-सी पगडंडी बताना अपना फर्ज मानती है।

लेकिन आज जो आदमी है
वह आदमियत नहीं चाहता,
खुद तो उजड़ा हुआ है ही
औरों को बसता हुआ भी देखना नहीं चाहता।
धरती खिसकती जा रही है, आकाश भागा जा रहा है,
वह बेचारा सहारे की टोह में
कभी नीचे झाँकता है, कभी ऊपर झाँकता है।

'...बहुत खूब! बहुत खूब–' मुनि जी एक बार फिर पढ़ें-

'दो खम्भों के बीच लटकते हुए तारों पर...' पंक्तियाँ दोहराने के बाद वे कविता आगे पढ़ने लगे। उपस्थित श्रोतागण के बीच अजब-सा सन्नाटा पसर गया। सिर्फ गूँज रही थीं मुनि जी की पंक्तियाँ–

...शायद वह अपने नभ-लोक को छोड़ कर
आज मन ही मन पछता रहा है,
और इस आदमी की डरावनी शक्लें देखकर
अपना घायल शरीर ढीला किए सुस्ता रहा है,
पर वह उड़ नहीं सकता, क्योंकि यह मनुष्य-लोक है।
यहां वे पाँखें तोड़ दी जाती हैं
जो उड़ने की कोशिश किया करती हैं।
और वे आँखें फोड़ दी जाती हैं
जो इस घरौंदे की सीमा को लाँघ कर
देखने की कोशिश किया करती हैं,
इसलिए वह लाचार
कभी आँखें मूँद कर झाँकता है, कभी खोलकर झाँकता है।'

तालियों की गड़गड़ाहट से वातावरण गूँज उठा।
'वे आँखें फोड़ दी जाती हैं
वे पाँखें तोड़ दी जाती हैं...'

बहुत गहरा, बहुत सुन्दर। मंचस्थ कवियों के मुँह से निकला। बजरंग जी भाव-विभोर उठ खड़े हुए। बच्चन जी ने तालियों और शब्दों के द्वारा मुनि रूपचन्द्र को जमकर दाद दी।

अपने वक्तव्य में आचार्य तुलसी ने कहा– 'कवि जगत का स्रष्टा होता है। वह अपनी कविताओं से संसार को झंकृत ही नहीं, स्वरित भी कर सकता है। कवि अपने काव्य से ऐसी लहर लाए कि अनीति नीति में बदल जाय। इससे संसार का उपकार होगा, मेरा सहकार होगा। संयम उनका साधन बने और अणुव्रत माध्यम बने। उसके काव्य जगत में इतना गहरा पुट हो कि मधुशाला अध्यात्मशाला बन जाय।'

काव्य-गंगा में स्नान कर श्रोता अपने घरों को चले गये।

X X X

तेरापंथ द्विशताब्दी समारोह का भव्य आयोजन प्रभावशाली ढंग से समाप्त हो गया था। मर्यादा महोत्सव पर विचार-विमर्श चल रहा था। मर्यादा महोत्सवों की शृंखला में यह निन्यानवीं कड़ी थी।

जनवरी माह उन्नीस सौ तिरेसठ का अन्तिम दिन। मर्यादा महोत्सव इसी दिन शुरू हुआ। मुख्य कार्यक्रम दोपहर के समय था। विभिन्न प्रांतों से लगभग 10 हजार लोग इस महोत्सव में शामिल होने देशभर से राजसमंद उदयपुर आये थे। कुछ विशिष्ट अतिथि गण भी थे, जैसे नेशनल चर्च, बम्बई के अध्यक्ष फादर विलियम्स, वित्तमंत्री मोरारजी भाई देसाई, आचार्य रजनीश जो आगे चलकर ओशो के नाम से विख्यात हुए। राजस्थान के मुख्यमंत्री मोहन लाल सुखाड़िया, केन्द्रीय शिक्षा मंत्री कालूलाल श्रीमाली और प्रख्यात हिन्दी साहित्यकार श्री जैनेन्द्र आदि। बम्बई के रमणीक भाई जवेरी आचार्य रजनीश को लेकर आये थे।

तीन फरवरी को दर्शन परिषद् का आयोजन था। उसे 'अणुव्रत अहिंसा सेमिनार' के रूप में आयोजित किया गया। भारत हाल ही में चीनी आक्रमण के दंश से उबरा था। इसलिए चीनी आक्रमण से उपजी हिंसक परिस्थितियों में अहिंसा को केन्द्र में रखकर दर्शन परिषद में विचार आरम्भ हुआ। सेमिनार में मुख्य रूप से तीन अभिभाषण हुए। मुनि नथमल जी ने अहिंसा के जीव-दयात्मक स्वरूप की तुलना में उसकी प्रतिरोधात्मक शक्ति के उपयोग पर बल दिया। मुनि जी विचारों को ध्यान से सुन रहे थे। अगले वक्ता साहित्यकार जैनेन्द्र थे। उन्होंने अपने प्रभावशाली भाषण में शस्त्रबल की अपेक्षा सत्यबल पुष्ट करने की बात कही। उनका विचार था कि देश ने नैतिकता की ताकत खो दी है। इसी कारण तोप की ताकत स्वीकार की जा रही है। यह

मिथ्या-दर्शन है। अणुबम भय पैदा करता है। देश के लिए सर्वाधिक सुरक्षा कवच-आत्म-शक्ति है। अणुव्रत के मार्ग पर चलकर उस शक्ति का संवर्द्धन किया जा सकता है।

जबलपुर विश्वविद्यालय में दर्शन विभाग के अध्यक्ष प्रो. रजनीश ने अहिंसा और सत्य को साधने के लिए आत्मा को साधने व आत्म-द्रष्टा बनने की बात कही। मुनि जी ने पहली बार प्रो. रजनीश को देखा तो उनके वक्तव्य और व्यक्तित्व दोनों से प्रभावित हुए बिना नहीं रह सके। चेहरे पर तेजस्विता, आँखों में एक विशेष चमक।

आचार्य रजनीश का वक्तव्य समाप्त होने के बाद एक अजब-सा प्रसंग घट गया। महोत्सव में विशिष्ट अतिथि के रूप में उपस्थित मोरारजी भाई देसाई सामने कालीन पर बैठे थे। आचार्यश्री के आस-पास साधु-साध्वियाँ बैठी थीं। आचार्य रजनीश मोरारजी भाई के पास सामने कालीन पर बैठे थे। मोरारजी भाई ने आचार्यश्री से प्रश्न किया– 'मैंने सुना है कि एक दीक्षा-वरिष्ठ साध्वी को भी आपकी परम्परा में नवदीक्षित मुनि को वन्दन इसलिए करना होता है, क्योंकि वह एक स्त्री है। धर्म क्षेत्र में स्त्री-पुरुष का यह भेदभाव क्या उचित है?' इस अक्खड़ प्रश्न से सभी स्तब्ध रह गये। तेरापंथ के प्रमुख विद्वान मुनि जन इस प्रसंग पर उपस्थित थे। लेकिन कोई सन्तोषजनक उत्तर नहीं दे पाया। तभी आचार्य रजनीश ने बड़े नपे-तुले शब्दों में स्त्री-पुरुष मनोविज्ञान और शरीर संरचना के संदर्भ में परम्परा के समर्थन में इस प्रश्न का उत्तर दिया। उनके उत्तर में तर्क था, वजन था। लीक से हटकर एक चिन्तन था। सबसे बड़ी बात यह कि मोरारजी भाई जैसी हस्ती के महत् बोझ से मुक्त एक युवक का सहज सपाट उत्तर था। इसने उपस्थित जन समुदाय पर गहरा प्रभाव छोड़ा। परिणामतः कुछ साथियों ने इस अवसर पर उनका ध्यान-शिविर भी आयोजित किया। द्विशताब्दी समारोह सम्पन्न हो गया।

x x x

अगले साल दिसम्बर में मुनि जी को पता चला कि भारतीय ज्ञानपीठ प्रकाशन से उनकी कविताओं का संकलन प्रकाशित हो रहा है। सारी बात तय हो गयी। संकलन का शीर्षक भी। 'अन्धा चाँद' शीर्षक पर सबकी सहमति बनी। कविताएँ कम्पोजिंग के लिए भेजी गयीं और मुनि जी से 'अपनी बात...' लिखने के लिए कहा गया। मुनि जी को तनिक भी अनुमान नहीं था कि उनकी कविताएँ इतने प्रतिष्ठित प्रकाशन से काव्य संकलन के रूप में प्रकाशित होंगी। इससे पहले भी उनकी कविताएँ कहीं छपी नहीं थीं। पहली बार उनकी कविताएँ सीधे संकलन के रूप में प्रकाशित होंगी। मन पुलक से भर उठा, यह सुनकर। लेकिन 'अपनी बात' में क्या लिखें? सूझ नहीं रहा था। मानस-मंथन करते-करते अन्ततः चौथे दिन उन्होंने लिख ही दिया– "मैंने कविताएँ लिखना क्यों प्रारम्भ किया? यह प्रश्न आज भी समाधान की परिधि से बाहर है। हाँ, इतना अवश्य

है कि अन्तर की रिक्तता को भरने का प्रयत्न मैंने कविताओं के माध्यम से समय-समय पर किया है। वही माध्यम 'अन्धा चाँद' संकलन के रूप में पाठकों के हाथों में है। चाँद के साथ 'अन्धा' विशेषण मैंने उसके स्वरूप विश्लेषण की दृष्टि से रखा है। यही दृष्टि मेरी अधिकांश रचनाओं में प्रधानता लिए है। वैसे उधार लिए हुए प्रकाश से प्रकाशित होने की अपेक्षा मुझे अन्धापन अधिक पसन्द भी है। क्योंकि वह सत्य है। यह विवादास्पद हो सकता है कि वह सत्य कब, कितना और किस रूप में बाहर आये। किन्तु यह तर्क का विषय है अनुभूति का नहीं। और अनुभूति सदा वचन अगोचर ही रही है।

यद्यपि शताब्दियों और सहस्त्राब्दियों के बाद भी चाँद अपना अन्धापन दूर नहीं कर सका। फिर भी आत्मतोष का विषय इसलिए है कि आँखों वाला आदमी वहाँ पहुँचने के लिए प्रयत्न में है। दूसरे उसके चक्षुष्मान होने के प्रयत्न से जगत को हर बार आलोक मिला है। उस आलोक के प्रत्युत्तर में चाँद को हर कंठ से अभिनन्दन भी।

कविताओं की भाषा मैंने सरल हिन्दी रखी है। कविता अपनी भाषा की दुरूहता से जन-मानस से अलग छिटक जाय, मुझे पसन्द नहीं। ... लय-गीत, तुकान्त-अतुकान्त आदि को मैंने समान रूप से सम्मान दिया है।

श्रद्धेय गुरुदेव आचार्यश्री तुलसी की महान अनुकम्पा से मैंने साहित्य-जगत में प्रवेश पाया, वह उन्हीं का प्रसाद है। इस अवसर पर राजस्थान के अग्रणी कवि श्री कन्हैया लाल सेठिया को भी विस्मृत नहीं कर सकता। जो मेरे काव्य प्रवेश में मार्गदर्शन करते रहे हैं।

मेरे काव्य का मुख्य लक्ष्य 'स्वान्तः सुखाय' रहा है, इसलिए यह विश्वास है कि औरों को भी अवश्य तृप्ति देगा।

बीकानेर : 22 सितम्बर, 1964 —मुनि रूपचन्द्र

भारतीय ज्ञानपीठ से कृति प्रकाशित होना कोई साधारण बात नहीं थी। यह इतना विशिष्ट संयोग है, इसका अनुमान स्वयं मुनि जी को भी नहीं था। 'अन्धा चाँद' साहित्य जगत में चर्चा का विषय बन गया। कितने ही साहित्य-प्रेमी इसकी कविताओं के माध्यम से मुनि जी से जुड़ गये, जिनका पता बहुत बाद में लगा। कन्हैया लाल सेठिया ने 'एक दृष्टि' शीर्षक से 'अन्धा चाँद' पर अपनी टिपण्णी लिखी, जो मुनि जी के लिए प्रसाद जैसी थी—

'यह सही है कि 'अन्धा चाँद' की कविताओं में परंपरागत काव्योचित शिल्प का विघटन हुआ है। पर अगर शिल्प अपने मूल अर्थ में सहज का पर्यायवाची है तो यह विघटन काव्य के लिए स्वस्थता का ही चिह्न है, अस्वस्थता का नहीं। छिद्रान्वेषियों के लिए आलोचित कवि की इन पंक्तियों को ही दोहरा भर देना काफी होगा—

'देखो इन दरवाजों को खोल दो
क्योंकि दरारों में से झाँकने वाली आँखें
खुले दरवाजों से नहीं झाँक सकतीं।

आदमी की कमजोरी कहूँ
या कि विशेष खूबी
कि वह प्रत्येक रहस्य को खोलना चाहता है।
जबकि सच तो यह है
कि अपने ही घिसे-पिटे बाँटों से
हर दूसरे आदमी को तोलना चाहता है।
दिल की आवाजों को बोल दो
कि मुँह पर आने वाली रूबाइयाँ
दिल की आवाजों का मोल नहीं आँक सकतीं।

शायद, इसलिए ही पिंजड़े में बैठी
कोयल के कंठों में वह सुरीलापन नहीं होता
क्योंकि उसमें अन्तर की आवाज के बदले
खुशामद के स्वर अधिक गाए जाते हैं

पता नहीं इंसान को क्या हो गया है
कि जितना अधिक वह सौहार्द का प्रदर्शन करता है
उसके व्यवहार उतने ही अधिक खोखले और झूठे पाए जाते हैं,
इन अनपढ़ गँवार नाविकों को समझा दो
कि सतह पर तैरने वाली नौकाएँ
सागर की अथाह उर्मियों को बाँहों में नहीं बाँध सकतीं।

पहले ही काव्य-संकलन से मुनि रूपचन्द्र कवि के रूप में स्थापित हो चुके थे। लेकिन बहुत ही कम लोग जानते थे कि 'अन्धा चाँद' की कविताओं का रचयिता एक जैन साधु है। लेकिन यह सत्य था कि साधु जीवन जीने वाले संत की कलम से निकली इन कविताओं में कवि की संवेदना, संत की करुणा, मनीषी की पारमिता दृष्टि, लोकनायक की उत्प्रेरणा, समन्वय तथा शान्ति के मसीहा के दर्शन होते हैं।

X X X

उन्नीस सौ अड़सठ में मद्रास चार्तुमास के बाद संतों का काफिला जब पाद विहार करते हुए कन्याकुमारी की ओर बढ़ रहा था तो रास्ते में टिण्डीवनम् शहर पहुँचा। दिन था 16 दिसम्बर। आगे के यात्रा-मार्ग में श्री रमण महर्षि की तपो-भूमि तिरूवण्णामलै और योगिराज महर्षि अरविन्द की साधना-भूमि पांडिचेरी- दोनों ऋषि-भूमियाँ निकट आ रही थीं। दस दिन बाद श्रीमती फूलकुमारी सेठिया और सुश्री इला जवेरी के साथ अरविन्द आश्रम के सचिव श्री नवजात भाई आचार्यश्री के सान्निध्य में पहुँचे। मुनि जी प्रसन्न मन सोच रहे थे कि श्री माँ से अवश्य भेंट होगी। लेकिन तब बड़ी उदासी हुई, जब नवजात भाई ने बताया कि श्री माँ पिछले कुछ वर्षों से एकान्त साधना में लगी हुई हैं। सामान्यतया वे किसी से मिलती नहीं हैं। मुर्झाए मन से मुनि जी ने नवजात भाई से कहा, 'इसका मतलब है कि हमारी श्री माँ से भेंट हो ही नहीं सकती। हम तो मन में उत्साहित थे...'

मुनि जी के भीतर की ऊभ-चूभ भाँपते हुए नवजात भाई ने कहा- 'यदि कोई व्यक्ति उनसे मिलना चाहता है, तो उसका फोटो श्री माँ के पास भेज दिया जाता है। श्री माँ की स्वीकृति मिलने पर उसे सूचना दे दी जाती है, अस्वीकृति पर फोटो वापस आ जाती है, जिसका अर्थ होता है कि श्री माँ का उससे मिलने का मन नहीं है।'

नवजात भाई भी चाहते थे कि मुनि जी का श्री माँ से मिलन-प्रसंग अवश्य बने। लेकिन धर्म संघ प्रणेता के रूप में एक फोटो आचार्यश्री का तथा दूसरा फोटो मुनि नथमल का भेजा गया। व्यवहार और पदक्रम की बात थी, मुनि जी मन मसोस कर रह गये। योगिराज महर्षि अरविन्द और श्री माँ के योग जीवन के बारे में मुनि जी ने काफी कुछ पढ़-सुन रखा था। अरविन्द-दर्शन पढ़ने का अवसर भी मिला था। उस सबको पढ़कर अरविन्द आश्रम के बारे में मन में तरह-तरह की जिज्ञासाएँ थीं। जिज्ञासाओं को शान्त करने के लिए पांडिचेरी प्रवास की उत्सुकता से प्रतीक्षा थी। किन्तु पांडिचेरी-प्रवेश से पहले ही मुनि-हृदय की भावनाओं को आघात लगा। एक दिन अचानक आचार्यश्री ने मुनि संघ को आदेश दिया कि पांडिचेरी प्रवास में कोई भी मुनि अरविन्द आश्रम की संचालिका श्री माँ से भिलने की कोशिश न करे। तभी मुनि श्री नथमल ने बड़े दर्प भरे स्वरों में कहा– 'ये लोग अपने को साधना में सर्वश्रेष्ठ मानते हैं। इसलिए दूसरों से मिलना पसन्द नहीं करते। मिलने की उत्सुकता व्यक्त करके हमें उन्हें अतिरिक्त महत्त्व नहीं देना चाहिए।'

'वातावरण में अचानक यह परिवर्तन कैसा? अभी कल तक तो श्री माँ से मिलने की इतनी उत्कट इच्छा थी, अब क्या हो गया?' मुनि जी के मन में प्रश्न उठे और कुछ समय बाद उनका उत्तर भी मिल गया। पता चला कि श्री माँ से मिलने की दृष्टि से भेजे गये फोटो वापस आ गये हैं। अर्थात् श्री माँ की मिलने की कोई इच्छा नहीं है।

निश्चित तिथि के अनुसार मकर संक्रांति के दिन यात्रा संघ, पांडिचेरी पहुँचा। स्वागत कार्यक्रम में अरविन्द आश्रम के श्री नवजात भाई भी थे। आदर्श साहित्य संघ से प्रकाशित होने वाली विज्ञप्ति का लेखन उन दिनों मुनि रूपचन्द्र के हाथों में था। इसी नाते अरविन्द आश्रम के बारे में जानकारी पाने के लिए स्वागत कार्यक्रम के पश्चात् मुनि जी नवजात भाई के साथ बैठे। आश्रम में साधकों की आचार संहिता के बारे में जब मुनि जी ने पूछा तो नवजात भाई बोले– 'सम्पूर्ण समर्पण, खान-पान शुद्धि, ब्रह्मचर्य पालन और राजनीति मुक्तता–ये कुछ नियम हैं, जिनका साधकों को पालन करना होता है।'

मुनि जी ने सहज भाव से पूछा– 'फिर श्री माँ से मिलने पर प्रतिबन्ध क्यों है?'

'प्रतिबन्ध जैसा कुछ नहीं है।' नवजात भाई ने उत्तर दिया। 'तब फिर...?' मुनि जी आगे कुछ पूछते कि नवजात भाई ने बात बढ़ाते हुए कहा–

'कुछ वर्ष पहले तक श्री माँ सबके बीच रहती थीं। अब वे नब्बे वर्ष की उम्र को पार कर चुकी हैं। अधिकांश समय वे एकांत ध्यान समाधि में रहती हैं। इसलिए औरों के साथ मिलना न-के-बराबर कर दिया है। इसका प्रमुख कारण है कि अधिकांश व्यक्तियों के मन में मिलन-दर्शन के पीछे सिर्फ एक कुतूहल, एक उत्सुकता होती है। श्री माँ उस कुतूहल या उत्सुकता के लिए अपना समय बर्बाद नहीं करना चाहतीं। जिसके मन में अध्यात्म जिज्ञासा हो, सचमुच में साधना का भाव हो, श्री माँ आज भी उनसे मिलती हैं।'

वार्ता-प्रसंग के अन्त में उन्होंने कहा– 'आश्रम व्यवस्था के सिलसिले में मैं श्री माँ से प्रतिदिन घंटा भर के लिए मिलता हूँ। अब यहाँ से सीधे श्री माँ के पास जा रहा हूँ। अगर चाहें, तो आपकी भेंट के लिए श्री माँ से बात करूँ।'

मुनि जी ने संयत भाव से कहा– 'अगर मिलन-प्रसंग बन जाता है तो मुझे खुशी होगी।'

उसी रात आचार्यश्री के प्रवास-स्थल पर अरविन्द आश्रम के अनेक साधकों का आना हुआ। उनके मन में जैन मुनि की साधना-चर्या के प्रति जिज्ञासाएँ थीं और मुनि जी व अन्य साधु अरविन्द आश्रम की साधना-चर्या के बारे में जानना चाहते थे। खूब लम्बी चर्चा हुई। इसी बीच यह चर्चा भी चली कि श्री माँ और आचार्यश्री का पारस्परिक मिलन होना चाहिए। अन्ततः यात्रा संघ और अरविन्द आश्रम के साधकों द्वारा संयुक्त हस्ताक्षरित एक पत्र श्री माँ को भेजा गया। पत्र में लगभग पचास साधु-साध्वियों का यात्रा संघ के साथ आचार्यश्री तुलसी के पांडिचेरी आगमन का उल्लेख था साथ ही निवेदन भी कि हमारी हार्दिक इच्छा है कि आपका परस्पर अध्यात्मिक मिलन हो।

अगले दिन अरविन्द आश्रम दर्शन का कार्यक्रम था। आश्रम के लिए प्रस्थान होना

ही था कि सूचना मिली—पूरे धर्म-संघ के साथ श्री माँ का मिलन सम्भव नहीं है। उन्होंने आचार्यश्री तुलसी तथा मुनि रूपचन्द्र जी के साथ मिलन की स्वीकृति दी है। इस बात से मुनि नथमल जी के खेमे में तीव्र प्रतिक्रिया हुई। तमाम सवालों का झंझावात-सा खड़ा हो गया। श्री माँ की ओर से मुनि रूपचन्द्र का नाम आया तो आया कैसे? इसके लिए किसने प्रयास किया? फोटो किसने भेजा? यह सब कैसे हुआ? आदि-आदि।

मुनि नथमल जी ने आचार्यश्री के सामने ही जैसे मुनि रूपचन्द्र को अदालत में खड़ा कर लिया हो। बाद में खीझ के चलते यह घटना 'मदर का गदर' के नाम से प्रचारित हुई। मुनि जी ने स्थिति स्पष्ट की तो प्रश्न स्वयं निरस्त हो गये।

अगले दिन अरविन्द आश्रम की ओर प्रस्थान किया। पूरा दृश्य मुनि जी के मानस पटल पर अंकित हो गया। समुद्र के किनारे मीलों में फैला हुआ श्री अरविंद आश्रम। उसमें श्री माँ का निवास स्थान योगिराज श्री अरविन्द की समाधि भूमि के निकट ही था। गुरु-शिष्य दोनों सबसे पहले समाधि-स्थल पर पहुँचे। श्रद्धालुओं के लिए वह समाधि भूमि किसी तीर्थ स्थल से कम नहीं थी। पूरा वातावरण फूलों और अगरबत्ती से महक रहा था। भक्त-जन आ-जा रहे थे। वे फूल चढ़ाते और फिर वहीं अपना शीश नवा कर ध्यान-मग्न हो जाते। इतने में श्री माँ से मिलन की निश्चित घड़ी आ गयी। नवजात भाई और आचार्यश्री के साथ मुनि जी श्री माँ से आवास-स्थल की ओर बढ़े। आवास-स्थल पर एक निर्धारित स्थान पर मुनि जी को रोक दिया गया और नवजात भाई के साथ आचार्यश्री भीतर चले गये। लगभग पन्द्रह मिनट बाद मुनि जी को भी भीतर बुला लिया गया।

अन्दर प्रवेश पाते ही मुनि जी ने देखा- एक सिंहासननुमा कुर्सी पर श्री माँ विराजमान हैं। नब्बे वर्ष की आयु होने के बावजूद चेहरे पर कहीं झुर्रियों का नामो-निशान नहीं, अद्भुत शान्ति और कान्ति का वास था मुखमंडल पर। देह में सहज स्फूर्ति। मुनि जी ने उनको देखा और उन्होंने मुनि जी को देखा। आचार्यश्री की उपस्थिति के कारण बोलने का कोई अवकाश था नहीं। लगभग बीस मिनट तक मुनि जी उन्हें देखते ही रहे। श्री माँ ने तो जैसे दीए की तरह ज्योतित अपनी बड़ी-बड़ी आँखें मुनि जी के चेहरे पर गड़ा दीं। इतनी बड़ी-बड़ी आँखें, बिना किसी झपकन के अपलक दृष्टि। मानो वे आँखें नहीं, दो चमकते हुए दीपक हों। ऐसी सम्मोहन भरी आँखें मुनि जी ने जीवन में पहले कभी नहीं देखी थीं। मुनि जी के लिए अद्भुत अनुभव था। ऐसा प्रतीत हो रहा था जैसे वे आँखें विद्युत तरंगों की तरह देह के आर-पार निकल रही हैं। उस पूरी मिलन-अवधि में न मुनि जी के मुख से एक शब्द निकला और न ही माँ ने कुछ कहा। किन्तु आँखों ही आँखों में उन्होंने वह सब कुछ कह दिया जो उन्हें कहना था। सब कुछ मुनि जी ने ग्रहण किया था। मुनि जी अद्भुत रोमांच से भरे हुए थे। लगभग बीस

मिनट बाद श्री माँ को प्रणाम कर बाहर आ गये। अभी भी मुँह से एक शब्द नहीं निकल रहा था। जैसे-तैसे नवजात भाई को 'धन्यवाद' कहा और फिर भीतर से कुछ पंक्तियाँ फूटीं–

लगता जिसको जहाँ कहीं भी
कोई पीछा किए आ रहा,
उन नजरों का वह कायल है
या उन नजरों से घायल है।

उस दिन का अधिकांश समय मुनि जी ने अरविन्द आश्रम में ही बिताया। आश्रम का विशाल पुस्तकालय, अंतरराष्ट्रीय शिक्षा केन्द्र। विश्व परिवार की कल्पना संजोए औरोविल का निदेशालय। ध्यान सभागार। अतिथि भवन आदि स्थानों का अवलोकन किया। किन्तु हर पल ऐसा लगता रहा, मानो श्री माँ की अपलक दृष्टि हर जगह पीछा कर रही है। आश्रम के वातावरण की सजीवता का कारण श्री माँ की साधना थी। मुनि जी महसूस कर रहे थे कि यद्यपि आश्रम की विविध आयामी प्रवृत्तियों से जुड़े लोग उपनी-अपनी विधाओं में पारंगत हैं किन्तु अध्यात्म की दृष्टि से श्री माँ के आसपास भी खड़े हो सकें, ऐसा नहीं था।

सायंकाल नवजात भाई के आवास पर जाना हुआ। चलते-चलते नवजात भाई ने पूछा– 'आप श्री माँ से मिले हैं, आश्रम का अवलोकन भी किया है। कुल मिलाकर आपकी क्या प्रतिक्रिया है? मैं जानना चाहता हूँ।' मुनि जी बोले– 'नवजात जी, श्री माँ आध्यात्मिक शक्ति हैं, इसमें कोई सन्देह नहीं है। उनकी शारीरिक उपस्थिति भले ही एक भवन तक सीमित है, किन्तु आध्यात्मिक उपस्थिति आश्रम में पग-पग पर अनुभव की जा सकती है। कहना चाहिए कि आज आश्रम में जो रोशनी है, वह सिर्फ श्री माँ हैं, किन्तु...' कहते-कहते मौन हो गये मुनि जी।

'आपने वाक्य अधूरा क्यों छोड़ा? आप जो भी अनुभव कर रहे हैं, साफ-साफ बताएँ।' नवजात भाई बोले। 'दूसरा अनुभव प्रिय नहीं है, इसलिए मैं मौन हो गया। आप यदि यह जानना चाहते हैं तो बता देता हूँ। पता नहीं क्यों, श्री माँ के बाद मुझे यहाँ अँधेरा ही अँधेरा नजर आ रहा है। ऐसा लगता है, यह सारी रोशनी श्री माँ के साथ ही विदा ले लेगी।'– जैसे मुनि जी किसी भाव-समाधि में हों।

मुनि जी की बात सुन नवजात भाई तनिक भी विचलित नहीं हुए, बोले– 'आपने जो अनुभव किया है, आश्रम की आज की सच्चाई यही है। किन्तु जैसा आपने कहा, श्री मां के बाद अँधेरा है, इस बारे में मेरा कहना है कि आश्रम के जीवन में वह समय नहीं आने वाला। क्योंकि श्री माँ न केवल आध्यात्मिक अपितु शारीरिक रूप से भी हमारे बीच सदैव विद्यमान रहेंगी। और वह रहेंगी तो रोशनी भी आश्रम के जीवन में सदैव

रहेगी। इसलिए अँधेरे के आगमन का प्रश्न ही नहीं उठता।'

'यह विश्वास श्री माँ के प्रति आपकी अटूट श्रद्धा की उपज है'– मुनि जी ने आगे कहा– 'मैं इस पर कोई टिप्पणी करके आपका मन नहीं दुखाना चाहता। यह अवश्य कहना चाहूँगा कि श्री माँ की अनुपस्थिति में इस मशाल को थामने वाले हाथ नजर नहीं आ रहे।'

नवजात भाई ने बात का जबाब देते हुए कहा, 'यदि श्री माँ को जाना होगा तो उससे पहले वे अपनी आध्यात्मिक सम्पदा का शक्तिपात किसी में करके ही जाएँगी, जैसा कि योगिराज अरविंद अपनी सारी लब्धियाँ और उपलब्धियाँ श्री माँ में नियोजित करके भगवद्लीन हुए थे।'

नवजात भाई की श्रद्धा अटूट थी। नवजात भाई से आश्रम की साधना-व्यवस्था, श्री माँ के जीवन तथा योग साधना और जैन मुनि की आचार चर्या के बारे में विस्तार से चर्चा हुई। वार्ता के अन्त में मुनि जी ने कहा– 'श्री माँ के साथ हुए मिलन-प्रसंग को मैं अपने जीवन की आध्यात्मिक उपलब्धि मानता हूँ। मैं चाहता हूँ कि आप मेरी इस अनुभूति को श्री माँ तक पहुँचा दें। इसके उत्तर में श्री माँ कुछ कहें तो आप मुझे अवश्य बताएँ।'

अगले दिन सुबह-सुबह नवजात भाई आये। उनके चेहरे पर अंकित उल्लास को साफ पढ़ा जा सकता था। मुनि जी कुछ कहते, इससे पहले ही नवजात भाई बोले- 'मैंने आपका संवाद श्री माँ तक पहुँचा दिया था। श्री माँ का संवाद इस पत्र में है।' यह कहते हुए उन्होंने वह पत्र मुनि जी के हाथ में थमा दिया। अंग्रेजी भाषा में पत्र में लिखा था– 'आध्यात्मिक भूमिका पर आपके साथ सम्पर्क रखने में मुझे प्रसन्नता होगी- श्री माँ' एक वाक्य के इस पत्र में मुनि जी को आनन्द से सराबोर कर दिया था। नवजात भाई भी श्री माँ द्वारा भेजे गये इस संवाद को महत्त्वपूर्ण मान रहे थे। श्री माँ की आध्यात्मिक थाती सँभाल मुनि जी आचार्यश्री के काफिले के साथ आगे पदयात्रा पर बढ़ चले।

X X X

पदयात्रा अभियान पांडिचेरी से चिदम्बरम् कुंभकोणम् मदुरै होता हुआ भारत की धरती के अन्तिम छोर कन्याकुमारी तक पहुँचा। वहाँ से केरल, कोयम्बटूर, उटकमण्ड, मैसूर होते हुए अगले साल का वर्षावास बंगलौर में रहा। चातुर्मास दीपावली का दिन। रात्रि में विशेष जप-पाठ किया। सवेरे लगभग साढ़े चार बजे का समय। जागने के बाद मुनि जी पद्मासन में ध्यान में बैठे। तभी एक विचित्र घटना घटी, अनुभूति

हुई। मुनि जी की दृष्टि सामने सूनी दीवार पर टिकी। और कुछ ही क्षणों में दीवार पर श्री माँ की आकृति प्रकट हो गयी। एकदम वही शान्त सौम्य चेहरा। निर्निमेष आँखें। मुनि जी अवाक्, विमुग्ध!' यह सच है या कोरा स्वप्न। तभी आकृति के होंठ हिले। कुछ शब्द स्पष्ट रूप से कानों में गूँजे– 'मेरे साथ जुड़ने का समय आ गया है।' यह वाक्य मुनि जी को दो-तीन बार सुनाई दिया और अन्तिम अनुध्वनि के साथ आकृति विलीन हो गयी। सामने रह गयी दीवार, एकदम सपाट दीवार। सब कुछ चंद सेकंडों में घटित हो गया। यह एक स्वप्न था या मनोविभ्रम या श्री माँ का योग-शक्ति के माध्यम से मुनि जी के साथ आध्यात्मिक सम्पर्क? कुछ अनुभूतियाँ शब्दातीत होती हैं। अवर्णनीय होती हैं। इस घटना के बाद हफ्ते भर तक मुनि जी बेचैन रहे। लगातार महसूस होता रहा जैसे कोई अरविंद आश्रम पहुँचने के लिए बार-बार पुकार रहा है।

x x x

मुनि जी के जीवन में ऐसे अलौकिक अनुभव और अध्यात्म-शक्ति से मिलन का यह दूसरा प्रसंग था। आचार्यश्री के काफिले के साथ पाद विहार करते हुए उन्हें अचानक एक साल पहले का प्रसंग याद हो आया, जब वे अध्यात्म पुरुष जे. कृष्णमूर्ति से मिले थे। यही समय था जनवरी-फरवरी। श्री कृष्णमूर्ति के जीवन और व्यक्तित्व के बारे में मुनि जी को काफी कुछ जानने का अवसर मिला था। जो कुछ सुना था, वह गहरी छाप छोड़ता गया मुनि जी के मन पर।

प्राचीन ग्रन्थों के अनुसार कहा जाता रहा था कि भगवान बुद्ध मैत्रेय के रूप में फिर अवतरित होंगे। थियोसोफिकल सोसायटी की संस्थापिका श्रीमती ऐनीबेसेंट ने प्राचीन ग्रन्थों में उल्लिखित भविष्यवाणी के अनुसार प्रभामंडित बालक कृष्णमूर्ति को मैत्रेय अवतार के लिए चुना था। बोधिसत्व मैत्रेय के अवतरण के अनुरूप व्यक्तित्व-निर्माण के लिए बालक कृष्णमूर्ति की शिक्षा-दीक्षा हुई। आर्डर ऑफ स्टार की स्थापना हुई। विश्वभर में उसकी शाखाएँ स्थापित हुईं। मैत्रेय अवतार का दिन भी निश्चित कर दिया गया। पूरे विश्व से विशेष रूप से अध्यात्म साधक उस दिन उपस्थित हुए। उन सबकी उपस्थिति में अवतार की घोषणा के समय श्री कृष्णमूर्ति ने जिस अदम्य आत्म-साहस का परिचय दिया, वैसा कोई प्रकाश पुरुष ही कर सकता है। मैत्रेय अवतार की सारी आयोजना को नकारते हुए श्री कृष्णमूर्ति ने कहा–

'धर्म नितान्त व्यक्तिगत होता है। वह पूर्णतः आत्मगत होता है। हर व्यक्ति को यह आत्मयात्रा स्वयं तय करनी होती है। इसमें समाज, संस्थान और सम्प्रदाय बिल्कुल अनावश्यक है। उस आत्म-खोज में गुरु और अवतार भी अकिंचित्कर हैं। इसलिए मैं

न केवल इस अवतार आयोजना से अपने को अलग करता हूँ। अपितु मुझे केन्द्र में रखकर बने हुए ऑर्डर संगठन, ट्रस्ट आदि से भी अपने आपको अलग करता हूँ।'

मुनि जी ने इस प्रसंग को पढ़ा तो मन-ही-मन सोचा कि इतना बड़ा आत्मबल और निस्संग साहस किसी प्रज्ञा-पुरुष में ही सम्भव है। यश, पद और सम्मानों के लिए संत-समाज की ओछी राजनीति के खेल से वे अब तक भली-भाँति परिचित हो चुके थे। ऐसी स्थितियों में कृष्णमूर्ति ने न केवल अपने नेतृत्व में खड़े किए गए विश्वव्यापी संगठन को नकारा, न केवल करोड़ों के ट्रस्ट से अपने को अलग किया, अपितु अपने लिए होने वाली मैत्रेय अवतार की घोषणा को भी दृढ़ता से अस्वीकार कर दिया।

ऐसे व्यक्ति से मिलने की उत्कंठा मुनि जी के मन में काफी पहले से थी।

पिछले साल के जनवरी-फरवरी में दक्षिण यात्रा के समय सुखद संयोग बना। उस समय मुनि जी बम्बई में थे और संयोग से उन दिनों कृष्णमूर्ति का प्रवास भी बम्बई में था। वे किसी सद्गृहस्थ के घर ठहरे हुए थे। इला जवेरी के माध्यम से उनसे मिलने का समय तय हुआ। निश्चित समय पर मुनि जी वहाँ पहुँचे। इला जवेरी भी साथ थीं। एक अत्यंत सादगीपूर्ण कमरे में दोनों को बैठाया गया। फर्नीचर के नाम पर कमरे के फर्श पर केवल चटाइयाँ बिछी थीं। स्वयं कृष्णमूर्ति जैसी विभूति के लिए कोई सोफा, कुर्सी क्या, कोई अलग आसन तक नहीं था। मुनि जी देखकर हतप्रभ रह गये। कहाँ धर्म जगत का ताम-झाम, प्रदर्शन दिखावा और अहं-मंडित सजावटें और कहाँ विश्व प्रसिद्ध इस व्यक्ति का सादा-सरल जीवन।

श्री कृष्णमूर्ति से भेंट के लिए विशेष प्रतीक्षा नहीं करनी पड़ी। कमरे के भीतर द्वार से उनका आगमन हुआ। लम्बे इकहरे शरीर पर ढीला-सा चोला और पतलून। भगवा, श्वेताम्बर, पीताम्बर जैसा संन्यास का कोई बाना नहीं। न गले में रुद्राक्ष या माथे पर तिलक जैसा धर्म का कोई बाहरी चिह्न। वे आये और सहज भाव से वहीं चटाई पर पालथी मार कर बैठ गये। पाँच मिनट में औपचारिक परिचय पूरा हो गया। उसके बाद मुनि जी ने जिज्ञासा शान्त करने के लिए पहला प्रश्न किया–

'आत्मानुभव के लिए आप किसी भी निश्चित साधना, परम्परा, योगाभ्यास, जप, प्राणायाम आदि के समर्थन में नहीं हैं, ऐसा हमने सुना है। क्या यह सही है?'

इस प्रश्न के उत्तर में श्री कृष्णमूर्ति ने प्रश्न किया– 'आप जिस आत्मा की चर्चा करते हैं। क्या उसके बारे में आप जानते हैं?'

मुनि जी ने कहा, 'जो अरूप है, चेतना युक्त है, सुख-दुःख का अनुभव करती है। न जिसका जन्म होता है, न मरण। जो अनन्त ज्ञान और आनन्द-स्वरूप है। वह आत्मा है।'

उनका अगला प्रश्न था– 'आत्मा के जिस स्वरूप की चर्चा आपने की है, क्या

उसका अनुभव किया?'

मुनि जी क्षणभर ठिठके। फिर बोले– 'आत्मा के उस अनुभव के लिए ही मैंने साधना का मार्ग लिया है।'

'बहुत ठीक,' वे बोले। 'इसका अर्थ है कि आत्मा का अनुभव आपने अभी तक नहीं लिया है। फिर जिस आत्मा के स्वरूप की चर्चा आपने की, उसका आधार क्या है? आपने कैसे जाना कि आत्मा का यह स्वरूप है?'

यह सच था कि अभी तक मुनि जी को आत्मा का अनुभव नहीं हुआ था। उन्होंने कृष्णमूर्ति जी के प्रश्न के उत्तर में कहा– 'उसका आधार वे शास्त्र हैं, जिनकी रचना सर्वज्ञ अर्हत् पुरुषों ने की। जो आत्माएँ तपस्या-साधना के द्वारा अर्हत् अवस्था को उपलब्ध होती हैं, अपने अनुभवों को वे शब्दात्मक भाषा में प्रकट करती हैं। अल्पज्ञ व्यक्तियों के लिए वे शास्त्र बन जाते हैं। शास्त्रों के वे निर्देश ही आत्मा-परमात्मा जैसे तत्वों को जानने का आधार बनते हैं। उसी आधार पर मैंने आत्मस्वरूप की चर्चा की है।'

यह सुनकर वे मुस्कराए। फिर आत्मीयता से मुनि जी का हाथ अपने हाथों में लेते हुए बोले– 'मुनि जी, आप स्वयं सोचें, क्या आत्मानुभव की अभिव्यक्ति शब्दों में सम्भव है? अनुभव तो अनुभव से ही सम्भव होता है। जब उस अनुभव को शब्दों द्वारा प्रकट करने की कोशिश होती है, तो वह कोशिश मात्र इशारा होती है। उन शब्दों से परम सत्य की अभिव्यक्ति बिल्कुल असम्भव है। वह शब्दों का विषय है ही नहीं। फिर भी ज्ञानी द्वारा अभिव्यक्ति का प्रयास इसलिए होता है, क्योंकि उसके पास वही एकमात्र साधन है, और वही शास्त्र का रूप धारण कर लेता है।'

वे बोलते जा रहे थे। मुनि जी ध्यान से सुनते जा रहे थे– 'किन्तु यहाँ तक आते-आते हम कई भ्रमों के शिकार हो जाते हैं। हम शास्त्र के उन इशारों को ही सत्य की सम्पूर्ण अभिव्यक्ति मान लेते हैं। उसको ही अन्तिम प्रमाण मानते हुए दूसरे शास्त्रों के विरुद्ध खड़े हो जाते हैं। आत्मा-परमात्मा का अनुभव न होते हुए भी उन शब्दों-शास्त्रों की व्याख्या हम करने लगते हैं, जबकि समझ का सम्बन्ध एकान्ततः बुद्धिपरक होता है। अनुभव का क्षेत्र बुद्धि के परे है। उस समझ के अनुसार हम अपने अवचेतन में एक अवधारणा निर्मित कर लेते हैं। फिर उस अवधारणा को ही अन्तिम सत्य मानते हुए उसे सिद्ध करना शुरू कर देते हैं। इसी के आधार पर मतवादों का सिलसिला शुरू होता है।'

'सबसे अधिक दुःखद पहलू तो यह है कि हमारी सारी तपस्याएँ और साधनाएँ उस अवधारणा को साक्षात् करने में लग जाती हैं। वास्तविक सत्य हमारे हाथ से फिसल जाता है। यही कारण है कि एक जैन को भगवान के दर्शन महावीर के रूप में, एक

हिन्दू को राम या कृष्ण के रूप में होते हैं। एक बौद्ध को बुद्ध के रूप में, मुसलमान को मोहम्मद के रूप में और एक ईसाई को क्राइस्ट के रूप में होते हैं। आप बताएँ, इन अलग-अलग रूप-आकारों के साथ आत्मा या परमात्मा का सम्बन्ध क्या है? फिर भी उनके रूपाकारों में दर्शन इसलिए होते हैं, क्योंकि अपने अवचेतन में हमने परमात्मा की निश्चित रूपाकारों में अवधारणाएँ निर्मित कर रखीं हैं।'

मुनि जी इस प्रसंग में गहरे उतरते जा रहे थे। कुछ रुक कर कृष्णमूर्ति फिर बोले-

'मैं शास्त्रों अथवा निश्चित नियम अभ्यासों-साधना पद्धतियों के समर्थन में नहीं हूँ। यह सत्य है। क्योंकि मेरा अभिमत है कि सत्य का अनुभव शब्दों-शास्त्रों से नहीं, अनुभव से ही सम्भव है। पर उन संकेतों के बड़े खतरे ये हैं कि वे हमें धारणाग्रस्त बनाते हैं। हमारी खोज-हमारी तपस्या, साधना सत्य या आत्मा के साक्षात् अनुभव के लिए नहीं, उन अवधारणाओं के साक्षात्कार में लग जाती है।'

मुनि जी और गहरे उतरना चाहते थे। बोले– 'यह काफी हद तक सही है कि शब्दों से प्राप्त ज्ञान चित्त को धारणाग्रस्त बनाता है। अवचेतन में जमी वे धारणाएँ-अवधारणाएँ वस्तु सत्य के अनुभव में बाधा भी बनती हैं किन्तु शब्द-शास्त्र उस अज्ञात की सूचना भी देते हैं, जिनका हमें ज्ञान नहीं है। क्या वे सूचनाएँ कम महत्वपूर्ण होती हैं? आदमी किसी भी अनुभव को उपलब्ध करने के लिए आरम्भ में क्या उन सूचनाओं का ही सहारा नहीं लेता है? यह ठीक है कि अनुभव के अभाव में वे सूचनाएँ हमारे अवचेतन में कुछ अवधारणाएँ निर्मित करती हैं। किन्तु हमारे कदम मंजिल की और जैसे-जैसे आगे बढ़ते हैं, हमारी दृष्टि, हमारी दिशाएँ और हमारे यात्रा-अनुभव वैसे-वैसे स्पष्ट होते चले जाते हैं। हमारी पूर्व धारणाएँ स्वयं आश्वस्त अथवा निरस्त होती चली जाती हैं। इस प्रकार ये शास्त्र-सूचनाएँ ही हैं, जो हमें अज्ञान से ज्ञान की ओर, असत्य से सत्य की ओर, सोचने-चलने में प्रेरणा बनती हैं। आपका इसमें क्या मंतव्य है?'

'मैंने आपसे पहले भी कहा था...।' मुनि के प्रश्न के उत्तर में वे बोले- 'शास्त्र सत्य के संकेत बन सकते हैं। किन्तु लगभग भूल यह होती है कि उन संकेतों को ही पूर्ण सत्य मान लिया जाता है। दूसरे, उन संकेतों की व्याख्याएँ वे करते हैं, जिनका साक्षात अनुभव से दूर-दूर तक सम्बन्ध नहीं होता। इस तरह वे संकेत मंजिल तक पहुँचाने वाले कम और भटकाने वाले ज्यादा हो जाते हैं।'

चर्चा में कब इतना समय निकल गया, पता नहीं चला। समय देखा तो पौना दो घंटा बीत चुका था। दोनों ओर समय-सीमाएँ थीं। इसलिए वार्त्ता को विराम देना पड़ा। मुनि जी यात्रा संघ के साथ बम्बई से मद्रास की ओर रवाना हो गये। श्री कृष्णमूर्ति भी अपने अगले तय कार्यक्रम के लिए चले गये। संतों का काफिला कन्याकुमारी पहुँचने वाला था, किन्तु मुनि जी मानस-यात्रा में मुम्बई में श्री कृष्णमूर्ति जी से भेंट के बाद

अचानक वेल्लूर के एक गाँव में पहुँच गये। इस गाँव में उन्हें जीवन का अनूठा अनुभव हुआ, जिसे स्मरण करके वे यदा-कदा सोच में पड़ जाते। बात जून के अन्तिम सप्ताह की है। आचार्यश्री के साथ साधु-साध्वियाँ तमिलनाडु के उत्तरी जिला क्षेत्र वेल्लूर पहुँचे। बाइस जून को वेल्लूर के पास पुटवाकु नामक गाँव पहुँचे। गर्मी बहुत थी। सूरज पूरे जोश के साथ तमतमा रहा था। दिन बड़ी बेचैनी में कटा। सायं काल पाँच बजे के आसपास मुनि जी और कुछ अन्य साधु एक पहाड़ी पर निवृत्त होने गये। पहाड़ी इलाके का सौन्दर्य मुनि जी के मन को लुभा रहा था। मुनि जी निवृत्त होने के पश्चात पगडंडी से नीचे की ओर चल दिए। पश्चिम दिशा में अस्ताचलगामी सूर्य मुनि जी साथ-साथ चलने लगा। पहाड़ी के पीछे सूर्यास्त का दृश्य अद्भुत था। मुनि जी के चरण पगडंडी पर अज्ञात लक्ष्य की ओर बढ़ते जा रहे थे। वे बाकी साधुओं से बिछुड़ गये थे। कुछ देर बाद मुनि जी ने स्वयं को एक अनार्य बस्ती में पाया। वहाँ के लोग जैन साधुओं के बाने आदि से परिचित नहीं थे। मुनि जी तमाम खूंखार नजरों के घेरे में थे। अब उन्हें अहसास हो गया कि वे अकेले पड़ गये और अनजाने लोगों के बीच में हैं। चंद मिनटों में दाढ़ी वाले, चेक की लुंगी पहने कुछ युवकों ने मुनि जी को घेर लिया। अपनी भाषा में वे गालियाँ जैसी देने लगे। भाषा भले ही समझ न आये, लेकिन हाव-भाव से पता चल ही जाता है कि सामने वाला प्यार भरी बोली बोल रहा है या अपना आक्रोश व्यक्त कर रहा है। अजीब-सा दृश्य था। मुनि जी चलते जा रहे थे। उनके आगे-पीछे युवकों का झुंड उन्हें लगातार तंग कर रहा था। कहें कि खदेड़ने की मुद्रा में था। उनके तंग करने पर भी जब मुनि जी विचलित नहीं हुए, स्थिर कदमों से आगे बढ़ते रहे, तो उन्होंने छोटे-छोटे कंकड़ बरसाने शुरू किए। मुनि जी कंकड़ों से अपने को बचाते चल रहे थे। उनकी देहयष्टि पर नन्हे-नन्हे कंकड़ ज्यादा असर तो नहीं कर रहे थे, लेकिन अगर कोई आँख में चला जाय तो...। अपनी हथेलियों को कंकड़ों के विरुद्ध ढाल बनाते हुए वे कभी इधर घूमते, कभी उधर। मुनि जी जितना अपने को बचाने की कोशिश में दाएँ-बाएँ, आगे-पीछे घूमते, युवकों को उतना ही आनन्द आता। मुनि जी तो उनके लिए जैसे जीवंत मनोरंजन का साधन बन गये थे। कंकड़ों को बेअसर होते देख उन्होंने पत्थर मारने शुरू किए। बचाते-बचाते भी एक पत्थर मुनि के माथे पर दाईं ओर घाव कर गया। मुनि जी ने दाईं हथेली घाव पर रखी। खून था कि रुकने का नाम नहीं ले रहा था। उनके दुग्ध-धवल श्वेत वस्त्र रक्तिम हो चले थे। पत्थरों की बरसात अभी रुकी नहीं थी। मुनि जी अब भी चल रहे थे। उनके कदम और तेज हो गये। लेकिन किस लक्ष्य की ओर, नहीं मालूम। पहाड़ी से उतर कर वे एक बस्ती में आ गये थे। खून से नहाए युवा मुनि को देख बस्ती के लोगों में तनिक भी हलचल नहीं हुई। कैसी विचित्र बात है, किसी अज्ञात व्यक्ति को दूसरे लोग कैसे अपना शत्रु मान उस पर हमला करने लगते हैं। अहिंसा का पुजारी

हिंसा का शिकार बना हुआ था। सृष्टि का यही नियम है क्या? मुनि जी को महात्मा गाँधी का स्मरण हो आया। अहिंसा के मसीहा को कैसे हिंसा की बलि चढ़ना-पड़ा था। मुनि जी सोचते हुए तेज चल रहे थे कि उन युवकों की तरह ही पाँच-छह खूंखार कुत्तों ने पीछे से भौंकना शुरू किया। मुनि जी के कदमों की रफतार तेज हो गयी। कुत्ते बेतरह भौंकते हुए मुनि जी के पीछे थे। युवकों ने सोचा कि उनका काम कुत्ते ही कर देंगे। माथे से बहते खून से लथपथ मुनि जी के श्वेत वस्त्र अब तक धूल में सन चुके थे। भागते-भागते हाँफने लगे। तभी एक पत्थर से ठोकर लगी और वहीं गिर पड़े। अब कुत्ते नोंच डालेंगे। यह सोच कर उठने की कोशिश में थे कि कुत्ते एकदम करीब आ गये। लेकिन यह क्या, मुनि जी के करीब आकर दो कुत्तों ने उन्हें सूँघा और फिर सामने खड़े होकर पूँछ हिलाने लगे। उन सरदारं कुत्तों की देखादेखी बाकी सब भी शान्त हो गये। मुनि जी ने सँभलते हुए भूरे कुत्ते के सिर को सहलाया। इंसान नहीं पहचान पाया, किन्तु खूंखार माने-जाने वाले कुत्तों ने मुनि जी का अन्तर्मन सूँघ लिया था। सच ही कहा गया, इंसान से ज्यादा खूंखार जानवर कोई और नहीं हो सकता। प्राचीन ग्रंथों में प्रसंग मिलता है कि भगवान महावीर को भी साधना-काल में एक बार ऐसी ही स्थितियों का सामना करना पड़ा था।

x x x

भारत के अन्तिम छोर की ओर संतों का काफिला बढ़ रहा था। कन्याकुमारी भारत के अन्तिम छोर पर स्थित है। कन्याकुमारी पार्वती का प्रतीकात्मक नाम है। पौराणिक मान्यता के अनुसार शिव को पति रूप में पाने के लिए पार्वती ने एक पाँव पर खड़े रह कर यहीं तपस्या की और फलस्वरूप वांछित वर पाया। यह भी कहा जाता है कि किसी समय कन्याकुमारी नाम का बहुत बड़ा और प्रसिद्ध शहर था। वहाँ से लगभग 20 किलोमीटर दूर नागरकोविल नामक शहर कन्याकुमारी का ही एक उपनगर था। मुनि जी ने यह भी सुना था कि किसी समय कन्याकुमारी क्षेत्र में जैनों का वर्चस्व था। नागरकोविल का प्रसिद्ध नाग मन्दिर किसी समय भगवान पार्श्वनाथ के मन्दिर के रूप में प्रतिष्ठित था। उस पहाड़ी क्षेत्र में जैन तीर्थंकरों की अनेक मूर्तियाँ तथा शिलालेख उपलब्ध हैं। समय के प्रभाव से अनेक जैन मंदिर अपने मूल रूप में नहीं रहे।

यही सोचते-विचारते हुए छह मार्च, उन्नीस सौ उन्हत्तर को कन्याकुमारी पहुँच भी गये। उस दिन सिर्फ पन्द्रह किलोमीटर ही पदयात्रा की, जो अन्य दिन की तुलना में बहुत कम थी। उससे अधिक चलने का अवकाश नहीं था, क्योंकि अब भारत की धरती

पर अन्तिम छोर तक पहुँच गये थे। आगे समुद्रत्रयी की अथाह जलराशि ने सीमाओं का अहसास करा दिया।

कन्याकुमारी का सूर्योदय और सूर्यास्त प्रसिद्ध है। प्रकृति के चितेरे मुनि रूपचन्द्र के लिए तो यह अनूठा, चिर प्रतीक्षित अवसर था। दस मार्च भोर में ही मुनि जी कन्याकुमारी के दक्षिण पार्श्व में पहुँच गये। सूर्योदय का दृश्य अंतस में उतारने के लिए वहां सैंकड़ों लोग पहले से ही विद्यमान थे। सूर्य का अरुणाभ गोला पानी के भीतर कैसा लगता है और वह पानी से कैसे निकलता है? इस जिज्ञासा से कई लोग साँस रोके उस क्षण की प्रतीक्षा कर रहे थे। वह क्षण आता, उससे पहले ही बादलों की छोटी-छोटी टुकड़ियाँ आसमान पर तैरने लगीं। जब तक वहाँ से बादल छँटे, तब तक सूर्य पानी से बाहर निकल चुका था। वहाँ से संतों के साथ मुनि जी कन्याकुमारी मंदिर गयें, जहाँ पुजारियों ने मंगल वाद्य-ध्वनियों से जैन संतों के काफिले का स्वागत किया। मंदिर में दर्शन के बाद सब हिन्द महासागर, अरब सागर और बंगाल की खाड़ी के संगम-स्थल पर आ गये। उसके बाईं ओर 'विवेकानंद स्मारक' का निर्माण हो रहा था। यहाँ समुद्र का दृश्य बड़ा मोहक था। रेतीले टीलों और कुछ दूर पर चट्टानों से टकराती समुद्र की लहरें। और वहीं गाँधी मंडप।

मध्याह्न में गाँधी मंडप के सभागार में आचार्यश्री ने एक महत्वपूर्ण सभा बुलाई। अर्हत् वंदना के पदों से वातावरण सुरमय हो गया। कुछ देर ध्यान के बाद तीन समुद्रों की साक्षी से चतुर्विध धर्म संघ को संबोधित कर आचार्यश्री ने सभा में बोलना शुरू किया-

'सागर के इस पवित्र किनारे पर मैं कुछ विशेष संकल्प करना चाहता हूँ। मैंने स्वयं को, अपने धर्म संघ को जनहित के काम में लगा रखा है। आज मैं पुनः अपनी और अपने धर्म संघ की समस्त शक्ति को जनहित में समर्पित करता हूँ। हमारे धर्म-संघ में साधना के विषय में आज कुछ विशेष प्रयोग चल रहे हैं। कुछ साधु-साध्वियाँ उनमें पूर्णरूपेण संलग्न हैं। मैं उन सबको साधना का विकास करने के लिए आशीर्वाद देता हूँ, जो साधु विशेष साधना के इच्छुक हैं, उन्हें भी मैं इस अवसर पर याद करना चाहता हूँ।

'मैं यह भी चाहता हूँ कि अध्यात्म और अणुव्रत की आवाज विदेशों तक भी जाय। आज तक हमने उसे भारत के एक छोर से दूसरे छोर तक पहुँचाने का प्रयास किया है। अब हमारे सामने भारत की धरती का अन्तिम छोर आ गया है। सामने लहराता हुआ सागर है। अपेक्षा है कि अब यह आवाज विदेशों में पहुँचे। इसका दायित्व मैं मुनि रूपचन्द्र को देता हूँ...' सभा में अपना नाम सुनकर मुनि जी चौंके। आचार्यश्री के वचन उनके कानों में गूँज रहे थे...

'इसके लिए वह स्वयं विदेशी भाषाओं का अध्ययन करें और यह भी विचार करें

कि यह मिशन विदेशों में कैसे पहुँचे? इसके साथ ही मुनि महेन्द्र कुमार (मुम्बई) को इस विषय में रुचि हो तो वह भी इस दिशा में प्रयत्नशील रहें। मैं इस क्षेत्र में कुछ साध्वियों को भी नियोजित करना चाहता हूँ। इसका निर्णय फिर किया जाएगा।

'तमिल, कन्नड़ आदि प्रान्तीय भाषाओं में कुछ साधु-साध्वियाँ निष्णात हों, इस दृष्टि से मैं उन्हें विशेष निर्देश देने की बात सोच रहा हूँ।'...

'संक्षेप में मेरी आकांक्षा है कि हर साधु-साध्वी अपनी-अपनी रुचि और क्षमता के अनुसार प्रगति करे तथा संघ और साधुत्व को तेजस्वी बनाए...'

आचार्यश्री ने मुनि रूपचन्द्र जी को भारी जिम्मेदारी सौंप दी थी। मुनि जी को उस दिशा में सोचना था। दक्षिण यात्रा की समाप्ति के बाद अन्य अनेक पड़ाव पार करते हुए उन्नीस सौ इकहत्तर में मुनि जी बम्बई पहुँचे गये...।

x x x

उस वर्ष का चातुर्मास पेडर रोड, बम्बई में था। मुनि जी को अपना पिछला प्रवास अच्छी तरह याद था। श्री जे. कृष्णमूर्ति जी से भेंट का प्रसंग वे कैसे भुला सकते थे। इस बार जब मुनि जी बम्बई पहुँचे तो पता चला कि ओशो यानी आचार्य रजनीश का प्रवास भी उन दिनों पेडर रोड, बम्बई में ही है। राजसमंद में जब उनसे भेंट हुई थी, वह उनके सार्वजनिक जीवन का उषाकाल था। अब वे पूरे देश में चर्चा का विषय बन गये थे। अपने प्रखर वक्तृत्व, सम्मोहक व्यक्तित्व तथा तर्क प्रधान विचार शैली के कारण वे जन-मानस पर छा गये थे। स्थान-स्थान पर उनकी व्याख्यानमालाओं और पर्वतीय पर्यटन स्थलों पर ध्यान शिविरों की धूम मची हुई थी। पेडर रोड पर ओशो का आवास था और वहीं मुनि जी का वर्षावास। उनके साथ व्यक्तिगत सम्पर्क और साक्षात्कार की दृष्टि से सब कुछ सुविधापूर्ण रहेगा, मुनि जी ने सोच लिया था। उन्हें यह भी ध्यान आया कि उनसे सम्पर्क और मिलन सूत्र के रूप में श्री रमणीक भाई जवेरी महत्त्वपूर्ण भूमिका निभा सकते हैं। एक दिन रमणीक भाई ने ही कहा– 'मुनि श्री, मेरी इच्छा है कि ओशो से आपकी भेंट हो। आपके पास ही उनका आवास है।'

'अगर ऐसा होता है तो मुझे खुशी होगी।' मुनि जी ने कहा और रमणीक भाई ने बात को सँवारते हुए कहा– 'यह जरूरी नहीं कि खुशी ही हो। आपको कष्ट भी हो सकता है। फिर भी मैं चाहता हूँ कि उनका और आपका मिलन हो। उनके तथा तेरापंथ के बीच जो कटुता उत्पन्न हो गयी है, वह वापस सामान्य हो जाय।'

मुनि जी को इस स्थिति का अनुमान नहीं था। आश्चर्यमिश्रित भाव से उन्होंने पूछा– 'कटुता! क्यों?'

रमणीक भाई ने कहा– 'इसका उत्तर आपको उनसे मिलने पर स्वयं मिल जाएगा। मैं आप दोनों के बीच मीटिंग का प्रयास करता हूँ।' कुछ देर और बैठकर उस दिन रमणीक भाई चले गये। करीब एक सप्ताह बाद वे आये और ओशो के साथ भेंट के लिए निश्चित समय की जानकारी दी। निश्चित समय पर रमणीक भाई के साथ मुनि जी उनके आवास पर पहुँचे। रास्ते में रमणीक भाई बराबर ओशो की नाराजगी के बारे में संकेत देते रहे, सावधान करते रहे।

x x x

ओशो के आवास पर पहुँचे तो उनके सचिव स्वामी योग चिन्मय ने अगवानी की। कुछ देर बाद उस कमरे में ले गये, जहाँ ओशो थे। दरवाजे से ही मुनि जी ने देखा– ओशो एक कुर्सी पर बैठे थे। सामने बड़ी मेज थी, जिस पर अंग्रेजी डिक्शनरी तथा अंग्रेजी भाषा ज्ञान से सम्बन्धित कुछ पुस्तकें रखी हुई थीं। स्पष्ट था उन दिनों ओशो अंग्रेजी भाषा की दृष्टि से स्वयं को तैयार कर रहे थे। मेज के एक ओर सोफा था। स्वामी योग चिन्मय ने मुनि जी को सोफे पर बैठने के लिए कहा और कमरे से बाहर चले गये। अब कमरे में थे सिर्फ ओशो और युवा मुनि रूपचन्द्र।

बातचीत का सिलसिला मुनि जी ने ही शुरू किया– 'कई वर्ष पूर्व मैंने आपको राजसमंद उदयपुर में देखा था। उस समय आपसे व्यक्तिगत परिचय और बातचीत का अवसर नहीं मिला। आपके वक्तृत्व और तर्क प्रधान विचार शैली का प्रभाव आज भी मेरे मानस पर है।'

ओशो के चेहरे पर नाराजगी के भाव स्पष्ट झलक रहे थे। उन्होंने बड़ी रुखाई से कहा–

'आपके मानस पर उस प्रसंग का अच्छा प्रभाव होगा। किन्तु मैं वहाँ से अच्छा प्रभाव लेकर नहीं आया।'

'लेकिन क्यों?' मुनि जी ने इसका कारण पूछा तो उन्होंने बड़े अक्खड़ अंदाज में कहा– 'आपके तथाकथित मुनियों में स्तेय वृत्ति है। वे औरों के विचारों को चुराते हैं और उन चुराए हुए विचारों को अपना बताते हुए लोगों के समक्ष विद्वान होने का श्रेय लेते हैं।'

राजसमंद के अपने अनुभवों का खुलासा करते हुए उन्होंने आगे कहा–

'आचार्यश्री तुलसी ने अपने पास बैठे साधु-साध्वियों को जाने का निर्देश देते हुए कहा था कि हम ओशो के साथ एकांत वार्त्तालाप करेंगे। लेकिन उस एकांत वार्त्ता में उन्होंने मुनि नथमल जी को अपने पास रखा। मुझे यह कुछ विचित्र लगा। वैसे तो एकांत

वार्ता जैसा कुछ था ही नहीं। फिर किसी और को जब आचार्य जी ने अपने पास नहीं रखा तो मुनि नथमल जी को उस एकांत वार्ता में शामिल क्यों किया? रहस्य बाद में खुला भी। पर उस समय तो मैं अनजान ही था। इसलिए उनकी उपस्थिति का मैंने विरोध नहीं किया। लगभग एक घंटे की उस वार्ता में आचार्य तुलसी तथा मुनि नथमल जी की ध्यान-विषयक जिज्ञासाओं के उत्तर मैंने सहज भाव से विस्तारपूर्वक दिए। उसके पश्चात कार्यक्रम में जाना हुआ। पूर्व निश्चित कार्यक्रम के अनुसार वहाँ मेरा तथा आचार्य तुलसी जी का वक्तव्य होना था। किन्तु मेरे वक्तव्य से ठीक पहले संयोजक ने मुनि नथमल जी को बोलने के लिए आमंत्रित कर दिया। स्पष्ट है किसी विशेष प्रयोजन से यह परिवर्तन अचानक किया गया था। ध्यान साधना पर बोलते हुए मुनि नथमल जी ने वे सारी बातें दुहरा दीं, जिनकी चर्चा मैंने थोड़ी ही देर पहले वार्त्तालाप के समय की थी। इसके बावजूद पूरे प्रवचन में उन्होंने एक बार भी मेरा उल्लेख नहीं किया। एकांत वार्ता-प्रसंग में उनको पास में क्यों रखा गया, यह रहस्य अब मेरे सामने आ गया था।'

फिर एक व्यंग्यात्मक मुस्कान के साथ ओशो कहने लगे– 'आपके मुनि नथमल जी निःसंदेह एक अच्छे टेपरिकार्डर हैं। अपनी विद्वत्ता का प्रभाव जमाने की यह एक चाल थी उनकी। उन्होंने सोचा था, उनके बाद मैं जो भी कहूँगा, वह उनके समर्थन में ही जाएगा। इस प्रकार उनकी विद्वत्ता की श्रेष्ठता स्वयं स्थापित हो जाएगी। किन्तु उनके हाथ निराशा ही लगी होगी, क्योंकि ध्यान पर प्रस्तुत की गयी उनकी सारी व्याख्याओं-परिभाषाओं -अवधारणाओं को काटते हुए मैंने नयी स्थापनाएँ जनसाधारण के समक्ष रख दीं। उनका चेहरा उस समय देखने लायक था। उनके पास कहने के लिए कुछ भी नहीं था। एक शब्द भी नहीं। क्योंकि उन्होंने पहले भी जो कहा था, वह भी उनका अपना कहाँ था। मेरा चुराया हुआ ही तो था। फिर भी मुझे बुरा नहीं लगा होता अगर मुनि नथमल अपने वक्तव्य में ईमानदारी से एक बार भी मेरा उल्लेख कर देते।' यह कहते हुए ओशो ने मुनि जी की ओर देखा, उनकी प्रतिक्रिया जानने के लिए।

X X X

एक ओर धर्मसंघ की गरिमा का प्रश्न, दूसरी ओर सच्चाई। मुनि जी अजब दुविधा में थे। मुनि नथमल जी की औरों के विचारों पर अपनी मोहर लगाने की मनोवृत्ति को वे जानते थे। लेकिन ओशो के कथन को स्वीकारना भी संघीय गरिमा के अनुकूल नहीं था। इसलिए प्रसंग को सहज बनाते हुए मुनि जी बोले– 'आचार्यश्री के साथ एकांत

वार्ता में आपने जो ध्यान विषयक विचार प्रकट किए, हो सकता है, मुनि नथमल जी के भी वही विचार रहे हों।... आप जानते ही हैं युग को मौलिक सोच देने वाला चिन्तक-दार्शनिक व्यक्तित्व तो सदियों में जन्म लेता है। किन्तु इधर-उधर से उधार विचार लेकर चिन्तक-दार्शनिक हर समय प्रकट होते रहते हैं। अपनी शिष्य मंडली में वे सम्मान भी पा लेते हैं। पूरी युगधारा को मोड़ने का कार्य अपनी मौलिक सोच रखने वाला महामनीषी ही करता है। उसका प्रभाव सूरज की तरह होता है, जिसके समक्ष जुगनू की चमक नगण्य होती है। जुगनू इधर-उधर उड़ते हुए अपनी चमक से खुश होता हो तो किसी को इसमें एतराज नहीं होना चाहिए।'

मुनि जी के उत्तर से कड़ुवाहट अवश्य कम हुई। लेकिन मन का उबाल जैसे अब भी कम नहीं हुआ था। वे फिर तल्खी भरे अंदाज में बोले–

'आप लोग अहं-मनोग्रन्थि के शिकार हैं। राजनेताओं, विद्वान-मनीषियों, समाज के अग्रणी व्यक्तियों आदि को बार-बार आमंत्रण देकर अपने यहाँ बुलाते हैं। संन्यास आश्रम का सम्मान करते हुए वे लोग आपको बहुमान देते हैं। किन्तु आप लोग उनके श्रद्धा, सम्मान और बहुमान का लाभ उठाते हुए अपने साथ उनके फोटो खिंचवाते हैं। प्रेस में देकर अपने को सर्वश्रेष्ठ विज्ञापित करते हैं। यह कहाँ तक उचित है?'

एक घटना प्रसंग सुनाते हुए उन्होंने आगे कहा– 'अपने पुत्र-वियोग के कारण सेठ गोविंददास अत्यंत भाव विह्वल थे। उन्हें सांत्वना देने के लिए मेरा दिल्ली जाना हुआ। उन दिनों आचार्य तुलसी जी भी दिल्ली में थे। उन्हें मेरे दिल्ली आगमन का पता चला तो अपने भक्तों-कार्यकर्ताओं द्वारा वे बार-बार मुझे आमंत्रण भेजने लगे। मैंने सभी आमंत्रण अस्वीकार कर दिए। मेरा पिछला अनुभव बहुत कटु रहा था। मैं सेठ गोविंददास के आवास पर ही ठहरा हुआ था। आचार्य तुलसी ने सेठ जी से आग्रह किया कि वे मुझे आमंत्रण मान लेने के लिए कहें। उनके परामर्श पर मैंने हामी भर ली। निश्चित समय पर मैं उनके पास पहुँचा। वहाँ देखा, आचार्य तुलसी जी एक ऊँचे तख्त पर बैठे हैं। मेरे लिए सामने फर्श पर एक दरी बिछा रखी है। मुझे बहुत बुरा लगा। बार-बार आमंत्रण देकर किसी को बुलाना और फिर खुद ऊँचे आसन पर बैठकर आमंत्रित अतिथि को नीचे फर्श पर बिठाना। क्या यह अपमान नहीं है? फिर भी मैं इस अपमान को चुपचाप पी गया। तभी आचार्य तुलसी के साथ मेरी फोटो खींचने की कोशिश की गयी। अब मुझसे नहीं रहा गया। मैंने झल्लाते हुए फोटोग्राफर को फोटो खींचने के लिए मना कर दिया। जिस छद्म राजनीति की मुझे आशंका थी, वह परत-दर-परत सामने आ रही थी। अपने सामने नीचे आसन पर बिठाना, फोटो खींचना, प्रेस में छपवाना और दुनिया की नजरों में अपने को सर्वश्रेष्ठ आचार्य स्थापित करना, छदम् राजनीति का यह पूरा खेल मेरे सामने था। इसलिए मैं नहीं आना चाहता था। मजबूरन आना हो गया तो भी उस

नाटक का हिस्सा मैं नहीं बन सकता था। अतः फोटो से इनकार किया ही। बेमन से थोड़ी देर बैठकर वहाँ से चला भी आया।'

वातावरण बोझिल हो चला था। उसे हल्का बनाना जरूरी था। मुनि जी ने कोशिश की- 'यह तो आप स्वयं जानते हैं कि किसी को नीचे आसन पर बिठाने से कोई छोटा नहीं हो जाता है। ऊँचे आसन पर बैठने से कोई ऊँचा नहीं हो जाता। सोच-समझपूर्वक अगर किसी के साथ ऐसा व्यवहार होता है, उसका समर्थन नहीं किया जा सकता। यदि असावधानी से ऐसा हो जाय तो हमें भी ऐसी बातों को नजरन्दाज कर देना चाहिए। यह मेरा आपसे विनम्र निवेदन है। मुझे विश्वास है आप इसे अन्यथा नहीं लेंगे।'

मुनि जी के इस कथन से आचार्य रजनीश कुछ हद तक सहज हुए। मुनि जी ने विनोदी भाव से फिर कहा– 'आचार्य जी, आप जैसे मनीषी व्यक्ति को इन छोटी-छोटी बातों में उलझना ही नहीं चाहिए। फिर वर्षों पूर्व किसी ने आपको नीचे आसन पर बिठाया, आप आज तक वहीं बैठे उसका भार क्यों ढो रहे हैं?'

ओशो सहज तो अवश्य हुए। पर इतना कहा– 'अवसर आने पर मैं इन घटनाओं को समाज के समक्ष अवश्य रखूँगा।'

विषय को मोड़ देते हुए मुनि जी ने कहा– 'ध्यान जैसे विलुप्तप्रायः विषय को आपने जिस सुगमता से व्यापक चर्चा का विषय बनाया है, उसके लिए आप बधाई के पात्र हैं... आपने अपने प्रवचनों में ध्यान योग पर विस्तार से चर्चाएँ की हैं। इधर कुछ वर्षों में आपने ध्यान-साधना शिविरों की आयोजना भी की है। मैं मुनि जीवन में हूँ। इसलिए ध्यान-साधना में स्वभावतया रुचि है। परम्परा से हमें शास्त्र-स्वाध्याय और जप-तप अवश्य मिला है। किन्तु आत्मानुभव की गहराइयों में उतरने की दृष्टि से आप कोई विशेष ध्यान-विधि का प्रयोग अगर बताएँ तो मैं आपके प्रति कृतज्ञ होऊँगा।'

मुनि जी की इस बात से ओशो फिर भावावेश में आ गये और बोले- 'आपके आचार्यश्री और टेपरिकार्डर मुनि नथमल जी ने अब तक ध्यान विधियाँ नहीं सिखलायीं तो फिर क्या सिखलाया? शास्त्र-पाठ तो तोता रटंत पढ़ाई है। उम्रभर पढ़ते जाएँ, कुछ भी नहीं मिलने वाला। अनुभव अभ्यास से मिलेगा, शास्त्र से नहीं।' ... इससे पहले कि वे आगे कुछ कहते, मुनि जी बीच में ही बोल पड़े– 'उस अभ्यास के लिए ही मैंने आपसे प्रयोग-विधियों की जानकारी चाही थी। इस दृष्टि से आपका मन क्या है?'

इस पर ओशो बोले– 'आप चार दिनों के लिए मेरी ध्यान की क्लासों का अनुभव ले लें। विशेष ध्यान-विधियों के बारे में मैं आपसे फिर चर्चा करूँगा।'

मुनि जी के प्रवास-स्थल के निकट तीन बत्ती एरिया में किसी सद्गृहस्थ के आवास पर ओशो की ध्यान-कक्षाएँ चलती थीं। मुनि जी अगले दिन वहाँ पहुँच गये। देखा, एक हॉलनुमा बड़ा कमरा है, जिसमें लगभग पच्चीस भाई-बहिन उपस्थित हैं।

दो-चार को छोड़कर सभी बीस-पच्चीस वर्ष के युवक-युवतियाँ। ध्यान कक्षा का संचालन भगवा वेशधारी एक संन्यासी कर रहे थे। संन्यासी का नाम स्वामी कृष्ण कबीर था। मुनि जी जब पहुँचे तो स्वामी कृष्ण कबीर ध्यान-अभ्यास की कक्षा आरम्भ करने वाले थे।

'अपने शरीर को ढीला छोड़ दें। फिर तीव्र गति से साँस भीतर लें और छोड़ें। बिना ठहरे हुए सतत जितने जोर से साँस ले सकते हैं लें और छोड़ें।'– कृष्ण कबीर ने अभ्यासियों को निर्देश दिया। यह अभ्यास दस मिनट चलता रहा। उसके बाद उन्होंने अगला सुझाव देते हुए कहा– 'अब आप रोना चाहें रोएँ, चिल्लाना चाहे चिल्लाएँ। हँसना चाहे हँसें, उछल-कूद करना चाहें तो वैसे करें।' इसके बाद तो पूरे हाल में रोना, हँसना, चीखना, चिल्लाना, उछल-कूद, एक-दूसरे पर गिर पड़ना जैसी हरकतें शुरू हो गयीं। मुनि जी यह सब देख अचम्भित थे। दस मिनट के बाद सुझाव आया– 'अब आप जोर-जोर से अपने को पूछिए, मैं कौन हूँ।' ध्यान के अन्तिम चरण में अपने को पूर्णतया शिथिल छोड़कर द्रष्टा-भाव के अभ्यास का सुझाव दिया गया। इस प्रकार चालीस मिनट में पूरे हुए इस ध्यान-अभ्यास के एक-एक चरण को मुनि जी ने गौर से देखा। तमाम तरह के प्रश्न उनके भीतर आलोड़ित हो रहे थे। विशेष रूप से रोने-हँसने, चीखने-चिल्लाने वाले प्रसंग के बारे में। मुनि जी दस कदम चले और अभ्यासियों के बीच पहुँच गये। मुखवस्त्रिका पहने श्वेत वस्त्रधारी युवा जैन मुनि को अपने बीच पा उनके मन में कुतूहल जागा। सबने मुनि जी को घेर लिया। मुनि जी ने संयत वाणी में अपना प्रश्न स्वामी कृष्ण कबीर सामने रखा–

'ध्यान के दूसरे चरण में आप सब एकदम रोने-हँसने, चीखने-चिल्लाने, उछल-कूद जैसी तरह-तरह की हरकतें करने लग गये। ये सब हरकतें आप अपनी भीतरी बाध्यता के तहत स्वतः प्रेरित कर रहे थे?'

'अपने प्रशिक्षक के निर्देश अनुसार ही हम यह सब कुछ कर रहे थे।' उन लोगों में से दो-तीन आवाजें आयीं। फिर सब खिलखिला कर हँसने लगे। मुनि जी को उन अभ्यासियों में ध्यान के प्रति गम्भीरता का अभाव दिखाई दिया। स्वामी कृष्ण कबीर इस पूरे प्रसंग से नाखुश थे। बोले– 'अभ्यास के आरम्भ में निर्देश के अनुसार ही करना होता है, फिर धीमे-धीमे वैसी मनःस्थिति स्वयं बन जाती है।'

'मैं इसी को समझना चाहता हूँ। ऐसी स्थिति बनने का कारण क्या बनता है? रोज ऐसा करते-करते भीतर में आदत बन जाने के कारण वह मनःस्थिति बनती है अथवा दबे हुए संस्कारों के विरेचन के लिए वे अन्तःस्फूर्त होती हैं... रोने-हँसने जैसी क्रियाएँ, भस्त्रिका प्राणायाम आदि अभ्यासों से स्वयं अन्तःस्फूर्त, तब ये अवश्य वासनाओं-आदतों के विरेचन में सहयोगी बनती हैं। किन्तु निर्देश के अनुसार होने वाली हरकतें एक दिन निश्चित ही आदत का रूप ले लेती हैं। फिर इसे ध्यान में गहरे उतरने में सहयोगी कैसे

माना जा सकता है?'

मुनि जी की इस चर्चा से स्वामी कृष्ण कबीर अप्रसन्न थे, यह उनके चेहरे के भावों से स्पष्ट हो रहा था। उनके स्वर में भी झल्लाहट थी– 'आप यहाँ बहस करने आये हैं अथवा अभ्यास सीखने?'

मुनि जी बोले– 'जिसका अभ्यास सीखना है, उसे समझने की कोशिश कर रहा हूँ। हो सकता है आपको यह बहस लग रही हो। किन्तु मेरे विचार से समझपूर्वक होने वाला अभ्यास अधिक लाभदायी होता है।' इस पर वे कुछ बोले नहीं।

ओशो ने मुनि जी को चार दिन ध्यान कक्षा में उपस्थित होने के लिए कहा था। लेकिन स्वामी कृष्ण कबीर मुनि जी की उपस्थिति से बहुत असहज महसूस कर रहे थे। इसलिए मुनि जी सिर्फ दो बार ही वहाँ गये। किन्तु आवास पर ही सक्रिय ध्यान-विधि का अभ्यास शुरू कर दिया। शेष प्रश्नों को रजनीश जी से अगली भेंट होने तक के लिए स्थगित कर दिया।

रमणीक भाई का अक्सर मुनि जी के पास आना होता था। एक दिन उन्होंने मुनि जी से पूछा– 'ध्यान-कक्षाओं में क्या कृष्ण कबीर जी के साथ आपका विवाद हो गया था?'

मुनि जी ने बताया– 'विवाद तो बिल्कुल नहीं हुआ। जिज्ञासावश मैंने एक-दो प्रश्न पूछे थे। कृष्ण कबीर जी उसको बुरा मान गये थे।' फिर मुनि जी ने उन्हें पूरी घटना के बारे में बताया। इस पर वे बोले– 'ओशो भी शायद इस प्रसंग के कारण अप्रसन्न हैं। इसलिए वे मिलने की बात को टाल रहे हैं।' यह जानकर मुनि जी को आश्चर्य हुआ।

लगभग डेढ़ महीने बाद रमणीक भाई ने ओशो से भेंट के लिए निश्चित समय की जानकारी मुनि जी को दी। दोपहर दो बजे के आसपास निश्चित समय के अनुसार मुनि जी उन के पास पहुँचे। दो-चार शिष्यों के अलावा उस समय आश्रम में कोई नहीं था। ओशो कमरे में अकेले थे। बातचीत शुरू करते हुए मुनि जी ने कहा– 'मैं ध्यान कक्षाओं में गया था। वहाँ जो जाना-समझा, उसके अनुसार अपने आवास पर अभ्यास कर रहा हूँ। किन्तु अभ्यास के दूसरे चरण का प्रयोजन जरा कम समझ आ रहा है। ध्यान की गहराई में जब दबी हुई इच्छाओं-वासनाओं की परतों का विरेचन होता है, उस समय रोने-हँसने जैसी क्रियाएँ कभी-कभी होती हैं, ऐसा कुछ विशिष्ट साधकों के जीवन से पता चलता है। किन्तु यह अन्तःस्फूर्त होती हैं, स्वभावजन्य होती हैं। भीतरी बाध्यता से स्वयं प्रकट होती हैं, जबकि आप द्वारा निर्दिष्ट सक्रिय-ध्यान के दूसरे चरण में जो कुछ सिखाया जाता है, वह तो स्वयं एक नयी आदत, नये संस्कार का निर्माण करने वाला है। इसके पीछे आपका मुख्य प्रयोजन क्या है?'

ओशो पहले से ही भरे हुए थे। मुनि जी की बात सुनते ही बिफर उठे–

'आप लोग औरों से सीखना भी चाहते हैं और औरों से छुपाना भी चाहते हैं। आपके संघ के और भी मुनि लोग ध्यान-अभ्यास सीखने के लिए मेरे पास आते रहे हैं। किन्तु किसी में स्वीकार का साहस नहीं है।'

इस पर मुनि जी बोले– 'औरों के बारे में कुछ नहीं कहूँगा, लेकिन अपने बारे में अवश्य कहना चाहता हूँ। आपसे यदि मुझे कुछ सीखने को मिलता है, तो उसे स्वीकारने में तनिक भी संकोच नहीं होगा। बल्कि आप जहाँ भी चाहेंगे, पूरी कृतज्ञतापूर्वक वहाँ बताने में मुझे खुशी होगी। किन्तु वैसा कुछ ध्यान-प्रयोग सीखने को मिलना भी चाहिए।'

ओशो के मन में कुछ और था। इसलिए मुनि जी का कथन उन्हें सन्तुष्ट नहीं कर पाया। वे बोले– 'आप स्वामी योग चिन्मय को जानते हैं। वह व्यक्ति पहले महर्षि महेश योगी के मिशन के साथ प्रमुखता से जुड़ा हुआ था। मेरे पास आया, प्रवचन सुने, ध्यान-शिविरों में भाग लिया। उसको लगा, जो उसे कहीं नहीं मिला, वह यहाँ मिला। उसने सब शिविरार्थियों के बीच इसे स्वीकारते हुए मेरे से संन्यास-दीक्षा ली। क्या आप में है इतना साहस?'

ओशो के प्रश्न से मुनि जी हतप्रभ रह गये। ऐसे चुनौती-भरे प्रश्न की तो उन्हें आशा नहीं थी, कल्पना भी नहीं थी। ओशो का मन्तव्य मुनि जी को स्पष्ट हो गया था। सधे हुए लहजे में उन्होंने चुनौती का उत्तर देना शुरू किया–

'आप जिस स्वीकार के साहस की बात कर रहे हैं, मेरी सोच में वह साहस न किसी के कहने से आता है न रोकने से रुकता है। कोई भी घटना या विचार जब भीतर तक छू जाता है, अन्तश्चेतना के मर्म पर चोट करता है, तब वह व्यक्ति सारी दुनिया को दरकिनार कर उसे पाने के लिए स्वयं कृतसंकल्प हो जाता है, मर्म पर वह चोट जब अलौकिक धरातल पर होती है, तब कोई मीरा, कोई चंदनबाला प्रकट होती हैं।'

'जब यह चोट लौकिक धरातल पर होती है तो कोई हीर-रांझा, सोनी-महिवाल प्रकट होता है। और जब वह चोट इतनी गहरी होती है कि संसार की कोई शक्ति, कोई प्रलोभन, कोई सत्ता, कोई अपयश और बदनामी को अपने निर्णय से विचलित नहीं कर सके तो वह साहस किसी के रोके नहीं रुक सकता। अगर वह चोट नहीं लगी है तो हजार सौगन्धों से भी वह साहस प्रकट होने वाला नहीं है। आपने पूछा है, क्या मेरे में स्वामी योग चिन्मय जैसा साहस है? इसमें मुझे इतना ही कहना है जिस किसी चोट ने उन्हें इस निर्णय का साहस दिया है, अगर मेरे भीतर भी वैसा घटित होता है, तो वैसा साहस मेरे भीतर से भी अवश्य प्रकट होगा, इतना मैं जानता हूँ। वह सब कुछ आपकी चोट पर निर्भर करेगा। जिस चोट के कारण मीराबाई ने राजमहलों का त्याग कर दिया,

जहर का प्याला हँसते-हँसते पी लिया, सारी बदनामियाँ अपने ऊपर ओढ़ लीं, वहाँ मेरे सामने तो ऐसा कुछ खोने या ओढ़ने जैसा कुछ है नहीं। इसलिए बहुत सोचने वाली बात नहीं है।'

'बात सोचने वाली है'—ओशो एकदम बोले—'आप साध्वी चंदना जी को लें। मेरे पास आने का पूरा मन था उनका। किन्तु गुरुणी जी के दबाव के सामने वे झुक गयीं, निर्णय लेने का साहस नहीं जुटा पाईं।'

'मैं नहीं मानता कि उनका पूरा मन आपके साथ आने का था।' मुनि जी ने बीच में ही बात काटते हुए कहा—'अगर निर्णय में सम्पूर्णता रही होती तो वे निश्चित ही आपके पास आ जातीं। किन्तु उस संकल्प में अपूर्णता थी। उनके मन के किसी-न-किसी कोने में गुरूणी जी भी थीं। गुरूणी जी ने उसी बिन्दु पर चोट की और वे आप तक आने के निर्णय को कार्य-रूप में परिणत नहीं कर सकीं। निर्णय की समग्रता में आदमी टूट तो सकता है, झुक नहीं सकता। इसे आप भी मानेंगे। अगर कोई झुकता है, इसका सीधा-सा अर्थ है कि निर्णय अभी अधूरा है। उस अधूरेपन का लाभ समाज, परिवार, गुरूणी आदि कोई भी उठा सकता है। उस निर्णय या संकल्प में सम्पूर्णता उस चोट पर निर्भर करती है, जो किसी विचार या घटना का परिणाम होती है। संत दादू जी का एक वाक्य है— घोड़े पर चढ़ा दूल्हा रज्जब जी की पूरी विचार दिशा को ही मोड़ देता है, यह किसका परिणाम है? मेरा आशय उसी चोट से है, जहाँ स्वामी योग चिन्मय अथवा मुनि रूपचन्द्र महत्त्वपूर्ण नहीं हैं। महत्त्वपूर्ण मर्म पर लगने वाली चोट है। अगर मूर्तिकार के हाथों में वह कला दक्षता है तो पत्थर में से मूर्ति के प्रकट होने में कोई आशंका नहीं होनी चाहिए।'

दोनों एक-दूसरे की बात को समझ रहे थे। अपनी जगह दोनों सही भी थे। बहस को आगे बढ़ाने का अवकाश भी नहीं था। सीधे उस प्रश्न पर आ गये जिसे उन्होंने ध्यान-विधि के सन्दर्भ में उठाया था।

ओशो ने उस पर ही बोलना शुरू किया— 'यह सही है कि ध्यान, अभ्यास में रोने-हँसने, चिल्लाने, उछल-कूद करने जैसी हरकतों का महत्त्व दबी हुई वासनाओं और जमे हुए संस्कारों के विरेचन में ही है। यह भी सही है कि वे ध्यान या भक्ति की गहराई में स्वतःस्फूर्त होते हैं। उनका प्रयोजन भी तभी सार्थक होता है। किन्तु मैंने अपनी सक्रिय ध्यान-विधि में इन क्रियाओं के साथ जो अभ्यास या प्रयत्न जोड़ा है, उसके पीछे एक विशेष दृष्टि है। हर युग का अपना मनोविज्ञान होता है। उसे समझना भी जरूरी होता है। तनाव बहुल आज के जीवन में हँसना तो आदमी वैसे भी भूलता जा रहा है। वह रो भी नहीं सकता, क्योंकि रोना सामाजिक शिष्टाचार के खिलाफ है। इसका परिणाम यह है कि आज पागलपन का औसत बढ़ता जा रहा है। समझदारी के नाम पर आदमी

पागलपन ओढ़ रहा है। उस पागलपन को धो-पोंछने के लिए रोना-हँसना जैसी क्रियाएँ बहुत जरूरी हैं। भीतरी वासनाओं को धोने की बात बाद में है। आदमी यहाँ से रो-हँसकर, मनमर्जी से उछल-कूद करके मन के तनाव से मुक्त हो जाय, मेरी यह कोशिश है। ध्यान-पद्धति का पहला सूत्र है-शरीर और मन को पूर्ण शिथिल छोड़ना। किन्तु आज का आदमी पूर्ण शिथिलता की समझ भी खो बैठा है। इसलिए ध्यान के प्रथम तीन चरणों में उसको तनाव की पराकाष्ठा तक ले जाता हूँ, ताकि वह चौथे चरण में स्वयं शिथिल हो जाय और फिर ध्यान की गहराई में उतर सके।'

'लेकिन उस ध्यान-कक्षा में उपस्थित अभ्यासियों के चेहरें पर ध्यान के प्रति गम्भीरता जैसा मैंने कुछ नहीं देखा।' मुनि जी ने प्रश्न की भाषा में कहा–

'मैं धर्म या ध्यान के नाम पर खड़ी की गयी सारी गम्भीरताओं को तोड़ना चाहता हूँ।' ओशो बोले–'धर्म-साधना तो हँसता हुआ फूल है, किन्तु हमारी परम्पराओं ने वैराग्य के नाम पर उसे एक दीन-हीन मुरझाया स्वरूप प्रदान कर दिया है। इसलिए हर संन्यासी का चेहरा निस्तेज, मलिन और दीन है। धर्म से जुड़े चेहरों पर मुस्कान नहीं है। ध्यान के नाम पर मुर्दापन सिखाया जा रहा है। मेरी अवधारणा का संन्यासी हँसता-खिलता फूल होगा। मेरी अवधारणा का ध्यान पाँवों में घुँघरू पहने नृत्य होगा। वैराग्य और संन्यास के नाम पर मलिनता, दीनता और मुर्दा वर्जनाओं का मेरे संन्यास और ध्यान में कोई स्थान नहीं होगा।'

इस धीर-गम्भीर वार्तालाप में काफी समय हो गया था। ओशो को पूर्व निश्चित भेंट-वार्त्ताओं में लगना था। उन्होंने विदा देते हुए कहा– 'आपको जब भी सुविधा हो, आएँ। अब पूर्व समय निर्धारण की औपचारिकता की कोई आवश्यकता नहीं है।'

मुनि जी ने इस बार अत्यंत सहज वातावरण में उनसे विदा ली।

x x x

अगली बार जब मुनि जी ओशो से मिले तब वे कुछ विदेशी स्त्री-पुरुषों पर ध्यान के प्रयोग करने में विशेषतः संलग्न थे। उनमें से एक विदेशी युवक-युवती पर किए जा रहे ध्यान के प्रयोग के बारे में ओशो ने मुनि जी को बताया– 'अपने जीवन में अब तक ये दोनों एक-दूसरे से बिल्कुल अनजान रहे हैं। मेरे पास ध्यान-अभ्यास के लिए आये। मैंने इनके ध्यान-अभ्यास के साथ तंत्र के एक प्रयोग को जोड़ा। पिछले एक सप्ताह से ये दोनों उसी ध्यान-तंत्र प्रयोग से गुजर रहे हैं। इस प्रयोग के अनुसार एक-दूसरे के आमने-सामने बैठकर ये परस्पर आँखों में आँखें डालकर ध्यान करते हैं। शरीर पूर्णतः शिथिल व मन पूर्णतया तनाव-मुक्त। पश्चिम में वर्जनाओं

की अवधारणा वैसे भी नहीं होती, इसलिए ये प्रयोग इन लोगों पर सहज प्रभावी होते हैं।'

मुनि जी ओशो की बात ध्यान से सुन रहे थे– 'परस्पर आँखों में आँखें डालकर देखने से राग-भावना, कामवासना स्वभावतया जाग जाती है। इसलिए भारतीय चिन्तन में संन्यासियों के लिए तो यह निषिद्ध है ही, गृहस्थों को भी यह निर्देश है कि पर-पुरुष और पर-स्त्री परस्पर आँखों में आँखें डालकर वार्त्तालाप न करें। इसके पीछे प्रमुख कारण राग-भाव का जागरण ही है।'

'इन दोनों के साथ भी ऐसा हुआ। ये प्रतिदिन केवल एक घंटा इस अभ्यास में बैठते। चौथे दिन तक ये परस्पर कामासक्त हो गये। पाँचवें दिन तक वह वासना चरम सीमा तक पहुँच गयी। सातवें दिन जब इनकी वासना का बाँध टूटने के कगार पर था, तभी मैंने ध्यान-संकल्पों और सम्मोहक निर्देशों द्वारा उस काम-ऊर्जा का रूपातंरण कर दिया। परिणामतः वह काम-ऊर्जा समाधि-अनुभव में परिणत हो गयी। अब ये दोनों सेक्स वासना से सर्वथा मुक्त हैं।'

'अगर ऐसा हुआ तो अद्भुत है', मुनि जी ने कहा–

'किन्तु ऐसे प्रयोग बहुत विचारणीय हैं। क्योंकि यह राह बहुत फिसलनभरी है, ऐसा शायद आप भी मानेंगे। किसी समर्थ गुरु के मार्गदर्शन में ऐसी साधना भले ही सम्भव हो जाय और उसमें भी कोई विरला ही साधक सफल हो भी जाय पर साधारणतया इस तंत्र-साधना को व्यावहारिक नहीं माना जा सकता। भारतीय साधना-पद्धतियों में इस वाममार्गी तंत्र-साधना की चर्चा भी है। शैव, शाक्त एवं बौद्ध परम्परा में इस पर साहित्य भी रचा गया है। इतना होने पर भी आप स्वयं जानते हैं कि यह साधना भारतीय चिन्तन और व्यवस्था में अपना स्थान नहीं बना पाई। मेरी समझ में इसके प्रमुख दो कारण रहे हैं। पहला, यह रास्ता बहुत फिसलन भरा है। किसी समर्थ वीतरागी सद्गुरु के मार्गदर्शन में ही इस वाममार्गी तंत्र-साधना के प्रयोग सम्भव हैं। दूसरा, इसके नाम पर आधे-अधूरे गुरुओं द्वारा समाज में पाखंड और अनाचार फैलाने की सारी सम्भावनाएँ हैं। सम्भवतः इन्हीं कारणों से भगवान महावीर, भगवान बुद्ध, आदि-शंकराचार्य जैसे महामानवों ने अपनी साधना-परम्परा में इस वाम मार्ग का विधान नहीं दिया। इसके उपरांत भी वैदिक और बौद्ध परम्परा में वाम मार्गी तंत्र साधना का एक युग अवश्य आया। किन्तु भारतीय सोच और संस्कृति के समर्थन के अभाव में धीरे-धीरे वह स्वयं ही निरस्त हो गया। जैन साधना में मंत्र के साथ-साथ तंत्र का विकास भी हुआ। पर साधना के वाम पक्ष को उसने कभी स्वीकार नहीं किया। उसने अपनी साधना-पद्धति में तप और संयम-व्रत-प्रधान शैली को ही प्रधानता दी। इस दृष्टि से आपका चिन्तन क्या है?'

ओशो बोले, 'यह ठीक है कि यह रास्ता बहुत फिसलन भरा है, किन्तु सेक्स ऊर्जा को समाधि अनुभव में रूपांतरित किए बिना उससे मुक्ति भी सम्भव नहीं है। शरीर

के तल पर जब हमारी जीवन ऊर्जा स्खलित होती है, तब वह सृष्टि का कारण बनती है। अगर उसी प्राण-ऊर्जा का रूपातंरण हो जाय तो वह मुक्ति का कारण बन जाती है। संभोग या समाधि, सृष्टि या मुक्ति, जीवन-ऊर्जा की इन दोनों में एक परिणति निश्चित है। जब उसको अपनी अभिव्यक्ति के लिए दोनों मार्ग नहीं मिलते तब व्यक्ति के भीतर-भीतर रुग्ण-चित्तता जन्म लेती है, जो कभी विक्षिप्तता के रूप में, कभी विकृत यौन-चेष्टाओं के रूप में और कभी तन-मन के स्तर पर नाना बीमारियों के रूप में प्रकट होती रहती है। इसलिए वाम मार्ग फिसलन-भरा भले ही हो, सेक्स ऊर्जा को समाधि अनुभव में रूपांतरित करने का एक त्वरित साधन है, ऐसा मेरा अभिमत है।'

ओशो लगातार विषय पर बोलते जा रहे थे– 'अब हम तप, संयम, व्रतमूलक साधना शैली को लें। इस विषय में मेरा ऐसा मंतव्य है कि यह दमन का रास्ता है, रूपांतरण का नहीं। जो ऊर्जा शरीर तल की ओर प्रवाहित हो रही है, योग विद्या की भाषा में कहें तो जो ऊर्जा मूलाधार, स्वाधिष्ठान चक्रों की ओर प्रवाहित हो रही है, उसे मणिपूर नाभिचक्र से ऊपर के चक्रों– अनाहत, विशुद्धि और आज्ञा चक्र की ओर परावर्तित करना आवश्यक होता है। अगर वह ऊर्जा ऊर्ध्वगामी नहीं बनती है तो तप के द्वारा शरीर को सुखाने का क्या फायदा?'

मुनि जी ओशो को बड़े ध्यान से सुन रहे थे- 'व्रत और संयम के नाम पर आप इंद्रिय-विषयों से दूर भागते रहे। किन्तु चित्त-वृत्तियों में अगर उन विषयों के प्रति आकर्षण बना हुआ है तो, वह संयम इंद्रिय-दमन ही पैदा करेगा। मेरे अनुभव में आपका संयम और त्याग, भोग और त्याग से भी गया गुजरा है। भोग में आप भोग के समय ही भोग भोगते हैं, किन्तु इस तथाकथित त्याग में आप भोग न भोगते हुए भी चौबीसों घंटे भोग में होते हैं। मेरे पास सभी मत-पंथों के अनेक साधु-संन्यासी आते रहते हैं। समाज की नजरों में उनमें कोई महातपस्वी हैं, कोई मौनव्रती है, कोई महान योगी है, कोई पहुँचा हुआ संत है, उन संत-महात्माओं ने व्यक्तिगत चर्चाओं में स्वीकार किया है कि वर्षों के तप और संयम के बावजूद वे विषय-वासनाओं से मुक्त नहीं हो पाए हैं। इस कारण उन्हें निरन्तर अपने साथ ही लड़ाई लड़नी होती है। यह सब क्यों है? वर्षों के तप, संयम, साधना के बाद भी उनको समाधि का अनुभव क्यों नहीं हो रहा? क्योंकि भीतर की वासनाओं को केवल दबाया जा रहा है। न उन्हें भोगा जा रहा है, और न ही रूपांतरित किया जा रहा है। परिणामतः वे दबी हुई इच्छाएँ-वासनाएँ अवसर मिलते ही तीव्र प्रतिक्रिया के साथ प्रकट होती हैं। उनका विस्फोट निश्चित है, क्योंकि अगर जल निरन्तर पूरे वेग से आ रहा है और उसको आप निकलने का कोई रास्ता नहीं दे रहे हैं तो वह टकरा-टकरा कर बाँध को एक दिन तोड़ ही देगा। अपनी इच्छाओं-वासनाओं

को संयम और व्रत के साथ कब तक रोके रखोगे। अगर उनको बाहर प्रकट होने का प्रकृत मार्ग आप नहीं देते हैं, वह अप्राकृतिक मार्ग से प्रकट होगा किन्तु रुक नहीं सकता। उस स्थिति में विकृत कामाचार जन्म लेगा। वैसी घटनाएँ आये-दिन हमारी आँखों के सामने आती रहती हैं।'

'मेरा समर्थन न कामाचार को है, न वामाचार को'– मुनि जी ने कहा– 'इंद्रिय-दमन और इंद्रिय-भोग, ये दोनों ही मार्ग समाधि और मुक्ति के नहीं हो सकते। साधना-मार्ग चाहे तप और संयम का हो अथवा वाम मार्गी तंत्र-प्रयोग का, दोनों अपने में साधन हैं, साध्य नहीं। कोई साधक वाम मार्ग से समाधि तक पहुँचता है, उसमें किसी को क्या आपत्ति हो सकती है। मेरा प्रश्न है कि समूह के स्तर पर किस साधना विधि को मान्यता दी जाय। मेरा अपना अभिमत यह है कि अगर हम वामाचारीय तंत्र-साधना को मान्यता देते हैं तो न-चाहते हुए भी हम पाखंड और अनाचार को सामाजिक मान्यता दे देते हैं। इसका अर्थ यह नहीं कि इंद्रिय-दमन प्रधान साधना-शैली में पाखंड और अनाचार बिल्कुल नहीं है, बल्कि इसमें मायाचार की सम्भावनाएँ ज्यादा भी हो सकती हैं। मुझे यह कहने में भी संकोच नहीं है कि आज का मुनि-आचार, आत्म-भूमिका पर कम और समाज-भय की भूमि पर अधिक टिका है। फिर भी संयम-व्रत मूलक साधना-विधि के समर्थन में मैं इसलिए हूँ, क्योंकि इस नाम पर होने वाला पाखंड और अनाचार कभी समाज से मान्यता नहीं पा सकता। इस साधना-विधि से जुड़ा व्यक्ति छल-कपट के सहारे मायाचार चला सकता है, किन्तु इस अभ्यास के नाम पर खुला अनाचार का व्यापार नहीं कर सकता। जबकि वामाचार में तो अनाचार विधि-सम्मत होने के कारण सामाजिक मान्यता स्वयं पा लेता है, उसके परिणाम कितने खतरनाक हो सकते हैं, जिसकी कल्पना नहीं की जा सकती।'

मुनि जी यहीं चुप नहीं रहे–

'अब रहा प्रश्न इन्द्रिय-दमन का। यह सच है कि साधना का आरम्भ इन्द्रिय-नियमन से ही होता है। किन्तु इन्द्रिय-नियमन का अर्थ इन्द्रिय-दमन कभी नहीं होता। उसका अन्तिम लक्ष्य इन्द्रिय-विजय होता है और इन्द्रिय-विजय तभी सम्भव है जब साधक का चित्त वासना-मुक्त हो जाय, जब प्राण ऊर्जा सेक्स वासना से ऊपर उठकर समाधि अनुभव में उतर जाय, जब कुंडलिनी शक्ति जाग्रत हो, मूलाधार से उठकर सहस्त्रार में अवस्थित हो जाय। उसी इन्द्रिय-जय में से उद्भासित होता है अर्हत्, जिसके उदय होने के साथ ही समस्त इच्छाएँ-वासनाएँ और मोहजन्य तिमिर-धाराएँ स्वयं आत्म-ज्ञान के प्रकाश में विलीन हो जाती हैं।'

'इन्द्रिय-संयम अगर इन्द्रिय-जय तक नहीं पहुँच पाता है तो वह इन्द्रिय-दमन बन कर रह जाता है। यह भी सही है कि आज के साधना जगत में इन्द्रिय-जय के दर्शन

दुर्लभ हैं। लगभग इन्द्रिय-दमन और देह-पीड़न ही अधिक दिखाई दे रहा है। सम्भवतः इसीलिए आप इसे दमन का रास्ता अधिक मानते हैं, रूपांतरण का नहीं।... ध्यान-अभ्यास के अभाव में तप-संयम-मूलक साधना-शैली इन्द्रिय दमन और देह-पीड़न बन कर रह जाती है, तो वाम मार्गी साधना आत्म-पतन का कारण बन जाती है। इसलिए तप और संयम के साथ ध्यान-प्रयोग जुड़ना जरूरी है। हम भगवान महावीर को लें। उनका साधना-काल कठोर तपश्चर्या से भरा है। किन्तु उनका हर तप ध्यान के साथ जुड़ा है। शरीर को भूखा रखने के लिए अथवा देह-पीड़न के लिए उनका तप बिल्कुल नहीं है। वे उसी तप का समर्थन करते हैं, जो ध्यान में सहयोगी हो। दुर्भाग्यवश वे ध्यान-प्रयोग आज परम्परा के पास नहीं हैं। केवल तप है। उस तप के साथ ध्यान जुड़ जाय तो मेरी दृष्टि में सेक्स ऊर्जा के रूपांतरण की इससे बढ़कर प्रभावी साधना कोई नहीं हो सकती।'

स्पष्टतया ओशो मुनि जी के उत्तर से सन्तुष्ट नहीं थे।

वार्त्तालाप काफी लम्बा हो चुका था। मुनि जी ओशो से विदा लेकर अपने आवास पर आ गये।

X X X

दोपहर का समय था, मुनि जी अंग्रेजी भाषा का अपना अध्ययन कर वर्ड्स्वर्थ को पढ़ रहे थे। अभी उन्होंने किताब खोली ही थी कि एक सज्जन आ गये। मुनि जी ने उन्हें बिठाया फिर बातचीत का सिलसिला शुरू हुआ तो पता चला कि जे. कृष्णमूर्ति पिछले पन्द्रह दिनों से बम्बई में ही हैं। मुनि जी के मन में उनसे मिलने की इच्छा जाग उठी। जल्दी ही उन्हें कृष्णमूर्ति से समय भी मिल गया। पहुँचे तो देखा फर्श पर बिछी चटाइयाँ, सादगी का आलम। मुनि जी के मन में बहुत से बिन्दु थे उनसे चर्चा के लिए। उन्होंने परम्परामुक्त चेतना से अपनी चर्चा शुरू की–

'आत्मानुभव के लिए आप कौन-सा मार्ग सुझाना पसन्द करेंगे?'

मुनि जी के प्रश्न ने जैसे उन्हें भीतर तक तड़पा दिया था। तिलमिलाते हुए बोले– 'मुनि जी, आप महावीर या कृष्णमूर्ति के माध्यम से नहीं, आत्मानुभव अपने से पाने की कोशिश करें। यदि ऐसा नहीं हुआ तो आप महावीर या कृष्णमूर्ति को अवश्य पा लेंगे, खुद को नहीं।'

इस पर मुनि जी बोले– 'प्रश्न तो यही है कि अपने खुद को कैसे पाया जाय?'

'आप जो सवाल मुझसे पूछ रहे हैं, वह अपने आप से पूछें, पूरी समग्रता से पूछें। उत्तर स्वयं भीतर से आएगा और वह उत्तर ही सही होगा। दूसरों से पाए हुए उत्तर कभी सही नहीं होते।' कृष्णमूर्ति ने कहा।

अभी बात चल ही रही थी, चल क्या रही थी, शुरू ही हुई थी कि अचानक

चार-पाँच व्यक्तियों ने कमरे में प्रवेश किया। वे स्ट्रेचर पर एक बेहोश लड़की को लाए थे। चेहरों पर तनाव की रेखाएँ खिंची देखी जा सकती थीं। लड़की को बगल के कमरे में लिटा दिया गया। कृष्णमूर्ति ने क्षमा माँगते हुए अगले दिन तक के लिए चर्चा स्थगित कर दी और अविलम्ब उस कमरे में चले गये।

लड़की को लेकर आये व्यक्तियों में से एक ने बताया कि लड़की कई दिनों से अचेतन अवस्था में है। डॉक्टरों को बेहोशी का कोई कारण समझ में नहीं आ रहा है। वे उस लड़की को कृष्णमूर्ति के पास आध्यात्मिक चिकित्सा के लिए लाए हैं।

मुनि जी को अचानक याद आया जो उन्होंने सर्वोदयी नेता विमला ठक्कर की पुस्तक में पढ़ा था। On an Eternal Voyage पुस्तक में कृष्णमूर्ति द्वारा की जाने वाली आध्यात्मिक चिकित्सा की चर्चा थी। विमला जी ने उसमें लिखा है कि कान की भयंकर पीड़ा के कारण वर्षों तक उन्हें बुखार रहता था। कानों से मवाद भी बराबर आता था। उन्होंने इस पीड़ा से मुक्ति के लिए बहुत इलाज करवाए, किन्तु पीड़ा कम नहीं हो पाई। अन्ततः उन्होंने इंग्लैंड जाकर कानों की शल्य-चिकित्सा का निर्णय लिया। इसी अवधि में उनका सम्पर्क जे. कृष्णमूर्ति जी से हुआ। कृष्णमूर्ति जी द्वारा साइकिक हीलिंग की पहली बैठक में उनको काफी आराम हुआ। शल्य-चिकित्सा का निर्णय स्थगित कर दिया गया। तीन-चार बार ऐसी ही बैठकों से वे सम्भवतः पूर्णतः रोग मुक्त हो गयीं। मुनि जी ने यह प्रसंग पढ़ा था, लेकिन यह नहीं मालूम था कि वे इस तरह की साइकिक हीलिंग आमतौर पर करते हैं।

पाँच-छह दिन बाद मुनि जी की उस लड़की के पिता से भेंट हुई। वे बहुत प्रसन्न दिखाई दे रहे थे। उन्होंने बताया कि लड़की न केवल सचेतन अवस्था में लौट आयी है, अपितु काफी हद तक रोग-मुक्त हो गयी है। यह सब कृष्णमूर्ति जी की साइकिक हीलिंग का चमत्कार है। किन्तु उन्होंने इसकी चर्चा करने को हमें मना कर रखा है।

उन दिनों मुनि जी के एक सहयोगी मुनि के चेहरे पर बड़े-बड़े सफेद दाग उभर आये थे। अनेक उपचारों के बावजूद वे दाग मिट नहीं पा रहे थे। इस कारण उनका हीन-भावना से ग्रस्त होना स्वाभाविक था। एक दिन मुनि जी ने प्रसंगवश कृष्णमूर्ति से उनकी साइकिक हीलिंग के लिए आग्रह किया। बिना किसी नाज-नखरे के उन्होंने हामी भर ली। यह शर्त्त अवश्य थी कि उसकी चर्चा किसी के साथ नहीं होगी। इसके पीछे उनकी मंशा उसे छुपाने की नहीं, अपितु सस्ती लोकप्रियता से बचने की थी।

मुनि जी अगले दिन अपने साथी मुनि को लेकर निश्चित समय पर पहुँच गये। उन्होंने मुनि को कुर्सी पर बिठाया। वे खुद उनकी पीठ की ओर खड़े हो गये। अपना एक हाथ उन्होंने मुनि के सहस्रार केन्द्र पर रखा और दूसरा हाथ चेहरे पर, जहाँ सफेद दाग थे। लगभग दस मिनट तक वे इसी प्रकार ध्यान मुद्रा में खड़े रहे। फिर उन्होंने युवा

मुनि से पूछा– 'क्या आपको किसी प्रकार का स्पन्दन, संवेदन अथवा ऊर्जा-प्रवाह जैसा कुछ अनुभव होता है?' युवा मुनि का उत्तर नकार में था।

कृष्णमूर्ति ने जरा पीछे हटते हुए मुनि जी से कहा– 'चिकित्सा सम्भव नहीं है, क्योंकि युवा मुनि में संवेदनशीलता-अभिग्रहणशीलता का अभाव है।'

'क्या संवेदनशीलता को जाग्रत नहीं किया जा सकता?' मुनि जी ने पूछा।

इस पर वे बोले– 'हाँ, ऐसा हो सकता है, किन्तु इसके लिए कई बैठकें लेना जरूरी होता है, जो कि अब सम्भव नहीं है। क्योंकि दो दिन बाद ही मैं बम्बई छोड़ रहा हूँ।' मुनि जी साथी युवा मुनि के साथ वहाँ से अपने स्थान पर लौट आये।

x x x

एक दिन सुबह-सुबह ध्यान-पाठ आदि से निवृत्त होने के बाद मुनि जी रोज की तरह अखबार लेकर बैठे। आम दिनों की तरह खबरों से भरे अखबार में उनकी नजर एक जगह टिक गयी, जिसमें बम्बई में एक अलौकिक पुरुष के आगमन की सूचना थी। यह भी बताया गया था कि उनके स्पर्श मात्र से असाध्य रोग पलक झपकते गायब हो जाते हैं। इस सूचना ने मुनि जी को चौंकाया कि एक संवाददाता सम्मेलन में उन अलौकिक पुरुष ने अपने स्पर्श मात्र से असाध्य रोग से पीड़ित पत्रकार को ठीक कर दिया। उन अलौकिक पुरुष को भगवान कहकर संबोधित किया गया था। उस सूचना की अन्तिम पंक्ति थी– 'किसी भी रोग से मुक्ति पाने के इच्छुक व्यक्ति अमुक तारीख को चार बजे जुहू तट पर समुद्र किनारे भगवान श्री से सम्पर्क करें।'

यहाँ रोगियों की कमी कहाँ है? फिर शहरों में तो 'एक ढूँढ़ो, लाख मिलेंगे' कहावत चरितार्थ होती है। एक चश्मदीद गवाह मोहन भाई ने मुनि जी को बताया– 'मुनि जी, सचमुच वहाँ तो जैसे लोगों का ताँता लग गया। ताँता क्या कहूँ, बिल्कुल भीड़ का रेला उमड़ पड़ा। करीब चालीस हजार लोग होंगे वहाँ पर। अपनी रोग-मुक्ति की कामना से वहाँ आये हजारों लोग उन भगवानश्री का आशीर्वाद लेने आये थे।'

प्रकृति से जिज्ञासु मुनि जी के मन में अखबार में समाचार पढ़कर जो कुतूहल पैदा हुआ था, वह मोहन भाई की बात सुनकर जिज्ञासा में बदल गया। मुनि जी के मन में आया किसी भी तरह उस अलौकिक पुरुष से सम्पर्क किया जाय। किन्तु प्रश्न यहाँ आकर अटक गया कि उनसे सम्पर्क हो तो कैसे? इतने भारी-भरकम विज्ञापनों के बावजूद भगवानश्री के आवास या सम्पर्क का कोई सूत्र नहीं दिया गया था, इसे बड़ी कुशलता से गुप्त रखा गया था। बम्बई जैसा महानगर, जहाँ समुद्र की लहरों की तरह इंसानों की भीड़ भी ठाठें मारती है, वहाँ बिना पते-ठिकाने के किसी व्यक्ति को खोज

निकालना असम्भव नहीं तो दुष्कर अवश्य था। मुनि जी ने अपने मन की इच्छा और दुविधा अपने एक आत्मीय श्री कमल भाई को बताई, जो धनी और व्यवहारकुशल होने के साथ मेधावी भी थे। उन्होंने मुनि जी को आश्वस्त किया।

'यह कोई कठिन कार्य नहीं है, बहुत जल्दी मैं उनका पता ठिकाना खोज निकालूँगा।'

तीसरे दिन कमल भाई मुनि जी के पास आये। उन्होंने तथाकथित भगवान का न केवल पता-ठिकाना खोज निकाला था, अपितु उनके साथ दोस्ती भी गाँठ ली थी। उनसे मुनि जी पूछ ही बैठे– 'यह कैसे सम्भव हुआ?'

इस पर कमल भाई ने हँसते हुए उत्तर दिया– 'आज के भगवानों का भगवान पैसा है। इसके बल पर कौन कार्य असम्भव है।'– फिर उस भाई ने बताया– 'वे भगवान उसी सड़क स्थित मकान में ठहरे हैं जिस पर मुनि जी आप हैं। संयोगवश अन्तर सिर्फ दस-बारह मकानों का है।'

मुनि जी के दिमाग में पहले तो उन तथाकथित भगवान को जाँचने की बात थी, फिर कहीं अपने साथी युवा मुनि की छवि भी भीतर थी, जिन्हें कृष्णमूर्ति जी के पास वे इलाज के लिए ले गये थे। बस मिलने का समय तय कर लिया गया। उस तय समय के अनुसार मुनि जी अपने साथी मुनि के साथ, जिनके चेहरे पर सफेद दाग उभर रहे थे, भगवानश्री के पास पहुँचे। श्री कमल भाई भी साथ में थे। उस समय वे एक धनी-मानी व्यक्ति का इलाज कर रहे थे, जिसके रीढ़ में दर्द था। मुनि जी ने गौर से देखा, वे उसकी रीढ़ का स्पर्श ही नहीं कर रहे थे, खूब अच्छे ढंग से मसाज कर रहे थे। आठ-दस दिन से उनका इलाज चल रहा था। थोड़ी देर मसाज के बाद भगवान ने पूछा– 'क्यों कैसा लग रहा है?'

उन्होंने कुछ सोचकर उत्तर दिया– 'कुछ-कुछ ठीक लग रहा है।' यह सुनकर वे फिर बोले– 'चिन्ता की कोई बात नहीं, बहुत शीघ्र ही पूर्ण आराम हो जाएगा।' उन्होंने श्रद्धानत हो प्रणाम किया और वहाँ से चले गये।

अब भगवानश्री फुर्सत में थे, वे मुनि जी की ओर मुखातिब हुए। साथी मुनि भी वहीं बैठे थे। परिचय के अन्तर्गत मुनि जी ने कहा– 'आपके अलौकिक व्यक्तित्व के बारे में अखबारों में पढ़कर मिलने की उत्कंठा हुई। इसके साथ ही अपने साथी मुनि को इस सफेद दाग के रोग से मुक्ति मिल सके, इस अभिलाषा से भी मिलना चाहता था।'

मुनि जी की बात सुनकर वे गम्भीर हो गये। फिर बोले– 'अभी ऐसा सम्भव नहीं हो सकता। जब आप मकान में प्रवेश कर रहे थे, मैंने आपके साथी मुनि जी को देख लिया था। तभी मुझे प्रेरणा हुई, इनका उपचार अभी नहीं। अतः अगली बार जब मैं बम्बई आऊँ तब आप मुझसे सम्पर्क करें।'

मुनि जी को बड़ा विचित्र लगा, फिर भी अत्यंत मधुरता से बोले- 'अगली बार आप कब आएँ, मैं उन दिनों कहाँ होऊँ, आपसे सम्पर्क हो पाए या नहीं, सब कुछ अनिश्चित है। अभी आप भी यहीं हैं, मैं भी यहीं हूँ। क्यों न अभी यह उपचार किया जाय। फिर आपको करना क्या है, मात्र स्पर्श ही तो करना है। इसमें आपको कोई आपत्ति नहीं होनी चाहिए?'

वे झुंझलाते हुए बोले– 'सवाल मेरी इच्छा का नहीं है। यह सब कुछ ईश्वरीय इच्छा पर निर्भर है। मैं तो निमित्त मात्र हूँ, 'उसके' संकेतों पर काम करने वाला। जब उस प्रेरणा ने अनिच्छा प्रकट कर दी तो मैं कर ही क्या सकता हूँ? इससे पहले आपके समक्ष ही मैंने कैसे असाध्य रोग को क्षणभर में मिटा दिया, यह आप देख ही चुके हैं। किन्तु इस 'केस' में उसकी इच्छा के विरुद्ध मैं कुछ भी नहीं कर सकता।'

मुनि जी ने संयत स्वरों में कहा– 'देखिए आपके दिव्य प्रभाव का प्रमाण तो इसी 'केस' में मिल पाएगा। पहले केस में स्पष्ट रोग तो कुछ था नहीं, भीतरी दर्द था। उस पर आपने जिस तरह से मसाज किया, उसमें कुछ आराम तो मिलना ही था। फिर वैसे रोगों में मनोवैज्ञानिक प्रभाव होना भी सहज है। जबकि यह एक ऐसा केस है, जिसके उपचार से किसी को कोई प्रश्न उठाने का अवकाश ही नहीं है।'

मुनि जी के कथन से भगवानश्री की झुंझलाहट रोष में बदल गयी। मेज पर जोर से मुक्का मारते हुए बोले– 'तुम भगवान की शक्ति में अविश्वास करने का दुस्साहस कर रहे हो। मैं सर्वशक्तिमान भगवान का साक्षात् अवतार हूँ। एक क्षण में सम्पूर्ण सृष्टि का प्रलय कर सकता हूँ। अभी कुछ ही महीनों पहले मैंने चन्द्रमा को कुपित नजरों से देखा, तो बेचारा चन्द्रमा थर-थर काँपता हुआ मेरी परिक्रमा करने लगा....।'

उसके बाद तो अपनी सर्वशक्तिमत्ता का अहसास कराने के लिए भगवानश्री पता नहीं कब तक क्या-क्या बोलते रहे। तभी बीच में उनके कुछ घुटे हुए भक्तों ने मुनि जी को उनकी गलती का अहसास कराते हुए कहा– 'आप भगवान से टकराकर बहुत बड़ा खतरा मोल ले रहे हैं। यहाँ तो श्रद्धाभाव से ही लाभ उठाया जा सकता है। जिसने भी इस महान शक्ति में सन्देह किया, उसने बड़ा नुकसान उठाया, फिर वे अनेक घटनाएँ बताने लगे, जिनका उद्देश्य मुनि जी पर मनोवैज्ञानिक दबाब डालना था। मुनि जी बड़े धीरज के साथ सब सुनते रहे। उन सब बातों के अन्त में कहा– 'हाथ कंगन को आरसी क्या? मैं आपकी सब बातें मान लूँगा यदि भगवान इस रोग को अपने दिव्य स्पर्श से अच्छा कर देते हैं। अगर ऐसा नहीं हो पाता है तो मुझ पर इन डरावनी या लुभावनी बातों का कोई असर नहीं होने वाला। ऐसी शाप भरी धमकियाँ मैंने खूब सुनी हैं। आखिर मैं भी आपकी बिरादरी का हूँ, भीतरी छल-छद्म छुपे नहीं हैं।

यह वाक्य सुनते ही भगवान तो जैसे आपे से बाहर हो गये। क्रोध में गरजते

हुए कमल भाई से कहा– 'तुम यदि अपने मुनि जी का भला चाहते हो तो अविलम्ब इन्हें यहाँ से ले जाओ। मेरे मुख से यदि कोई शब्द निकल गया तो कुछ भी अनिष्ट घट सकता है।'

मुनि जी को अभिशाप का कोई डर नहीं था। किन्तु किसी प्रकार के कटु विवाद में भी उलझना नहीं चाहते थे। वैसे भी भगवान की अलौकिक शक्ति का खोखलापन जाहिर हो चुका था। इसलिए वहाँ और अधिक ठहरना उचित न समझकर वे वहाँ से चले आये। थोड़े ही दिनों में भगवान का पाखंड और भी खुलकर सामने आ गया, जब उन्होंने धनी-मानी लोगों से रूपये ऐंठने के कुटिल प्रयास शुरू किए।

X X X

कुछ दिन के लिए मुनि जी बम्बई में मैरीन ड्राइव के पास अणुव्रत सभागार के पीछे बने कमरे में ठहरे। वहाँ चौकीदार था हौसला प्रसाद। वह दिनभर काम करता और रात को सभागार के पीछे खोलीनुमा जगह में दुबक कर सो जाता था। मुनि जी बड़े हैरान थे कि इतना बड़ा हॉल छोड़ कर यह उमस भरी उस कोठरी में क्यों सोता है? मुनि जी तो रोज रात को हॉल में ही सोते थे। समुद्र किनारे बसा होने के कारण बम्बई के दिन और रात बहुत उमस भरे होते हैं। पसीना है कि सूखता ही नहीं। ऐसे में हौसला प्रसाद इस खोली-सी में घुस कर क्यों सोता है? अपनी जिज्ञासा शान्त करने के लिए एक दिन उन्होंने हौसला प्रसाद से पूछ ही लिया– 'अरे, भई, हॉल में इतनी जगह है, तुम खोली में इतनी गर्मी में क्यों सोते हो?'

हौसला प्रसाद ने कहा, 'अगर आपको सच पता लग जाएगा तो आप भी वहाँ सोना छोड़ देगें। पहले मैं भी हॉल में सोता था, लेकिन एक दिन...'

'कुछ रुक कर फिर बताने लगा– मैं सो रहा था कि रात को किसी ने मेरी खटिया जोर-जोर से हिलाई और फिर खटिया समेत मुझे दूर पटक दिया।' हौसला प्रसाद के जबाब पर मुनि जी तनिक मुस्कराए। वह आगे कहता जा रहा था–

'मुनि जी अँधेरे में कोई सफेद-सफेद चोगा जैसा पहने हुए था। शक्ल नहीं दिखती थी। उसने खटिया समेत मुझे एक दिन पटका, मुझे समझ नहीं आया, दूसरे दिन भी जब ऐसा हुआ तो मैं घबरा गया और मैंने हॉल में सोना ही छोड़ दिया।' हौसला प्रसाद के माथे पर पसीना छलकने लगा था, उस घटना को याद कर।

'यह तुम्हारा वहम है। और कुछ नहीं।' मुनि जी ने कहा। हौसला प्रसाद अपनी बात के तर्क में और बोलने लगा– 'मुनि जी यह वहम नहीं, सत्य है। ऐसा मेरे साथ ही नहीं, दो-एक और लोगों के साथ भी हो चुका है। इस हॉल में भूत या कोई आत्मा

है, जो रात के अँधेरे में हमला करती है। एक बार एक हिन्दू संन्यासी यहाँ ठहरे थे। उनके साथ उनका एक सेवादार भी था। संन्यासी तो कमरे में सोए लेकिन सेवादार इसी हॉल में सोया। रात को वह मेरे पास आया कि अब वह वहाँ नहीं सोएगा। मैंने अपनी आपबीती उसे पहले ही सुना दी थी। उसने बताया कि ठीक वैसे ही रात को किसी ने उसे थप्पड़ मारे और फिर खटिया समेत फेंक दिया। उसके बाद से वह हॉल में नहीं सोया', हौसला प्रसाद एक वाक्य में सब कह गया।

मुनि जी अनुभव करना चाहते थे कि क्या ऐसा कुछ होता भी है या नहीं। वैसे वे जानते थे कि सत्य के धरातल पर ऐसा कुछ घटित नहीं होता। सिर्फ कमजोर मन वाले व्यक्ति ही अपनी मानसिक कमजोरी के कारण ऐसा महसूस करते हैं। फिर भी मुनि जी यह जानने के लिए हॉल में ही सोए कि क्या सत्य के धरातल पर भी ऐसा कुछ घटित होता है? और अगर कुछ होता है, तो वे उस श्वेताकार मानव से पूछेंगे कि वह ऐसा क्यों करता है?'

मुनि जी उस रात बड़ी सजग नींद सोए, सुबह तक ऐसा कुछ नहीं हुआ। न खटिया पलटी, न थप्पड़ पड़े। सर्वाइकल की पीड़ा ने मुनि जी को कई दिनों से परेशान कर रखा था। इस कारण उन्हें रात को नींद नहीं आती थी। यह नींद न आना उस प्रसंग की सच्चाई की शोध में सहायक हो सकता है। मुनि जी ने दर्द को खूब खेलने दिया, कोई उपचार नहीं किया। एक दिन, दो दिन, तीन दिन ऐसे कर सात दिन वह रात-रात भर उस श्वेताकार के दर्शन की कोशिश करते रहे, लेकिन कोई नहीं आया। वहाँ से चलते समय उन्होंने हौसला प्रसाद से कहा– 'अरे, सुन हौसला प्रसाद, तू हौसला क्यों खोता है? यह सब तेरे मन की कमजोरी है, मन का वहम है। देख मैं सात दिन वहाँ सोया लेकिन कुछ नहीं हुआ। कमजोर पर तो सभी हावी हो जाते हैं। अपने आपको मजबूत बना हौसला प्रसाद।'

X X X

सन् उन्नीस सौ चौहत्तर भगवान महावीर की पच्चीसवीं निर्वाण-शताब्दी का वर्ष। इस वर्ष मुनि जी की पदयात्रा का अगला लक्ष्य था भगवान महावीर की तपोभूमि और निर्वाण भूमि राजगृही-पावापुरी। उसी लक्ष्य तक पहुँचने के लिए वे उत्तर प्रदेश के अलीगढ़ पहुँचे पदयात्रा करते हुए। एक दिन वहाँ उनके पास एक जिज्ञासु आये। उनके मुख पर गहरी आध्यात्मिकता के भाव झलकते थे। एक दिन वह मुनि जी से बोले- 'मैं अकेले में आपसे कुछ बात करना चाहता हूँ।' मुनि जी के पास अक्सर कोई न कोई

भक्त या जिज्ञासु बैठा रहता था। मुनि जी ने उससे कहा– 'हाँ, कहिए अभी तो कोई नहीं है। क्या बात है?'

बात शुरू करते हुए उन्होंने कहा– 'पिछले कुछ वर्षों से जप-योग साधना चल रही है। किन्तु अभी कुछ समय से मैं बड़े असमंजस में हूँ।'

'असमंजस का क्या कारण है'– मुनि जी ने पूछा। वह बोले– 'कुछ वर्ष पूर्व एक स्वामी जी मेरे घर ठहरे थे। मैंने उनसे ध्यान-विधि के बारे में जिज्ञासा प्रकट की। उन्होंने गुरु-मंत्र प्रदान करते हुए कहा– 'दोनों आँखों के मध्य भृकुटी के स्थान पर गुरु का चित्र स्पष्ट रूप से उभर कर सामने आ जाय, तो तुम्हारा मंत्र सिद्ध हो जाएगा।'

थोड़ा रुककर वह फिर बोलने लगे– 'मेरा जप नियमित रूप से लम्बे समय तक चलता रहा। अब गुरु का चित्र भी ललाट के मध्य भाग पर थोड़ा-थोड़ा उभरने लगा था। तभी एक और स्वामी जी का घर पर आना हुआ। उन्होंने मेरी ध्यान-विधि में संशोधन करते हुए बताया कि ललाट के मध्य चित्र गुरु का नहीं, भगवान कृष्ण का उभरना चाहिए। गुरु देहधारी हैं। अभी वे स्वयं साधना अवस्था में हैं। वे राग-द्वेष के बन्धनों से सर्वथा मुक्त नहीं हैं। भगवान विदेह हैं, वीतराग हैं। इसलिए ध्यान भगवान का ही होना चाहिए। चित्र भगवान का उभरना चाहिए। अतः तुम्हें अपने भृकुटि-स्थान पर भगवान कृष्ण का ही ध्यान करना चाहिए। भगवान कृष्ण का चित्र ललाट के मध्य उभर कर आ जाएगा, तुम्हारा मंत्र सिद्ध हो जाएगा।'

'स्वामी जी का कथन मुझे ठीक लगा। तर्क-संगत भी था। मैंने गुरु के चित्र के स्थान पर भगवान कृष्ण के चित्र का ध्यान शुरू कर दिया। थोड़े ही अभ्यास के बाद भगवान का चित्र उभरने लगा। अब स्थिति यह है कि मैं जब भी ध्यान करने बैठता हूँ तो कभी गुरुदेव का चित्र उभरता है और कभी भगवान का। मेरा असमंजस यह है कि ध्यान के समय चित्र किनका सामने आना चाहिए, गुरुदेव का या भगवान का? गुरुदेव ने मुझे मंत्र दिया है, इस दृष्टि से जब सोचता हूँ, तो लगता है चित्र गुरुदेव का ही सामने आना चाहिए। किन्तु भगवान, शुद्ध-बुद्ध, ज्योतिर्मय और चिन्मय हैं। इस दृष्टि से ध्यान तो भगवान का होना चाहिए। अब आप ही बताएँ, किस चित्र का उभर कर आना श्रेष्ठ होगा। भगवान कृष्ण का चित्र या पूज्य गुरुदेव का।'

उन भगत जी के भोले-भाले प्रश्न पर मुनि जी को मन-ही-मन हँसी आने लगी। सहज-सरल समर्पित चित्त का शोषण जिस प्रकार से किया जा रहा है, यह कष्टकारी था। मुनि जी के मन में किसी प्रकार का परम्परागत आग्रह होता, तो वे कह सकते थे, हटाओ ध्यान कृष्ण से अथवा इन भगवाधारी स्वामियों से। इनसे उम्र भर भी कुछ नहीं होने वाला। इनके स्थान पर तुम ध्यान लगाओ महावीर पर, पार्श्वनाथ पर, अन्य जैन तीर्थंकरों पर, श्वेताम्बर जैन मुनियों पर, तभी तुम्हारा ध्यान सफल होगा। लेकिन मुनि

जी इस संकुचित मानसिकता से ऊपर उठ चुके थे। मुनि जी ने उनसे कहा– 'आप इनकी चिन्ता छोड़ ही दीजिए कि चित्र गुरुदेव का उभर रहा है, अथवा भगवान का। प्रयत्न भी छोड़ दें कि यह चित्र या वह चित्र आज्ञा-चक्र पर उभरना चाहिए। जो भी चित्र उभरता है, गुरुदेव का या भगवान का, उसके प्रति द्रष्टा बन जाएँ। केवल देखते रहें उस चित्र को, किसी भी उपेक्षा या अपेक्षा के बिना।'

उन्होंने प्रश्न किया– 'किन्तु किस चित्र के उभरने से मंत्र सिद्ध होगा?'

मुनि जी उनकी व्यग्रता को देख रहे थे। बोले– 'जब सारे चित्र विलीन हो जाएँगे, कोई भी चित्र दिखाई नहीं देगा। जब तक हमारा मन चित्रों में रमा रहेगा, हम वास्तविकता को कैसे पा सकते हैं? रूप-आकार के पार गये बिना मंत्र सिद्ध नहीं हो सकता।'

उनके चेहरे पर उभरी रेखाएँ स्पष्ट बता रही थीं कि उनके मन की उलझन और बढ़ गयी है। मुनि जी ने और विस्तार से समझाते हुए कहा– 'हम मन को एकाग्र करने के लिए किसी शब्द, मंत्र अथवा रूप-आकार का सहारा लेते हैं। शब्द और रूप मन की खुराक है। इनके बिना मन जिन्दा नहीं रह सकता। जैसे पानी के बिना मछली का जिन्दा रहना असम्भव है, वैसे नाम और रूप, मन के अस्तित्व के लिए अनिवार्य हैं। नाम और रूप की दुनिया में यह मन भटकता रहता है। परमात्मा अनाम है, अरूप है। अब नाम और रूप में भटकने वाला मन अनाम और अरूप का अनुभव कैसे करेगा?'

'इसके लिए गुरु साधक को कोई शब्द, कोई मंत्र, किसी एक रूप या आकार का आलम्बन देते हैं, ताकि नाम और रूप के जगत में चारों ओर भटकता हुआ मन किसी एक नाम या रूप पर स्थिर हो जाय। वह नाम या रूप ऐसा हो जिस पर हमारी गहरी आस्था हो, जिसका अपना जीवन समाधि-अनुभव लिए हो, तभी हमारा मन उस नाम और रूप पर टिक सकेगा। किन्तु ये नाम और रूप हमारा लक्ष्य नहीं हैं। हमें उन पर ही ठहर नहीं जाना है। अनेक से हटाकर मन को एक पर लगाना है, फिर एक से हटाकर अनाम में छलाँग लगानी है। शब्द आखिर शब्द है, फिर चाहे वह गुरु का हो, भगवान का हो अथवा किसी देवता विशेष से जुड़ा कोई मंत्र हो। रूप आखिर रूप है, फिर चाहे वह गुरु का हो अथवा भगवान का। शब्द कभी अशब्द का अनुभव तो दे नहीं सकता और रूप कभी अरूप का।'

'ध्यान का उद्देश्य है अशब्द, अनाम, अरूप चेतना का साक्षात्कार। जब हम जप या ध्यान करते हैं, तब ध्येय, ध्याता और ध्यान तीनों रहते हैं। साधना के प्रारम्भ में ये तीनों रहते हैं। साधक ज्यों-ज्यों गहराई में उतरता है, यह तीन का भेद समाप्त हो जाता है। फिर एक समय आता है, जब यह भेद पूर्णतः विलीन हो जाता है। वही क्षण आत्मानुभूति का क्षण है। उस आत्म-साक्षात्कार के क्षण में द्वैत का कोई स्थान नहीं है।'

'जिस क्षण न आप होंगे, न मंत्र होगा, न किसी का कोई रूप या चित्र होगा, उस दिन आपका जप और ध्यान सिद्ध हो जाएगा। उससे पहले कोई भी चित्र उभरता है, उभरने दीजिए। कोई चित्र नहीं उभरता तो उसके लिए प्रयत्न मत कीजिए। महत्त्व चित्र का नहीं, द्रष्टा भाव का है, उस लयात्मक स्थिति का है।'

भगत के चेहरे पर सन्तोष की झलक दिखाई दे रही थी। सन्तुष्ट होकर वह जाने की तैयारी करने लगे। मुनि जी ने मंगल पाठ सुना कर उसे कृत-कृत्य किया।

X X X

अलीगढ़, कानपुर, प्रयागराज होते हुए जब मुनि जी काशी पहुँचे, तब गर्मी का मौसम अपने चरम पर था। चारों दिशाएँ भट्टी में सुलगती लगती थीं। ऐसे में दिन के समय पदयात्रा करना आसान नहीं था। सुबह दस बजे तक मुनि जी काशी पहुँच गये थे, लेकिन गंगा का तमाम जल भी ताप को कम नहीं कर पा रहा था। मुनि जी सीधे अस्सी घाट पहुँचे। बनारस के घाटों की खास बात है कि सारे शहर के समाचार वहाँ मिल जाते हैं। वहीं मुनि जी को पता लगा कि तंत्र-विज्ञान के महापंडित श्री गोपीनाथ कविराज मृत्यु शय्या पर अन्तिम साँसें गिन रहे हैं। कविराज के बारे में प्रसिद्ध था कि तंत्र-विज्ञान में अपने युग के शिखर पुरुष, सौर तंत्र-विज्ञान के सिद्धहस्त योगी स्वामी विशुद्धानन्द ने अपनी यौगिक विभूतियों के उत्तराधिकारी के रूप में उनका चयन किया था। तंत्र-विज्ञान पर लिखे उनके ग्रंथ अपने विषय में प्रामाणिक दस्तावेज माने जाते हैं। मुनि जी का जिज्ञासु मन उन्हें श्री कविराज जी के पास ले गया।

श्री कविराज जी उन दिनों आनंदमयी माँ के आश्रम में थे। आनंदमयी माँ जन्मजात सिद्ध योगिनी रूप में विख्यात थीं ही। नाम, यश, पूजा आदि लोकैषणाओं से दूर वे अपनी भक्ति-साधना में लीन रहतीं। कहा जाता है कि उन्हें जन्मजात अलौकिक सिद्धियाँ प्राप्त थीं। किन्तु उन सिद्धियों का प्रयोग उन्होंने आत्म-विज्ञापन के लिए कभी नहीं किया। मुनि जी वहाँ पहुँचे तो उन्हें मालूम नहीं था कि आनंदमयी माँ भी आश्रम में ही हैं। आश्रम में प्रवेश करते ही उनकी दृष्टि खुले प्रांगण में एक पेड़ के नीचे सत्संग कीर्तन में बैठे कुछ लोगों पर पड़ी। उनमें बहनों की संख्या ज्यादा थी। संकीर्तन में लीन उन लोगों के बीच आनंदमयी माँ भी हैं, उन्हें इसकी कल्पना नहीं थी। सारा परिवेश इतना सादगीपूर्ण था कि अलौकिक सिद्धियों का स्वामी कोई व्यक्ति उनके बीच हो सकता है, यह सोच से परे था। जबकि मामूली बाजीगरी जानने वाले संतों-महंतों के आश्रमों का तामझाम भी देखने लायक होता है।

मुनि जी श्री कविराज के बारे में पूछताछ करते, इससे पहले ही तीन-चार बहनें

कीर्तन-स्थल की ओर से उनके पास पहुँचीं। अपने अमल-धवल आभावलय के कारण उन बहनों में से एक की पहचान अलग से की जा सकती थी। वे निकट आयीं। अभिवादन के पश्चात् एक बहन ने कहा– 'आप आनंदमयी माँ हैं। आनंदमयी माँ को अचानक अपने सामने पाकर मुनि जी रोमांचित हो उठे। वे मुनि जी को एक कमरे में ले गयीं। आनंदमयी माँ ने उन्हें बिठाते हुए बड़े भावुक स्वरों में कहा–

'अनेक बार जैन संतों से मिलने की इच्छा हुई। वैसा संयोग आज तक नहीं बन पाया। आज अचानक प्रभु की कृपा हुई, जो आप यहाँ पधारे।' उन्होंने आगे कहा– 'लगता है पिछले किसी जन्म में मैं जैन साध्वी रही हूँ। शायद यही कारण रहा कि बचपन में एक बार मेरे मन में केश-लोच की तीव्र इच्छा हुई। मैंने अपने सिर के सारे बाल एक-एक करके अपने हाथों से ही नोच लिए।'

मुनि जी हतप्रभ थे। माँ आनंदमयी की सादगी और सरलता देख बोले– 'आपकी सरलता-विनम्रता और निरहंकारिता अद्भुत है। हमने आपकी साधना की लब्धियों और उपलब्धियों के बारे में बहुत कुछ सुना है। किन्तु आप जैसी सादगी और अकिंचनता बड़े-बड़े संत महात्माओं में भी दुर्लभ है।'

'आप ऐसा न कहें' मुनि जी के वार्ता-सूत्र को उन्होंने अपने हाथ में लेते हुए कहा– 'मैं तो कुछ भी नहीं हूँ। न ही मैंने किसी विशेष साधना-विधि का अभ्यास किया है। बस जब भी उसका नाम आता है, मैं अपनी सारी सुध-बुध भूल कर उसी में खो जाती हूँ। फिर मुझे बाहरी दुनिया की कोई खोज-खबर नहीं रहती। बचपन में तो जब-तब समाधि लगाती थी। अब तो चौबीसों घंटों उसी में खोयी रहती हूँ।'

'यह तो साधना की बहुत ऊँची अवस्था है।' मुनि जी बोले। 'यह मैं नहीं जानती।' माँ बोलीं– 'जो है, मालिक की कृपा है, उसी का प्रसाद है। मैंने इसे पाने के लिए कुछ नहीं किया। जो है, सब उसी का दिया है। मैं हूँ ही नहीं, बस एक वही है।'

मुनि जी बोले– 'जितनी भी साधना-विधियाँ हैं, वे सब इसी भाव-समाधि को उपलब्ध होने के लिए हैं। आप सौभाग्यशालिनी हैं, जो यह भावावस्था आपको अनायास उपलब्ध हो गयी। लगता है पिछले जन्मों की साधना इस जन्म में आपको इस पराकाष्ठा तक ले आयी है। देखा तो यह गया है बड़े-बड़े योगी और तपस्वी भी इस ऊँचाई तक बड़ी मुश्किल से पहुँच पाते हैं।'

'आपने तपस्वी शब्द का जो प्रयोग किया है, उसके बारे में मेरे मन में एक प्रश्न है'– वे बोलीं– 'समाधि-अवस्था को पाने के लिए क्या तपस्या जरूरी है? यद्यपि भगवान महावीर आदि महापुरुषों की साधना के साथ-साथ लम्बी-लम्बी तपस्याओं का वर्णन मिलता है। किन्तु भक्ति के लिए भूखे रहना क्यों आवश्यक है? जबकि मुझे लगता है कि भूखे रहने से भक्ति में बाधा पहुँचती है।'

अपनी बात को जारी रखते हुए उन्होंने आगे कहा– 'अन्नं वै प्राणाः' अन्न तो प्राण है। शरीर में अन्न न पहुँचने पर इन्द्रिय-शक्तियाँ कमजोर हो जाएँगी। उठना-बैठना मुश्किल हो जाएगा। भूख सताने पर भक्ति में मन एकाग्र हो नहीं पाएगा। फिर जैन धर्म में तपस्या पर इतना जोर दिया गया है, इसका कारण क्या है?'

प्रश्न मुनि जी के सामने था। उन्होंने उत्तर दिया–

'जैन धर्म में तपस्या पर अवश्य बल दिया गया है, किन्तु तपस्या का अर्थ भूखों मरना अथवा शरीर को सताना नहीं है। शरीर को दुःख देने के लिए होने वाली तपस्या-साधना का भगवान महावीर ने खंडन किया है। फिर तप-आचरण का विधान इसलिए है जिससे देहासक्ति क्षीण हो जाय। अगर देह में आसक्ति है तो भक्ति भी मोह में बदल जाती है।'

'हमारी चित्त-वृत्ति यदि शरीर और इंद्रियों से ऊपर नहीं उठ पाई है तो वह प्रभु की भक्ति के समय भी संसार-वासना से उबर नहीं पाएगी। वह भक्ति के अन्त में आशीर्वाद के रूप में सन्तान-धन, स्वास्थ्य या संकट-निवारण का वरदान माँग लेगी। इसलिए जैन धर्म में देह और विषयों के प्रति चित्त में ठहरी आसक्ति को तोड़ने के लिए तपस्या का विधान है। किन्तु यहाँ यह समझना जरूरी है कि महावीर ने उसी तप का समर्थन किया जो देहासक्ति को तोड़ने में सहयोगी हो, जो आपको ध्यान-समाधि की गहराइयों में उतारने में सहायता करे। तप-साधना का मार्गदर्शन करते हुए भगवान महावीर कहते हैं– श्रमणों, तपश्चर्या की कठिन राह पर कदम उठाने से पहले अपने शरीर-बल को तोलो। प्राण-बल को तोलो। अपने संकल्प की दृढ़ता को जाँचो-परखो। अपने आरोग्य को देखो। इसके साथ ही क्षेत्र और काल की अनुकूलता-प्रतिकूलता का ध्यान करो। इन सब पहलुओं पर सम्यक् विचार करके अपने को नियोजित करो। इस विवेक दृष्टि के पीछे का रहस्य यही है कि भगवान महावीर न भूखों मरने के समर्थन में हैं, न शरीर को सताने में। वे केवल उस तप आचरण के समर्थन में हैं जो देहासक्ति को क्षीण करे। देहासक्ति टूटने पर ही भक्ति, ज्ञान और आचरण सम्यक् हो सकेंगे। जैन धर्म का ऐसा अभिमत है।'

आनंदमयी माँ ने कहा– 'यह सही है कि देहासक्ति टूटे बिना भक्ति निष्काम नहीं रह पाती। किन्तु क्या भूखे रहने से-तपस्या से वह आसक्ति सर्वथा क्षीण हो जाती है? कहीं ऐसा तो नहीं है कि तपस्या से इन्द्रिय-दुर्बलता के कारण वह देहासक्ति क्षीण लगती है, पर क्षीण नहीं होती। वह एक बार सुषुप्त अवश्य हो जाती है। किन्तु ज्यों ही तपस्या पूर्ण हुई, शरीर को अपनी खुराक मिली, इंद्रियाँ पुनः सबल हुईं कि देह और विषयासक्ति भी प्रबल हो जाती है?'

मुनि जी आनंदमयी माँ की जिज्ञासा शान्त करने का प्रयास कर रहे थे– 'यदि आसक्ति क्षीण नहीं हुई तो वह अवसर पाकर पुनः प्रबल हो सकती है। किन्तु जैन

चिन्तन यह है कि देहासक्ति और चित्त वासना जब दुर्बल होती है, वह क्षण आत्मानुभव में उतरने का स्वर्णिम अवसर होता है। एक बार आत्मानुभव में उतर गये कि सारी आसक्तियाँ और वासनाएँ स्वयं क्षीण हो जाती हैं। अगर आत्मानुभव में नहीं उतर पाए तो सुषुप्त वासनाओं के जागने की सम्भावना बनी रहती है। उस स्थिति में आसक्ति और वासना को तोड़ने का प्रयास पुनः करना पड़ता है। किन्तु आत्मानुभव में उतरने के अनुरूप चित्त-भूमि के निर्माण में तपस्या एक महत्त्वपूर्ण साधना है, ऐसा जैन अभिमत है।'

'यह भक्ति-मार्ग से भी तो सम्भव है।' वे बोलीं– 'भक्ति की पराकाष्ठा में वह प्रभु के साथ एकाकार हो जाती है। तब देहासक्ति और वासनाएँ स्वयं लीन हो जाती हैं।'

'भक्ति-मार्ग से देहासक्ति क्षीण नहीं होती, जैन दर्शन का ऐसा अभिमत नहीं है।' मुनि जी बोले– 'भक्ति, ज्ञान, कर्म एवं तप किसी भी मार्ग से समाधि-अनुभव तक पहुँचा जा सकता है। वह तभी सम्भव है, जब वासनाएँ क्षीण हों, चित्त निर्मल हो, देहासक्ति निर्बल हो। ऐसा न होने पर भक्ति का मोह में परिणत होने का खतरा रहता है, ज्ञान कोरा तोता-रटंत बन जाता है। आचरण पाखंड बन जाता है। तपस्या केवल देह-दमन और प्रदर्शन बनकर रह जाती है। मैं समझता हूँ, इस निष्कर्ष में किसी का मतभेद नहीं हो सकता।'

मुनि जी आनंदमयी माँ के सीधे-सरल स्वभाव से बहुत प्रभावित हुए। वह उठकर चली गयीं थीं और मुनि जी बैठे-बैठे सोच रहे थे कि संत समाज में ऐसी निश्छल, सरलता और ग्रंथि-मुक्त जिज्ञासा दुर्लभ है। आनंदमयी माँ के अतीन्द्रिय अनुभवों और भाव-समाधि का रहस्य भी सम्भवतः यह शिशु-सी सरलता और चित्त की निर्मलता ही थी। शायद उनकी यही विशेषता तमाम विशिष्ट माने जाने वाले लोगों को उन तक खींच लाती है। प्रधानमंत्री पं. जवाहर लाल नेहरू और श्रीमती इन्दिरा गाँधी भक्ति श्रद्धा से प्रेरित होकर आश्रम में उनके दर्शन करने और आशीर्वाद लेने जब-तब आया करते थे।

आनंदमयी माँ से वार्ता के बाद मुनि जी को उस कमरे में ले जाया गया, जहाँ श्री गोपीनाथ कविराज समाधि-लीन होने की तैयारी कर रहे थे। मुनि जी ने देखा श्री कविराज जी अपनी अन्तिम साँसों के समय भी खाट पर ध्यान मुद्रा में बैठे हैं। आँखें मुँदी हुई हैं, मुख-मुद्रा बिल्कुल शान्त-निर्विकार। सिरहाने खड़ी मृत्यु का कोई भय नहीं। न सम्बन्धियों-रिश्तेदारों में रुचि। न शिष्यों-भक्तों से कोई लगाव। समस्त वातावरण इतना सहज और स्वाभाविक कि कोई सोच भी नहीं सकता कि एक महान आत्मा अब इस संसार से विदा लेने जा रही है।

कविराज जी के पास मुनि जी कुछ क्षण मौन बैठे रहे। फिर उनकी सेवा में तत्पर

भाई ने उनके कानों में मुनि जी की उपस्थिति की जानकारी दी। उन्होंने आँखें खोलीं। एक जैन मुनि को अपने सामने देखकर उनकी आँखों में प्रणाम का भाव साफ झलक रहा था। मुनि जी बोले– 'भारतीय तंत्र-विज्ञान के महापंडित से मिलकर हमें महान हर्ष हो रहा है।' यह सुनकर उनके चेहरे पर हल्की-सी मुस्कान तैर गयी। मुनि जी बोले- 'जीवन की अन्तिम घड़ी दरवाजे पर दस्तक दे रही है। इस स्थिति में भी कहीं मानसिक विचलन तो दूर, मुख-मंडल पर विराजमान सहज शान्ति और ध्यान-समाधि की अवस्था संत-पुरुषों के लिए एक प्रेरणा है।' मुनि जी की यह बात सुनकर उत्तर में उन्होंने अपने दोनों हाथ जोड़ दिए। मुनि जी बोले- 'सौर तंत्र-विज्ञान के महान् ज्ञाता स्वामी विशुद्धानंद जी ने अपनी तंत्र-साधना की विरासत आपको सौंपकर इस संसार से विदा ली। अब आप भी इस संसार से विदा लेने की तैयारी में हैं। मेरी जिज्ञासा है कि तंत्र-विज्ञान की यह दुर्लभ विरासत आप किसको सौंप कर जा रहे हैं?'

इस बार उन्होंने होंठ खोले और कहा– 'शेरनी का दूध लेने के लिए सोने का पात्र चाहिए। दूसरे पात्र में डाल देने से बर्तन भी फट जाएगा और दूध भी नहीं टिकने वाला।' इतना कह कर वे मौन ध्यानस्थ हो गये।

मुनि जी उन्हें फिर कुरेदते हुए बोले– 'इसका अर्थ यह है कि अध्यात्म जगत की एक महान सम्पदा को आप अपने साथ लेकर जा रहे हैं। मानव समाज को एक विशिष्ट आत्मविद्या से वंचित रखने का श्रेय क्या आपको नहीं जाएगा? मैं समझता हूँ अब भी जो समय बचा है, उसका उपयोग करते हुए आध्यात्मिक विरासत किसी-न-किसी को सौंप कर आप यहाँ से विदा हों।'

ऐसा लगा जैसे मुनि जी के शब्दों ने उन्हें भीतर तक झनझना दिया हो। उन्होंने फिर आँखें खोलीं और बोले– 'मैं इसी कोशिश में लगा हूँ।' फिर होंठों ही होंठों में कहा- 'किन्तु अब समय कहाँ रह गया है।'

'वह कोशिश पर-काया-प्रवेश के रूप में हो रही है अथवा शक्तिपात के रूप में?' मुनि जी ने पूछा।

आयु की अल्पता को देखते हुए वे अपना समय बातों में शायद जाया नहीं करना चाहते थे। इसलिए वे बोले– 'जो भी माध्यम उपलब्ध हो जाय।' इसी संक्षिप्त उत्तर के साथ वे पूरी तरह ध्यानस्थ हो गये।

निकट बैठे सेवादार ने कहा– 'पिछले कई दिनों में आज पहली बार उन्होंने आपसे इतनी बात की है। शरीर की अनिवार्य चिन्ताओं के अलावा वे बराबर ध्यान में ही रहते हैं। वे क्या कर रहे हैं, यह वह ही जानते हैं।'

'वे अवश्य ही किसी माध्यम की खोज में हैं।'– मुनि जी ने कहा।

योगशास्त्र में दो प्रकार के माध्यमों की विशेष चर्चा मिलती है। एक है

पर-काया-प्रवेश, जिसमें योगी अपने शरीर की असमर्थता का अनुभव करते हुए तत्काल-मृत-देह को जीवन-धारण का माध्यम बना लेते और अपने अशक्त शरीर का विर्सजन कर देते हैं।

कुछ अंग्रेज लेखकों ने अपनी पुस्तकों में इस प्रकार के योगियों का आँखों देखा हाल वर्णित किया है। दूसरे माध्यम में समर्थ गुरु अपने होनहार शिष्य में अपनी आध्यात्मिक उपलब्धियों का शक्ति-पात कर देते हैं। जैसा कि स्वामी रामकृष्ण परमहंस ने स्वामी विवेकानंद को शक्ति-पात द्वारा ही आत्म-अनुभूति में उतारा था।

कुछ देर तक मुनि जी कविराज को पूरे ध्यान से देखते रहे। फिर उनके साथ अन्तिम क्षणों का आत्मस्पर्शी अनुभव सँजोकर वहाँ से चले आये।

x x x

मुनि जी राजगृही, पावापुरी को अपना लक्ष्य मान चलते जा रहे थे। उन्होंने दिल्ली में आचार्यश्री के समक्ष अपना संकल्प व्यक्त करते हुए निवेदन किया था, 'गुरुदेव, अब मैं अपना शेष जीवन आत्म-साधना, साहित्य-सृजन और दर्शन के चिन्तन-अध्ययन में बिताना चाहता हूँ। गुरुदेव मुझे संघ की राजनीति से मुक्त कीजिए।' तमाम स्थितियों और मुनि रूपचन्द्र की प्रवृत्तियों को देखते हुए आचार्यश्री ने उन्हें अनुमति दे दी थी। उसी लक्ष्य के साथ मुनि जी राजगृही, पावापुरी जा रहे थे। वे राजगृही पहुँचने वाले थे। मौसम में ताप कुछ कम हो चला था। आषाढ़ की फुहारों से राजगृही की हरी-भरी पहाड़ियां सुरम्य हो चली थीं। सड़क के किनारे चलते-चलते मुनि जी के मानस में अनेक दृश्य उभर रहे थे- श्री माँ, जे. कृष्णमूर्ति, आनंदमयी माँ, कविराज, आचार्य रजनीश और इसके साथ ही संतों के बाने में छलने वाले कुछ तथाकथित भगवानों के कुटिल पाखंड। इसमें सबसे गाढ़ा चित्र उभरा उस कनैडियन लड़की का, जो अपने भारतीय मित्र के साथ मुनि जी से मिलने आयी थी। वह कुछ ही दिन पहले एक तथाकथित भगवान के विदेशी शिष्य समुदाय के साथ भारत-यात्रा पर आयी थी। उसकी आपबीती कँपा देने वाली थी। उसने बताया किस प्रकार उस तथाकथित भगवान ने अपनी तथाकथित अलौकिक शक्तियों का विज्ञापन प्रेस, रेडियो, टेलीविजन के माध्यमों से करवाया। उन सब विज्ञापनों का सार यही था कि भगवान के साक्षात् दर्शन के इच्छुक व्यक्ति इनसे मिलें। वे भगवान के साक्षात् अवतार हैं। उस लड़की का एक-एक वाक्य मुनि जी के कानों में गूँज रहा था– 'मेरे मन में बचपन से ही भगवद-दर्शन की तीव्र लालसा थी। भारत के फकीरों, योगियों और भगवानों के अलौकिक चमत्कारों के प्रभाव और वर्तमान के आकर्षक विज्ञापन ने मुझे उन तथाकथित भगवान के चरणों में पहुँचा दिया।'

दुःख और पश्चात्ताप की छाया उसके चेहरे पर साफ दिखाई दे रही थी। वह अपनी दुःखद गाथा भर्राए गले से सुना रही थी– 'यहीं से प्रारम्भ हुआ मेरे दुःखद दुर्भाग्य का सिलसिला, जिसके कुटिल चंगुल से मैं अब इन डॉक्टर महोदय की कृपा से छूट पाई हूँ। भगवद्-दर्शन से पहले गुरु-मंत्र लेना जरूरी था। गुरु-मंत्र के साथ ही मुझे पीने को चरस दिया गया। सिगरेट पीने की आदत मुझे पहले से थी। इसलिए चरस पीने में न मुझे कोई एतराज हुआ, न कोई कठिनाई। चरस के पहले ही कश में मैं जैसे किसी दूसरे ही लोक में पहुँच गयी। एक स्वर्गीय आनन्द के निर्झर में ऊपर से नीचे तक मैं नहा गयी। किसी अलौकिक सुखानुभूति से तन-मन भर गया। मुझे ऐसा लगा, जैसे मैं सचमुच ही अवतार पुरुष के सान्निध्य में पहुँच गयी हूँ।'

'किन्तु मेरा यह सुखद अनुभव मृग-मरीचिका साबित हुआ। धीमे-धीमे मोहभंग होने पर मुझे पता चला कि मैं किस प्रकार एक कुत्सित षड्यंत्र का शिकार हो गयी हूँ। जहाँ चरस के पहले कश ने मुझे किसी दिव्य-लोक में पहुँचा दिया था, वहां अब कश-पर-कश लेने पर भी जैसे कोई असर नहीं हो रहा था। किन्तु मेरी उस मिथ्या भाव-समाधि अवस्था का लाभ तथाकथित भगवान ने अवश्य उठाया। परिणमतः मैं तन-मन धन सबसे लुट गयी हूँ। इसी सिलसिले में वे तथाकथित भगवान भारत में अपना प्रभाव जमाने के लिए हम गोरी चमड़ी वालों को जहाज में भरकर यहाँ ले आये। मेरी स्थिति उस कबूतर के समान थी, जो न तो कबूतरखाना छोड़ सकता है और न भीतर चैन से रह सकता है। सबके साथ मुझे भी इस नुमाइश में भारत आना पड़ा। किन्तु वह अच्छा ही हुआ। यहाँ संयोगवश इन डॉक्टर महोदय से मेरा सम्पर्क हुआ, जिनके साहसपूर्ण सहयोग से ही मैं उस तथाकथित भगवान के चंगुल से मुक्त हो सकी।' यह कहते-कहते उसकी आँखों से दो आँसू ढुलक पड़े थे। मुनि जी सोच रहे थे कि योग-ध्यान की आड़ में छलावे का कारण योग ध्यान का व्यवसायीकरण है। कोई भी विद्या जब व्यवसाय का रूप ले लेती है, तब वह अपनी पवित्रता खो देती है। भारत ने इसलिए अपनी हर विद्या के साथ साधना और तप को जोड़ा। जब भी कोई विद्या साधना और तप से हटकर व्यवसाय और प्रदर्शन के साथ जुड़ जाती है, तब उसमें बाहरी चमक-दमक भले ही बढ़ जाय, लेकिन वह निस्तेज और निष्प्राण हो जाती है। साधना में जोर गुणात्मकता पर होता है। व्यवसाय में संख्या प्रदर्शन पर। संख्या और प्रदर्शन के व्यामोह में गुणात्मकता को रख पाना आकाश कुसुम के समान है।

यही सोचते-सोचते कब मुनि जी के चरण भगवान महावीर और बुद्ध की प्रभाव भूमि राजगीर में पड़े, उन्हें पता ही न चला।

नजर उठाई तो सामने प्रकृति का अनुपम विस्तार दिखाई पड़ा। चारों ओर ऊँची-ऊँची पहाड़ियाँ, मानो द्वारपाल की तरह राजगीर की रक्षा में तैनात हों। एकदम

सामने था विपुल गिरि। मुनि जी के कदम आगे बढ़ते जा रहे थे। पहाड़ों के वज्र से कठोर पत्थर अपनी ताकत का अहसास करा रहे थे। कुछ ही देर में मुनि जी अपने तीन सहयोगियों मनक मुनि, विजय मुनि और अशोक मुनि के साथ ऐतिहासिक, धार्मिक नगरी राजगीर पहुँच गये। महाभारतकालीन घटनाओं से जुड़ी यह भूमि भगवान महावीर और भगवान बुद्ध की साधना स्थली रही है। भगवान महावीर ने तो अपने जीवन काल के चौदह चातुर्मास यहाँ बिताए थे। मुनि जी अपने जीवन की शेष अवधि यहीं ध्यानस्थ पाँच पहाड़ियों- विपुल गिरि, सोन गिरि, रत्न गिरि, उदयगिरि और वैभार गिरि के बीच अध्ययन, चिन्तन, मनन और साहित्य-सृजन में लगा देने के लिए पहुँच गये थे।

पहाड़ियों के पीछे से सूर्य मुनि जी की अगवानी करने के बाद छुपने की तैयारी में था। मुनि जी के कदम और तेज हुए। उन्होंने राजगीर, जिसे राजगृह भी कहा जाता था, को घेरने वाली चालीस किलोमीटर दूर तक फैली पत्थर की मोटी दीवार से नगर में प्रवेश किया। उन्हें सूर्यास्त से पहले नगर के बीचों-बीच घनी बस्ती में स्थित श्वेताम्बर जैन लाल मन्दिर पहुँचना था। जिसे कुछ लोग नौलखा मन्दिर के नाम से जानते थे। बीस मिनट में वे लाल मन्दिर पहुँच गये।' उन्होंने मंदिर में प्रवेश किया और भगवान महावीर की छवि को निहारते हुए वज्रासन पर बैठ स्तुति करने लगे–

'महावीर स्वामी, नयन पथगामी, भवतु मे...' पाँच मिनट पूजा-अर्चना के बाद जयंती बाबू और मंजू बाई जैन सहित कई अन्य श्रावक उन्हें सामने बनी श्वेताम्बर जैन कोठी धर्मशाला में ले गये। लम्बे विहार के बाद आहार ग्रहण किया। चारों मुनियों को आहार करते देख दम्पत्ति को बहुत संतोष हो रहा था। विशाल धर्मशाला में सौ से अधिक कक्ष थे, लेकिन मुनि जी के लिए व्यवस्था वहीं पीछे धर्मशाला के एक हिस्से, अतिथि भवन में थी। आहार के बाद धर्मशाला की सीढ़ियाँ उतरते हुए मुनि जी ने देखा सामने पहाड़ी पर सूर्य अपना पिटारा समेटने की तैयारी में है। लाल मंदिर लाल सूरज की लालिमा से रक्ताभ हो उठा था। मुनि जी सीढ़ियाँ उतरकर गौशाला पार करते हुए अपने स्थान पर पहुँचे। अतिथि भवन की उस इमारत के बीचों बीच घने वृक्षों से आच्छादित दो-तीन कमरों में ज्ञान राशि का भंडार था। वह दरअसल पुस्तकालय था। पुस्तकालय के बाहर चबूतरा था और चबूतरे पर वृक्ष की छाया। चबूतरे पर बैठें तो सामने पसरा काफी बड़ा खाली स्थान। नजर उठाएँ तो जाकर सीधे बड़ी धर्मशाला के कमरों की पीठ पर टिक जाती।

मुनि जी के लिए पहली मंजिल के एक फ्लैट में ठहरने की व्यवस्था थी। तीन कमरों वाले साफ-सुथरे फ्लैट के पहले कमरे में मुनि जी ने अपना आसन लगा लिया। कमरे की खिड़की खोली तो बस्ती के घर ही घर नजर आ रहे थे। खिड़की के ठीक सामने छत पर कैक्टस मुस्करा रहा था। शाम ढल चुकी थी, लेकिन हवा में अभी भी जेठ माह

की दुपहरी का ताप बाकी था। राजगीर की पहाड़ियों के तप जाने से यहाँ गर्मी कुछ ज्यादा रहती थी। दिनभर लू के थपेड़ों से जूझने के बाद इस कक्ष में पहुँच कर मुनि जी को राहत मिली। बस, यही है उनके भावी अध्ययन चिन्तन-मनन और सृजन की स्थली।

मुनि जी ने खिड़की से आकाश की ओर देखा। सूरज का कहीं नामो-निशान नहीं था। धीरे-धीरे वह अपना उजाला भी समेट चुका था। मुनि जी ध्यान में बैठ गये।

वे अब तक जैन आगमों, श्रीमद् भगवदगीता, वेद-उपनिषदों, षड्-दर्शन संग्रह आदि का अध्ययन कर चुके थे। बौद्ध शास्त्रों पर भी उनका अध्ययन हो चुका था। कुछ दिन पहले उन्होंने कुरान पढ़ी थी। इस्लाम से सम्बन्धित पुस्तकों का अध्ययन किया था। उनके मन में बाइबिल और वर्तमान शताब्दी में लोकप्रिय हो रहे कार्लमार्क्स के साम्यवाद को पढ़ने की इच्छा थी। बाइबिल का हिन्दी अनुवाद आसानी से मिल गया। लेकिन साम्यवादी दर्शन का मूल ग्रंथ 'दास कैपिटल' उपलब्ध नहीं हो रहा था। इस बारे में उन्होंने अपनी इच्छा भानी राम वर्मा के समक्ष व्यक्त की। उन्होंने इसकी व्यवस्था करने का वचन दिया। भानी राम वर्मा मुनि जी की जन्म-स्थली सरदारशहर के ही थे। मुनि जी को पता चला था कि बचपन के दस-बारह वर्ष वे अवसाद की अवस्था में थे। उन्हें मिरगी के दौरे पड़ा करते थे। लेकिन बाद में न केवल वे शारीरिक-मानसिक रूप से स्वस्थ हो गये, अपितु ज्ञानार्जन का लक्ष्य साधने में उनके अंतर्चक्षु खुल गये थे। उनकी स्मरण-शक्ति अद्भुत थी।

एक दिन सुबह-सुबह भानी राम वर्मा आये। मुनि जी ध्यान आदि साधु-चर्या से निवृत्त हो कुछ लिखने की मुद्रा में थे। अचानक भानी राम के आ जाने से विचार शृंखला टूट गयी। मुनि जी को नमन करने के बाद उन्होंने शुभ सूचना दी–

'मुनि जी 'दास कैपिटल' मिल गयी।' मुनि जी को पुस्तक सौंपते हुए उनके चेहरे पर विजयी भाव झलक रहा था। ज्ञान-पिपासु मुनि जी ने पन्ने पलटे और फिर पुस्तक को एक तरफ रख दिया। खिड़की से आ रही धूप की किरणें सीधे 'दास कैपिटल' पर पड़ रही थीं।

कुशलक्षेम के बाद भानी राम जी बोले–

'मुनि जी आज मैं जल्दी में हूँ। कुछ जरूरी काम है। आपको पुस्तक देने का उतावलापन मैं छुपा नहीं सका और सीधा चला आया। अभी आज्ञा लेता हूँ। फिर चर्चा करूंगा। मेरे मन में तमाम जिज्ञासाएँ हैं... अब आज्ञा दें मुनि जी...।'

भानी राम जी जैसे तेज झोंके की तरह आये थे वैसे ही लौट गये। आज मुनि जी को कहीं जाना नहीं था। उन्होंने 'दास कैपिटल' पढ़ने का मन बना लिया। आधा घंटा बाद उन्होंने पढ़ना शुरू कर दिया।

x x x

पाँच दिन तक 'दास कैपिटल' में मार्क्स के दर्शन का अवगाहन करते हुए मुनि जी ने बहुत कुछ अनुभव किया। उन्होंने मार्क्सवाद का वैदिक, जैन और बौद्ध दर्शनों की तुलना में आकलन शुरू किया, बुर्जुआ, समानता, संघर्ष, रोटी, पैसा, पूँजीवाद, शोषण, शोषित की बात करने वाले आधुनिक मार्क्सवाद की व्याख्या जब उन्होंने महावीर वाणी के सन्दर्भ में की, तो विचारों का ज्वार-सा उमड़ पड़ा। उधर जून-जुलाई की तपती दोपहरी, इधर विचारों का ज्वार...। मुनि जी ने कलम निकाली और ज्वार को कागज पर उतारना शुरू कर दिया–

'कोई भी दर्शन या विचार नया अथवा पुराना नहीं होता। हजारों वर्ष पूर्व प्लेटो की 'रिपब्लिक' में समाजवादी समाज एवं राष्ट्र-रचना की रूपरेखा मिलती है। उससे भी पूर्व भगवान महावीर ने हमारे सामने सामाजिक और राष्ट्रीय जीवन का एक आदर्श रखा था।

अर्थव्यवस्था के दो पक्ष होते हैं– पूँजी और श्रम। इनमें भी सर्वोच्च स्थान श्रम का है। महावीर ने श्रम को जितनी बड़ी प्रतिष्ठा दी, उतनी शायद ही र्माक्स दे पाया हो। उन्होंने कहा है– 'जो श्रम करता है, वही श्रमण है। संत है।' 'श्रम ही साधन'– यह बात संसार में विचारक टालस्टॉय कह पाए थे, जिसे रूस की जनता साम्यवाद का प्रणेता मानती है। उससे भी पूर्व महावीर ने श्रम को इतनी प्रतिष्ठा दी थी।

श्रम का जो उद्योगमय रूप है, उसके बारे में महावीर का विचार वही है जो रस्किन, टालस्टॉय, और गाँधी जी का रहा है। महावीर ने श्रावक के लिए कल-कारखानों का वर्जन किया है, क्योंकि वे हिंसा के केन्द्र हैं। उनसे सम्पत्ति का केन्द्रीकरण होता है, बेकारी बढ़ती है। इसलिए उन्हें महा-आरम्भ, महा-परिग्रह कहकर महावीर अपनी साधना-पद्धति में इनका निषेध करते हैं। गाँधी और रस्किन का विचार लगभग यही है। इनके स्थान पर महावीर ने छोटे-छोटे उद्योगों को अपने दर्शन में स्थान दिया। जिससे अल्प-आरम्भ, अल्प-परिग्रह, धन का विकेन्द्रीकरण, आर्थिक समता तथा क्षेत्रीय स्वावलम्बन स्वयं निष्पन्न होते हैं। छोटे उद्योगों में भी शोषण न हो, इसके लिए महावीर ने सजगता बरतने का निर्देश किया। सम्भवतः महावीर ही एकमात्र व्यक्ति थे, जिन्होंने पशु पर अधिक भार न लादने तक का निर्देश श्रावकीय आचार संहिता में दिया। मानवीय शोषण को तो उन्होंने प्रायश्चित्त योग्य बड़ी हिंसा कहा है...।

समाजवाद का जो रूप भारत में स्थापित होकर यहाँ के लोक जीवन के लिए वरदान बन सकता है। वह ग्राम-राज्यमूलक, लघु एवं कुटीर उद्योगों द्वारा क्षेत्रीय स्वावलम्बन पर आधारित, गाँधी और महावीर का अहिंसा, प्रेम एवं करुणामय भारतीय समाजवाद होगा, प्रिंस क्रोपोट्किन का अराजकतावादी अथवा मार्क्स का वर्ग-संघर्षवादी समाजवाद नहीं, क्योंकि वे अपूर्ण एवं अधूरे तो हैं ही, इस देश की परिस्थितियों एवं परिवेश के विपरीत भी हैं।

गाँधी जी ने ट्रस्टीशिप का आदर्श रखा, जो भारतीय समाजवाद का आधार है। महावीर ने इसी का स्वामित्व-विसर्जन के रूप में विधान किया। वह ट्रस्टीशिप से भी गहरा जाता है। स्वामित्व-विसर्जन का सीधा अर्थ है– वस्तु से अपना स्वामित्व हटा लेना। जीवन के साधनों में सब समान हिस्सा रखते हैं। कोई उनका एकमात्र स्वामी नहीं है। हर व्यक्ति मात्र संरक्षक है। जो अपनी अपेक्षा के अनुसार योगक्षेम के साधन ले, शेष औरों के लिए छोड़ दे, जिनको आवश्यकता है। महावीर कहते हैं– अपनी आवश्यकता के लिए लेने से पूर्व यह देख लो कि क्या इससे कम में भी मेरा काम चल सकता है? क्या इससे दूसरे की आजीविका का विच्छेद तो नहीं हो जाएगा? इन परिस्थितियों में वह अपनी आवश्यकताओं को और कम करके शेष सम्पत्ति से अपना स्वामित्व हटा ले। स्वामित्व-विसर्जन तभी हो सकता है जब अपनी आवश्यकताएँ सीमित हों।

महावीर शोषण-मुक्त व्यवसाय से प्राप्त आय को भी व्यक्ति की अपनी आय नहीं मानते। विसर्जन स्वामित्व का अस्वीकार है और स्वामित्व अहं का विस्तार। स्वामित्व टूटने पर आवश्यकता-पूर्ति बचती है, जिसे उपभोग-परिभोग-परिमाण-व्रत द्वारा महावीर अधिकाधिक सीमित करते जाने का निर्देश देते हैं। श्रावक की तीन मनोकामनाओं में सर्वप्रथम है कि मैं अल्पतम आरम्भ और अल्पतम परिग्रह पर कब पहुँच सकूँगा! पूर्ण अपरिग्रह यानी स्वामित्व का सम्पूर्ण विसर्जन महावीर का मूल आदर्श है। जहाँ विषमताओं एवं शोषण का बीज समाप्त हो जाता है।

उपभोग-परिभोग-परिमाण-व्रत एक प्रकार से आय का स्वैच्छिक परिसीमन है, जो व्यक्ति और समाज को स्वतः समाजवाद की ओर ले जाता है। यह दुर्भाग्य का विषय रहा है कि महावीर को गत ढाई हजार वर्षों में हमारे देश ने समझने और अनुसरण करने का प्रयास नहीं किया। अन्यथा देश में एक महान रक्तहीन आर्थिक क्रान्ति होती। हमारे सामाजिक-आर्थिक तंत्र का समाजवादी आधारों पर नवनिर्माण कभी का हो जाता।'

एक ही बैठक में मुनि जी ने महावीर और समाजवाद को व्याख्यायित करते हुए लेख पूरा कर दिया। लेख पूरा होते-होते शाम पाँच से ज्यादा बज गये थे। यह आहार का समय था।

x x x

नवकारसी (दिन का प्रथम आहार-नाश्ता) के बाद मुनि जी निकल पड़े विहार के लिए। कई दिनों से पहाड़ों की चोटियों पर जाने की इच्छा थी। आज उन्होंने अपना लक्ष्य बनाया वैभार गिरि। नगर से वैभार गिरि की तलहटी तक का रास्ता बीस-पच्चीस

मिनट में तय करने के बाद मुनि जी ने चढ़ाई शुरू की। चढ़ाई करते हुए मुनि जी लगातार सोच रहे थे कि यह राजगीर ही भगवान महावीर की तपः साधना भूमि रही है। ये पर्वत, ये प्रस्तर उनके समग्र जीवन की गौरव दीप्ति को साकार करते प्रतीक होते हैं। यह भूमि आज भी उस आध्यात्मिक चेतना को सूक्ष्म स्तर पर मूर्तिमान कर रही है, जो भगवान के जीवन और सन्देशों में मुखरित थी। मुनि जी लगभग आधी चढ़ाई चढ़ चुके थे, दस मिनट बाद एक विशाल शिला पर रुके और चारों तरफ नजर दौड़ाई। सामने चारों पर्वत-सोनगिरि, विपुलगिरि, उदयगिरि और रत्नगिरि का विस्तार दिखाई दे रहा था।

कई पुरातन अवशेष भी साफ दिखाई दे रहे थे। मुनि जी अनुभव कर रहे थे इन सबमें विद्यमान एक सूक्ष्म स्पन्दन, जो किसी भी संवेदनशील मानस को विशिष्ट अनुभव कराने में सक्षम है। उन्हें लगा जैसे कि अभी भगवान महावीर वहाँ साकार होकर सर्वत्र विचरण कर रहे हैं, अपनी अमृतवाणी के सतत प्रवाह से सम्पूर्ण मानवता को आप्लावित कर रहे हैं। मुनि जी अब पिपली गुफा की ओर बढ़ चले। कहा जाता है कि भगवान बुद्ध इस गुफा में ध्यान-मग्न होते थे। पिपली गुफा से ही सप्तपर्णी गुफाओं की तरफ जाने वाले रास्ते पर चलते हुए मुनि जी गुफाओं तक पहुँच गये। देखा सामने एक ही पंक्ति में छह गुफाएँ हैं। गुफाओं के सामने एक विशाल प्रांगण है। पाली और संस्कृत ग्रंथों में उल्लिखित राजगीर की सप्तपर्णी गुफाओं से ये काफी मिलती-जुलती लगीं। भगवान बुद्ध के परिनिर्वाण के छह महीने बाद उनके उपदेशों की आचार संहिता बनाने के उद्देश्य से प्रथम बौद्ध महासभा का आयोजन इसी स्थान पर किया गया था। इसमें पाँच सौ बौद्ध-भिक्षुओं ने भाग लिया। वैभार पर्वत का शिखर अब दूर नहीं था। पाँच मिनट में मुनि जी वहाँ पहुँच गये। राजगीर की भव्यता साफ नजर आ रही थी। दूर-दूर तक फैला नगर और नगर की पहरेदारी करते पाँच पर्वत। मुनि जी मनोरम दृश्य में कुछ देर के लिए डूब से गये।

भगवान बुद्ध अक्सर वैभार गिरि के शिखर से ऐसे अवसरों का आनन्द लेते थे। उन्होंने इसी शिखर से मनोरम दृश्य का आनन्द लेने का उपदेश अपने साथी आनन्द को दिया। शिखर पर खड़े मुनि जी के मानस से एक मुक्तक के रूप में ये पक्तियाँ फूट पड़ीं—

'दूर-दूर फैली है घाटी, अन्त कहाँ है
ऊपर माटी, नीचे माटी, अन्त कहाँ है
दौड़ रहे हैं पागल मृग जंगल दर जंगल
खड़ा कबीरा लिए लुकाठी अन्त कहाँ है।'

एक पावन स्पन्दन सूक्ष्म चेतना में जाग्रत हो उठा। मुनि जी को चारों ओर भगवान

महावीर का ही अस्तित्व साकार दिखाई दे रहा था। यह अनुभूति भी मुक्तक के रूप में फूट पड़ी।

तेरा मन पावन गंगा है, डुबकी ले लूँ
इन्द्रधनुष-सा सतरंगा है, डुबकी ले लूँ
अम्बर में लिपटा भी तेरा रूप दिगम्बर
नील गगन-सा यह नंगा है, डुबकी ले लूँ।

वैभार गिरि की दैवीय अनुभूतियाँ भीतर संजोए मुनि जी सूर्यास्त से पहले अपने कक्ष में आ गये। कुछ श्रावक उनकी प्रतीक्षा में थे। आहार-प्रतिक्रमण के बाद जिज्ञासु श्रावकों के साथ देर तक अध्यात्म-चर्चा चलती रही। शाम ढली तो सब अपने-अपने घर चले गये। मुनि जी अकेले में और लिखना चाहते थे, लेकिन प्रकाश के अभाव के चलते यह सम्भव नहीं हो सका, क्योंकि जैन मुनियों को विद्युत-प्रकाश के उपयोग की अनुमति नहीं थी, दिए की रोशनी भी उनके लिए वर्जित थी। मुनि जी ने अपने चिन्तन और विचारों को अगले दिन कागज पर उतारने की योजना बना ली थी। वे अपने लेखन के क्रम को बाधित नहीं करना चाहते थे। लेकिन सदैव स्थितियाँ अनुकूल नहीं होतीं। फिर भी अनुकूलता पाकर मुनि जी की कलम उनके चिन्तन को कभी लेखों को तो कभी कविताओं को लिपिबद्ध करती चलती। मई-जून-जुलाई की दोपहरी में आमतौर पर लू के थपेड़ों के बीच बाहर जाने का संयोग नहीं बनता। मिलने वाले भी ज्यादा नहीं आते। यह समय मुनि जी को अपने लेखन के लिए सर्वाधिक उपयुक्त लगता। पिछले दो महीनों में उन्होंने अनेक आलेखों में भगवान महावीर की वाणी को आधुनिक सन्दर्भों में गहराई के साथ प्रस्तुत किया। हर लेख की शुरुआत एक ही वाक्य से की– 'आयुष्मन! मैंने सुना है, भगवान ने ऐसा कहा है।' इस तरह शुरुआत करने का भी एक कारण रहा। चूँकि भगवान महावीर की वाणी उनके ग्यारह गणधरों के माध्यम से संकलित हुई। आगमों का वर्तमान रूप गणधर सुधर्मा की संकलना है। वे अपनी संकलना का प्रारम्भ सर्वत्र एक ही वाक्य से करते हैं– सुयं में आउसं, तेणं भगवया एव मक्खायं– 'आयुष्मन! मैंने सुना है, उन भगवान ने ऐसा कहा है।'

इन आलेखों की पांडुलिपि को मुनि जी ने शीर्षक दिया– 'सुना है मैंने आयुष्मन्।'

x x x

चातुर्मास शुरू हो चुका था। राजगीर बड़ी धन्य स्थली थी। इधर तेरापंथी जैन आचार्य तुलसी के शिष्य मुनि रूपचन्द्र का वर्षावास यहाँ था तो दूसरी ओर जैन स्थानकवासी सम्प्रदाय के उपाध्याय श्री अमर मुनि जी का वर्षावास भी था। दोनों ही संत

और दोनों ही कवि-कैसा सुखद संयोग। राजगीर में उपाध्याय श्री अमर मुनि जी के नये प्रयोग 'वीरायतन' के बारे में मुनि जी काफी सुन चुके थे। उन्होंने वैभार गिरि की बाहरी तलहटी में 'वीरायतन' के नाम से एक संस्था शुरू की थी, जिसका उद्‌देश्य धर्म और अध्यात्म को समाज-सेवा से जोड़ना था। दस एकड़ जमीन पर बनने वाले 'वीरायतन' में नेत्र-चिकित्सा अस्पताल, संग्रहालय और ध्यान-केन्द्र आदि बनाने की योजना थी। सन् सत्तर में इसकी स्थापना हो चुकी थी, किन्तु 'वीरायतन' अभी नवजात शिशु की अवस्था में था। इसलिए उपाध्याय श्री अमर मुनि ने अपना चातुर्मास राजगीर की बस्ती में ही रखा। बड़े सौहार्दपूर्ण वातावरण में चातुर्मास के दौरान दोनों के कार्यक्रम चल रहे थे। एक दिन उपाध्याय श्री ने मुनि जी से कहा- 'हम वीरायतन परिसर में श्री सत्यनारायण गोयनका के मार्गदर्शन में विपश्यना ध्यान का दस दिवसीय शिविर आयोजित कर रहे हैं। आप भी उस ध्यान शिविर में भाग ले सकें हमें प्रसन्नता होगी।'

इस पर मुनि जी बोले– 'आप हमारे लिए हर तरह से सम्माननीय हैं। आपको हमें आदेश देने का अधिकार है। फिर यह आयोजन तो शुद्ध रूप से आत्म जिज्ञासा और समाधि-अनुभव से जुड़ा हुआ है। हम आएँगे।'

उपाध्याय श्री ने हँसते हुए कहा– 'वीरायतन में भवन-निर्माण का कार्य बिल्कुल आरंभिक अवस्था में है। केवल दो कमरों का एक सेट पूरा तैयार है। इसलिए शिविर काल में आपको हमारे निकट ही रहना होगा।' उनका आशय स्पष्ट था कि भिन्न संप्रदाय-परम्परा कहीं रहने में बाधक न बन जाय।

मुनि जी बोले– 'आप जैसे महामनीषी के निकट रहने से हम कुछ पाने वाले ही हैं, खोने वाले नहीं। इसलिए भिन्न सम्प्रदाय परम्परा कोई भी बाधा क्यों उपस्थित करेगी?'

निश्चित तिथियों में दस दिवसीय विपश्यना ध्यान शिविर शुरू हुआ। मुनि जी वीरायतन आ गये। उपाध्याय श्री और मुनि जी दोनों के ठहरने की व्यवस्था उसी एकमात्र पूर्णनिर्मित भवन में थी। लगभग सौ साधक-साधिकाएँ शिविर में उपस्थित थे। गोयनका जी का मार्गदर्शन अनुभव की गहराइयाँ लिए हुए था। उन्होंने बर्मा में किसी बौद्ध धर्म के आचार्य से विपश्यना ध्यान पद्धति की दीक्षा ली थी। भगवान बुद्ध ने अपने शिष्यों को विपश्यना ध्यान का मार्ग बताया था। श्री गोयनका का बर्मा में बड़ा व्यवसाय था। लगातार सिर में दर्द, माइग्रेन से वे अक्सर पीड़ित रहने लगे। देश-विदेश के नामी-गिरामी डॉक्टरों से इलाज करवाया, लेकिन कोई लाभ नहीं हुआ। फिर उन्होंने विपश्यना ध्यान के बारे में सुना। आचार्य के पास इसका अभ्यास किया। परिणामतः न केवल शारीरिक बीमारियों से उन्हें छुटकारा मिला, अपितु मानसिक चिन्ताओं और इच्छाओं-वासनाओं से भी मुक्ति पाई। चित्त की धारा देह से हटकर आत्मा की ओर मुड़ गयी। आचार्य को अपने

शिष्य के एकनिष्ठ अभ्यास से सन्तोष मिला और उन्होंने श्री गोयनका को विपश्यना के विश्व-व्यापी प्रचार-प्रसार की अनुमति दे दी। तब से वे देश-विदेश में स्थान-स्थान पर विपश्यना ध्यान शिविरों का आयोजन करने लगे।

वीरायतन में आयोजित ध्यान शिविर में एक घंटा गोयनका जी का ध्यान-विषयक प्रवचन होता। और बाकी दस-ग्यारह घंटों में व्यक्तिगत और सामूहिक ध्यानाभ्यास। पिछले कुछ वर्षों में मुनि जी ने कुछ ध्यान-विधियों का अभ्यास किया था। एक निश्चित परम्परा ध्यान-विधि के अभ्यास का यह पहला अवसर था। प्रकंपनों-स्पन्दनों और संवेदनाओं के प्रति सजगता के अभ्यास के बावजूद ऐसा लग रहा था कि ध्यानाभ्यास निर्विकल्प अवस्था तक नहीं पहुँच पा रहा है। ऐसी अवस्था तक पहुँचे बिना आत्मानुभव का प्रश्न ही कहाँ उठता है। ऐसी मनः स्थिति में ध्यान शिविर के छठे दिन मुनि जी के भीतर से एक मुक्तक का जन्म हुआ—

पनघट तक आकर जो वापस लौट गया है,
मनघट तक आकर जो वापस लौट गया है।
नहीं मिलेंगे उसको अपने प्रिय के दर्शन,
घूँघट तक आकर जो वापस लौट गया है।

ध्यानाभ्यास के नौवें-दसवें दिन मनोदशा बिल्कुल शान्त और निर्विकल्प अनुभव में रमण करने लगी। मुनि जी आनन्द के सागर में गोते लगाने लगे। यह एक ऐसी भाव दशा थी, जिसमें खान-पान, औपचारिक चर्या, नियम-अनुष्ठान सब कुछ जैसे अपने अर्थ खोते जा रहे थे। उस समाधि अनुभव के बाद मुनि जी के मन-आकाश पर एक मुक्तक उतरा—

यों तो जीवन के हर क्रम में नियम प्रमुख होता है,
किन्तु कभी ऐसा भी अवसर जब सम्मुख होता है,
प्रेम-पगी पलकों में ज्वार भावना का उमड़ा हो,
उस पल नियम टूटने का भी अपना सुख होता है।

ध्यान-शिविर योग की दिशा में मुनि जी के अनुभवों को एक नए आयाम दे गया।

x x x

मुनि जी अतिथि भवन लौटे तो लेखन-अध्ययन की दिनचर्या में पहले की तरह व्यस्त हो गये। उनके पास आने वाले जिज्ञासुओं की कमी नहीं थी। ऐसे ही एक विदेशी युवक उनके पास पहुँचा। जिज्ञासु-मन युवक के भीतर कई प्रश्न उमड़ रहे थे। इसलिए चर्चा लम्बी चल निकली। चर्चा के अन्त में उसने एक प्रश्न किया- 'मुनि

जी हमारे मन में हमेशा विचार तैरते रहते हैं। क्या सम्भव है कि मन में कोई विचार ही न आये? क्या निर्विचार मन का अनुभव सम्भव है? क्या हम विचार-शून्य अवस्था को प्राप्त हो सकते है?'

प्रश्न टेढ़ा था। इसका उत्तर शब्दों में देने की बजाय मुनि जी ने उस युवक से कहा- 'आप पन्द्रह मिनट आँखें मूँद कर शान्त बैठ जाएँ और पास में कागज-कलम रखें। उन मिनटों में जो भी विचार मन में आएँ, उन्हें फिर कागज पर लिखें। लेकिन इस अवस्था में आप अपने विचारों को एक द्रष्टा की तरह देखें। याद रखें, विचारों के साथ आपको बहना नहीं है। पूरी जागरूकता से विचारों के प्रति द्रष्टा होना है।'

युवक अनुभव लेना चाहता था। कुछ देर में आँखें मूँद ध्यान अवस्था में बैठ गया। पन्द्रह मिनट बाद मुनि जी के पास आया तो उन्होंने कागज दिखाने के लिए बोला, जिसमें विचार लिखे हों। युवक ने कागज दिखाया, वह कोरा का कोरा था। मुनि जी ने कहा, 'आपने अपने विचार अंकित नहीं किए इसमें?' वह बोला- 'कोई विचार आया ही नहीं। मैं क्या लिखता।' विचार क्यों नहीं आया, मुनि जी ने कहा। क्योंकि द्रष्टा की स्थिति में विचारक ही नहीं होता है, तो विचार आएँगे कैसे?

मुनि जी ने उसे एक नये अनुभव से साक्षात कराया था।

x x x

युवकों के प्रश्न बड़े जिज्ञासा भरे होते हैं। कई बार तो प्रश्न सिर्फ सामने वाले को आड़े हाथों लेने के मकसद से पूछे जाते हैं। ऐसे ही एक बार राजगीर से पच्चीस किलोमीटर दूर बिहार शरीफ के डिग्री कॉलेज में मुनि जी को प्रवचनों के लिए आमंत्रित किया गया। कॉलेज के प्रांगण में छात्रों की खासी भीड़ थी। मुनि जी ने युवकों को एक नजर देखा और बोलना शुरू किया। उस दिन प्रवचन का मुख्य केन्द्र था मंत्र-विज्ञान। मुनि जी की वाणी से स्वर फूट रहे थे– 'अमंत्रम् अक्षरम् नास्ति, नास्ति मूल मनौषधम् अयोग्यः पुरुषोनास्ति, योजकस्तत्र दुर्लभः'– हर अक्षर अपने आप में मंत्र होता है। ऐसा कोई अक्षर नहीं जो मंत्र नहीं बन सकता। जैसे हर जड़ी-बूटी अपने में औषधि होती है, वैसे ही हर आत्मा में, हर व्यक्ति में, कोई न कोई योग्यता अवश्य होती है, लेकिन इनकी संयोजना करने वाला दुर्लभ होता है। जैसी संयोजना होती है, उसी के अनुरूप उसका लाभ मिलता है। घी अपने में अमृत माना गया है और शहद भी। लेकिन दोनों यदि समान मात्रा में मिल जाएँ तो वे विष की तरह काम करते हैं। इस प्रकार संयोजना महत्वपूर्ण होती है।...'

छात्र बड़े ध्यान से मुनि जी की बात सुन रहे थे। प्रवचन समाप्त होने के बाद एक छात्र खड़ा हुआ और उसने मुनि जी से प्रश्न किया- 'आपने अभी कहा कि हर अक्षर अपने

आप में मंत्र होता है, तो हम 'गॉड' का ही जाप क्यों करें? हम 'डॉग' का ध्यान भी कर सकते हैं। अक्षर तो दोनों में एक जैसे ही हैं, एक में 'जी' पहले है 'डी' बाद में है, दूसरे में 'डी' पहले है 'जी' बाद में।

छात्र का इतना कहना था कि छात्रों में हलचल मच गयी। कुछ हँसने लगे- 'गॉड' का ही क्यों, 'डॉग' का क्यों नहीं?'

मुनि जी ने छात्रों को शान्त रहने का इशारा करते हुए कहना शुरू किया- 'आपका प्रश्न ठीक है। मंत्र-विज्ञान का सच है कि हर अक्षर मंत्र होता है और अगर आप 'गॉड' की जगह 'डॉग' का जाप करें तो भी मंत्र बनेगा। लेकिन इतना अवश्य है कि जो जैसा जाप-ध्यान करता है, वह वैसा ही हो जाता है। हम उसके जैसा बनने के लिए, उसे पाने के लिए जाप-ध्यान करते हैं। आप स्वयं निर्णय कर लें कि अब आप 'डॉग' बनना चाहते हैं या 'गॉड'।'

मुनि जी का उत्तर सुनकर छात्रों में कुछ की आवाजें आयीं- 'गॉड', 'गॉड', 'गॉड',...। मुनि जी की तर्कशक्ति, ज्ञान से छात्र प्रभावित हुए। कार्यक्रम के बाद भी बड़ी देर तक छात्र मुनि जी को घेरे रहे।

बिहार शरीफ से राजगीर लौटते-लौटते मौसम में फुहारों की दस्तक होने लगी थी। बादल उमड़-घुमड़ आये थे। मुनि जी जब राजगीर पहुँचे तो बारिश तेज होने लगी थी। मौसम सुहावना हो गया था। पहाड़ों से बहकर आती ठंडी हवाएँ जन-मानस को भीतर तक स्पन्दित कर रही थीं। मुनि जी को पहाड़ियों के शिखर आंमत्रित कर रहे थे। अगले दिन वे विपुलगिरि की तलहटी में खड़े होकर नीचे से उसका विस्तार निहार रहे थे। एक पगडंडी देखी और उसी के सहारे ऊपर चढ़ाई शुरू कर दी। चढ़ाई कठिन थी। मुनि जी आम रास्ते से नहीं जाना चाहते थे। तमाम चट्टानों को पार करते हुए करीब पैंतीस मिनट में वे विपुलाचल के शिखर पर पहुँच गये। कुछ ही देर में वे बहत्तर फीट ऊँचे भव्य समवशरण मंदिर में थे। दिगम्बर जैन संप्रदाय के लोग मानते हैं कि विपुलाचल की पहाड़ी पर ही भगवान महावीर ने अपना पहला उपदेश दिया था। उसी पवित्र घटना की स्मृति के रूप में यहाँ समवशरण मंदिर का निर्माण हुआ। मुनि जी मन्दिर के द्वार पर काफी देर रुके। भीतर जाकर ध्यान लगाया। ढाई हजार वर्ष पूर्व इन्हीं पहाड़ियों पर भगवान महावीर और उनके शिष्य विचरण करते, ध्यान करते होंगे। जैन ग्रंथों में उल्लेख मिलता कि भगवान महावीर के ग्यारह प्रमुख शिष्यों यानी गणधरों में सबका देहावसान राजगीर की किसी-न-किसी पहाड़ी पर हुआ था। बीसवें जैन तीर्थंकर मुनि सुव्रतनाथ की जन्मस्थली भी राजगीर ही रही है। ऐसे पावन स्थल पर विचरण करते हुए मुनि जी को दैवीय अनुभूति हो रही थी। दिन में दो बजे के करीब बारिश तेज हो गयी। काले-काले बादल उमड़-घुमड़ रहे थे। बीच-बीच में बिजली कौंध रही थी। विपुलाचल के शिखर से बाकी पहाड़ियों के पत्थर बड़े धुले-धुले लग रहे थे। मुनि जी ने आज रात यहीं रहने का

फैसला किया। साँझ होते-होते बारिश रुक गयी, मुनि जी ध्यान में बैठ चुके थे। समाधि कब टूटी उन्हें नहीं मालूम। अगले दिन भोर में उन्होंने नीचे उतरना शुरू किया और वैभार गिरि की ओर चल दिए। बादल छँट गये थे, आसमान साफ था। सूरज ऊपर चढ़ आया था। मुनि जी के कदम वैभार गिरि पर श्रद्धालुओं के श्रद्धा केन्द्र बाईस कुंडों की तरफ बढ़ चले। इन कुंडों में पैंतालीस सेंटीग्रेट तक गर्म पानी है। कुछ लोग उन्हें उष्ण झरना भी कहते हैं। मुनि जी ने देखा सुबह-सुबह सैकड़ों की संख्या में स्नानार्थी श्रद्धा-भाव से कुंडों में स्नान के लिए सीढ़ियाँ चढ़ रहे थे। मुनि जी यहां स्नान के उद्देश्य नहीं आये थे, वे दैवीय संरचना को देख आनंदित थे। उन्हें बताया गया कि महाभारत में राजगीर (राजगृह) के इन उष्ण झरनों को तापदा कहा गया है। अलग अलग कुंडों में यह जल सप्तधारा या सात झरनों से आता है, जिनका स्रोत ऊपर पहाड़ी पर स्थित सप्तपर्णी गुफाएँ मानी जाती हैं। मुनि जी सीढ़ियाँ चढ़ते हुए काफी ऊपर जरासंध के अखाड़े तक आ गये। कुछ देर वहाँ ठहर कर उन्होंने अतिथि भवन की ओर विहार शुरू किया। दस बजे तक वहाँ पहुँच गये। दिनचर्या से निवृत्त होने के बाद अल्पाहार लिया और फिर विश्राम करने लगे।

X X X

संध्या समय मुनि जी से मिलने केन्द्रीय उप-शिक्षा मंत्री श्री डी.पी. यादव आ गये थे। उनकी तमाम जिज्ञासाएँ थीं। अगले दिन दोनों का मन वैभार गिरि पर स्थित ऐतिहासिक सोन भंडार गुफाएँ देखने का बना। मुनि जी लगभग हफ्ता भर पहले वहाँ गये थे। उस जगह की ऐतिहासिक और भौगोलिक महत्ता देखते हुए मुनि जी के मन में एक ध्यान केन्द्र स्थापित करने की बात आयी।

अगले दिन दोनों सोनभंडार गुफाओं के सामने थे। मुनि जी ने श्री यादव के साथ पाँच गुणा ढाई फीट के द्वार से गुफा में प्रवेश किया।

'इस जगह को स्वर्ण भंडार या सोन भंडार कहा जाता है। इसके नाम के पीछे अलग-अलग प्रसंग जुड़े हैं। जैन-बौद्ध मान्यताओं के अनुसार यहाँ जैन श्रमण विहार करते हुए जाते और इन गुफाओं में ध्यान करते थे। इसलिए यह श्रमण से स्वर्ण और स्वर्ण से सोन भंडार हो गया। लगभग अठारह फुट चौड़ी और दस फुट चौड़ी इस गुफा में पत्थरों के बीच ही गहरी लकीर से यह दरवाजा छिका दिखाई देता है।' मुनि जी ने गुफा की बाईं तरफ दरवाजे की ओर संकेत किया। 'कहा जाता है कि इस दीवार के पीछे स्वर्ण भंडार छुपा है। यह भी कहा जाता है कि शिलालेखों के संकेतों को जो समझ पाएगा, वह सोने के खजाने के दरवाजे खोल सकेगा। वैसे इन गुफाओं का निर्माण आर्य वज्र ने किया था।'

यादव जी बड़े ध्यान से मुनि जी की बात सुन रहे थे। उनकी नजर दरवाजे के पास खुदी शंख लिपि पर थी, जिसे कोई पढ़ नहीं सका था।

'दरवाजे के ऊपर यह गड्ढा कैसा है?' यादव जी ने मुनि जी से प्रश्न किया। पास खड़ा गाइड आगे आया और बताने लगा– 'अंग्रेजों ने इस दरवाजे को तोप से उड़ाना चाहा था, लेकिन वे इसे खोल नहीं सके। तोप का गोला टकरा कर सिर्फ दो-तीन इंच गहरा निशान ही बना पाया। आप देख सकते हैं। बाद में एक बार वैज्ञानिक जगदीश चन्द्र बसु यहाँ आये, उन्होंने वैज्ञानिक अध्ययन किया तो बताया कि इस पत्थर को सिर्फ डायनामाइट से ही तोड़ा जा सकता है, लेकिन ऐसा करना पूरे इलाके के लिए बेहद खतरनाक होगा, क्योंकि यहाँ धरती में गंधक और अमोनियम नाइट्रेट के विपुल भंडार हैं। डाइनामाइट लगाते ही भयंकर विस्फोट के साथ ज्वालामुखी फट जाएगा।'

तीनों गुफा के बाहर निकले और गाइड उन्हें साथ वाली गुफा में दाईं ओर ले गया जो अब कहीं से गुफा नहीं लगती थी, लेकिन उसकी दीवारों पर उकेरी गयी भगवान महावीर की मूर्तियां इस बात का प्रमाण दे रही थीं कि कभी यहाँ जैन धर्म का बहुत प्रभाव रहा। मूर्तियों के चेहरों को जिस तरह से विकृत किया गया, वह मुस्लिम आततायियों के अनाचार का प्रमाण है। धुर पूर्व में असम के कामाख्या देवी मंदिर से लेकर पश्चिम में गुजरात के सोमनाथ मंदिर, दिल्ली के कुतुबमीनार परिसर में नवग्रह मंदिर को तोड़कर बनी कुव्वतुल इस्लाम मस्जिद में और यहाँ राजगीर में देश में कई स्थानों पर ऐसी विकृत की गयी मूर्तियों के प्रमाण मिलते हैं। मुनि जी और यादव जी देर तक वहाँ ठहरे। फिर चबूतरे पर आ गये। मुनि जी ने यादव जी से ध्यान केन्द्र स्थापित करने के अपने मंतव्य की चर्चा की तो उन्होंने तुरन्त हामी भर दी। बोले– 'आप पटवारी से नक्शा, कागज आदि तैयार करवा लीजिए। ऐसा नेक काम होना ही चाहिए। इसमें कोई बाधा नहीं आएगी।'

सोन भंडार के बाद दोनों मनियार मठ पहुँचे, वहाँ से मुनि जी अपने अतिथि भवन आ गये और श्री डी.पी. यादव अपनी मंजिल की ओर।

राजगीर में रत्नागिरि पर शान्ति स्तूप के उद्‌घाटन की चर्चा और चहल-पहल पूरे नगर में थी। जापान के बौद्ध संघ द्वारा डेढ़ सौ फीट से ऊँचे शान्ति-स्तूप का निर्माण राजगीर के ताज में एक और नगीना था। इसके उद्‌घाटन अवसर पर देश के सत्ताधीशों से लेकर बड़े नामी-गिरामी लोग आने वाले थे। संत समुदाय को भी वहाँ आमंत्रित किया गया था। मुनि जी को भी निमंत्रण पाँच दिन पहले ही मिल चुका था। ऐसे अवसर का साक्षी बन कर मुनि जी को अच्छा लगा। इतनी भीड़ के बीच वे सोच रहे थे कि भगवान महावीर और बुद्ध की यह भूमि कितनी पुण्यशाली है।

X X X

कुछ दिन बाद सरस्वती मंदिर में कवि सम्मेलन का आयोजन किया गया। दस-बारह कवियों को काव्य-पाठ हेतु आमंत्रित किया गया। इनमें उपाध्याय श्री अमर मुनि और मुनि श्री रूपचन्द्र भी थे। कवियों को सुनने के लिए काव्य-रसिकों की काफी संख्या वहाँ मौजूद थी। श्रोताओं की संख्या देखकर अंदाजा हो गया था कि सम्मेलन खूब जमेगा। काव्य-पाठ शुरू हुआ। श्रोताओं ने खूब दाद दी। मुनि जी और उपाध्याय श्री ने भी अपनी कविताओं से श्रोताओं का मन मोहा। लेकिन मुनि जी नहीं जानते थे कि उनकी एक कविता उपाध्याय श्री अमर मुनि को चुभ जाएगी। वे कविता की पंक्तियाँ थीं–

तरस आ रहा, धार्मिक जन कैसा जीवन जीता है
मन में कपट योजनाएँ पर हाथों में गीता है।
जीव-दया के लिए छान कर पीता जो पानी को
वही खून अनछाना लोगों का कैसे पीता है।

श्रोताओं से इन पंक्तियों पर खूब तालियाँ मिलीं। लेकिन उपाध्याय श्री को लगा कि जैन परम्परा को इंगित करते हुए कविता लिखी गयी है।

कुछ दिन बीते। एक दोपहर जयंती बाबू 'अमर भारती' पत्रिका लेकर मुनि जी के पास आये। अमर भारती उपाध्याय श्री अमर मुनि के विचारों की प्रतिनिधि पत्रिका थी। पत्रिका दिखाते हुए जयंती बाबू बोले– 'मुनि जी देखिए इस पत्रिका में आपकी कविता पर कितनी तीखी प्रतिक्रिया व्यक्त की गयी है।' मुनि जी ने अमर मुनि जी का लिखा हुआ आलेख पढ़ा और बोले- 'यह प्रतिक्रिया ही मेरी कविता का सबसे बड़ा इनाम है।' देर तक कविताओं और अन्य विषयों पर चर्चा चलती रही। मुनि जी ने श्री डी. पी.यादव द्वारा 'ध्यान केन्द्र' के लिए जमीन मुहैया कराने की बात बताई। पटवारी आदि से बातचीत और बाकी कार्यवाही करवाने के लिए मुनि जी ने कहा।

X X X

सावन बीत चुका था। भादों का महीना अपने साथ वर्षा की झड़ी लेकर आ गया। उस साल अधिक मास भादों ही था, यानी भादों के महीने दो थे। हिन्दू परम्परा में अधिक मास की महत्ता पूजा आदि की दृष्टि से बहुत मानी जाती है। इसलिए राजगीर जैसे तीर्थ स्थान पर श्रद्धालुओं की भीड़ उमड़ पड़ी। पूरा एक महीना ऐसे ही पूजा-अर्चना के लिए श्रद्धालुओं की भीड़ उमड़ती है। महीना भर मेला लगता है। मान्यता है कि पूरे माह इस स्थान पर समस्त देवी-देवताओं का वास होता है। सबसे ज्यादा श्रद्धालु कुंडों में स्नान के लिए आ रहे थे। राजगीर से कुछ दूरी पर बहने वाली नदी पर खासी भीड़ थी। देखा

गया है कि पंडे-पुजारी धार्मिक कर्मकांडों के नाम पर लोगों के श्रद्धा-भाव का दोहन करते हैं। वैसा ही राजगीर में देखा जा रहा था। कुंडों के पास पंडों की भीड़ थी। लेकिन नदी को वैतरणी नाम देकर पंडों ने खूब धन्धा कर रखा था।

मान्यता है कि मृत्यु के बाद वैतरणी पार करने पर ही स्वर्ग मिलता है। गाय की पूँछ पकड़कर वैतरणी पार करनी होती है। पार करते समय गाय की पूँछ छूट गयी तो व्यक्ति नरक में जाता है। इस में कितना अन्धविश्वास है और कितना सत्य, कहा नहीं जा सकता। लेकिन सत्य है कि आस्था सदैव अन्धी होती है। पंडे लोग अपना धन्धा चमकाने के लिए श्रद्धालुओं को जीते जी वैतरणी पार कराने में लगे थे। इस काम के लिए कुछ गायें नदी के किनारें बाँध रखी थीं। पंडे लोगों से कहते थे कि इस गाय की पूँछ पकड़ कर वैतरणी पार कर लोगे तो स्वर्ग में जाओगे। लोगों से अच्छी-खासी रकम वे वैतरणी पार कराने के लिए ऐंठ रहे थे। अन्ध श्रद्धालुओं को स्वर्ग मिले या न मिले, पंडों की झोली खूब भर जाती थी। और गाय! गाय को तो दौड़ा-दौड़ा कर इतना थका लिया जाता था कि लोगों को स्वर्ग पहुँचाने वाली गाय खुद नरक भोगने लगती। एक दिन मुनि जी ने सुना कि लोगों को वैतरणी पार कराते-कराते बेहाल हुई एक गाय मर गयी। मुनि जी का मन विचलित हो गया। गाय आस्था की बलि चढ़ गयी थी। मुनि जी ने अपने पास आने वाले लोगों को समझाया। उन लोगों के माध्यम से यह अन्धविश्वास छोड़ने के लिए सन्देश भेजा। मुनि जी की बात का असर हुआ। लेकिन आस्था की आँखों पर पट्टी बँधी होती है और पंडों का माफिया तो उसी के बलबूते चलता रहता है।

X X X

राजगीर से लगभग पैंतीस किलोमीटर दूर भगवान महावीर की निर्वाण-स्थली पावापुरी। उनके 25वें निर्वाण शताब्दी समारोह की तैयारियाँ चल रही थीं। लेकिन पावापुरी गाँव के लोग इस काम में समारोह समिति को सहयोग देने को तैयार नहीं थे। वे नहीं चाहते थे कि यहाँ कोई बड़ा समारोह हो। समारोह-आयोजन-समिति के लोगों के सामने अजब स्थिति पैदा हो गयी। गाँव वाले किसी से बात करने को तैयार नहीं थे। रोज नयी बाधाएँ खड़ी कर रहे थे। समस्या का कोई हल न निकलता देख, आयोजन समिति के अध्यक्ष और सांसद विजय सिंह नाहर ने अन्य सदस्यों को मुनि जी के बारे में बताया। और कहा कि आजकल वे राजगीर में हैं। आप उनसे परामर्श करें तो शायद कुछ रास्ता निकले। कार्तिक में दीपावली के आसपास आयोजन होना था। मौसम में बदलाव चीन्हा जा सकता था। समिति के सदस्यों ने मुनि जी के सामने सारी समस्या रखी और उन्हें पावापुरी चलने के लिए निवेदन किया।

मुनि जी तीसरे दिन पावापुरी के लिए निकले। विश्व प्रसिद्ध ऐतिहासिक नालंदा विश्वविद्यालय के खंडहरों के आगे से गुजरते हुए एकबारगी मन में आया कि खंडहरों को देखूँ। लेकिन यूँ जल्दबाजी में आधा-अधूरा काम करने का मन नहीं था। मुनि जी को पूर्णता में विश्वास था। तय कर लिया कि विपुल ज्ञान की इस अथाह सम्पदा के अवशेषों के सिर्फ दर्शन करने से मन नहीं भरेगा। वे कुछ दिन नालंदा में ही रह कर अध्ययन करेंगे। यह सब सोचते-सोचते नालंदा संग्रहालय और विश्वविद्यालय के अवशेषों तक जाने वाले बाह्य द्वार के सामने से मुनि जी गुजर रहे थे। दुकानों, टूरिस्ट गाइडों और पर्यटकों की खासी भीड़ थी। मुनि जी ने बिना रुके पावापुरी का रास्ता पकड़ा।

वहाँ गाँव-मंदिर की धर्मशाला की पहली मंजिल के कक्ष संख्या अठारह में उनके आवास की व्यवस्था की गयी थी। कक्ष के सामनें बालकनी से वह मन्दिर साफ दिखाई दे रहा था, जहाँ भगवान महावीर ने अंतिम श्वास ली थी। यह मन्दिर और विशाल धर्मशाला पावापुरी गाँव के बीचों-बीच आबादी में स्थित है। सौ से ज्यादा कक्षों वाली धर्मशाला में देश भर से श्रद्धालुजन आते रहते और पुण्य स्थली के दर्शन करते।

मुनि जी दोपहर को पहुँचे और सीधे मन्दिर में दर्शन करने गये। मन्दिर की सीढ़ियाँ चढ़ते हुए दिव्यानुभूति से भर उठे। मुख्य मंडप के भीतर पहुँच कर भगवान महावीर की श्वेतवर्णी भव्य प्रतिमा के समक्ष बैठकर-णमोकार मंत्र का जाप किया। यही स्थान है, जहाँ भगवान महावीर ने देह त्यागी थी। प्रतिमा से थोड़ी दूर बाईं तरफ काले पत्थर में उत्कीर्णित भगवान के चरण-चिह्नों के समक्ष नतमस्तक हो गये। मन्दिर की छत, दीवारों और स्तम्भों पर कारीगरी देखते ही बनती थी। पत्थरों पर नक्काशी का अद्भुत नमूना। मुख्य प्रतिमा-स्थान के पीछे बड़े बरामदे में स्थित प्रतिमाओं के दर्शन के उपरान्त मुनि जी वापस मुख्य मंडप में आ गये। भगवान महावीर की प्रतिमा और चरण-चिह्नों के सामने ध्यान मुद्रा में बैठ गये। लगभग एक घंटा बाद समाधि अवस्था से उठे और डेढ़ सौ कदमों की दूरी पर अपने कक्ष में आ गये। मन में लगातार विचार चल रहा था कि समस्या का समाधान कैसे हो। विजय सिंह नाहर ने विश्वास के साथ समिति के सदस्यों को उनके पास भेजा था। उन लोगों ने तो यहाँ तक कहा था कि अगर गाँव वालों की कोई विशेष माँग हो तो उसे पूरा करने के लिए चार-पाँच लाख रुपये भी खर्च किए जा सकते हैं। इस पर मुनि जी ने स्पष्ट कहा–

'अगर रुपये-पैसे के लेन-देन की बात करनी हो तो आप लोग सीधे करें। मैं बीच में नहीं आऊँगा।'

मुनि जी उधेड़बुन में थे कि क्या किया जाय। गाँव के लोग बात तक करने को तैयार नहीं थे। मुनि जी ने तय किया कि खुद गाँव वालों के बीच जाएँगे। वहाँ के प्रमुख लोगों से मिलेंगे। उनका मन टटोलेंगे। इसी रणनीति के तहत मुनि जी अगले दिन

दस-ग्यारह बजे गाँव वालों के बीच पहुँचे। एक मुनि को अपने बीच पाकर लोग श्रद्धा से नतमस्तक हो गये। मुनि जी ने सबको 'ओम् स्वस्ति' कहते हुए आशीर्वाद दिया। संत चरण घर में पड़ना सदैव शुभ होता है। गाँव के एक प्रभावशाली बुजुर्ग उन्हें अपने घर ले गए। उनकी बैठक में दस-बारह लोग और भी आ गये। मुनि जी ने कहा–

'आपके पावापुरी में इतना बड़ा समारोह हो रहा है। आप पुण्यशाली हैं कि भगवान महावीर की निर्वाण-स्थली में आपका वास है।'

'वह तो ईश्वर की कृपा है मुनि जी, हम तीर्थस्थल में रहते हैं, लेकिन इसी कारण से हमारे लिए तमाम परेशानियाँ खड़ी हो गयी हैं' एक सज्जन बोले। 'परेशानियाँ? कैसी परेशानियाँ?' मुनि जी उनका मन टटोलना चाहते थे।

'आज तक हमारी परेशानियाँ जानने-समझने आपके समाज में से कभी कोई व्यक्ति नहीं आया। पहली बार जैन समाज से कोई व्यक्ति हमारे बीच आया है। आपके प्रति हमारे मन में श्रद्धा है, लेकिन हम नहीं चाहते कि यह निर्वाण शताब्दी समारोह यहाँ हो। हमसे किसी भी सहयोग की अपेक्षा न करें। हर कदम पर हमारा असहयोग ही होगा।' इस स्वर में आक्रोश का भाव था।

मुनि जी ने संयत वाणी में पूछा– 'आखिर आपकी तकलीफ क्या है? जब तक पता नहीं चलेगा, तो दूर करने के बारे में कैसे सोचा जाएगा।'

इस बार वृद्ध सज्जन बोले– 'पावापुरी जैनियों का बड़ा तीर्थस्थल है। हम मानते हैं। यह भी जानते हैं कि जैनियों के पास पैसा खूब होता है। धनी-मानी लोग यहाँ आते हैं और प्रसाद के नाम पर पूरे गाँव में लड्डू बाँटते हैं। गाँव में कुछ-न-कुछ ऐसा ही बँटवाते रहते हैं। इससे गाँव के आसपास भिखारियों की संख्या बढ़ गयी है। आसपास के पच्चीस-तीस गाँवों के भिखारी यहाँ जुट गये हैं। पावापुरी भिखारियों की नगरी हो गयी है। भिखारियों ने डेरा जमा लिया है यहाँ।' वे पूरी बात जैसे एक साँस में कह गये। उनकी शिकायत में स्वाभिमान था। वे दो क्षण रुके और फिर बोलना शुरू किया–

'मुनि जी हम चाहते हैं कि आपके समाज के लोग हमारे साथ समान व्यवहार करें। हमें भिखमंगा न समझें। हम भिखमंगे नहीं हैं, यहाँ भिखमंगों का डेरा तो इन लोगों ने बसाया है।...' वे और कुछ बोलते, इससे पहले ही पीछे से आवाज आयी–

'यह सब तमाशा बन्द होना चाहिए। हम भिखमंगे नहीं, इस गाँव के इज्जतदार लोग हैं।' इस स्वर में स्वाभिमान बोल रहा था। अपनी धरती का स्वाभिमान।

मुनि जी समझ चुके थे कि चूक कहाँ हो रही है। लगभग चालीस मिनट चले शिकवा-शिकायत और बातचीत के बाद मुनि जी ने उन्हें आश्वस्त किया। उनके चेहरों पर आक्रोश की रेखाएँ अब विलीन हो चुकी थीं। मुनि जी ने मंगल पाठ शुरू किया–

'चत्तारि मंगलम्, अरिहंता मंगलम्,...'

सब श्रद्धापूर्वक हाथ जोड़कर खड़े हो गये। मंगल पाठ के बाद मुनि जी ने विदा ली। शाम को आयोजन समिति के सदस्य मुनि के पास आये, लम्बी बातचीत में उन्हें लोगों की नाराजगी का कारण पता चल गया। अगले दिन समारोह समिति के दस लोग गाँव वालों से जाकर मिले। उन्हें आश्वस्त किया। इसके बाद स्थितियाँ सामान्य हो गयीं। तनाव माधुर्य में विलीन हो गया।

x x x

पावापुरी में श्रद्धा का केन्द्र और दर्शनीय स्थल है जलमन्दिर। आठ एकड़ में फैले विशाल सरोवर के बीचों-बीच यही वह स्थान है, जहाँ भगवान महावीर का अन्तिम संस्कार किया गया था। लाल पत्थर के बने मुख्य द्वार से प्रवेश करने के बाद जल के बीचों-बीच सफेद पत्थर से बने लगभग 250 मीटर लम्बे गलियारे को पार कर मन्दिर में प्रवेश करते हैं। मुनि जी पहले भी यहाँ आचार्यश्री तुलसी के साथ आये थे, लेकिन इस बार उनके आने का उदेश्य और हर चीज को देखने का दृष्टिकोण अलग था। मुख्य द्वार से प्रवेश करते हुए उन्होंने देखा, सफेद पत्थर से निर्मित भव्य मन्दिर सरोवर के जल में झिलमिला रहा है। एक और उपद्वार पार कर तीन-चार सीढ़ियाँ चढ़कर मेहराबदार कम ऊँचाई वाले द्वार से नीचे झुकते हुए उस स्थल पर पहुँच गये जहाँ ढाई हजार वर्ष पूर्व भगवान महावीर की भौतिक देह पंचतत्व में विलीन हुई थी। मुनि जी के सामने थे मन्दिर में काले पत्थर से बने प्रभु के चरण। उन पर चढ़े गुड़हल के फूल जैसे अपने सौभाग्य पर इतरा रहे थे।

'ओम् अर्हम, ओम् अर्हम, ओम् अर्हम...' मुनि जी के संगीत की लय में निबद्ध मंत्र के स्वर सरोवर की जल लहरियों तक गूँज उठे। कुछ देर यहाँ ध्यानस्थ होने के बाद वे पिछले द्वार पर मन्दिर के एकदम सामने से सरोवर में नीचे जा रही सीढ़ियों पर उतर आये। वहाँ संगमरमर के स्तम्भ पर बने सिंह शावक को दुलारने लगे। सरोवर का जल जैसे उनके पाँवों को छूना चाहता हो। दो-चार मिनट वहाँ से मन्दिर की छटा देखने के बाद वे ऊपर आ गये। मन्दिर के चबूतरे से सामने वह स्थान साफ दिखाई दे रहा था, जहाँ निर्वाण समारोह की तैयारियाँ चल रही थी। कारीगर पंडाल बनाने में व्यस्त थे। आधा पंडाल बन चुका था। इसी पंडाल में मुख्य कार्यक्रम होना था। आयोजन में बिहार के गवर्नर शामिल होने वाले थे।

x x x

निश्चित तिथि को ग्यारह बजे के आस-पास मुख्य आयोजन शुरू हुआ। गवर्नर का सिर्फ दो घंटा ठहरने का कार्यक्रम तय था। मंच पर जैन धर्म के तीनों सम्प्रदायों का प्रतिनिधित्व था। श्वेताम्बर मूर्तिपूजक सम्प्रदाय के प्रतिनिधि के रूप में आचार्य कान्तिसागर जी, स्थानकवासी सम्प्रदाय के उपाध्याय श्री अमर मुनि जी और मुनि श्री रूपचन्द्र उपस्थित थे। निश्चित समय पर कार्यक्रम शुरू हुआ। आचार्य कान्ति सागर जी और उपाध्याय श्री अमर मुनि जी को पहले बोलने के लिए कहा गया। दोनों के प्रवचन लम्बे हुए। आयोजकों के माथे पर चिन्ता की लकीरें खिंचने लगीं। अभी मुनि रूपचन्द्र जी को बोलना है और गर्वनर को भी। अगर मुनि जी ने भी इतना समय ले लिया तो गवर्नर के लिए समय ही नहीं बचेगा। संयोजक महोदय मुनि जी के पास आये। और धीरे से बोले मुनि जी, इज्जत आपके हाथ में है। समय थोड़ा-सा बचा है। आप अपना वक्तव्य सिर्फ नौ-दस मिनट में सीमित रखें। वरना गवर्नर कम बोलेंगे या फिर पूरा कार्यक्रम चौपट हो जाएगा।

मुनि जी ने धीरे से कहा-आप चिन्ता न करें। मैं अपना वक्तव्य बहुत छोटा रखूँगा। कार्यक्रम चौपट नहीं होगा, आप निश्चिंत रहें।

थोड़ी ही देर बाद मुनि जी की बारी आयी। अपनी विशिष्ट वक्तृत्व शैली में मुनि जी ने कहना शुरू किया, 'हम भगवान महावीर का पच्चीसवाँ निर्वाण शताब्दी समारोह मना रहे हैं। निर्वाण-जयंती इतने वर्षों से मनाते चले आ रहे हैं। लेकिन क्या हमने महावीर को समझा है। क्या हम महावीर की भावनाओं के अनुरूप स्वयं को बदलने को तैयार हैं? हमारे लिए अपनी अपनी मान्यताएँ पहले हैं, महावीर बाद में। अगर आज महावीर सामने आ जाएँ तो क्या आज उन्हें ज्यों-का-त्यों स्वीकार करेगें?'

मुनि जी की वाणी सुनकर सब स्तब्ध रह गये। सबका ध्यान मुनि के अगले वाक्य पर था। उनकी वाणी फिर गूँजी।

'हम सब अपने अपने अहम् में जी रहे हैं। आप बताएँ क्या आप महावीर को ज्यों का त्यों स्वीकार करेंगे? श्वेताम्बर, दिगम्बर, स्थानकवासी, तेरापंथी इन्हीं प्रश्नों में उलझ कर क्या नहीं रह जाएँगे। सच तो यह है कि यदि महावीर हमारी अपनी मान्यताओं की चौखट में फिट बैठे दिखेंगे तभी इन्हें स्वीकार करेंगे। आप यह प्रश्न अपने आप से करें। उत्तर भीतर से टटोलें। आज ये चौखटें ही आपसी तनाव का कारण हैं। हम अपने अहम् को त्याग महावीर को पाने का सत्प्रयास करें तभी वे हमें मिलेंगे। अपनी बात को मैं एक मुक्तक से पूरी करता हूँ–

स्थानक मिले, मन्दिर मिले महावीर नहीं मिले
अहम् भरे बहुत आडम्बर मिले, महावीर नहीं मिले
बहुत-बहुत खोजा हमने तीर्थंकर महावीर को
श्वेताम्बर मिले, दिगम्बर मिले, महावीर नहीं मिले।'

वक्तव्य समाप्त होने पर पूरा पंडाल तालियों से गुंजायमान हो गया। देर तक तालियाँ बजती रहीं। इस संक्षिप्त वक्तव्य के बाद गवर्नर बोलने आये। उन्होंने मुनि जी के वक्तव्य की सराहना करते हुए अपनी बात रखी। अपनी भव्यता के साथ आयोजन निर्विघ्न सम्पन्न हो गया।

मुनि जी के मानस में बहुत कुछ उमड़-घुमड़ रहा था। अपने कक्ष में लौटकर अपने भावों को उन्होंने कागज पर उतार दिया–

केवल तुम नहीं हो
क्या नहीं है हमारे पास?
केवल
तुम नहीं हो।

वह स्थान
जहाँ तुमने पहला श्वास लिया।
वह स्थान
जहाँ तुमने अन्तिम श्वास लिया।
वह महल
जो कभी चहकते थे तुम्हारी किलकारियों से,
वे उपवन
जो कभी महकते थे
तुम्हारे द्वारा लगाई गयी क्यारियों से,

वे जंगल दर जंगल
जहाँ तुम घूमे थे अपनी ही खोज में
वे घाटियाँ गुफाएँ
जहाँ तुमने आँखे मूँदे हुए
सूर्याभिमुख नासाग्र दृष्टि टिकाए
बिताए थे बारह वर्ष अपनी ही मौज में,
खँडहरों में बोलता हुआ खंड-खंड इतिहास–
यह सब कुछ तो है हमारे पास
पर तुम कहाँ हो?

वे शब्द

जो तुमने बोले थे
भीतर की गहराइयों में डूबकर,
वे दरवाजे तुमने खोले थे
इस मरणधर्मा देह से ऊबकर,
कागज की पीठ पर
क्षत-विक्षत अक्षर,
तुम्हारे बिम्ब को उजागर करने वाले पत्थर,
मन को ठगने वाली पूजाएँ,
परत-दर-परत वासनाओं को
मन में दबाएँ हुए उपासनाएँ,
लाशों का भार ढोती परम्पराएँ,
थोपी हुई निष्प्राण परिभाषाएँ,
दूर-दूर तक फैली हुई
ग्रामनुग्राम विचरती हुई
इतिहास की अन्तहीन निर्जीव यात्राएँ,
मिट्टी के ढूहे
नगरों के खँडहर
आखर खुदे पत्थर
खूँटे पर बँधा बछड़े-सा विश्वास-
सब कुछ तो है हमारे पास
पर तुम कहाँ हो?
बहुत बहुत इकट्ठा किया है हमने
तुम्हें पाने के लिए
ओ निर्ग्रन्थ।
ग्रन्थियों से भरे
स्याही का भार पीठ पर लादे हुए
रच दिए हैं अनगिनत शास्त्र-ग्रन्थ,
आकंठ डूबे हैं परिग्रह-संग्रह में
तुम्हें ठीक से समझने के लिए
ओ दिगम्बर
स्थान-स्थान पर खड़े हैं

तुम्हारे अकिंचनत्व का मजाक करने वाले
वैभवशाली गगनचुम्बी धर्म-स्थानक, मन्दिर
ओ धर्म-तीर्थ का प्रवर्तन करने वाले तीर्थंकर!
यह कैसा उपहास !
सब कुछ तो है हमारे पास
केवल तुम नहीं हो,
केवल
तुम नहीं हो।

मुनि जी के प्रवचनों का पूरे समाज पर अच्छा असर पड़ा। कलकत्ता समाज के कई मूर्धन्य व्यक्तियों के साथ उनके निकट सम्बन्ध सिर्फ इसीलिए बन गये थे। इसी सन्दर्भ में एक दिन बैंकाक (थाइलैंड) से पावापुरी पहुँचे श्री रतन चन्द्र मोघा मुनि जी के पास पहुँचे और बोले–

'मैं आपके प्रवचन नियमित रूप से सुन रहा हूँ। आपके विचारों और प्रवचन शैली की गहरी छाप मेरे मानस पर है। आप जैसे सन्त पुरुषों का अगर विदेश-आगमन हो तो बड़ा लाभ हो सकता है।'

उन दिनों जैन मुनियों द्वारा वाहन प्रयोग की कल्पना भी नहीं की जा सकती थी। मुनि जी ने इसी बात को ध्यान में रखते हुए कहा– 'जैन मुनि की विदेश यात्रा कैसे सम्भव है?' वे बोले। 'पदयात्रा के नियम में बँधे जैन मुनि का विदेश यात्रा के बारे में यह प्रश्न हो सकता है। किन्तु यह कोई असम्भव कल्पना नहीं है। हम लोग थाइलैंड बैंकाक में रहते हैं। कलकत्ता से बैंकाक की दूरी सड़क मार्ग से ढाई हजार मील से अधिक नहीं होगी। आप जैसे युवा सन्तों के लिए यह दूरी कुछ भी नहीं है। मार्ग में आने वाले देशों बंगलादेश और बर्मा से अनुमति अवश्य लेनी होगी। किन्तु कोई कठिन काम नहीं है। मेरी प्रार्थना है आप बैंकाक यात्रा के बारे में सोचें। आप जैसे सन्त पुरुषों के पदार्पण से निश्चित ही जैन धर्म की प्रभावना होगी। आवश्यक औपचारिकताएँ और व्यवस्थाएँ जुटाने में कोई कठिनाई नहीं होगी, ऐसा मेरा विश्वास है। आप मन बनाएँ।'

मुनि जी को मोघा जी की विनती में काफी वजन लगा। किन्तु राजगीर, पावापुरी में कुछ विशेष कार्य-योजनाओं को लेकर उनका चिन्तन वहीं केन्द्रित था। उन्होंने मोघा जी से कहा, 'आपका निवेदन महत्त्वपूर्ण है। समय आने पर मैं इस पर गम्भीरता से विचार करूँगा।'

'हम आपके आगमन की प्रतीक्षा करेंगे।' मोघा जी मुनि जी से बोले। कहीं जाना था, इसलिए आधा घंटा बाद ही प्रणाम कर चले गये। पावापुरी की तमाम अनुभूतियाँ सँजोये मुनि जी निश्चित दिन राजगीर की ओर निकल पड़े। पावापुरी से होकर राजगीर

जाने वाले रास्ते में नदी पड़ती है। अगर नदी में पानी ज्यादा हुआ तो! एक क्षण उनके मन में विचार कौंधा।

दूर से नदी दिखाई दे रही थी। अच्छा था कि नदी में पानी कम था। मुनि जी लहरों की ओर बढ़ते गये। यह मालूम था कि नदी ज्यादा गहरी नहीं है। वे लहरों की ओर बढ़ रहे थे। उनके पाँव किनारे की गीली मिट्टी पर निशान छोड़ते जा रहे थे। ये एक अथक पदयात्री के पाँवों के निशान थे जिसने अब तक हजारों किलोमीटर इन्हीं पाँवों से यात्रा की। ये निशान कभी रेगिस्तान की रेतीली धरती पर पीछे छूटे, कभी पर्वतों की घाटियों में, कभी समुद्र तट की रेत पर, कभी नदी के दलदल पर। छाले पड़े, छाले फूटे भी। लेकिन कभी न रुके ये पाँव। कभी ऐसा भी होता–

पाँव के छाले पूछे तुझसे
कितनी दूर अभी मंजिल है

मुनि जी छालों के प्रश्नों का उत्तर दिए बिना चलते रहते। हर दिन मंजिल तय करते जाते।

थोड़ी ही देर में वे नदी की लहरों के बीच सधे कदमों से बढ़ते जा रहे थे। लहरें उनकी छाती से टकरा रही थीं। ओढ़ी हुई पछेवड़ी (चादर) पूरी तरह भीग गयी थी। लहरों के बीच चोलपट्टा (अधोवस्त्र) तथा पछेवड़ी (उत्तरीय) सँभालना आसान न था। दूर-दूर तक नदी में कोई न था। दोपहर के समय सब सुनसान था। 'मैं तो बिना गाय के वैतरणी पार कर रहा हूँ।' यह बात ध्यान आते ही मुनि जी के होंठों पर एक व्यंग्यात्मक मुस्कान तैर आयी। उन्हें स्वयं लहरों में तैरने की आवश्यकता नहीं पड़ी। कुछ ही देर में नदी पार हो गयी।

भीगे सफेद अधोवस्त्र और चांदर ज्यादा देर भीगे नहीं रह सके। मुनि जी की तेज चाल और हवा से जल्दी ही सूख गये। उनके मन में संत कबीर की पक्तियाँ आयीं, होंठों से स्वरों में फूट पड़ीं–

'चदरिया झीनी रे झीनी'
जैसी सधी चाल, वैसा ही सधा स्वर।

शाम चार बजे तक मुनि जी राजगीर में अतिथि भवन पहुँच गये।

अगले पन्द्रह दिन मुनि जी ने अध्ययन-चिन्तन और भ्रमण में बिताए। तीन-चार दिन और रातें तो वैभार पर्वत के शिखर पर वास किया। ध्यान किया। और कार्तिक पूर्णिमा के बाद नालंदा जाकर अध्ययन करने का विचार बनाया।

x x x

भोर में ही मुनि जी ने नालंदा की ओर विहार आरम्भ किया। साढ़े दस बजे तक वे नव नालंदा महाविहार पहुँच गये। एक शोध संस्थान, जिसमें शोधार्थी रहकर अध्ययन करते थे। मुनि जी का आवास पुस्तकालय के सामने भूतल पर ही कक्ष में था। आहार लेने के बाद विश्राम करने लगे। शाम को महाविहार परिसर देखने निकले। फूलों की हरियाली से गुदगुदाता परिसर। चारदीवारी के पीछे मंद पवन के झोंकों से लहराता सरोवर। मुनि जी के साथ थे नव नालंदा महाविहार के निदेशक श्री नथमल टाटिया। बौद्ध दर्शन के विशेषज्ञ और परम विद्वान। इस संस्थान में उनका विशेष योगदान रहा। वे मुनि जी को बता रहे थे कि इस बौद्ध स्टडीज सेंटर में अध्ययन के लिए जापान, चीन ताइवान, कोरिया, थाइलैंड आदि देशों से छात्र आते हैं। यहाँ अध्ययन के साथ उनके आवास की भी व्यवस्था है। साफ-सुथरे परिसर में छोटे-बड़े कई अलग-अलग आवास स्थल थे। श्री टाटिया मुनि जी को पीछे ले गये, जहाँ थाई शैली में बना वाट, यानी मन्दिर अपनी भव्यता से ध्यान आकर्षित कर रहा था। मंदिर के शिखर के पीछे सूरज छुप चुका था। लेकिन आकाश में लालिमा अभी विद्यमान थी।

अगले दिन सबेरे मुनि जी सीधे पुस्तकालय गये। पुस्तकों का विशाल भंडार था वहाँ। मुनि जी की नजर 'बुद्धचरितम्' पर पड़ी। अश्वघोष लिखित 'बुद्धचरितम्' वे बहुत दिनों से पढ़ना चाह रहे थे। आज अवसर मिल गया। संस्कृत के इस सुविख्यात काव्य के कुछ पन्ने उन्होंने वहीं पुस्तकालय में बैठकर पलटे और फिर उसे लेकर अपने कक्ष में आ गये। चार दिन में 'बुद्धचरितम्' पढ़ लिया। फिर इस पर श्री टांटिया जी के साथ लम्बी चर्चा हुई।

मुनि जी नालंदा विश्वविद्यालय के अवशेषों के दर्शन की साध लेकर यहाँ आये थे। अगले दिन वे नव नालंदा महाविहार से कोई डेढ़ किलोमीटर की दूरी पर स्थित नालंदा के उस स्थान पर पहुँच गये जो अपनी ख्याति के चलते सैकड़ों वर्ष से विद्वान मनीषियों, शोधार्थियों और पर्यटकों को आकर्षित करता रहा है। अब यह भारतीय पुरातत्व विभाग द्वारा संरक्षित स्मारकों में से एक है। मुख्य प्रवेश-द्वार के बाहर अन्य पर्यटक स्थलों की तरह दुकानें और दुकानों पर लगी खरीदारों की भीड़ के बीच से मुनि जी ने स्मारक में प्रवेश किया। मन इतिहास के पन्नों में उलझ गया। मुनि जी ने पढ़ा था कि दस किलोमीटर के क्षेत्रफल में नालंदा विश्वविद्यालय का विस्तार था। प्रवेश करते ही बायीं ओर एक विशाल खँडहर दिखाई दिया। लेकिन वे सीधे चलते गये। लाल पत्थरों की दीवार के बीच बने एक छोटे से द्वार से उन्होंने भीतर प्रवेश किया। आँखों के सामने इतिहास पसरा था लाल खंडहरों के रूप में। दायीं ओर थोड़ा आगे बढ़े तो जमीन के नीचे लगभग आठ फुट की गहराई में कमरों की दीवारें दिखाई दीं। गाइड ने बताना शुरू किया- 'प्राचीन काल में एशिया महाद्वीप में तीन प्रमुख विश्वविद्यालय थे– तक्षशिला, नालंदा

और विक्रमशिला। तक्षशिला अब पाकिस्तान में रावलपिंडी के पास है। विक्रमशिला विहार में भागलपुर के पास। यह नालंदा विश्वविद्यालय है। यह आवासीय विश्वविद्यालय था। यानी कि छात्र यहाँ रह कर शिक्षा ग्रहण करते थे। ये आप देख रहे हैं ये हॉस्टल के कमरे हैं। एक कमरे में एक छात्र रहता था। इस प्रकार इस विश्वविद्यालय में दस हजार छात्रों के रहने की व्यवस्था थी।'

मुनि जी ने देखा-सीधी कतार में एक ही आकार-प्रकार के कमरे बने हैं। हर कमरे में जल निकास और प्रकाश व वायु की पूरी व्यवस्था। जमीन में धँसे कमरों की छतें अब नहीं हैं। सिर्फ लाल पत्थर की दीवारें खँडहर के रूप में मौजूद हैं।

गाइड बता रहा था– 'देश-विदेश के दस हजार छात्रों को पढ़ाने के लिए देश-विदेश से आये डेढ़ हजार प्राचार्य यहीं रहते थे। चीनी विद्वान ह्वेनसांग और इप्सिंग ने कई वर्षों तक यहाँ रहकर अध्ययन और लेखन किया। यहाँ विषय विशेष के अलग-अलग विभाग हुआ करते थे।' गाइड मुनि जी के साथ चलते-चलते उन्हें जानकारी देता जा रहा था।

ह्वेनसांग ने यहाँ वेद, तर्क-शास्त्र, योग-शास्त्र, चिकित्सा-शास्त्र, खगोल-विज्ञान, ज्योतिष, सांख्य-दर्शन, व्याकरण-शास्त्र, वास्तुशास्त्र और मूर्तिकला आदि के साथ दंडनीति न्यायशास्त्र, प्रमाण-शास्त्र की शिक्षा के अलग-अलग विभागों का वर्णन किया है।

मुनि जी के सामने दूर तक खँडहरों का विस्तार था– 'ये लेक्चर हाल है। यहाँ इस प्लेटफार्म पर आचार्य खड़े होकर छात्रों को पढ़ाते थे।'

इतना बड़ा लेक्चर हाल और मंच का प्लेटफार्म भी किसी छोटे-मोटे कक्ष से कम नहीं। मुनि जी आचार्य के स्थान पर खड़े व्याख्यान कक्ष का विस्तार देख रहे थे। दोनों के कदम और आगे बढ़े। 'आप ये गोल-गोल छोटे-बड़े प्लेटफार्म जैसे देख रहे हैं। ये छात्रों और प्रोफेसरों की समाधियाँ हैं। कुछ छात्र और प्रोफेसर जीवनभर यहीं रह जाते थे। छोटी समाधियाँ छात्रों की और बड़ी समाधियाँ प्रोफेसरों की।'

मुनि जी ने पढ़ा था कि नालंदा विश्वविद्यालय के भवन जितने ऊँचे थे, शिक्षा का क्षेत्र जितना विस्तृत था, उसके अनुरूप यहाँ पुस्तकालयों का मोहल्ला जैसा था, जिसे धर्मगंज कहा जाता था। गाइड उन्हें पन्द्रह सोलह चौड़ी सीढ़ियों के पास ले आया था। 'ये सीढ़ियाँ लाइब्रेरी की हैं। यह नौ मंजिला लाइब्रेरी की इमारत थी।' मुनि जी को ध्यान आया कि यहाँ रत्नसागर, रत्नोदधि, रत्नरब्जक नामक तीन पुस्तकालयों का उल्लेख मिलता है। इनमें से रत्नसागर का भवन नौ मंजिलों का था। इन सभी पुस्तकालयों में अनेक दुर्लभ शास्त्र थे। इतिहास के पन्नों में उल्लेख है कि ग्यारहवीं शताब्दी में आततायी तुर्क बख्तियार खिलजी ने भारत की ज्ञान-सम्पदा को नष्ट करने के लिए

पुस्तकालयों को जला दिया था। आग लगने के बाद यहाँ रखी पुस्तकें व पांडुलिपियाँ छह माह तक धू-धू करके जलती रही थीं। मुनि जी पुस्तकालय के खँडहर की एक सीढ़ी पर खड़े सोच रहे थे, कैसी क्रूरता! ज्ञान-सम्पदा से शत्रुता? यही वे सीढ़ियाँ हैं जिन पर से होकर हजारों आचार्य और छात्र ज्ञान के गगन में विचरण करते थे। यहीं रहते हुए ह्वेनसांग ने अनेक पुस्तकों के अनुवाद द्वारा पाँच लाख श्लोकों के परिमाण के चार सौ ग्रंथों का संग्रह किया था।

पुस्तकालय के बाद गाइड मुनि जी को सामने स्तूपनुमा खँडहर के पास ले गया। पूरे परिसर में अब यही सबसे ऊँची संरचना है। भव्यता और विनाश दोनों इन खँडहरों के जरिये अपनी कहानी सुना रहे थे।

'ये छोटे-छोटे मन्दिर हैं इन्हें चैत्य कहा जाता था। यहाँ छात्र और आचार्य पूजा किया करते थे। विश्वविद्यालय परिसर के अलग खंडों में बनी छोटी-बड़ी इमारतों की दीवारों की मोटाई कम-से-कम तीन फुट और ज्यादा से ज्यादा बारह फुट है। अभी तक इस विश्वविद्यालय के मुख्य द्वार का पता नहीं चला। सामने दीवार को काट कर यह द्वार बना दिया गया।' गाइड तोतारटंत शैली में बोलता जा रहा था।

'विश्वविद्यालय में प्रवेश पाना आसान नहीं था। प्रमुख द्वार पर प्रवेश के लिए आने वाले विद्यार्थियों की परीक्षा ली जाती थी। उस परीक्षक को द्वार पंडित कहा जाता था। ह्वेनसांग ने लिखा है कि आने वाले विद्यार्थियों में पन्द्रह में से केवल तीन परीक्षा उत्तीर्ण कर पाते थे। फिर भी यहाँ पढ़ने वाले विद्यार्थियों की संख्या दस हजार थी। प्रवेश के बाद उनके खाने, रहने और पढ़ने की व्यवस्था निःशुल्क थी।'

गाइड के साथ-साथ मुनि जी द्वार से बाहर आ गये। पीछे मुड़कर एक बार देखा। मन के भीतर तूफान-सा उमड़ रहा था।

इतिहास का साक्षात-दर्शन करना, इन खँडहरों में ज्ञान के स्वर सुनना मुनि जी को अच्छा लगा। खँडहर जैसे उन्हें बार-बार बुलाते थे– पिछले दस दिन में वे पाँच बार नालंदा विश्वविद्यालय के अवशेषों के बीच गये। ये खँडहर उन्हें हजारों वर्षों से साधनारत योगी की तरह प्रतीत होते। मुनि जी इन खँडहरों में स्वयं को साधना-अवस्था में ध्यान लीन स्थिति में पाते। ऐसा नहीं कि वे उस समय के छात्रों की भाँति ध्यान के लिए बने चबूतरों पर बैठे हों। यह सहज समाधि थी मुनि जी की। नालंदा संग्रहालय में यहाँ और आस-पास के इलाकों में खुदाई में मिली अनेक भव्य प्रतिमाओं के दर्शन किए। भगवान बुद्ध और महावीर की अनेक प्रतिमाएँ मूर्तिकला की उन्नत शिक्षा का साक्षात करा रही थीं।

मुनि जी चिन्तन-मनन अध्ययन और सृजन के नये सोपान चढ़ रहे थे। जीवन

में कैसा आनन्द है। बस पूरा जीवन यूँ ही सृजन और अध्ययन में बीत जाये। सुबह से मुनि जी के चेहरे पर सन्तोष का भाव था। वे पुस्तकालय गये। दो घंटा अध्ययन किया और फिर अपने कक्ष में आ गये। दोपहर के समय द्वार पर दस्तक हुई।

'कौन?' मुनि जी ने भीतर से पूछा। उन्होंने सोचा, कोई जिज्ञासु इस समय फुर्सत में आया होगा। 'आइए-आइए', मुनि जी के पास जिज्ञासुओं का सदैव स्वागत था।

दरवाजा खुला। भीतर प्रवेश करने वाले व्यक्ति को देख मुनि जी को हैरानी हुई।

'अरे सेठिया जी आप?' मुनि जी ने प्रश्न किया।

'मुनि जी आपको ढूँढ़ता आ रहा हूँ। आप कहाँ यहाँ जंगल में बैठे हैं।' कलकत्ता के प्रतिष्ठित व्यवसायी खेमचंद सेठिया बोले।

'बस यहाँ जंगल में मंगल है।' मुनि जी ने उत्तर में इतना ही कहा।

'आपको ढूँढ़ने पावापुरी गया। पता चला आप राजगीर में है। राजगीर पहुँचा तो पता चला आप यहाँ नांलदा में हैं। आखिर आपके दर्शन हो ही गये।' सेठिया जी फिर बोले।

'मुनि जी आनन्द में तो हैं?'

'आनन्द क्या, पूर्ण समाधि में हूँ।' कहते हुए उनके मुखमंडल पर आनन्द का सागर उमड़ रहा था।

'मुनि जी, मैं आचार्यश्री का सन्देश लेकर आपके पास आया हूँ। आचार्यश्री चाहते हैं कि आप कलकत्ता जाएँ। उन्होंने आपके लिए एक पत्र लिखा है जिसकी प्रतिलिपि मेरे पास है। यह लीजिए।' सेठिया जी ने मुनि जी को पत्र थमा दिया।

चार परतों में मुड़े पत्र को मुनि जी ने खोला। पत्र में गुरुदेव की हस्तलिपि देखकर अच्छा लगा।

लिखा था– 'मुनि रूपचन्द्र, खेमचन्द सेठिया वहाँ पहुँच रहे हैं। सब समाचार तुम्हें बतलाएँगे। मेरा ध्यान है तुम एक दफा कलकत्ता अविलम्ब पहुँच जाओ। यात्रा की दृष्टि से और शासन के आवश्यक कार्यों की दृष्टि से भी।

अभी एक ऐसा समय है कि हमें सतर्कता से संघीय सिद्धान्तों को सँभाले रखना है। इधर की स्थिति तो हमारे ध्यान में है ही। पर उधर कलकत्ता की स्थिति को शीघ्र सँभालने के लिए तुमसे अधिक निकट और उपयुक्त वहाँ कोई नहीं है। अतः बिना किसी विलम्ब के तुम शीघ्रातिशीघ्र अपने स्वास्थ्य का ध्यान रखते हुए विहार प्रारम्भ कर दो। कलकत्ता पहुँच जाओ। मेरा विश्वास है तुम्हारे जाने से वहाँ की स्थिति काबू में आ जाएगी।

हांसी

13.12.1974

आचार्य तुलसी

एक ओर गुरु का आदेश और दूसरी ओर अध्ययन चिन्तन-मनन में जीवन बिताने का संकल्प। मुनि जी दोराहे पर खड़े थे। होता वही है जो नियति को मंजूर होता है- 'अपने मन कछु और है दाता के कुछ और।' गुरु की आज्ञा सर्वोपरि। मुनि जी अगले ही दिन राजगीर पहुँचे। उन्होंने सोचा, अब कलकत्ता जाना है राजगीर छोड़ना ही है तो मोघा जी के बैंकाक जाने के प्रस्ताव पर भी विचार किया जाय।

मुनि जी ने पत्र के माध्यम से आचार्यश्री से निवेदन किया कि आपके आदेश के अनुसार मुझे कलकत्ता तो जाना ही है। मेरा मन है कुछ समय कलकत्ता प्रवास के पश्चात सड़क मार्ग से बैंकाक यात्रा कर ली जाय। मुनि जी ने मोघा जी की विनती का जिक्र करते हुए प्रस्ताव पर आचार्यश्री की अनुमति चाही। आचार्यश्री ने अपने आशीर्वाद के साथ इस यात्रा के लिए अपनी सहमति प्रदान कर दी। उन्होंने यह जानकारी मोघा जी को भिजवाई।

राजगीर में उपाध्याय श्री अमर मुनि जी से इस बारे में चर्चा की। उन्हें भी यह विचार बहुत पसन्द आया। राजगीर से विदाई के समय उन्होंने अपनी शुभकामनाएँ मुनि जी को दी।

मुनि जी ने कलकत्ता के लिए विहार आरम्भ कर दिया। आजीवन राजगीर में रह कर अध्ययन-मनन और लेखन का संकल्प ज्यादा दिन नहीं टिक सका। एक ओर गुरु का सम्मान, गुरु का आदेश दूसरी ओर साहित्यिक-आध्यात्मिक चिन्तन और सृजन का संकल्प। मुनि जी के सामने आदर्श के रूप में संत कबीर का दोहा था-

गुरु गोविंद दोऊ खड़े काके लागू पाँय।
बलिहारी गुरु आपने, गोविंद दियो बताय।।

गुरुदेव की बात टालना मुनि जी के लिए सम्भव नहीं था। इसलिए राजगीर के शान्त-सुरम्य वातावरण के विपरीत जब कलकत्ता महानगर के अशान्त, कोलाहल भरे वातावरण में प्रवेश किया तो एकबारगी मन भीतर तक हिल गया। अनायास ही मनः स्थिति एक मुक्तक के रूप में कागज पर उतर आयी–

कोलाहल है, धुआँ-धुआँ है, कहाँ आ गये?
यह खाई है, उधर कुआँ है, कहाँ आ गये?
सोचा था शायद बस्ती में मिले आदमी
किन्तु सुन रहे हुआँ-हुआँ है, कहाँ आ गये?

वैसे तो अचार्यश्री और मुनि जी के बीच अभिन्नता का साक्षी पूरा समाज था। एक बार जब विशेष प्रसंगवश उन्हें कुछ समय के लिए अकेले बम्बई जाना पड़ा तो मुनि जी ने लिखा–

यों तो दूरी सचमुच मजबूरी है
पर नजदीकी समझने के लिए शायद जरूरी है
है यह एक घुमाव इस सपाट जीवन में
देखें सूरज और दिशाओं में कितनी दूरी है।

इतनी अभिन्नता में दो इच्छाएँ होने का प्रश्न ही नहीं उठता। फिर भी कलकत्ता में न आने की इच्छा का बड़ा कारण वहाँ तेरापंथी समाज की विषम परिस्थितयाँ थीं। पूरा समाज एक अवांछित दिशाहीन संघर्ष से गुजर रहा था। उसका प्रमुख कारण कुछ शीर्षस्थ व्यक्तियों की राजनैतिक महत्वाकाक्षाएँ थीं। आचार्यश्री को यह संघर्ष शान्त करने के लिए मुनि जी से ज्यादा तटस्थ और विश्वस्त व्यक्ति कोई और नजर नहीं आ रहा था।

मुनि जी के कलकत्ता आगमन की सूचना से वहाँ का जैन तेरापंथी समाज उत्साहित था। पहले दिन ही मुनि जी के प्रवचन का आयोजन हुआ। मुनि जी ने अपने प्रवचन में भारत की आध्यात्मिकता की बात की- 'केवल उसी रिश्ते के नाते मैं आपके बीच आया हूँ। आप भी मेरे पास केवल इसी रिश्ते के नाते आएँ, ऐसा मैं चाहता हूँ। इसके अलावा मुझे किसी विषय में कोई रुचि नहीं है। मेरे लिए न कोई पक्ष है, न कोई विपक्ष। इसलिए विवादित विषय पर मुझसे बात करने की कोशिश न करें। संत आगमन से अधिक से अधिक आध्यात्मिक लाभ आप उठाएँगे, ऐसा मेरा विश्वास है।'

मुनि जी के स्पष्ट विचारों का जनमानस पर गहरा प्रभाव रहा। मुनि जी ने कोरे विचार ही नहीं बखाने थे, तदनुरूप धार्मिक, साहित्यिक एवं सांस्कृतिक कार्यक्रमों की पूरी संयोजना समाज के समक्ष रखी। मुनि जी के कलकत्ता प्रवेश के पहले दिन ही वातावरण से बोझिलता की परत तनिक हटी थी। प्रवचन के बाद मुनि जी सोच रहे थे कि सन् 1959 में कलकत्ता यात्रा में जहाँ एक घंटा प्रवचन उनके लिए पर्वत शिखर चढ़ने जैसा था, वहाँ अब घंटों धाराप्रवाह बोलने में भी कोई हिचक नहीं थी। मुनि जी की वाणी में माँ सरस्वती का वास था। हजारों की संख्या में श्रद्धालु घंटों-घंटों मंत्रमुग्ध होकर मुनि जी को सुनते थे।

कलकत्ता-प्रवेश के समय एक भाई ने उन्हें कहा था, 'मुनि जी प्रवेश के लिए आज का दिन आपको किसने सुझाया? आज तो ज्वालामुखी योग है।' मुनि जी ज्योतिष विद्या को मानते हुए भी अन्धविश्वासी नहीं थे। उसकी बात सुनकर केवल मुस्करा भर दिए। उसी दिन सकारात्मक भविष्य को लेकर मुक्तक मानस में उभरा—

क्या दर्द का असर कभी दीवानों पर हुआ है?
अंगारों का असर क्या परवानों पर हुआ है?
तुम क्या डरा रहे हो हमें इन तूफानों से
हमारा तो जन्म ही तूफानों पर हुआ है।

माना जाता है कि दिल से उठने वाली आवाज दिल तक अवश्य पहुँच जाती है। बस आवश्यकता है किसी को सच्चे दिल से याद करने की। मुनि जी को जीवन में ऐसे अनेक अनुभव हुए।

ऐसा ही एक अनुभव कलकत्ता प्रवास के दौरान मुनि जी और मदर टेरेसा के प्रसंग में हुआ।

एक दिन प्रातः जप-ध्यान के पश्चात मुनि जी के मानस में सहसा मदर टेरेसा से मिलने का संकल्प जागा। मुनि जी ने मन की बात किसी को नहीं बताई। यह सोचकर शेष दिनचर्या में जुट गये कि शाम के समय मदर टेरेसा से मिलने का कार्यक्रम बनाएँगे। उसी दिन दोपहर के समय मुनि जी कमरे में अकेले थे। बाकी मुनि दूसरे कमरे में थे। मुनि जी ने देखा कि एकदम अचानक उनके कमरे में दो ननों ने प्रवेश किया। प्रणाम करके वे दोनों सामने बिछी दरी पर बैठ गयीं। वेश-भूषा से वे दोनों क्रिश्चियन नन लग रही थीं। मुनि जी ने उनका परिचय जानना चाहा। एक नन ने दूसरी की ओर इशारा करते हुए कहा– आप मदर टेरेसा हैं।'

'मदर टेरेसा!' मुनि जी को अपने कानों पर विश्वास नहीं हो रहा था। मुनि जी ने आश्चर्य से कहा– 'क्या आप सचमुच मदर टेरेसा हैं? आज सुबह ही आपसे मिलने का संकल्प मन में जगा था। और महान आश्चर्य कि अभी मैं आपको अपने समक्ष देख रहा हूँ।'

मदर टेरेसा ने प्रसन्न मुद्रा में आसमान की ओर देखते हुए कहा– 'जिसने आपके मन में संकल्प जगाया, उसी ने मुझे यहाँ आने की प्रेरणा दी। और में आपके समक्ष हूँ। इसमें आश्चर्य जैसा कुछ नहीं। दिल की गहराई से उठने वाली आवाज दिल तक पहुँचती ही है।' देर तक दोनों के बीच बात होती रही। मदर टेरेसा ने जैन धर्म के बारे में अपनी जिज्ञासाएँ शान्त कीं। मुनि जी ने मदर के बारे में काफी कुछ जाना।

कुछ दिन बाद फिर ऐसा ही अनुभव हुआ। इस घटना का सम्बन्ध मुनि जी के काव्य गुरु कवि मनीषी कन्हैया लाल सेठिया से है।

उस दिन संपत जी दसानी के नये घर में गृह-प्रवेश समारोह था। उनकी इच्छा थी कि इस अवसर पर मुनि जी मंगल-पाठ सुनाएँ। मुनि जी से निवेदन किया तो उन्होंने स्वीकार कर लिया। श्री सेठिया जी का आवास भी संपत जी के आवास के नजदीक था। इसलिए समारोह के पश्चात सायं चार बजे उनके आवास पर जाना निश्चित हुआ।

समारोह में आने-जाने वालों का ताँता दिन भर लगा रहा। मुनि जी उस सबमें इतने व्यस्त हो गये कि सेठिया जी के आवास पर नहीं जा सके। सायं चार बजे वहाँ न पहुँच पाने का मन पर असर था। या कहें कि मानसिक रूप से वे वहीं उपस्थित थे। बार-बार यही बात मन में उठ रही थी कि सेठिया जी बड़ी आतुरता से इन्तजार कर रहे होंगे।

पहली बार उनके यहाँ जाने का कार्यक्रम बना था। इच्छा होने के बावजूद मुनि जी वहाँ न जा सके और कार्यक्रम के बाद अपने आवास-स्थल महासभा भवन आ गये। सेठिया जी से कोई बातचीत नहीं हुई।

तीन दिन बाद शाम को सेठिया जी महासभा भवन आये। मुनि जी पाठ करके उठे थे। उन्होंने सेठिया जी को देखा तो इशारे से बैठने के लिए कह कर बाहर निकल गये। दो मिनट बाद फिर वहाँ आ गये। इससे पहले कि मुनि जी कुछ कहते, सेठिया जी स्वयं बोले– 'उस दिन आपको धूप में इतनी दूर पैदल आने का कष्ट भी हुआ और पता-ठिकाना मालूम न होने के कारण घर पर आना भी नहीं हो पाया।'

मुनि जी बोले– 'दरअसल उस दिन अतिव्यस्तता के कारण तीव्र इच्छा के बावजूद मैं अपने स्थान से नहीं निकल पाया। यद्यपि मानसिक रूप से मैं आपके पास ही था।'

सेठिया जी आश्चर्यचकित हो बोले– 'आप क्या कह रहे हैं? आपका आना नहीं हो पाया था? जबकि मैंने अपने बाहर वाले छज्जे से आपको दूर से आते हुए बराबर देखा था। इतना ही नहीं जब आप मेरे आवास को छोड़कर आगे बढ़ने लगे तो मैंने छज्जे से आवाज भी लगाई, किन्तु सड़क के शोर के कारण आप आवाज नहीं सुन पाए और आगे बढ़ गये।'

मुनि जी ने शान्त भाव से कहा– 'मन और आत्मा से तो मैं आपके पास था। आप भी प्रतीक्षा की उस घड़ी में उसी मन और आत्मा की भूमिका पर थे। लगता है यह घटना उसी अध्यात्म के धरातल पर घटित हुई है। दिल की आवाज रूपाकार लेकर आँखों के समक्ष उपस्थित हो गयी। और आपको मेरे आने का आभास हुआ।'

सेठिया जी के जाने के बाद मुनि जी सोचने लगे कि यह जीवन और जगत अनन्त रहस्यों से भरा पड़ा है। इसलिए यहाँ पर जो भी घटता है, वह तो सब ही चमत्कार है। चमत्कार नहीं है तो क्या है? इसी मनःस्थिति में उन्होंने एक मुक्तक कागज पर उतार दिया...

लगता है हर बार मुझे वह झेल रहा है
मेरे भीतर-बाहर वो ही फैल रहा है
नयनों के सागर में मेरा ज्योति पुरुष वह
लहरों के संग आँख-मिचौली खेल रहा है

इस अनन्तस्वरूपा सृष्टि में हम सब परस्पर कहीं न कहीं जुड़े हैं। समानांतर आत्म-क्षणों में वह सम्बन्ध नाना रूपों में प्रकट हो जाता है। विषम क्षणों में वह अप्रकट रहता है। किन्तु प्रकट हो या अप्रकट, वह हमारे अस्तित्व का हिस्सा तो है ही।

X X X

मुनि जी के नये कविता-संग्रह 'भीड़ भरी आँखें' की साहित्य जगत में खासी चर्चा थी। सभी साहित्यक मित्रों ने मिलकर कलकत्ता के विख्यात सभागार 'कला मन्दिर' में इसके लोकार्पण समारोह का आयोजन किया। इससे पहले मुनि जी के काव्य संकलन 'अन्धा चाँद', 'कला-अकला', 'खुले आकाश में', 'अर्द्धविराम', 'इंद्रधनुष' प्रकाशित हो चुके थे। साहित्य जगत में 'भीड़ भरी आँखे' संकलन को बंगला के यशस्वी उपन्यासकार विमल मित्र की उपस्थिति से चार चाँद लग गये थे। उनके अलावा हिन्दी और बंगला साहित्य के अनेक मूर्धन्य हस्ताक्षर वहाँ उपस्थित थे। सुप्रसिद्ध विद्वान पंडित अक्षयचंद शर्मा, समालोचक वासुदेव पोद्दार, साहित्य मनीषी गणेश ललवानी आदि ने 'भीड़ भरी आँखें' काव्य-कृति पर अपनी प्रतिक्रिया के साथ कुछ कविताएँ पढ़ीं। श्रोता मंच से पढ़ी जा रही एक-एक कविता बड़े ध्यान से सुनकर दाद दे रहे थे। उन्हें आश्चर्य था कि एक जैन मुनि की कलम से ऐसी कविताएँ! संकलन की अन्तिम कविता पर खूब दाद मिली...

नीली साड़ी में लिपटी अन्तहीन उपत्यकाओं में घिरा
सामने फैला है दूर-दूर तक नीलगिरि का जंगल
हर ओर आकाश से बातें करते
विनत अनाम वृक्ष
एक-दूसरे से सटे हुए
फिर भी एक दूसरे से निरपेक्ष
जिसकी जहाँ इच्छा हुई,
उग गया।
जिसकी जिधर इच्छा हुई,
फैल गया।
जिसने जितना चाहा
आकाश घेर लिया,
अपने फलने-फूलने के लिए
अवकाश हेर लिया।
हर लता
जहाँ चाहा बिखर गयी सिमट गयी,
जिस किसी पेड़ से मन हुआ
लिपट गयी,
जहाँ से दिल हुआ
पत्थर बहने लगा,

कहीं मौन हो गया
कहीं तेज स्वर से कुछ कहने लगा।

किसी को सभ्यता का ज्ञान नहीं
संस्कृति और परम्परा की पहचान नहीं,
कण-कण से टपकता हुआ सौन्दर्य
पत्ते-पत्ते से झरता हुआ भोलापन सौकुमार्य
क्या जिन्दा रह सकती है
स्वतन्त्रता
किसी मॉडल में बँधकर?

मंच से यह कविता पढ़ी जा रही थी और मुनि के मानस में पल भर को पसर गये नीलगिरि के जंगल। जहाँ से वे दक्षिण की यात्रा के समय गुजरे थे। मंच से संयोजक की आवाज उन्हें पुनः 'कला मन्दिर' सभागार में वापस ले आयी। माइक से 'भीड़ भरी आँखें' की छोटी-छोटी कविताएँ श्रोताओं का मन लुभा रही थीं—

बाहर का नहीं,
जिन्होंने जीता
भीतर का युद्ध।
उनमें से
कोई महावीर बन गया
कोई गौतम बुद्ध।

अभी तालियों का सिलसिला रुका नहीं था कि एक और कविता गूँजने लगी—

सत्य की हत्या के लिए
जरूरी नहीं
रिवॉल्वर या तलवार
जोर से बोल दें
सत्य की जय जयकार

इस कविता में है 'भीड़ भरी आँखें' पुस्तक का सार और शीर्षक संयोजक ने मंच से बोला तो सन्नाटा पसर गया।

हर बार उतर गया है आँखों में
कोई दूसरा चेहरा,
अपना चेहरा
कब देख पाई हैं
ये भीड़ भरी आँखें?

अब बारी थी विमल मित्र की। अपने उपन्यासों से लोगों को रात-रात भर जगाने और बेचैन करने वाले, रुलाने वाले विमल मित्र ने बड़े मर्मस्पर्शी ढंग से अपने भावों को श्रोताओं के सामने रखा–

'जब मैंने जन्म लिया, मैं रोया तो माँ ने कहा–चुप। जब स्कूल गया, अध्यापक से प्रश्न पूछने की कोशिश की। अध्यापक ने कहा–चुप। शादी हुई, बीवी से कुछ कहना चाहा तो बीवी ने कहा–चुप। जब समाज से कुछ कहना चाहा, समाज ने कहा–चुप। धर्म-नेताओं से कुछ कहना चाहा, उन्होंने भी कहा–चुप। साहित्यकार बिरादरी से कुछ कहना चाहा, वे भी बोले–चुप। राजनेताओं के समक्ष अपने होंठ खोलने की कोशिश की, वे भी बोले–चुप।

यहाँ किसी को भी सच बोलने के लिए अपनी जुबाँ खोलने की इजाजत नहीं है। ऐसे में यदि कोई चुप्पी तोड़ने की हिम्मत जुटाता है तो वह बधाई का पात्र है। 'भीड़ भरी आँखें' कविता संग्रह के कवि मुनि रूपचन्द्र जी ने अपनी कविताओं में कुछ ऐसे ही साहस का परिचय दिया है। इसलिए मैं उनका अभिनन्दन करता हूँ।'

रचनाकार की दृष्टि प्रस्तुत करने के लिए जब संयोजक भानीराम अग्निमुख ने मुनि जी को मंच पर बुलाया तो सभागार में तालियों की गड़गड़ाहट काफी देर तैरती रही। मुनि जी के माइक सँभालते ही गजब की खामोशी थी। मुनि जी ने बोलना शुरू किया...

'कविता मेरे लिए एक साधना है। साधना मेरे लिए एक कविता है। कविता में जब भी ठहराव आया है, साधना ने उसे तोड़ा है। साधना और कविता में अन्तर्विरोध की बात बहुत बार साहित्यकार जगत की ओर से मेरे समक्ष आती रहती है। किन्तु मेरे सामने वह अन्तर्विरोध कभी नहीं रहा। मैं दोनों को एक-दूसरे का पूरक मानता हूँ।'

'लोग कहते हैं मुनि का बाना और कविता? देखें तो संत और साहित्य का गहरा सम्बन्ध है। मध्य युग में कबीर, तुलसी, सूर जैसे संतों ने ही साहित्य की परम्परा को आगे बढ़ाया था। दुर्भाग्यवश आज कवियों में संत और संतों में कवि दिखाई नहीं दे रहे हैं। मेरी दृष्टि से यह विरोधाभास टूटना चाहिए।'

'मानव शान्ति चाहता है। लेकिन शान्ति की खोज जीवन के सारे स्तरों पर उसकी समग्रता से कट कर नहीं हो सकती है। इसके लिए जीवन को उसकी समग्रता में लेना आवश्यक है। जीवन के साथ उसकी समग्रता में सम्पूर्ण एवं निर्बाध तादात्म्य ही अध्यात्म है। कविता और साधना दोनों का द्वैत इस प्रक्रिया में विलीन हो जाता है। अपनी परम सत्ता के बिन्दु पर दर्शन कविता बन जाता है। कविता दर्शन बन जाती है।'

अगले दिन अखबारों में कार्यक्रम के बारे में प्रमुखता से छपा था। कहीं-न-कहीं, कोई-न-कोई मुनि जी से इसकी चर्चा कर ही बैठता था। साहित्यिक पत्र-पत्रिकाओं में

इसकी समीक्षाएँ छपीं। कलकत्ता और पटना आकाशवाणी पर भी पुस्तक पर समालोचनाएँ प्रसारित हुईं।

दो महीने बाद मनीषी श्री गणेश ललवानी जी का अचानक मुनि जी के पास आना हुआ। उन्होंने मुनि जी के हाथ में एक पांडुलिपि थमाई। पांडुलिपि 'भीड़ भरी आँखें' के बंगला अनुवाद की थी। मुनि जी को आश्चर्य-मिश्रित हर्ष हुआ।

वे बोले– 'मुनि जी, जब से मैंने यह पुस्तक पढ़ी, तभी से अनुवाद की बात सोच रहा था। लेकिन कहीं सोच सिर्फ सोच न बन कर रह जाय, इसलिए पूरा करने के बाद ही बताना उचित समझा।' न मुनि जी की ओर से अनुवाद के लिए कोई चेष्टा थी। न उनकी ओर से अनुवाद कार्य के लिए मानदेय के रूप में कोई माँग। प्रतिदान के तौर पर उन्होंने कुछ स्वीकार भी नहीं किया। सब कुछ आत्मीयता की भूमिका तथा काव्य की अनुभूति के तल पर घटित हुआ।

बांग्ला में 'भीड़ भरी आँखें', 'भीड़े भरा चोख' शीर्षक से छप भी गयी। फिर तो मुनि जी की ख्याति उन लोगों तक भी पहुँच गयी जो सिर्फ बांग्ला ही जानते थे और बांग्ला साहित्य का आस्वादन करते थे। बांग्ला अनुवाद छपने के कुछ दिन बाद मुनि जी को एक पत्र मिला। लिफाफे पर प्रेषक के स्थान पर विमल मित्र के हस्ताक्षर थे। मुनि जी ने उत्सुकता से लिफाफा खोला और अपने नाम लिखा पत्र पढ़ने लगे।

'आपके काव्य-सकलन का बांग्ला अनुवाद 'भीड़े भरा चोख' मेरे हाथ में आया। उसे पढ़कर बहुत आनंदित हुआ। मुझे लगता है कि मेरी ही बात इन कविताओं में कही गयी है। इन कविताओं में सबसे बड़ी चीज है प्यार। जब हम मिले थे तब मैंने एक बात आपसे कही थी कि मेरी एक झिझक है। वह यह है कि मुझे प्यार का लालच है। किसी चीज का लालच रखना लज्जादायक है। पर मैं चाहता हूँ, मुझे मेरे पाठकों का प्यार मिले। तब आपने उत्तर दिया था– यह कोई गलत चीज नहीं है। सत्व गुण सबसे बड़ा है। वह किसी से कुछ नहीं माँगता। श्री रामकृष्ण परमहंस सत्वगुण के थे लेकिन स्वामी विवेकानंद की ललक ख्याति के लिए थी। यह है रजोगुण। रजोगुण भी खराब नहीं है। हाँ, तमोगुण खराब है। जो आप में है नहीं। इसलिए आपको लज्जित नहीं होना चाहिए।' आपकी यह बात सुनकर मुझे शान्ति मिली थी। आपकी कही हुई बात मुझे बराबर याद रहती है और रहेगी।

मेरी श्रद्धा, प्रीति, आदर, स्नेह आपको अर्पित है।

आपका

विमल मित्र

'भीड़े भरा चोख' का लोकार्पण समारोह कलकत्ता की नेशनल लाइब्रेरी सभागार में हुआ। समारोह की अध्यक्षता बांग्ला साहित्यकार महाश्वेता देवी ने की। लोकार्पण

सम्बोधन में उन्होंने कहा– 'मुनिश्री की कविताएँ वैदिक ऋचाओं की तरह समाज का मार्गदर्शन करती हैं। उनके बांग्ला अनुवाद से बांग्ला के साहित्य-भंडार में निश्चित ही श्री वृद्धि हुई है।'

कलकत्ता के धार्मिक-साहित्यिक जगत में मुनि रूपचन्द्र जी का एक अहम् स्थान बन गया था।

x x x

दोपहर का समय। महासभा भवन के कक्ष में मुनि जी अकेले थे। तभी एक युवक उनके पास आया। उसका नाम था जगत। उम्र होगी लगभग अठारह वर्ष। बातचीत से पता चला कि वह कलकत्ता के प्रसिद्ध समाज सेवी शोभा चन्द सुराणा का पुत्र है। उसने बात का सिरा अपने हाथों में सँभालते हुए कहा– 'मुनि जी मैं आपके पास अपना मन खोलने आया हूँ।' उसकी बात सुनकर मुनि जी ने पलकें झपका कर मौन स्वीकृति दी। बिना किसी भूमिका के बात शुरू करते हुए उसने कहा– 'मैं साधना-पथ स्वीकार करना चाहता हूँ।' इतना कहकर वह चुप हो गया।

मुनि जी के पास ऐसे कई लोग समय-समय पर निवेदन करते रहते थे। इसलिए मुनि जी ने जगत के कथन को गम्भीरता से नहीं लिया। सोचा, व्यक्ति के जीवन में अनेक बार किसी कारण से निराशा के क्षण आ जाते हैं। भावना प्रधान व्यक्ति उन क्षणों में वैराग्य और संन्यास लेने को आतुर हो उठता है। जब निराशा दूर हो जाती है अथवा आशा में बदल जाती है तो खारा लगने वाला संसार पुनः प्यारा लगने लगता है। ऐसा ही कुछ इसके साथ घटा होगा। युवा मन पर कोई चोट लगी होगी। इसलिए यह मुनि और वैराग्य जीवन की बात कर रहा है। चोट पर माता-पिता के प्यार की मरहम लगेगी तो वैराग्य और मुनि जीवन की बात स्वयं भूल जाएगा। यही बात सोचकर मुनि जी ने उसके कथन पर कोई प्रतिक्रिया व्यक्त नहीं की। थोड़ी देर बाद वह फिर बोला– 'इस दिशा में आपका मार्गदर्शन चाहता हूँ।'

मुनि जी ने कहा– 'इसमें कोई सन्देह नहीं कि साधना का संकल्प अपने में शुभ है। किन्तु इस संकल्प के पीछे कारण क्या है, उसे जानना बहुत जरूरी है। निराशा अथवा भावुकता के क्षणों में लिया गया निर्णय सही नहीं होता। फिर तुम तो अभी युवा हो। साधन-सम्पन्न परिवार से हो। इस स्थिति में इतने बड़े निर्णय के पीछे क्या कारण है?'

जगत बोला– 'आपका कहना सही है। परिपक्व चिन्तन के बाद ही इतना बड़ा निर्णय लेना चाहिए। यह भी सच है कि अभी मैं युवा अवस्था में प्रवेश करने जा रहा हूँ। माता-पिता का पूरा प्यार मुझ पर है। साधन-सम्पन्न परिवार से हूँ। मैं यह भी बता

देना चाहता हूँ कि मुझे किसी भी प्रकार की कोई कमी नहीं है। और न ही मेरे और माता-पिता के बीच किसी प्रकार का टकराव अथवा वैचारिक दुविधा है।'

'फिर वैराग्य-पथ पर आने का कारण?' मुनि जी ने पूछा तो वह बोला– 'मुझे ऐसा लग रहा है जैसे कोई मुझे भीतर से झकझोरते हुए कह रहा है कि तेरी उम्र ज्यादा नहीं है। तेरे हाथ में पूरा एक वर्ष भी नहीं है। उम्र के कुछ माह ही बचे हैं। इसलिए इस समय का उपयोग तुम्हें भक्ति-अराधना और वैराग्य-अभ्यास के लिए करना चाहिए। यह अंतः प्रेरणा इतनी प्रबल है कि मुझे चैन से नहीं बैठने देती। अब आप बताएँ मैं क्या करूँ?'

जगत की मनःस्थिति मुनि जी के सामने थी। उसका वैराग्य भाव किसी अप्रिय घटना अथवा निराशा की उपज नहीं था। मृत्यु-भय भी उसका कारण नहीं था। मृत्यु-बोध इस वैराग्य की भूमिका में जरूर था। वैराग्य और मुनि दीक्षा के निर्णय के पीछे आवेश या आवेग भी नहीं। निर्णय में परिपक्वता और दृढ़ता थी। यह सब देखते हुए मुनि जी ने उसके निश्चय का समर्थन किया। किन्तु साथ ही यह सलाह भी दी कि जल्दबाजी में कोई निर्णय न लिया जाय। इस विषय में अपने माता-पिता के साथ परामर्श भी कर लिया जाय। मुनि जी ने उसे इस अवधि में प्रतिदिन अभ्यास के लिए कुछ सूत्र भी सुझाए।

इसके बाद तो जगत की पूरी दिनचर्या बदल गयी थी। जप, पाठ, सामायिक, त्याग-वैराग्य उसके दैनंदिन व्यवहार में झलकने लगा। माता-पिता ने उसके वैराग्य-अभ्यास को देखा तो उनका माथा ठनका। शोभाचन्द सुराणा ने उससे इस परिवर्तित जीवन के बारे में पूछा। अब तक जगत की हिम्मत नहीं हो रही थी कि वह अपने निश्चय के बारे में पिताजी को कुछ बताए। अपने पिताश्री के प्रश्न पर उसने पहली बार अपने मन का संकल्प बताया। इसके साथ ही मुनि जी के साथ हुए वार्ता प्रसंग की चर्चा कर डाली। यह सुनकर वे एकदम आगबबूला हो गये। उन्हें लगा कि वैराग्य और साधना के नाम पर मुनि जी ने ही इसे बरगलाया है। उन्होंने मुनि जी के पास जगत का जाना एकदम बन्द कर दिया। यही नहीं धर्म स्थान में आने-जाने की पाबन्दी लगा दी। सारे नियम-अभ्यास छुड़वा दिए। कई महीनों तक वे स्वयं भी मुनि जी के पास नहीं आये, जबकि पहले उनका आना-जाना अक्सर होता रहता था। मुनि जी ने इस सबको सहजता से लिया। कभी ध्यान में भी न आया कि जगत और सुराणा जी क्यों नहीं आ रहे। महीनों बीत गये। एक दिन लम्बे अन्तराल के बाद जगत मुनि जी के पास आया। उसने पिताजी के साथ हुए वार्ता-प्रसंग की पूरी जानकारी मुनि जी को दी। यह भी बताया कि पिताजी की नाराजगी झेलना उसके लिए सम्भव नहीं था। उनकी सख्ती के सामने नियम/अभ्यास सब कुछ छोड़ दिया है। वह बोला- 'पिता जी को

अब मेरे ऊपर पूरा भरोसा हो गया है कि मैं वैराग्य-धारण क़रने नहीं जा रहा, इसलिए आपके पास आने की पाबन्दी हटा ली है।'

इस सबके बावजूद जगत शान्त और पवित्र मन का था। इस प्रकार जगत के वैराग्य-धारण से जुड़े अध्याय का पटापेक्ष यहीं हो गया।

लेकिन अदृष्ट के गर्भ में क्या है, कौन जानता है? हम दृश्य जगत में जीते हैं। जो दृश्यमान है, आँखों के सामने है, हम उसी को सब कुछ मान लेते हैं। जबकि सच्चाई यह है कि दृश्य पेड़ की जड़ें अदृश्य में होती हैं। इतना ही नहीं, दृश्य पेड़ का फैलाव भी अदृश्य आकाश में ही होता है। पेड़ से जुड़ी सारी सम्भावनाएँ और घटनाएँ-दुर्घटनाएँ अदृश्य में ही अंकित होती हैं। हम उनको तभी जान पाते हैं जब वे हमारी आँखों के सामने घटित हो जाती हैं। उससे पहले हमें उनके इशारे अवश्य मिलते रहते हैं, किन्तु कितने ऐसे हैं जो उन इशारों की हक़ीकत को समझते हैं। जबकि सच तो यह है कई बार उन इशारों को समझते हुए भी हम उनके प्रति अपनी आँखें मूँद लेते हैं। क्या जगत के साथ भी कुछ ऐसा हो रहा था, जिसे कोई समझ नहीं पा रहा था?

चातुर्मास काल चल रहा था। पूरे कलकत्ता में जैन समाज द्वारा ही कहीं-न-कहीं कार्यक्रमों/प्रवचनों का आयोजन हो रहा था। श्वेताम्बर तेरापंथी जैन मुनि रूपचन्द्र जी कलकत्ता में थे तो दिगम्बर सम्प्रदाय के आचार्यश्री सन्मति सागर जी महाराज का वर्षावास भी वहीं था। महानगर के जैन समाज में वातावरण बहुत सद्भावपूर्ण था। महावीर जयंती क्षमावणी पर्व आदि का आयोजन प्रभावशाली ढंग से हुआ। सब कुछ सद्भावपूर्ण वातावरण में चल रहा था।

एक दिन घटित अकल्पित घटना ने पूरे जैन समाज को झकझोर दिया। हुआ यह कि आचार्य सन्मति सागर महाराज एक दिन मन्दिर से विहार करके दूसरे मन्दिर की ओर पधार रहे थे। साथ में चार-पाँच श्रावक थे। वह रास्ता बंगाली कॉलेज के सामने से गुजरता था। संयोगवश जब आचार्यश्री कॉलेज के पास पहुँचे, वह समय कॉलेज की छुट्टी का था। लड़के सड़क पर थे। वे शायद जैन मुनि जी की चर्या से परिचित नहीं थे। किसी व्यक्ति का नग्नावस्था में सड़क पर चलना सामाजिक मर्यादाओं के विरुद्ध है। वे आचार्यश्री के पास आये और उन्हें तंग करने लगे। श्रावकों द्वारा रोके जाने पर वे भड़क उठे। श्रावकों ने समझाया कि यह जैन मुनि-चर्या का अंग है। लाख समझाने पर वे नहीं समझे। उनका एक ही तर्क था, आपके मुनि वस्त्र-धारण नहीं कर सकते तो उन्हें बस्ती में नहीं आना चाहिए।

बात साधारण थी। लेकिन बातों ही बातों में इसने तूल पकड़ लिया। थोड़ी ही देर में छात्रों की भीड़ उग्र हो गयी। उधर जैन समाज के लोग भी बड़ी संख्या में सामने आ गये। वातावरण इतना तनावग्रस्त हो गया कि भीड़ किसी भी समय हिंसात्मक हो सकती

थी। पुलिस को खबर लगी तो स्थिति शान्त करने के लिए थाना-प्रमुख वहाँ पहुँच गये। भीड़ का आक्रोश देखा तो वे हड़बड़ा गये। समझाने की कोशिश की। भीड़ इतनी क्रुद्ध थी कि कोई समझने को तैयार नहीं था। उन्होंने भीड़ पर कोई कार्रवाई करने की बजाय आचार्यश्री को कोतवाली चलने का निर्देश दिया। आचार्यश्री चुपचाप कोतवाली में ध्यानस्थ विराजमान हो गये।

जैन आचार्य सन्मति सागर जी महाराज कोतवाली में बन्द हैं। यह खबर आग की तरह शहर में फैल गयी। पूरे जैन समाज में हड़कंप मच गया। मुनि रूपचन्द जी को पता लगा तो समझ गये कि थाना-प्रमुख ने बड़ी घबराहट में यह फैसला लिया। उसे उग्र भीड़ को शान्त करना चाहिए था लेकिन आचार्यश्री को ही कोतवाली में ले जाकर उसने आग में घी डालने का काम किया। उसे धर्म विशेष की मुनि-मर्यादा के गौरव का खयाल रखना चाहिए था। किन्तु जो होना था, वह हो गया। मुनि जी ने श्वेताम्बर समाज के प्रमुख कार्यकर्ताओं को बुलाकर कहा– 'यह आपदा सम्प्रदाय विशेष के मुनि पर नहीं, पूरे जैन समाज पर आयी है। संकट की इस घड़ी में आप दिगम्बर जैन समाज के साथ कन्धे से कन्धा मिलाकर खड़े हो जाएँ।' दिगम्बर और श्वेताम्बर दोनों जैन सम्प्रदायों के लोगों ने मिल-जुलकर पश्चिम बंगाल सरकार और केन्द्र सरकार के समक्ष अपनी नाराजगी प्रभावी अहिंसात्मक तरीके से जताई। तत्कालीन प्रधानमंत्री श्रीमती इन्दिरा गाँधी ने कोई समय गँवाए बिना पश्चिम बंगाल सरकार को तलब किया। राज्य सरकार हरकत में आयी। थाना-प्रमुख ने जैन समाज के प्रति खेद प्रकट करते हुए कहा– 'मेरा उद्देश्य भीड़ के रोष को शान्त करना ही था। मुनि जी जितने आपके लिए सम्माननीय हैं, उतने ही हमारे लिए सम्माननीय हैं। आप स्वयं अपनी आँखों से देखें, हमने कितने सम्मान के साथ कमरे में बैठा रखा है। भीड़ लगभग शान्त हो गयी है। शाम तक आप आचार्यश्री को सम्मान सहित साथ ले जा सकते हैं।'

साँझ ढलने से पहले पहले आचार्यश्री सन्मति सागर जी कुशलतापूर्वक अपने स्थान पर आ गये। पूरे जैन समाज में खुशियों की लहर थी। मुनि जी सोच रहे थे, काश! ऐसी एकजुटता राष्ट्रीय स्तर पर होती तो विश्व के नक्शे पर भारत की तस्वीर कुछ और ही होती।

शुभकरण दसानी तेरापंथ समाज के सर्वाधिक प्रभावशाली व्यक्तियों मे थे। आचार्यश्री तुलसी से उनका निकटतम सम्पर्क था। एक दिन संध्या समय दसानी मुनि जी के पास आये और इधर-उधर की बातों के बाद मूल मुद्दे पर आते हुए बोले– 'आचार्यश्री ने आपको कलकत्ता से नेपाल की ओर विहार करने का निर्देश दिया है।'

'आचार्यश्री ने यह निर्देश देकर बड़ी कृपा की है। यह प्रसन्नता की बात है। मैं पिछले कई महीनों से यहाँ से विहार के लिए आचार्यवर से निवेदन कर रहा था। अन्ततः

मेरा निवेदन स्वीकृत हो गया, प्रसन्नता की बात है। लेकिन इतना अवश्य चाहता हूँ कि आचार्यवर का निर्देश किसी व्यक्ति के बजाय महासभा भवन के आफिस में आये तो ठीक है। वरना यहाँ का माहौल ऐसा है कि लोग इस आदेश को भी राजनीतिक रंग दे देंगे।' दरअसल मुनि जी को आचार्यश्री ने कलकत्ता में तेरापंथ समाज के बीच कटुता और असन्तोष के वातावरण को सहज बनाने के लिए भेजा था। वहाँ कुछ लोग अपने प्रभाव को स्थापित करने और बढ़ाने के उद्देश्य से अजब ढंग की राजनीति खेलने लगे थे। स्वयं को आचार्यश्री तुलसी के ज्यादा करीब जताकर बाकी लोगों पर हावी होना चाहते थे। दसानी जी की बात सुनकर मुनि जी को आचार्यश्री के उस पत्र की पंक्तियाँ आँखों के आगे तैरने लगीं, जो पन्द्रह महीने पहले उन्हें राजगिरी में प्राप्त हुआ था।

मुनि जी का कलकत्ता प्रवास इसी उदेद्श्य से था। उन्हें इसी के अनुसार कार्यशैली अपनानी थी। कलकत्ता पहुँचने के बाद पहले प्रवचन में ही उन्होंने श्रावक समाज के समक्ष स्पष्ट दिशा-संकेत प्रस्तुत कर दिए थे–

1. आपके और हमारे बीच साधु-श्रावक का रिश्ता रहेगा। अतः हमारे साथ सिर्फ साधना और अध्यात्म चर्चा ही हो।
2. पक्ष-विपक्ष की राजनीति में हमारी कोई दिलचस्पी नहीं है, इसलिए इस सम्बन्ध में किसी भी प्रकार की कोई चर्चा न की जाय।
3. रात्रि-प्रवचन के बाद धर्म-स्थान में कोई न रहे। भवन तत्काल खाली हो जाना चाहिए।
4. कोई भी हमारे साथ कानाफूसी की कोशिश न करे। इससे अकारण ही समाज में भ्रम पैदा होते हैं। तरह-तरह की अफवाहें फैलती हैं आदि-आदि।

मुनि जी के पन्द्रह महीनों के प्रवास में स्थितियाँ काफी सुधर गयी थीं। फिर भी कुछ लोग अपनी आदतों से मजबूर थे।

मुनि जी द्वारा आदेश को महासभा में पहुँचाने की बात दसानी जी को अच्छी नहीं लगी। बड़े रूखेपन से बोले, 'ठीक है आदेश महासभा के आफिस में ही आ जाएगा।'

अगले दिन समाज-प्रमुख श्री खेमचन्द सेठिया वह आदेश लेकर महासभा भवन आये। आदेश की जानकारी देते हुए उन्होंने मुनि जी से कहा– 'आपकी मनोकामना पूरी हो गयी।'

मुनि जी काफी प्रसन्न थे। यह प्रसन्नता चेहरे पर साफ झलक रही थी। शनिवार का दिन था। रविवार का प्रवचन कार्यक्रम पोलक स्ट्रीट में पहले से ही निश्चित था। मुनि जी ने उसी कार्यक्रम में सोमवार को प्रातः कलकत्ता से विहार की घोषणा कर दी। आदेश के तुरन्त बाद विहार की घोषणा से समाज में लोगों को आश्चर्य था। किन्तु मुनि जी ने यह निर्णय इसलिए लिया था कि कहीं यह विहार भी राजनीति का शिकार न हो जाय।

मई-जून की गर्मी और समुद्र के किनारे बसा कलकत्ता शहर। अजब सी उमस थी। स्कूल-कालेज बन्द हो गये थे। अठारह-बीस युवकों की एक टोली उस पदयात्रा में मुनि जी के साथ चली। उस टोली में वह युवक जगत भी था, जो कुछ दिन पहले मुनि जी के पास वैराग्य की इच्छा व्यक्त करने आया था।

मुनि जी ने समाज की जिस राजनीति से पीछा छुड़ाने के लिए कलकत्ता से शीघ्रातिशीघ्र विहार प्रारम्भ किया था, वह राजनीति कलकत्ता महानगर की सीमा पार करने से पहले ही सामने आ गयी थी। मुनि जी हिन्द मोटर्स उपनगर की ओर बढ़ रहे थे। रास्ते में समाज के प्रमुख खेमचंद सेठिया और रतन लाल रामपुरिया पहुँचे। उन्होंने बताया– 'आचार्यश्री सुजानगढ़ में हैं। आज सुबह दसानी जी का सुजानगढ़ से फोन आया है। उसके अनुसार आचार्यश्री का निर्देश है कि आप विहार धीमे-धीमे करें। वर्दवान से आगे न जाएँ। हो सकता है आपको कलकत्ता वापस आना पड़े। साथ ही उन्होंने यह भी निवेदन किया है कि वे आज ही सुजानगढ़ जा रहे हैं। इसलिए इस सम्बन्ध में कोई निवेदन हो तो वे आचार्यश्री तक पहुँचा देंगे।'

मुनि जी समझ गये थे कि विहार करने और न-करने का सियासती खेल खेला जा रहा है। उन्होंने सेठिया जी और रामपुरिया जी से कहा– 'आप लोग आचार्यश्री के सान्निध्य में जा रहे हैं। मेरे वर्दवान, बोलपुर, शान्ति निकेतन और सेंथिया शहर तक के कार्यक्रम तय हो चुके हैं। मैं चाहता हूँ कि सेंथिया तक मेरी यात्रा उसी प्रकार रहे। उसके बाद अगर आचार्यवर का कलकत्ता वापसी का निर्देश होगा तो उसका पूरा पालन किया जाएगा। जहाँ तक कलकत्ता-वापसी का सवाल है, मेरी सोच में ऐसा न संघ के हित में होगा, न आचार्यश्री के हित में। निर्देश/आदेश बार-बार बदलने से समाज में गलत सन्देश जाएगा। फिर भी अन्तिम निर्णय आचार्यश्री का ही होगा। उसका पालन हर हालत में होगा।' मुनि जी के इस स्पष्ट निवेदन से गुरु-आदेश के नाम पर चलने वाली राजनीति पर लगाम लग गयी और मुनि जी ने अगले दिन आगे के लिए विहार किया।

x x x

गुरुदेव रवीन्द्रनाथ टैगोर के शांति निकेतन जाने की मुनि जी की बड़ी इच्छा थी। कुछ महीने पहले जब शान्ति निकेतन के उपकुलपति श्री मंडल जी कलकत्ता आये थे तो मुनि जी से उनकी लम्बी चर्चाएँ हुए थीं। चर्चा के दौरान मुनि जी ने उनसे कहा था कि शांति निकेतन में इतने सारे विषयों के उच्च स्तरीय अध्ययन की व्यवस्था है, वहाँ जैन स्टडीज की व्यवस्था भी हो जाय तो उपयोगी रहेगा। मंडल जी को यह बात

जँची थी। उन्होंने चलते-चलते मुनि जी को शांति निकेतन आने का निमंत्रण दिया था।

मुनि जी विहार करते हुए शांति निकेतन पहुँचे तो भीतर रवीन्द्रनाथ टैगोर की 'गीतांजलि' सहित राष्ट्रगान की पंक्तियाँ कानों में गूँजने लगीं। रवीन्द्रनाथ टैगोर ने शांति निकेतन के रूप में एक अद्‌भुत मौलिक रचना की थी। उस स्थान में शांति और अध्यात्म का वास महसूस किया जा सकता था। कवि-मना मुनि रूपचन्द्र के कदम काव्य-भूमि शांति निकेतन में पहुँच गये थे। एक अलौकिक अनुभूति से उनका चेहरा दमक रहा था। मंडल जी को मुनि जी के आने की सूचना पहले ही मिल गयी थी। वे स्वयं अगवानी के लिए पहुँचे थे। साँझ समय दोनों ने शान्ति निकेतन के हिस्सों में घूमने का कार्यक्रम तय किया। तपती दोपहर में तो लता-पताओं को भी छाया की जरूरत होती है, ऐसे में धूप में निकलने की बजाय दोनों एक कमरे में पहुँचे। सलीके से सजे कमरे की दीवारों को पार करती हुई रवीन्द्र संगीत की स्वर लहरियाँ हवा में तैर रही थीं। मंडल जी ने बातचीत में कहा– 'जैन धर्म और भगवान महावीर का बंगाल से बहुत गहरा नाता रहा है। भगवान महावीर के साधना काल के दूसरे बरस का सम्बन्ध पश्चिम बंगाल से है। नागराज चंड कौशिक का प्रसंग यहीं से जुड़ा हुआ है।'

मुनि जी ने चंड कौशिक का प्रसंग तो सुना था, लेकिन यह नहीं मालूम था कि उसका सम्बन्ध बंगाल से है। उपकुलपति जी ने पूछा–

'क्या आपको मालूम है कि चंड कौशिक का सम्बन्ध किस जगह से है? आपको विस्तार में इसके बारे में हमारे यहाँ के बड़े इतिहासवेत्ता प्रोफेसर पंचानन मंडल बताएँगे।' और अपने सेवक से उन्होंने प्रोफेसर मंडल को बुलाने भेजा। प्रो. मंडल दोपहर के समय अपने खजाने में किताब ढूँढ़ रहे थे। उपकुलपति जी का बुलावा आया तो अपनी खोज को विराम दे, चप्पल पहनकर चल पड़े।

मुनि जी को देखा तो प्रो. मंडल ने नतमस्तक हो अभिवादन किया। इससे पहले कि वे उपकुलपति जी से कुछ पूछते, उन्होंने स्वयं ही मुनि जी का परिचय उन्हें दिया। मुनि जी को भी प्रो. मंडल की विद्वत्ता के बारे में बताया। फिर मूल मुद्‌दे पर आते हुए उन्होंने कहा कि प्रो.मंडल पिछले दो साल से इसी शोध में लगे हुए हैं कि भगवान महावीर का पाद विहार बंगाल में किस-किस स्थान पर हुआ। इन्होंने वह जगह भी खोज निकाली है जिसे नागराज चंड कौशिक का स्थान माना जाता है। आगे की बात आपको खुद प्रो. मंडल बताएँगे।

गम्भीर मुद्रा में प्रो. मंडल ने बताना शुरू किया– 'वह धरती जहाँ नागराज रहता था, आज भी बंजर बनी हुई है। वहाँ के आदिवासी लोग वर्ष में एक बार इकट्‌ठा होते हैं और नागराज की पूजा करते हैं। किंवदंती यह है कि शताब्दियों पहले यहाँ एक भयंकर अजगर रहता था। उसकी दृष्टि में ही जहर था। उसके विषैले प्रभाव के कारण वह पूरा

इलाका बंजर बन गया था। किसी नंगे बाबा की उस पर अमृत-वर्षा हुई। हिंसा छोड़कर उसने संत-वृत्ति धारण कर ली। तब से यहाँ नाग-पूजा होने लगी। जैन परम्परा के अनुसार दक्षिण वाचाला से होकर उत्तर वाचाला जाने के लिए महावीर ने एक सीधा मार्ग पकड़ा। वह कनक खल नामक आश्रम पद के बीच में से जाता था। महावीर कुछ दूर आगे बढ़े थे कि पीछे से जंगल में घूमते हुए ग्वालों की भय-मिश्रित आवाज सुनाई दी-देवार्य रुक जाओ। यह मार्ग बड़ा विकट एवं भयावह है। इस रास्ते में एक काला नाग रहता है, जिसकी दृष्टि में ही विष है। अपनी विष-ज्वालाओं से उसने अगणित राहगीरों को भस्म कर डाला है। इस इलाके के हजारों पेड़-पौधे और लताएँ उसकी विषैली फुँकारों से जल कर राख हो गये हैं। आप इस मार्ग से मत जाइए। आश्रम से बाहर जो मार्ग जाता है, उसी से जाइए। वह लम्बा भले ही है लेकिन निरापद है।'

'महावीर ने मुस्कराते हुए ग्वाल-वालों की ओर देखा और अपना अभयसूचक हाथ ऊपर उठाया जैसे संकेत दे रहे थे—घबराओ मत! जैसे उस विष को जीतने के लिए अमृत जा रहा है। आग को बुझाने के लिए शीतल जलधारा उस ओर बढ़ रही हो।'

'अभयमूर्ति महावीर धीर-गम्भीर गति से चलते हुए जंगल के बीच नागराज की बांबी के निकट पहुँच गये। वहीं कुछ ही दूर ध्यान-मुद्रा में स्थिर हो गये। उस निर्जन प्रदेश में बहुत दिनों के बाद कोई मनुष्य पहुँचा था। अपनी विषमयी तीव्र दृष्टि से नागराज ने महावीर की ओर देखा जैसे अग्नि पिंड से ज्वालाएँ निकल रही हों। महावीर पर उसका कोई असर नहीं हुआ। नाग ने पुनः सूर्य की ओर देख कर तीक्ष्ण दृष्टि महावीर पर डाली, लेकिन इस बार भी उसका वार खाली गया। नाग क्रोध में आगबबूला हो गया। उसने फन तान कर पूरी ताकत से महावीर के अँगूठे पर डंक मारा।'

'क्रोधाविष्ट नागराज का तीसरा आक्रमण भी निष्फल गया। उसके आश्चर्य का कोई ठिकाना नहीं रहा, जब उसने देखा कि जिस जगह महावीर के अँगूठे पर उसने डंक मारा था, वहाँ से दूध-सी श्वेत रक्त-धारा बह रही है। यह दृश्य देखकर वह दिग्भ्रमित-सा होकर महावीर की ओर देखने लगा, जिनकी मुखमुद्रा वैसी ही शान्त-स्थिर थी। वह विचारों की गहराई में डूबने लगा कि यह दिव्य पुरुष कौन है?'

'चंड कौशिक समझो-समझो, अब शान्त हो जाओ। अपना क्रोध शान्त करो। ध्यान समाप्त करते हुए महावीर ने नागराज की ओर देख कर कहा, अरे जागो कब तक सोए रहोगे? पिछले जन्म में भी तुमने गुस्से मे आकर कितने पाप किए, इसलिए इस सर्प योनि में आये। भगवान महावीर के उपदेश के बाद चंड कौशिक उनके चरणों में लिपट कर अपने अपराध के लिए क्षमा याचना करने लगा। और उसने अहिंसा का व्रत लिया।'

प्रो. पंचानन मंडल पूरी कहानी सुनाने के बाद उस स्थान के बारे में बताने लगे

जहाँ चंडकौशिक नागराज का वास था। वह जगह यहीं बंगाल में है और आज भी दूर-दूर तक वह धरती बंजर है। वहाँ कोई पेड़-पौधे नहीं होते। वहाँ के आदिवासी वर्ष में एक बार इकट्ठा होकर नाग की पूजा करते हैं, नाग कथा करते हैं। इस कथा को वे अपने ढंग से कहते-सुनते हैं।

प्रो. मंडल से मिलकर मुनि जी को बहुत अच्छा लगा। बातचीत में साँझ हो चली थी। प्रो. मंडल और उपकुलपति के साथ मुनि जी शांति निकेतन घूमने निकले। वहाँ देश-विदेश के छात्र-छात्राओं से भी भेंट हुई,जो गुरुदेव रवीन्द्रनाथ टैगोर के चिन्तन के अनुसार अध्ययन कर रहे थे। उपकुलपति बताते जा रहे थे कि इस स्थान पर टैगोर ग्रीष्म में रहते थे, यहाँ शीत ऋतु में, यहाँ वर्षाकाल में। उन्होंने वह स्थान भी दिखाया जहां टैगोर ने 'गीतांजलि' की रचना की थी।

उपकुलपति ने एक और जानकारी दी। 'मुनि जी पिछली बार कलकत्ता में भेंट के दौरान आपने जैन स्टडीज शुरू करने का सुझाव दिया था, उसे हमने कार्यरूप दे दिया है। मुझे लगा कि इसे शुरू किया करना चाहिए क्योंकि भगवान महावीर का सम्बन्ध बंगाल से भी रहा है। यही नहीं, जैन दर्शन के अध्ययन की ओर लोगों को आकृष्ट करने के लिए हमने चार सौ रुपये की छात्रवृत्ति देने का निर्णय भी लिया है।' इसके बाद वे शिकायत भरे लहजे में बोले- 'लेकिन मुनि जी, इतना होने के बावजूद एक भी जैन छात्र यहाँ अध्ययन के लिए नहीं आया। लाखों की संख्या में जैन समाज यहाँ बसता है। आप प्रेरणा दीजिए। जैनेत्तर छात्र ही जैन दर्शन पढ़ने आ रहे हैं न कि जैन-समाज के छात्र। बड़ी विचित्र-सी बात।'

मुनि जी जैन समाज के बारे में यह बात सुन मुस्करा भर दिए। वे इस समाज की आदत से भली-भाँति परिचित थे। उसे सिर्फ व्यापार में रुचि होती है। इसी बात पर मुनि जी को कुछ दिन पहले कलकत्ता में ही महावीर जयंती पर हुए कार्यक्रम की याद ताजा हो आयी, जब भरी सभा में ऐसा ही प्रसंग बना था। प्रश्न उठाया गया था तो मुनि जी ने बड़े तार्किक ढंग से उसका उत्तर दिया। उस कार्यक्रम में 'टाइम्स आफ इंडिया' समूह के साहू शांति प्रसाद जैन भी थे। वहाँ समागत मंत्री महोदय ने वहां उपस्थित जैन समाज को आड़े हाथों लेते हुए कहा था कि आप लोग यहाँ थाली-कटोरा लेकर आये थे और अब यहाँ इतने पैसे वाले हो गये, जबकि यहाँ के मूल बंगाली लोग पिछड़े रह गये। आप लोग इनके बलबूते अमीर हुए। मंत्री-महोदय के वक्तव्य के बाद बारी थी मुनि जी के प्रवचन की। उन्होंने अपने प्रवचन में मंत्री जी की बात का उत्तर देते हुए कहा- 'देखिए, जैन समाज के लोग पैसे वाले हो गये, यह तो ठीक है। लेकिन कभी आपने यह सोचा है कि ये क्यों हो गये और बंगाली क्यों नहीं हुए? इसके पीछे कुछ कारण हैं। पहला अन्य समाजों की तुलना में आज भी जैन समाज व्यसन-मुक्त

है। शराब, माँस आदि व्यसनों में नहीं गया। इसका खान-पान पूरी तरह सात्विक है। मैं यह नहीं कहता कि सब पूरी तरह से व्यसन-मुक्त हैं लेकिन, औरों की अपेक्षा इनकी संख्या काफी ज्यादा है। इसलिए इनका पैसा व्यसनों में या अय्याशी में नहीं जाता। दूसरी बात यह कि मैंने बंगाल के जीवन का अनुभव किया है। यहाँ कालेजों में लड़के पढ़ाई तक मौज-मस्ती करते हैं जबकि जैन लड़के कॉलेज की पढ़ाई के साथ-साथ अपने काम-धन्धे में समय देते हैं। पढ़ाई करते-करते ही व्यापार का प्रशिक्षण उन्हें मिल जाता है। तीसरी बात है यह कि बंगाली लोगों की प्रवृत्ति यह है कि बारह बजते ही दुकानें बन्द करके घर पर जाकर खाना-पीना-सोना ही जानते हैं, जबकि जैन समाज लगातार मेहनत करता है। व्यापार में ये आगे क्यों बढ़े? इसके पीछे मुख्य कारण इनकी मेहनत है।'

प्रवचन समाप्त होने के बाद साहू शांति प्रसाद जैन उठकर मुनि जी के पास आये और बोले– 'मुझसे अक्सर इस तरह के प्रश्न बंगाली-बंधु करते हैं। लेकिन सच जानते हुए भी मैं इनके उत्तर नहीं दे सकता था। लोग कितनी भी गालियाँ दें, हमें चुपचाप सुनना पड़ता है। आपने बहुत ठोस तर्कों के साथ उन प्रश्नों का उत्तर दिया। इससे जैन समाज का सम्मान बढ़ा है।'

'मुनि जी, आप जरा जैन समाज को उद्‌बोधन दें कि वे भी आकर जैन दर्शन का अध्ययन करें।' उपकुलपति के इस वाक्य से मुनि जी का ध्यान भंग हुआ और मानसिक धरातल पर वे फिर शांति निकेतन लौट आये।

अगले दिन मुनि जी शान्ति निकेतन से अपने विहार पर आगे चल दिए अगले पड़ाव की ओर। वर्दवान, बोलपुर, शान्ति निकेतन, सेंथिया, धुलियान, मालदा होते हुए फरक्का बैराज से करीब छः मील पहले उस दिन का पहला पड़ाव था। एक बंगाली जमींदार के घर मुनि जी की टोली का विश्राम था। शाम को फरक्का बाँध पर पहुँचना था।

गृहस्वामी बड़े भद्र पुरुष थे। उस युवक टोली को देखकर बोले- 'मकान के पिछवाड़े में मेरा आम और लीची का बगीचा है। पानी का कुआँ भी है। जी भर के आम और लीची खाइए। कुएँ पर स्नान कीजिए। बस यह ध्यान रखिएगा कि आप फरक्का नदी पर नहीं जाएँगे। अगर जाएँगे तो स्नान के लिए बिल्कुल नहीं उतरेंगे। किनारे पर भी पानी बहुत गहरा है। इतना गहरा कि तीन हाथी एक-दूसरे के ऊपर खड़े हो जाए। नदी गहरी होने के साथ-साथ कटावदार भी है। आप सबकी युवा उम्र देखते हुए मुझे यह सब कहना पड़ रहा है। आप अब मेरी बात का पूरा खयाल रखेंगे, ऐसा मेरा विश्वास है।'

शाम की विहार-यात्रा में अभी समय था। मुनि जी आहार के बाद कुछ देर विश्राम करने लगे। किन्तु युवकों को बाहर तफरीह करने की सूझ रही थी। जिस बात को मना किया गया था, वह काम जब तक न किया जाय, तब तक युवा मन को चैन नहीं मिलता। टोली के एक युवक ने कहा– 'हमें नदी में नहाने की मनाही है, नदी किनारे

जाने में तो कोई हर्ज नहीं है।' प्रस्ताव सबको जँच गया। पूरी की पूरी टोली चल पड़ी फरक्का नदी की ओर। पन्द्रह-बीस मिनट में सब हँसते-खेलते नदी के किनारे पहुँच गये। पानी देख मन मचलने लगा। वे मुनि जी और उन बंगाली बाबू की बातें भूल गये। फरक्का नदी की बल खाती लहरें देख दो-तीन युवकों ने नदी में छलाँग लगा दी। वे तैरना जानते थे इसलिए उस गहरे पानी में उन्हें तैरने में कोई परेशानी नहीं हुई। तैराक कहाँ पानी से भय खाता है। दो युवक पानी में तैरते हुए किनारे खड़े युवक जगत को इशारे से बुलाने लगे। जगत ने लहरों से खिलवाड़ करते उन युवकों को देखा, तो रहा नहीं गया। उसने भी छलाँग लगा दी। वह भूल गया कि उसे तैरना नहीं आता। वह उन दूसरे युवकों की तरह लहरों से खेलने पानी में उतरा तो लहरों ने उसे वरदान की तरह सर-माथे लिया और गोद में लेकर नीचे चली गयीं। जगत सीधा पानी में डूबता चला गया। डूबते-डूबते एक बार ऊपर तक भी आया। किनारे पर खड़े युवकों ने उसे मदद के लिए हाथ हिलाते हुए क्षण भर देखा। चारों ओर 'बचाओ-बचाओ' की गुहार लगी। तैरने वाले युवकों और किनारे पर गोताखोरों ने उसे बचाने की पुरजोर कोशिश की। लगभग आधा घंटे की मशक्कत के बाद जगत को गहरे पानी से निकालने में कामयाबी मिली। एक गोताखोर ने अपने हाथों से जगत के मुँह से पानी निकाला और वह सब किया, जिससे उसे चेतना आ जाय। लेकिन देर हो चुकी थी। सबके सामने जगत का सिर्फ शरीर था। प्राण-पंछी तो कुछ देर पहले ही परलोक यात्रा पर निकल चुका था। अठारह-उन्नीस साल का युवक फरक्का की लहरों की भेंट चढ़ चुका था। चारों ओर हाहाकार मच गया। कुछ ही घंटों में उसके पिता शोभा चन्द सुराणा स्वजनों, मित्रों के साथ वहां पहुँच गये। संध्या समय जब वहाँ से प्रस्थान करना था, उस समय पश्चिम में डूबते सूर्य की लालिमा में जगत की चिता की लपटें विलीन हो रही थीं। शोभाचन्द जी के लिए तो जैसे सूर्य हमेशा के लिए अस्त हो गया था। जवान बेटे की चिता को अग्नि देते हुए कलेजा फट रहा था उनका। रात को मुनि जी के पास आये। भौतिक जगत से आहत व्यक्ति को अध्यात्म में शान्ति मिलती है। ऐसे दिल दहला देने वाले हादसे ने उन्हें पूरी तरह तोड़ दिया था, उन्हें देखते ही यह भान हो रहा था। जैसे-तैसे अपने को सँभालते हुए वे बोले— 'मुनि जी, जगत की मृत्यु का सबसे बड़ा कारण मैं हूँ। अगर मैंने उस समय आपकी और जगत की बात मान ली होती तो आज यह दिन मुझे देखने को नहीं मिलता। लेकिन मोहवश मैंने जगत की बात नहीं सुनी। आपके लिए भी मन में पता नहीं क्या-क्या उल्टा-पुल्टा सोच लिया। उसी का परिणाम है आज जगत इस दुनिया में नहीं है। किन्तु अब पछताने के सिवा बचा ही क्या है।'

सुराणा जी को धीरज बँधाते हुए मुनि जी बोले— 'इस समय आप धीरज और धर्म धारण करें। अदृष्ट के इशारे को समझना आसान नहीं होता है। इतना अवश्य है जो

उस इशारे को समझ लेता है, उसके जीवन में महान दिशाएँ उद्घाटित हो जाती हैं। आप शोकाकुल न होकर जगत की 'सद्गति' की कामना करें। एक भजन के रूप में राजस्थानी भाषा में ये पंक्तियाँ मुनि के मुख से निकली–

माटी री आ काया आखिर माटी में मिल ज्यावै है
क्यां रो गरब करे रे मनवा क्याँ पर तू इतरावै है।

x x x

मुनिजी के कदम अब अपनी मंजिल विराट्नगर नेपाल की ओर बढ़ रहे थे। वे रास्ते में सोचते जा रहे थे कि उन्हें कलकत्ता से बैंकाक जाना है। सोचा, अगर विदेश-यात्रा की सारी औपचारिकताएँ सरकार प्रशासन की ओर से पूरी हो जाएँगी तो अप्रैल में महावीर जयंती पर इस यात्रा का श्रीगणेश कर दिया जाय। इसी लक्ष्य से उन्होंने दो-तीन विश्वस्त व्यक्तियों को संबंधित देशों के दूतावासों से सम्पर्क की जिम्मेदारी दी। बैंकाक पहुँचने के लिए बंगलादेश और बर्मा से गुजरना पड़ता है।

मुनि जी के विश्वस्त व्यक्तियों ने पहले बंगलादेश दूतावास से सम्पर्क कर उन्हें जैन मुनि की यात्रा के विषय में बताया। फिर बैंकाक यात्रा के सिलसिले में बंगलादेश की सीमा से गुजरने के लिए अनुमति तथा वांछित सहयोग के बारे में जानना चाहा। दूतावास अधिकारी ने कहा– 'इस शान्ति सद्भावना यात्रा का हम स्वागत करते हैं। हमारे देश की सीमाओं से यह यात्रा गुजरे, हमारे लिए खुशी की बात है। इसलिए हमें कोई आपत्ति होने का प्रश्न ही नहीं। किन्तु इतना अवश्य है कि हमारे देश का राजनैतिक वातावरण इतना अस्थिर और असुरक्षित है कि आज वहाँ के राष्ट्रपति का जीवन भी सुरक्षित नहीं है। उस स्थिति में हम यात्री-दल की सुरक्षा की जिम्मेदारी नहीं ले सकेंगे। आप लोग अपनी सुरक्षा की जिम्मेदारी लें तो हम अनुमति दे देंगे। लेकिन अगर हमारी राय मानें तो अपने देश की राजनीतिक परिस्थितियों को देखते हुए हम ऐसी यात्रा के समर्थन में नहीं हैं।'

उस अधिकारी की बात सच निकली। इस प्रसंग के एक महीने बाद ही बंगलादेश के राष्ट्रपति शेख मुजीबुर्रहमान की निर्ममतापूर्वक हत्या कर दी गयी और नरसंहार दो महीनों तक चलता रहा।

बर्मा उन दिनों सैनिक शासन के लौह शिकंजे में जकड़ा हुआ था। किसी भी पर्यटक को केवल एक सप्ताह का वीजा मिलता था। उसमें भी शर्त यह कि वह किसी बर्मा-वासी के साथ सीधा सम्पर्क नहीं रख सकता था। सद्भावना यात्रा के बारे में बात करने पर दूतावास अधिकारी ने जवाब दिया कि आप हमारे देश की सीमाओं से गुजर

सकते हैं। किन्तु सात दिनों के भीतर सीमा छोड़नी होगी, किसी बर्मा-वासी के साथ संपर्क नहीं कर सकेंगे। इस स्थिति में किसी के आवास पर ठहरने का प्रश्न ही नहीं उठता।' इस पूरे प्रसंग में सबसे अधिक विचारणीय प्रश्न था, एक सप्ताह में सीमा पार करना, क्योंकि सीमाओं की लम्बाई लगभग एक हजार किलोमीटर थी। इस तरह बंगलादेश की राजनीतिक अस्थिरता और बर्मा में तानाशाही के कारण बैंकाक यात्रा का सपना पूरा नहीं हो सका। जैसा विधना का लेख। मुनि जी यह सब सोचते हुए नेपाल की ओर बढ़ रहे थे।

लगभग तीस दिन में मुनि जी चातुर्मास के लिए नेपाल के विराट नगर पहुँच गये। कहने को भले ही विराट नगर भारत की सीमा में नहीं था। दूसरे देश में था। लेकिन विदेश जैसा परायापन बिल्कुल नहीं था। सब कुछ भारत के किसी नगर जैसा। जैसा कलकत्ता वैसा विराट नगर। लेकिन वातावरण पूरी तरह धर्ममय। मुनि जी जैसे कलकत्ता से निकल, किसी ताजा हवा में साँस ले रहे थे। न किसी व्यक्ति-विशेष की महत्वाकांक्षा का दबाव और न किसी पंथ-विशेष की राजनीति का प्रभाव। मुनि जी के आने से आध्यात्मिक आनन्द वर्षा होने लगी थी, जिसमें जैन-अजैन, भारतीय-अभारतीय के भेद से मुक्त सम्पूर्ण समाज तन-मन से भीगता रहा। मुनि जी की सात दिवसीय आध्यात्मिक प्रवचन माला ने तो जनमानस को आनन्द के सागर में डुबो दिया। मैं कौन हूँ, आत्मा और परमात्मा, मन और मंत्र, मंत्र का महत्त्व, मन एकाग्र कैसे हो, जप-योग-ध्यान क्यों और कैसे, सात विषयों पर प्रति दिन एक विषय को लेकर मुनि जी ने जिस तरह व्याख्या की, वह लोगों के मन को छू गयी। उनके प्रवचनों में नेपाल और बिहार के सीमावर्ती इलाकों से श्रद्धालु पहुँचते। दोनों देशों के लोग आपस में बड़े सद्भाव से एक-दूसरे की सीमाओं में आते-जाते। लेकिन राजनैतिक पटल पर भारत को लेकर वहाँ सब कुछ सामान्य नहीं था।

जब मुनि जी का चार्तुमास नेपाल में था तब भारत में आपातकाल का दौर था। नेपाल में महाराजा वीरेन्द्र शाह के नेतृत्व में राजतंत्र था। नेपाल पहुँच कर मुनि जी को पता चला कि भारत की प्रधानमंत्री इंदिरा गाँधी और नेपाल के महाराजा वीरेन्द्र के बीच सम्बन्ध काफी तनावपूर्ण चल रहे हैं। इसी कारण कुछ समय पहले नेपाल यात्रा पर आयी आचार्य विनोबा भावे की शिष्याओं को अविलम्ब नेपाल छोड़ना पड़ा था। गुप्तचर विभाग मुनि जी के कार्यक्रमों पर ही नहीं, अपितु उनकी हर गतिविधि पर पैनी नजर रखे हुए है, इस बात का खुलासा दीपावली पर हुआ।

दीपावली पर विराटनगर में एक राजकीय समारोह का आयोजन था। महाराजा नेपाल के प्रतिनिधि के रूप में उनके मुख्य सचिव रंजनराज खनाल, नेपाली संसद के अध्यक्ष रामहरि शर्मा तथा शिक्षा मंत्री मोहम्मद मोसीन उस समारोह में भाग लेने आये

थे। उस समारोह से मुनि जी का कोई सरोकार नहीं था। वे अपने प्रवास स्थल ज्ञान कुंज में दोपहर बाद कुछ अध्ययनरत थे। अचानक द्वार पर दस्तक हुई। समाज-प्रमुख दूगड़जी के साथ लोगों ने औपचारिक ढंग से भीतर प्रवेश किया। परिचय के बाद पता चला कि उसमें से एक, रंजन राज खनाल महाराजा नेपाल के मुख्य सचिव हैं। रामहरि शर्मा नेपाली संसद के अध्यक्ष हैं और मोहम्मद मोसीन शिक्षा मंत्री। मुनि जी उनके अचानक आगमन का कारण नहीं समझ पाए। आपस में जैन धर्म, नेपाल के जैन इतिहास के प्रसंग, जैन मुनि-चर्या आदि विषयों पर उनके साथ चर्चा चल निकली। कुछ देर बाद खनाल जी ने मुनि जी के साथ एकान्त वार्तालाप की इच्छा प्रकट की।

मुनि जी और खनाल भीतर के कमरे में चले गये। खनाल बोले– 'महाराज जी, मैं आपके लिए नेपाल के महाराधिराज वीर विक्रम वीरेन्द्र शाह का विशेष सन्देश लेकर आया हूँ। नेपाल महाराजाधिराज आपकी तपस्या से, आपके विचारों से और कार्यक्रमों से बहुत प्रभावित हैं। मैं उनकी ओर से आपको काठमांडू आगमन के लिए निमंत्रण देने आया हूँ।'

मुनि जी इस संवाद से हतप्रभ थे। लेकिन उन्होंने सहज भाव से कहा– 'महाराजाधिराज के साथ मेरा तो कोई सम्पर्क नहीं। फिर मेरे बारे में तथा मेरे विचारों और कार्यक्रमों के बारे में उनको जानकारी कैसे मिली?'

खनाल ने रहस्य पर से पर्दा उठाते हुए कहा– 'यह सही है कि नेपाल महाराजा के साथ आपका कोई सम्पर्क नहीं रहा है, किन्तु महाराधिराज के पास आपके नेपाल प्रवेश से लेकर आज तक की पूरी जानकारी है।'

मुनि जी को यह सुनकर आश्चर्य हुआ। खनाल ने अपनी बात जारी रखी– 'आपको पता ही होगा कि पिछले कुछ समय से भारत और नेपाल के बीच राजनैतिक स्तर पर कुछ तनावपूर्ण सम्बन्ध चल रहे हैं। इसी कारण आपसे पूर्व नेपाल यात्रा कर रही आचार्य विनोबा भावे की शिष्याओं को देश छोड़ने का आदेश दे दिया गया था, क्योंकि नेपाल सरकार आचार्य विनोबा भावे को इंदिरा गाँधी सरकार का समर्थक मानती है। इस घटना के थोड़े ही दिन बाद नेपाल सरकार को आपकी नेपाल यात्रा की सूचना मिली। आपकी यात्रा के संवाद से बिहार-नेपाल में रह रहे भारतीय समुदाय में काफी हलचल थी। इससे नेपाल सरकार के कान खड़े हो गये। नेपाल महाराज को आशंका हुई कि भारत सरकार अब जैन मुनि की धर्मयात्रा के बहाने यहाँ गड़बड़ी और परेशानियाँ खड़ी कर सकती है। इसी आशंका के चलते आपके पीछे गुप्तचर लगा दिए गये। उन गुप्तचरों के माध्यम से आपकी प्रतिदिन की रिपोर्ट महाराजाधिराज तक पहुँचने लगी। आप क्या करते हैं, किससे मिलते हैं, क्या प्रवचन करते हैं आदि सब कुछ महाराजाधिराज तक रोज पहुँचने लगा। उन सूचनाओं से नेपाल सरकार की आशंका स्वयं निरस्त हो

गयी। बल्कि आपकी तपस्या, आपके आध्यात्मिक तथा संप्रदाय-मुक्त मानवीय एकता के विचारों और कार्यक्रमों ने महाराजा को बहुत प्रभावित किया। उसी का परिणाम है कि नेपाल महाराजा ने हमारे माध्यम से आपको काठमांडू-आगमन का निमंत्रण भेजा है।

खनाल की बात सुनकर मुनि जी के चेहरे पर आश्चर्यमिश्रित मुस्कान थी। उन्होंने इतिहास के पृष्ठों पर तो मुनि वेष में ऐसा करने वालों के बारे में कथाएँ अवश्य पढ़ी थीं। किन्तु स्वयं उनके आसपास ऐसी कोई कहानी सोची जा सकती है। उन्होंने इसकी कल्पना नहीं की थी। वे हँसते हुए खनाल जी से बोले– 'राज-काज में व्यस्त राजा-महाराजाओं को भगवद्‌वाणी और संत-वाणी कहाँ नसीब हो पाती है। भारत-नेपाल के बीच हुए तनावों से उत्पन्न आशंका के बहाने मेरे माध्यम से महाराज के कानों में भगवद्‌वाणी संत-वाणी पहुँची, इसकी मुझे प्रसन्नता है। रही बात काठमांडू यात्रा की, मैं महाराजा के आमंत्रण का सम्मान करता हूँ, किन्तु इसका निर्णय मेरे पूज्य गुरुदेव आचार्यश्री तुलसी ही करेंगे। मैं सरकार की भावना पूज्य गुरुदेव तक पहुँचा दूँगा। मुझे विश्वास है वे नेपाल महाराज की भावना को पूरा मान देंगे। फिर भी जैसा उनका निर्देश होगा, उसकी सूचना आपको मिल जाएगी।'

वार्ता के पश्चात उन सबने मुनि जी को प्रणाम किया और विदा ली। मुनि जी ने वहाँ समाज के कुछ प्रमुख व्यक्तियों के सामने श्री खनाल के प्रस्ताव की चर्चा की। सभी के चेहरे पर प्रसन्नता खिल उठी। काठमांडू-यात्रा का प्रस्ताव आचार्यश्री तक पहुँचा। यह संवाद पा उनके मुँह से अनायास निकला– 'नेपाल महाराजाधिराज का अपने मुख्य सचिव द्वारा काठमांडू का निमंत्रण तेरापंथ धर्म संघ के इतिहास में गौरवपूर्ण घटना है।' आचार्यश्री ने काठमांडू-यात्रा के प्रस्ताव को सहर्ष स्वीकार किया।

कार्तिक पूर्णिमा के बाद मुनि जी विराट नगर से धरान, राजविराज होते हुए नेपाल के औद्योगिक नगर हिटोड़ा तक पहुँच गये। वहाँ से काठमांडू की दूरी सिर्फ चालीस किलोमीटर थी। यानी दो दिन और चलना था काठमांडू पहुँचने के लिए। काठमांडू में होने वाले अनेक महत्त्वपूर्ण कार्यक्रम निश्चित हो चुके थे। नेपाल महाराजा के साथ भेंट की तिथि काठमांडू पहुँचने के बाद तय होनी थी। महाराजा के पास मुनि जी की काठमांडू यात्रा की सूचना पहुँच चुकी थी। लेकिन तेरापंथ धर्मसंघ की अंतरंग राजनीति से जुड़े घटना-चक्र ने ऐसा मोड़ लिया कि काठमांडू की ओर बढ़ते हुए मुनि जी के कदमों की दिशा एकदम उलट गयी। मुनि जी का काफिला काठमांडू की बजाय भैरहवा-लुम्बिनी के रास्तों की ओर मुड़ चला। कारण था आचार्यश्री तुलसी का यह निर्देश कि तेरापंथ के अष्टम आचार्यश्री कालूगणि का जन्म-शताब्दी महोत्सव उनकी जन्मभूमि छापर, जिला चुरू में मनाने का निर्णय हुआ है। यह ऐतिहासिक महोत्सव फाल्गुन माह फरवरी में आयोजित होगा। उस प्रसंग पर होने वाली महत्त्वपूर्ण घोषणाओं के समय तुम्हारा यहाँ

होना अनिवार्य है। काठमांडू जाकर जन्म शताब्दी महोत्सव में सम्मिलित होना सम्भव न हो तो काठमांडू यात्रा अभी स्थगित रखी जाए। और यात्रा की दिशा मोड़ दी जाय। निर्देश में यह भी विशेष जोर देकर कहा गया था कि विहार इतने लम्बे न हों कि जिससे स्वास्थ्य पर बुरा असर हो।

इतने स्पष्ट निर्देश का अर्थ था कि जन्म शताब्दी-महोत्सव पर कोई विशेष घोषणा होने वाली है और उस समय वहाँ मुनि जी की उपस्थिति आवश्यक है। अगर वे काठमांडू जाते तो निश्चित था कि पूरा दिसम्बर वहीं बीत जाता। उस स्थिति में राजस्थान पहुँचने के लिए मुनि जी के हाथ में सिर्फ चालीस दिन रह जाते। इतने कम समय में लगभग 2000 किलोमीटर की दूरी पदयात्रा से तय करना कठिन था। इस सबको ध्यान में रखकर मुनिं जी ने काठमांडू-यात्रा स्थगित कर दी। उनके कदम वापस मुड़ गये।

हिटोड़ा से भैरहवा का रास्ता काफी कठिन था। जगह-जगह धूल मिट्टी और पत्थरों के ढेर ही ढेर। हिमालय की तराई में गुजरता हुआ मार्ग नदी-नाले और ऊँची-ऊँची घाटियों के कारण कहीं-कहीं दुर्गम था। ऐसी दुर्गम यात्रा! मार्ग में नेपाल अणुव्रत समिति के बैनर तले युवा बंधु तथा मुनि जी के संसारपक्षीय जीजा जी, श्री शुभकरण जी और बहन सुवटी बाई दूगड़ पूरी निष्ठा और लगन से यात्रा की जिम्मेदारी सँभाले हुए थे। मुनि जी का काफिला सवेरे से साँझ तक पदयात्रा करता। मार्ग के किनारे मील के पत्थर न लगे होने के कारण रास्तों की दूरी का अनुमान लगाना मुश्किल होता। रास्ते में मिलने वाले गाँव भी काफी दूर-दूर और कम आबादी वाले होते। तमाम भौतिक कठिनाइयों के बावजूद उस यात्रा का आनन्द साथी मुनियों और अन्य यात्री समूह के चेहरों पर साफ पढ़ा जा सकता था।

अब भैरहवा पचास किलोमीटर दूर रह गया था। यानी दो दिन बाद भैरहवा होंगे। तभी मुनि जी को बताया गया कि अगर शार्ट कट रास्ता लेंगे तो यह दूरी पन्द्रह किलोमीटर कम हो सकती है। सबको शार्ट कट से जाने का विचार अच्छा लगा। इससे एक दिन की बचत हो सकती थी। इसलिए मुनि जी की अगुवाई में सबने राजमार्ग छोड़कर पगडंडी का रास्ता लिया।

उस दिन का पड़ाव करीब बीस कि.मी. की दूरी पर बसे धकधई गाँव में था। यहाँ से अगले दिन पन्द्रह कि.मी. चल कर भैरहवा शहर आराम से पहुँचना सम्भव था। चूँकि यह रास्ता पगडंडी का था, इसलिए साथ चल रहे यात्री दल को भैरहवा होते हुए अपनी गाड़ियों से धकधई पहुँचना था।

संत जन कुछ युवकों के साथ करीब एक बजे धकधई पहुँच गये। धकधई पन्द्रह-बीस घरों का गाँव। घर दूर-दूर फैले हुए। संतों का काफिला थोड़ी देर के लिए पेड़ के नीचे ठहरा। चूँकि यात्री-दल का कोई भी सदस्य वहाँ नहीं पहुँचा था और न ही

दूर-दूर तक किसी का अता-पता था। इसलिए वहाँ ठहरने का लाभ नहीं था। सब अगले किसी गाँव पड़ाव के लिए पहुँचे।

थोड़ा चलने के बाद मुनि जी एक नदी के किनारे पहुँचे। देखा एक बैलगाड़ी नदी के दलदल में धँसी हुई है। गाड़ीवान बैलों को हाँक रहा है। और एक व्यक्ति पीछे से गाड़ी को हाथों से उठा कर उसे दलदल से निकालने का प्रयत्न कर रहा है। वह व्यक्ति कोई और नहीं शुभकरण दूगड़ थे। सभी मुनि जन किनारे पर ठहर गये। थोड़ी देर में बैलगाड़ी किनारे आ गयी। दूगड़ जी ने हाँफते हुए बताया कि संस्था की गाड़ी तो पीछे की नदी के दलदल में फँसी खड़ी है। हमारी अपनी गाड़ी भी ऐसे ही एक नाले के दलदल से निकल नहीं पाई। हम अपना सामान बैलगाड़ी पर लादकर चले। भैरहवा शहर के पास कोई ऐसा गाँव नजर नहीं आया, जहाँ पड़ाव हो सके। यह बैलगाड़ी भी इस नदी की दलदल से बड़ी मुश्किल से निकल पाई है।

आमतौर पर जैन मुनियों, साध्वियों की पदयात्राओं में व्यवस्थाओं आदि के लिए कुछ कार्यकर्ता या कहें कि भक्तजन कार या टैम्पों में साथ चलते हैं। इसमें एक रसोइया होता है। चार-पाँच कार्यकर्ताओं में से दो-तीन तो पैदल चलते हैं बाकी कार से आगे पड़ाव पर पहुँच कर आवास आदि की व्यवस्थाएँ सँभालते हैं। मुनि जी की इस यात्रा में नेपाल विहार अणुव्रत समिति के कार्यकर्ता एक कार में थे। उसमें दो-तीन युवक संतों के काफिले के साथ पैदल चल रहे थे और कुछ गाड़ी में थे। शुभकरण जी दूगड़ दूसरी गाड़ी में थे। स्थिति ऐसी थी कि भैरहवा की दूरी उसी दिन तय करना आवश्यक था। जैन मुनि चर्या के अनुसार सूर्यास्त से पहले-पहले बस्ती में पहुँचना जरूरी था। इसलिए बिना विश्राम किए मुनि जी वहाँ से चल पड़े। साँझ होते-होते काफिला भैरहवा शहर पहुँच गया।

इस शहर में किसी जैन मुनि संघ के आगमन का पहला अवसर था। इसलिए समाज के मन में खुशियों की कोई सीमा नहीं थी। शहर में तीन-चार दिनों के बहुत प्रभावी कार्यक्रम हुए। लोगों ने प्रवचन-सत्संग का भरपूर आनन्द लिया।

भैरहवा से लुम्बिनी होते हुए मुनि जी ने कृष्ण नगर की सीमा से भारत में प्रवेश करने का निर्णय लिया। लुम्बिनी से कृष्ण नगर का रास्ता पगडंडी का तो था ही अपने में भूल-भूलैया भी था। भगवान बुद्ध की जन्मस्थली लुम्बिनी दर्शन का लोभ-संवरण करना सम्भव नहीं था। लुम्बिनी पहुँच कर मुनि जी को बहुत आत्म-सन्तोष हुआ। वे एक ऐसे तीर्थ स्थल में थे, जहाँ जन्मे एक महामानव ने अपनी अमृत-वाणी से सम्पूर्ण विश्व को प्रभावित किया। भोर में उस पावन स्थल के दर्शन करने के बाद विहार शुरू किया। साँझ होते-होते कृष्ण नगर पहुँच पाए। वह भी तब, जब पगडंडियों के भूल भूलैया रास्तों का जानकार गाइड साथ में था। मुनि जन बुरी तरह थके हुए थे। सायं प्रतिक्रमण तथा अर्हत्

वंदना के बाद शीघ्र ही विश्राम का मन था किन्तु प्रवचन-सत्संग के लिए पाँच सौ से अधिक भाई-बहिन इकट्ठे हो गये। करीब दो घंटे भजन-प्रवचन के बाद ही विश्राम के लिए अवकाश मिला।

कृष्ण नगर सीमा से तुलसीपुर, बलरामपुर, बहराइच होते हुए संतों का काफिला लखनऊ पहुँच गया। विहार-चर्या द्रुतगति से आगे बढ़ रही थी। हर व्यक्ति के मुख पर छापर में होने वाले जन्मशताब्दी महोत्सव की चर्चा थी। तेरापंथ की प्रमुख साप्ताहिक विज्ञप्ति में बार-बार इस महोत्सव को ऐतिहासिक बताया जा रहा था। कहा जा रहा था कि जो व्यक्ति इससे वंचित रहेगा, उसे बाद में पछतावा रहेगा। मुनि जी की विहार यात्रा को भी इसी सन्दर्भ में देखा जा रहा था। लखनऊ, कानपुर, आगरा, जयपुर सर्वत्र एक ही चर्चा मुनि जी को सुनने को मिली कि आचार्यश्री इस अवसर पर अपने उत्तराधिकारी की घोषणा करेंगे।

आगरा में एक व्यक्ति मुनि जी के पास आया। नाम था लखपतराय जैन। कहा जाता था कि सोलह पीर उनकी सेवा में रहते हैं। तेरापंथ में उनकी तंत्र-मंत्र साधना मान्यताप्राप्त थी। लेकिन मुनि जी इससे सहमत नहीं थे। यह बात लखपतराय जैन भी जानते थे। उन्होंने मुनि जी से अपने घर चलने का निवेदन किया। मुनि जी ने निवेदन स्वीकार किया। घर पर वे मुनि जी को उस कमरे में ले गये, जहाँ वे जप-अनुष्ठान करते थे। बोले— 'अब तक आप मेरी सिद्धि पर शंका करते रहे हैं। किन्तु इस बार आपको मेरी भविष्यवाणी पर विश्वास करना ही होगा। छापर में आचार्यश्री तुलसी आपको अपनी चादर प्रदान करेंगे। यह मेरी भविष्यवाणी है। अगर ऐसा होता है तो आप मुझ पर विश्वास करेंगे।' लखपतराय जी की बात सुन मुनि जी मुस्करा दिए। चादर प्रदान करने से उनका मंतव्य था कि आचार्यश्री अपना उत्तराधिकारी मुनि जी को बनाएँगे।

दिन मुट्ठी में से बालू की तरह सरक रहे थे। महोत्सव का दिन भी आ गया। आचार्यश्री कालूगणि के व्यक्तित्व एवं उनके अवदान पर सारगर्भित प्रवचन हुए। अन्य कई कार्यक्रम हुए और बिना किसी ऐतिहासिक घोषणा के, वह दिन चुपचाप बीत गया। सभी की ऐतिहासिक समारोह की सारी घोषणाएँ धरी की धरी रह गयीं। पीरों और देवी भवानी की भविष्यवाणियाँ फागुनी हवा के झोंकों के साथ उड़ गयीं।

समारोह से अगला दिन। मुनि जी का आचार्यश्री के साथ वार्ता का विषय था समारोह की समीक्षा। वार्ता-प्रसंग में आचार्यश्री ने ऐतिहासिक घोषणा विषयक कोई चर्चा नहीं की। इतना अवश्य कहा 'श्रेयांसि बहुविघ्नानि'। श्रेष्ठ कार्यों में विघ्न बहुत आते हैं। उनका पूर्व प्रचार होना ही बड़ी बाधा होती है। आचार्यश्री के इस वक्तव्य को पिछले सन्दर्भ से जोड़ा जाय तो इसका बड़ा गहरा अर्थ था। वरना महज एक नीतिपरक वाक्य के अलावा कुछ नहीं है। मुनि जी इसका गूढ़ार्थ समझ गये।

लेकिन इस गूढ़ार्थ के पीछे का सच क्या था? मुनि जी के सामने इसका खुलासा

समारोह के कुछ दिन पश्चात श्री चन्दन मुनि जी से बातचीत के दौरान हुआ। श्री चन्दन मुनि और श्री धन मुनि सहोदर बंधु थे। मुनि दीक्षा में दोनों आचार्यश्री तुलसी से वरिष्ठ और संस्कृत भाषा के विद्वान और प्रभावी व्याख्यानकार। तेरापंथ समाज में दोनों की अपनी विशिष्ट पहचान थी। एक दिन दोपहर के समय श्री चंदन मुनि के पास मुनि जी पहुँचे। कारण कुछ विशेष नहीं। सिर्फ विद्वानों के पास बैठने और सीखने की ललक।

'आओ मुनि रूपचन्द्र जी', चन्दन मुनि जी ने हाथ के संकेत से उन्हें पास बैठाते हुए कहा। इधर-उधर की बातें चलती रहीं। फिर वे बोले–

'उस समारोह में आचार्य तुलसी द्वारा तुमको चादर प्रदान करने की चर्चा जोरों पर थी। उस समय मुनि श्री नथमल जी (महाप्रज्ञ) संत श्री धन मुनि के पास आये और बोले- अगर आचार्यश्री मुनि रूपचन्द्र को अपना उत्तराधिकारी घोषित करते हैं तो हमने उसका विरोध करने का निर्णय लिया है। हम उस निर्णय में आपका साथ चाहते हैं। इतना ही नहीं, हम चाहते हैं कि उस विरोध का नेतृत्व आप करें।' श्री धनमुनि ने सोच-समझपूर्वक अपना निर्णय बताने को कहा।

मुनि जी ध्यान से सुन रहे थे। उनके चेहरे पर प्रतिक्रिया के कोई भाव नहीं थे। श्री चन्दनमुनि ने थोड़ा रुक कर आगे बताया कि उनके जाने के बाद हम दोनों भाइयों ने इस पर गहन चिन्तन किया, और सभी पहलुओं को ध्यान में रखते हुए तटस्थ रहने का निर्णय लिया।

अगले दिन दोनों ने उन संतों से कह दिया कि आचार्यश्री अपनी चादर मुनि नथमल जी को प्रदान करें या मुनि रूपचन्द्र जी को, हमारे लिए दोनों में कोई अन्तर नहीं है। इसलिए हमने तटस्थ रहने का निर्णय लिया है।

इसी प्रसंग में मुनि जी को एक अन्य सूत्र से यह जानकारी मिली कि विरोध करने वाले संतों की सूची मुनि श्री नथमल जी स्वयं आचार्यश्री के पास लेकर गये थे। स्पष्टतया कुछ संतों के विरोध/विद्रोह की धमकी के कारण इस अवसर पर होने वाली घोषणा स्थगित हुई थी। सारा रहस्य स्वयं अनावृत हो गया था।

आचार्यश्री ने उत्तराधिकारी के बारे में अपने निर्णय को सम्भवतः बदला नहीं, अपितु उत्तराधिकार मनोनयन पत्र लिखकर अपनी व्यक्तिगत पुस्तक (पुठे) में रख दिया था। इस सम्भावना की हकीकत दो साल बाद तब सामने आयी जब दसानी जी ने लिखित मनोनयन पत्र फड़वाकर दूसरा नाम घोषित करवाने की बात समाज के प्रमुख व्यक्तियों के सामने रखी।

मुनि जी के लिए यह सब किसी एक नाटक से अधिक नहीं था, जिसमें एक पात्र की भूमिका निरपेक्ष भाव से उन्हें अदा करनी पड़ी।

x x x

सन् उन्नीस सौ अस्सी में पंजाब का नगर सुनाम मुनि जी के ऐतिहासिक अभियानों से आन्दोलित था। उन्होंने तीन अभियान शुरू किए– पहला दहेज-विरोधी दूसरा मिलावट विरोधी और तीसरा शराब विरोधी अभियान। मुनि जी को लगता था कि सिर्फ संत बाने में तपस्या करते हुए स्व कल्याण और आध्यात्मिक ऊँचाइयों के साथ-साथ संतों को सामाजिक परिवर्तनों में महत्वपूर्ण भूमिका निभानी चाहिए। समाज संतों पर गहरी आस्था रखता है। इस आस्था और रचनात्मक सोच से समाज की मलिनता धोई जा सकती है। संत कबीर ने अपनी वाणी के माध्यम से ऐसा कुछ किया था। मुनि जी भी समाज में रचनात्मक परिवर्तन चाहते थे। प्रत्येक अभियान के दौरान उन्होंने शृंखलाबद्ध प्रवचन किए। पद यात्राएँ कीं। रैलियाँ निकालीं और सामाजिक बुराइयों के खिलाफ अलख जगाया। इनमें सभी वर्गों के लोगों ने बढ़-चढ़ कर भाग लिया। परिणाम सामने आया। प्रिंसिपल बहन स्वराज जी की प्रधानगी में पंजाब प्रांतीय अणुव्रत समिति सुनाम का इन अभियानों में पूरा सहयोग रहा।

शहर में जोर-शोर से चर्चा थी कि दहेज के कारण एक परिवार में बहू को जला दिया गया। उन्हीं दिनों मुनि जी की अगुवाई में दहेज विरोधी अभियान चल रहा था। पन्द्रह दिन के इस अभियान का दसवाँ दिन था। दिन के दस-ग्यारह बजे मुनि जी को सूचना मिली कि अमुक परिवार में दहेज के कारण बहू को जला दिया गया है। मुनि जी ने अपने ढंग से इस घटना के खिलाफ समाज का आक्रोश व्यक्त करने, और जन जागरण का फैसला लिया। अगले दिन शाम घिरने के साथ ही सुनाम की सड़कों पर मशालें जल उठीं। दहेज-रूपी अँधियारे को मिटाने के लिए सैकड़ों मशालें जगमगा रही थीं। मुनि जी की अगुवाई में मशाल जुलूस ने सबका ध्यान आकर्षित किया। सुनाम के इतिहास में आज तक ऐसा कभी नहीं हुआ था। सैकड़ों मशालों की रोशनी लोगों को दहेज न लेने का सन्देश दे रही थीं। श्वेत वस्त्रधारी एक जैन मुनि के पीछे सैकड़ों लोग मशाल लिए चल रहे थे। अद्भुत दृश्य था।

सुनामवासियों ने जुलूस जरूर देखे थे लेकिन सड़क पर अँधेरे को चीरती सैकड़ों मशालों की जगमग पहली बार देखी थी। और मशालों की पीली रोशनी में श्वेत वस्त्रधारी मुँह पर पट्टी बाँधे ओजस्वी मुनि स्वयं एक प्रकाश-पुंज प्रतीत हो रहे थे। दहेज विरोधी अभियान का प्रभाव सुनाम वासियों पर खूब हुआ। अनेक युवकों और उनके परिवार के लोगों ने दहेज न लेने का संकल्प किया।

पन्द्रह दिनों के इस दहेज विरोधी अभियान की चर्चा समाचारपत्रों में भी छाई रही। मुनि जी के कार्यक्रम में अगले पन्द्रह दिन मिलावट विरोधी अभियान को समर्पित थे। प्रतिदिन की भाँति मुनि जी का प्रवचन उपस्थित जन को आत्म जागरण का सन्देश दे रहा था। उस दिन प्रवचन पंडाल में सात-आठ सौ श्रद्धालुगण थे। मुनि जी की स्वर लहरी

विशाल पंडाल में गूँज रही थी– 'मिलावट करना समाज और स्वयं अपने साथ धोखा है। इससे हम थोड़ा मुनाफा भले ही कमा लें, लेकिन निन्यानवें के फेर में हम भूल जाते हैं कि आम बो रहे हैं या बबूल। मिलावट अपने आप में एक पाप ही नहीं, महापाप है। समाज-द्रोह है, राष्ट्र-द्रोह है।' 'मुनि जी आप किसको यह सब सुना रहे हैं?' श्रोताओं के बीच से अचानक चालीस-पैंतालीस साल का व्यक्ति खड़ा हो गया मुनि जी से सवाल करने। उसकी जुबान ही नहीं पूरा शरीर लड़खड़ा रहा था। लड़खड़ाती आवाज में वह पूरा जोर लगाकर तीस फुट की दूरी से अपनी बात मुनि जी को बता देना चाहता था– 'मुनि जी इस पंडाल में आपका भाषण सुनने वाले कितने ही लोग ठेकेदार भी हैं। और ये हमारा कितना नुकसान कर रहे हैं आपको नहीं पता। ये मिलावटी शराब बेचते हैं। इसलिए हमारा पीने का जायका ही बिगड़ जाता है। आप इन्हें संकल्प दिलवाएँ कि ये शुद्ध शराब बेचें। उसमें मिलावट न...' कहते-कहते वह व्यक्ति गिर गया। फिर सँभलते हुए बैठने की कोशिश करने लगा। मुनि जी ने हाथ का इशारा कर उसे अपने स्थान पर बैठने को कहा। पंडाल में हलचल मच गयी। मुनि जी ने सबको शान्त करते हुए प्रवचन जारी रखा। कार्यक्रम समाप्ति के बाद अपने प्रवास स्थल पर सुनाम के श्रावकों से उस व्यक्ति के बारे में पूछा, जो नशे में धुत होकर शराब में मिलावट करने वालों की खबर लेने और उन्हें ऐसा न करने की बात कर रहा था। पता चला कि उस व्यक्ति को सब लोग राजी कह कर पुकारते हैं। वह एक अच्छे परिवार से सम्बन्ध रखता है। उसके पिता का समाज में बहुत सम्मान है। लेकिन न जाने कहाँ से उसे शराब की लत लग गयी। अब तो हाल यह है कि वह सुबह उठते ही शराब का गिलास हाथ में लेता है। इतना ही नहीं, कभी-कभी तो कुल्ला भी वह शराब से ही करता है। रात में भी शराब पीता है। घरवाले उसे उठाकर ले जाते हैं। शराब की लत के चलते उसका अपना काम-धन्धा चौपट हो चला है। चूँकि संयुक्त परिवार है, खाने के लाले अभी तक नहीं पड़े हैं। पत्नी से क्लेश रहता है। बच्चे पिता से बात करना पसन्द नहीं करते। जहाँ-तहाँ सबसे झगड़ा मोल ले लेता है। एकाध बार तो पिट भी चुका है। राजी के बारे में जानने के बाद मुनि जी चिन्तन करते रहे। पहली बार कोई ऐसा घनघोर शराबी उनके समाने आया था।

अगले दिन दोपहर को मुनिचर्या से निवृत्त होने के बाद मुनि जी विश्राम कर रहे थे। प्रवास स्थल पर देखभाल का जिम्मा सँभाल रहे एक श्रावक मुनि जी के पास आये। मुनि जी ने अधमुँदी आँखों से उन्हें देखा तो उठकर बैठ गये।

'हाँ भाई, बताइए। क्या समाचार हैं?' मुनि जी ने पूछा।

'मुनि जी आपसे मिलने वही व्यक्ति आया है राजी, जिसने कल प्रवचन के बीच आपसे कुछ कहा था। इस समय भी वह नशे में धुत है। लड़खड़ा रहा है। आपसे मिलने की जिद ठाने बाहर खड़ा है। मना करने पर जबर्दस्ती करने लगा है। आप बताएँ मुनि

जी क्या करें? उसके मुँह से शराब का भभका आ रहा है।' श्रावक ने एक ही साँस में सब कुछ कह डाला। दरअसल काफी देर से बाहर वह राजी से उलझ रहा था।

'भीतर भेज दो, बात कर लेते हैं। शायद वह कुछ कहना चाहता है।' मुनि जी ने कहा।

एक मिनट बाद ही दरवाजे से लड़खड़ाती-सी चाल से एक व्यक्ति ने प्रवेश किया।

'मुनि जी ... प्रणाम ...' उसकी चाल ही नहीं, आवाज भी लड़खड़ा रही थी।

'बैठो राजी बैठो, यहाँ बैठो–' मुनि जी ने हाथ के इशारे से बैठने के लिए कहा। 'बोलो क्या हाल चाल हैं तुम्हारे?'

मुनि जी के मुँह से अपना नाम सुनकर उसे आश्चर्य हुआ। लेकिन वह इस बारे में कुछ बोला नहीं। आश्चर्य का भाव उसके चेहरे पर साफ झलक रहा था। लेकिन वह जो बात मुनि जी से कहने आया था, उसे कहे बिना जैसे उसकी बैचेनी बढ़ती जा रही थी। नशे में व्यक्ति की सनक और एकाग्रता चरम पर होती है। वह बोला–

'मुनि जी इस शहर में शराब बेचने वाले खूब मिलावटी शराब बेचते हैं। आपको मालूम है खैर? आपको कैसे पता होगा? लेकिन मैं बता रहा हूँ कि यह सच है। मुनि जी आप इन लोगों से कह दें, इन्हें समझा दें कि शराब में मिलावट करना बन्द कर दें।'

मुनि जी धीरजपूर्वक उसकी बातें सुन रहे थे। इससे पहले कि वह कुछ कहता, मुनि जी बोल पड़े– 'अरे राजी, तुम उन लोगों से शराब में मिलावट छोड़ देने को कह रहे हो। तुम उन्हें समझाने के लिए कह रहे हो। खुद ही क्यों नहीं समझ जाते? शराब क्यों नहीं छोड़ देते? औरों को समझाने से पहले अपने आपको ही क्यों नहीं समझा लेते?'

'क्या महाराज, मैं ही समझ जाऊँ। शराब पीना छोड़ दूँ?' राजी के स्वर में प्रश्न के साथ एक-एक उत्साह था। न जाने उसके मन में कैसा भाव जागा। 'हाँ, क्यों नहीं समझ जाओ, शराब पीना छोड़ दो। बिल्कुल छोड़ दो।' मुनि जी ने राजी के सिर पर हाथ फेरते हुए कहा।

राजी में बालसुलभ भोलापन साफ देखा जा सकता था। वह खुद को किसी अलौकिक शक्ति के सामने बैठा महसूस कर रहा था। उसने फिर वही प्रश्न दोहराया– 'तो क्या सचमुच शराब छोड़ दूँ?'

'हाँ, सचमुच शराब छोड़ दो।' मुनि जी ने उसके सुर में सुर मिलाते हुए कहा। शायद यह चिकित्सा का एक तरीका था।

'तो महाराज, आप अभी मुझे संकल्प दिला दें कि मैं शराब नहीं पीऊँगा।' राजी बोला।

'मैं तुम्हें संकल्प नहीं दिला सकता।' मुनि जी ने कहा।

'क्यों महाराज? आप संकल्प दिलाइए तो मैं शराब सचमुच में छोड़ दूँगा।' राजी

जैसे जिद ठान कर बैठ गया। 'संकल्प तो मैं तुम्हें तब दिलाऊँ जब तुम पहले मुझे विश्वास दिलाओ कि तुम संकल्प का पालन करोगे। लिया हुआ नियम तोड़ोगे नहीं। प्राण जाय पर बचन न जाय। तभी मैं तुझे संकल्प दिलाऊँगा।'

मुनि जी की बात सुनकर राजी असमंजस में पड़ गया। विश्वास कैसे दिलाया जाय? कुछ क्षण उधेड़बुन में रहा। फिर पाँव पकड़कर बोला– 'महाराज, आप संकल्प नहीं दिलाते तो कोई बात नहीं। आपके पाँव छूकर मैं आपकी साक्षी से स्वयं संकल्प लेता हूँ कि आज के बाद शराब नहीं पीऊँगा। और न ही हाथ लगाऊँगा। उसकी आँखों में आँसू छलछला रहे थे। मुनि जी ने उसके सिर पर हाथ रखा– 'ईश्वर तुझे अपने संकल्प पर कायम रहने की शक्ति दे। तथास्तु!' मुनि जी के हाथों से जैसे अलौकिक धारा बहकर राजी को पूरी तरह भिगो रही थी। मुनि जी बोले– चल राजी, उठ। मंगल पाठ सुन–

'चत्तारि मंगलं अरिहतां मंगलं सिद्धा मंगलं साहू मंगलं
केवली पण्णत्तो धम्मो मंगलं...'

मुनि जी के पास से संकल्प लेने के बाद राजी ने उस दिन शराब नहीं पी। एक असम्भव सी बात सच में बदलते देख लोगों के आश्चर्य का ठिकाना नहीं रहा। रात को राजी अपने घर पूरे होशोहवास में पहुँचा। घर वाले हैरान थे। अगले दिन राजी बड़ी मुश्किल से उठा क्योंकि उसके शरीर को नशे की आदत हो चुकी थी। वह काम पर जाने के लिए तैयार हुआ, दुकान पर पहुँचा। राजी के व्यवहार में यह परिवर्तन किसी चमत्कार से कम नहीं था। पूरे शहर में इसकी चर्चा जोरों पर थी। बाजार और चौराहों पर विशेष रूप से।

'अरे, सुना है उसने पीना छोड़ दिया।'

'चमत्कार दो दिन में धुल जाएगा।'

'इसके जैसा पियक्कड़ क्या कभी शराब छोड़ सकता है।'

'कभी नहीं। देखना चार दिन की चाँदनी फिर अँधेरी रात।' राजी अँधेरी रातों को अलविदा कह चुका था। मुनि जी के आशीर्वाद से उसका रोशनी का सफर शुरू हो चुका था।

तमाम शंका-आशंकाओं के साथ राजी के भीतर बदलाव की चर्चा मुनि जी तक पहुँची।

'इसने छोड़ तो दी है, लेकिन निभाने वाला नहीं है।' मुनि जी के सामने ही एक श्रावक बोला। दरअसल सभी लोगों की सोच ऐसी ही थी।

शाम के समय प्रवचन करते हुए, मुनि जी ने पूरे समाज से कहा- 'यदि कोई व्यक्ति सही रास्ते पर चलने की कोशिश कर रहा है। अपने अच्छे संकल्प के लिए प्रतिबद्ध है तो आप उसके लिए निगेटिव न सोचें कि इसने संकल्प तो लिया है, लेकिन

इससे निभेगा नहीं। आप पोजेटिव सोचें और उसका हौसला बढ़ाते हुए कहें कि तूने बहुत अच्छा काम किया है, ऐसा संकल्प लेकर। इस पर कायम रहना।' मुनि जी की इस बात का बहुत सकारात्मक प्रभाव हुआ। पन्द्रह-बीस दिन में एकदम बदला हुआ राजी सुनामवासियों के सामने था। एकाउंटेंसी में उसका काम चल निकला था। चातुर्मास समाप्त होने तक मुनि जी ने स्वयं उसे बदलते देखा। उसने सचमुच शराब छोड़ दी थी।

एक साल बाद फिर जब मुनि जी सुनाम पहुँचे तो उनकी अगवानी करने वालों में सबसे आगे राजी ही था। उसका जीवन बदल चुका था। जैसे भगवान बुद्ध के प्रभाव से बदला हुआ अँगुलिमाल!

x x x

सन् उन्नीस सौ इक्यासी, तेरापंथ के चतुर्थ आचार्य जयाचार्य की शताब्दी की धूम। दिल्ली, जयपुर सहित देश के अलग-अलग भागों में विभिन्न कार्यक्रमों की आयोजना हो रही थी। मुनि जी का प्रवास जयपुर में था। गाँव-गाँव, शहर-शहर में भव्य शोभा यात्राएँ निकाली गयीं। शोभा यात्राओं में धरती-आकाश में गुँजा देने वाले जोशीले नारे थे। दैनिक-साप्ताहिक अखबारों में बड़े-बड़े आलेख, चमकदार साज-सज्जा के साथ साहित्य का प्रकाशन हुआ। तेज, भड़कीली रोशनियों में जगमगाते प्रवचन मंडपों में विशाल सम्मेलन आयोजित हुए। नेताओं, सेठ-साहूकारों और संतों की छत्रछाया में आम लोगों का जमघट लगा। तमाम ताम-झाम से परिपूर्ण इस उत्सव की चरम परिणति का नतीजा था देश की राजधानी दिल्ली में विशालकाय रैली। उद्देश्य था देश की प्रधानमंत्री इंदिरा गाँधी के समक्ष अपने समुदाय की शक्ति का प्रदर्शन। एड़ी-चोटी का जोर लगा देने के बावजूद प्रधानमंत्री रैली में शामिल नहीं हुईं।

मुनि जी सब कुछ देख समझ रहे थे। एक अजीब-सी तृष्णा और वितृष्णा की झलक उन्हें इस वातावरण में दिखाई दे रही थी। वे महसूस कर रहे थे महान आचार्य की पुण्य शताब्दी पर श्रद्धांजलि-समर्पण की आड़ में किस तरह शीर्षस्थ व्यक्ति यश और नाम लूटने में लगे हैं और समाज के धन पर नेतागिरी करने वाले पैसा लूटने में। मुनि जी का कवि मन उद्वेलित हो उठा। भीतर की कसक शब्दों के माध्यम से मुक्तक के रूप में सामने आ गयी–

एक दर्द भीतर ही भीतर कसक-कसक उठ आता है
नाम रोशनी का लेकर अँधेरा लाभ उठाता है।
पुण्य-जयंती समारोह की चमक-दमक में ये नेता
कोई नाम कमाता है और कोई दाम कमाता है।

दो दिन बाद जयपुर में आयोजित कार्यक्रम में मुनि जी ने अपने ही विरले अंदाज में मुक्तक भरी सभा में पढ़ा। उसके बाद तो जैसे समाज में तूफान-सा खड़ा हो गया। शीर्ष नेतृत्व का जैसे आसन ही डोल गया। स्पष्टीकरण के लिए समाज के विशिष्ट प्रतिनिधि को मुनि जी के पास भेजा गया। उन्होंने स्पष्टीकरण माँगते हुए पूछा– 'इस मुक्तक का अर्थ क्या है?'

'आपको कहाँ समझ नहीं आया?' मुनि जी ने प्रश्न के उत्तर में प्रश्न पूछा।

'किन्हें लक्ष्य करके यह लिखा गया है।' अगला प्रश्न फिर प्रतिनिधि ओर से दागा गया।

'जो भी ऐसा करते हैं, उनके लिए है।' मुनि जी ने सहज भाव से उत्तर दिया।

'इसमें तो साफ इशारा उन उनकी ओर है।' और उन्होंने कई नाम गिना दिए।

मुनि जी बोले– 'इस मुक्तक में ऐसा कोई नाम नहीं है। अब मैं यह जानना चाहता हूँ कि आपका इशारा इन नामों की ओर ही क्यों गया?'

मुनि जी का प्रश्न सुनकर वे सकपका गये। फिर झेंप मिटाने के लिए मुस्कराने लगे। मुस्कान का उत्तर मुनि जी ने मुस्कान के साथ दिया। पूरा वातावरण मुस्कान से महक उठा।

X X X

मुनि जी के भीतर बरसों से बहुत कुछ कसक रहा था। वे लीक से अलग हटकर कुछ नया करना चाहते थे। लेकिन पंथ की चारदीवारियाँ बार-बार उनकी सोच को बाँध रही थीं। गहन मंथन और सोच-विचार करने के बाद दिसम्बर उन्नीस सौ इक्यासी में पंथ-मुक्त आध्यात्मिक समाज संरचना तथा समाज-सेवा के लक्ष्य से मानव मुनि जी ने मानव मंदिर मिशन की स्थापना की। साधना के साथ सेवा तथा सेवा के साथ साधनापरक प्रवृत्तियों पर मिशन ने अपने को केन्द्रित किया।

सन् उन्नीस सौ छियासी में मुनि जी का चातुर्मास हिसार में था। मानव मंदिर मिशन के कार्य रूप को धीरे-धीरे शक्ल मिलने लगी थी। प्रचार-प्रसार की सकारात्मक और उत्साहजनक प्रतिक्रिया मिलने लगी। मानव मंदिर मिशन को एक स्थायी केन्द्र के रूप में स्थापित करने के लिए स्थान भी मिल गया। दिन में व्यवस्था और कल्पना सम्बन्धी व्यस्तताएँ और शाम को प्रवचनों का सिलसिला। अपने मिशन के प्रचार-प्रसार के लिए मुनि जी ने राजस्थान के चुरू और जयपुर संभाग में खूब पदयात्राएँ कीं। फिर हरियाणा के हिसार आदि से होते हुए पंजाब के पटियाला, संगरूर, सुनाम, नाभा, अहमदगढ़, लुधियाना, मालेरकोटला में पदयात्राओं व्यक्तिगत सर्म्पकों द्वारा मिशन को आगे बढ़ाया। मुनि जी अपने मिशन में अकेले और चले थे। लेकिन धीरे-धीरे अनेक

साधु-साध्वियों तथा भाई-बहिनों का विशाल काफिला उनके साथ जुड़ता गया।

साध्वी मंजुलाश्री के साध्वी-संघ के साथ मिलकर उन्होंने मानव मन्दिर मिशन को रूपाकार देना शुरू कर दिया था। कई वर्षों में पदयात्राओं के दौरान उन्होंने अनेक धर्म-स्थानक मंदिरों में दर्शन किए और दुनिया के कई रंग देखे। बार-बार महसूस किया कि मंदिर-निर्माण सदैव पुण्य-कार्य माना जाता है। मूर्तियों की पूजा की जाती है, किन्तु जीते-जागते इंसान को ठोकर मारी जाती है। हर जगह एक-सा आलम।

इस डगर और उस डगर में बहुत फर्क नहीं मिला।
इस नगर और उस नगर में बहुत फर्क नहीं मिला।
परिचय में बड़ी हमदर्दी, हमदर्दी में परायापन।
इस नजर और उस नजर में बहुत फर्क नहीं मिला।

मुनि जी गहराई से महसूस कर रहे थे कि गली-मोहल्लों-नगरों में एक से बढ़कर एक विशाल मंदिरों का निर्माण तो हो रहा है। किन्तु सच्चरित्र व्यक्ति का निर्माण नहीं हो रहा। पूजा-स्थल तो खूब बन रहे हैं, उनके नाम पर दंगे-फसाद भी खूब हो रहे हैं। लेकिन ठुकराया जा रहा है जीता जागता इंसान। जहाँ मानव के द्वारा मानवता को पूजा जाय, वही सच्चा मंदिर है। मानव का निर्माण ही तो मानवता की पूजा है। अगर खरा मानव नहीं तो खरा समाज कैसे बनेगा? राष्ट्र कैसे बनेगा? अगर इंसान में से इंसान ही प्रकट नहीं हुआ तो देवता और भगवान कैसे प्रकट होंगे। इसलिए इंसान का इंसान बनना सबसे पहले जरूरी है। और मानव मंदिर मिशन के रूप में ऐसी ही प्रयोगशाला की आधार-भूमि शुरू हो गयी जहाँ व्यक्ति का निर्माण हो।

इस कल्पना के मूल में उद्देश्य था धर्म की व्यापक रूप में प्रतिष्ठा। साधना के साथ समाज-सेवा। मानव मंदिर मिशन के माध्यम से यह कार्य शुरू हो गया।

X X X

हरियाणा का हिसार नगर। उन दिनों मुनि जी का प्रवास वहीं था। नित्य प्रवचन सत्संग का सिलसिला था। प्रवचन स्थल से रेलवे स्टेशन पास था। रेलवे स्टेशन आने जाने वाली रेलगाड़ियों के शोर-शराबे के बीच थोड़ी-थोड़ी देर के लिए नीम सन्नाटा-छा जाता। जब किसी गाड़ी की चहलकदमी न होती तो वहाँ के यात्री ध्यान लगाकर लाउडस्पीकर से आने वाली आवाज पर ध्यान लगाते। शब्दों के माध्यम से जो कुछ मिलता, उसे अपनी झोली में समेटने की कोशिश करते। कई दिनों से मुनि जी के प्रवचनों का सिलसिला चल रहा था। एक दिन एक युवक मुनि जी के चरणों में गिर गया और बोला– 'महाराज, मेरा जीवन आपका ही दिया हुआ है।'

मुनि जी ने उसे अपने दोनों हाथों से उठाया— 'तुम कौन हो? मैंने तुम्हें देखा नहीं। फिर भी कह रहे हो— तुम्हारा ये जीवन मेरा दिया हुआ है। अरे, जीवन और मृत्यु तो विधि के हाथ में है। हम तो उसके हाथ की कठपुतली मात्र हैं।'

युवक बोला— 'महाराज, चाहे कुछ भी कहें। आज मैं सिर्फ आपकी वजह से जीवित हूँ।' मुनि जी हैरान थे। तब उसने दो सप्ताह पहले के घटनाक्रम से मुनि जी को साक्षात् करवाया—

'मेरा घर यहाँ से करीब तीन किलोमीटर दूर है। घर क्या, तमाम मुसीबतों और परेशानियों का जमघट। मैं इस सबसे मुक्ति पाना चाहता था। जीते जी यह सम्भव नहीं, आँखें मुँदेंगी तो मुझे कुछ नहीं देखना पड़ेगा। यही सोचकर मैं रामसिंह मौत को गले लगा लेने का दृढ़ संकल्प लेकर घर से निकला। घर की देहरी छोड़ते हुए मैंने एक बार मुड़कर देखा। और तुरन्त ही मेरे कदम चल पड़े रेलवे लाइन की ओर। शाम का झुटपुटा वैसे भी भीतर के अवसाद को गहरा देता है। मेरे कदम बढ़ते जा रहे थे। आँखों के आगे पिछली जिन्दगी की घटनाएँ रफ्तार से दौड़ रही थीं। ठीक वैसे ही जैसे रेलगाड़ी पटरियों पर तेजी से दौड़ती चली जाती है। मेरे कदमों में गति थी। सामने अनजानी मंजिल तक ले जाने वाली दूर तक पसरी रेल की पटरियाँ। कानों में सिर्फ छुक-छुक करती रेल की धड़धड़ाहट। कब मैं रेल की पटरियों पर पहुँच गया, पता नहीं लगा। यही तो मेरी मंजिल थी। मैं अपने शरीर को कई टुकड़ों में रेल की पटरियों पर पड़ा देख रहा था। बस एक रेल आने की देर है और फिर सब अन्त हो जाएगा। मेरे भीतर भयंकर अंधड़ चल रहा था। लेकिन बाहर से शान्त मैं पटरी के किनारे एक पत्थर पर बैठ गया। तभी मेरे कानों में लाउडस्पीकर से आती आवाज कुछ तेज हुई—

'भारतीय सोच में अहिंसा और दया का स्थान सबसे ऊपर है। हिंसा तो घोर पाप है। हिंसा का अर्थ है किसी के प्राणों को छीन लेना। हमें समझ लेना चाहिए कि सिर्फ औरों के प्राणों को छीनना ही पाप नहीं है, अपने प्राणों को हरण करना भी पाप है। इतना ही नहीं, पर-हत्या जहाँ पाप है, वहीं आत्म-हत्या महापाप है। पर-हत्या में जहाँ क्रूरता का भाव प्रबल होता है, आत्म हत्या में मोह-मूढ़ता, कायरता, हीनता और पलायन का भाव प्रमुख होता है। इसमें जीवन में आयी परेशानियों से जूझने के भाव का लोप हो जाता है। व्यक्ति पर जीवन का अन्त कर देने वाली निराशा और कायरता हावी हो जाती है। अहिंसा में कायरता और निराशा का कोई स्थान नहीं है। सत्संग पाकर एक दिन क्रूरता दया और करुणा में बदल सकती है। किन्तु कायरता और निराशा में, जब जीवन का ही अन्त हो जाय फिर शान्ति और आनन्द की सम्भावना ही खत्म हो जाती है। यह भी समझना जरूरी है कि जीवन का अन्त कर देने से समस्याओं और परेशानियों का अन्त नहीं हो जाता। किसी शायर ने ठीक ही कहा है—

अब तो घबरा के कहते हैं कि मर जाएँगे,
मर के भी चैन पाया तो किधर जाएँगे।।'

ये पंक्तियाँ बार-बार मेरे कानों में गूँजने लगीं। सोचने लगा कि मैं महापाप का भागी बनने जा रहा हूँ। मैं कायर हूँ, पलायनवादी हूँ। मैं सब सम्भावनाओं का अन्त करने जा रहा हूँ। यह बात मन में आते ही मैंने गर्दन को तेज झटका दिया और उस आवाज की दिशा में चल दिया। लगभग एक कि.मी. चलने के बाद मैं एक विशाल पंडाल में पहुँचा। वहाँ देखा, श्वेत वस्त्रधारी जैन मुनि प्रवचन दे रहे हैं। मैं प्रवचन के अन्त तक वहाँ बैठा रहा। वहाँ से सीधे घर लौट आया। भीतर हालात से जूझने की शक्ति आ चुकी थी। तब से रोज आपके प्रवचन सुनने आने लगा एक नयी ऊर्जा, नयी जीवनी शक्ति के साथ। आपकी वाणी से ही सचमुच मुझे नया जन्म मिला। इसलिए कह रहा हूँ यह जीवन आपका ही दिया हुआ है।'

मुनिजी ने सारा घटना-क्रम सुनकर परमात्मा का धन्यवाद किया।

x x x

काल अपनी गति से बढ़ता गया। मुनि जी के अनुभव अग्नि-स्नान कर और भी तपे हुए शब्दों में ढलने लगे। इनकी तपिश साहित्य जगत तक पहुँचने लगी थी। मुनि जी की कविता यात्रा के इतिहास में वर्ष 1987 स्वर्णिम रेखा की तरह अंकित हो गया था। मुक्तक संग्रह 'खिड़की खोल दो तुम' की साहित्य-जगत में खूब चर्चा थी। इसके लोकार्पण का कार्यक्रम दिल्ली में राष्ट्रपति भवन के दरबार हाल में आयोजित किया गया। राष्ट्रपति ज्ञानी जैलसिंह के हाथों से लोकार्पण होना था और उनकी ओर से इस कार्यक्रम के साक्षी बनने के लिए लगभग डेढ़ सौ लोगों को आमंत्रित किया गया। इसे संयोग कहें कि यह साहित्यिक आयोजन उसी दिन था, जिस दिन राष्ट्रपति पद के लिए चुनाव परिणामों की घोषणा होनी थी। ज्ञानी जैल सिंह और प्रधानमंत्री श्री राजीव गाँधी के बीच मन-मुटाव जग-जाहिर हो चुका था। ज्ञानी जी को आभास था कि वे दुबारा इस पद के लिए नहीं चुने जाएँगे क्योंकि वे इस दौड़ में शामिल ही नहीं थे। वे किसी दूसरे नाम की आहट साफ सुन रहे थे, लेकिन उनके चेहरे पर न चिन्ता की रेखा थी, न राष्ट्रपति भवन छूट जाने का अफसोस।

दरबार हाल में जैसे ही उन्होंने प्रवेश किया, सब उनके चेहरे की लकीरें पढ़ने की कोशिश करने लगे। वहाँ ऐसा कुछ दिख नहीं रहा था। कार्यक्रम शुरू हुआ। कुछ देर बाद उन्होंने मुनि रूपचन्द जी के मुक्तक संग्रह 'खिड़की खोल दो तुम' और निबन्ध संग्रह 'मैं कहता आँखन देखी' का लोकार्पण किया। तालियों से दरबार हाल गूँज उठा।

जैसे-जैसे कार्यक्रम सोपान चढ़ता गया, ज्ञानी जी काव्य-गंगा में गोते लगाने लगे। शेरो-शायरी उनका पसन्दीदा विषय था ही। अपने वक्तव्य में मुनि जी ने एक शेर पढ़ा—

बुलंदी से भी गुजरा हूँ और पस्ती से भी गुजरा हूँ
मगर जिस राह से गुजरा हूँ, बड़ी मस्ती से गुजरा हूँ।

इन पंक्तियों का ऐसा असर हुआ कि ज्ञानी जी पूरे रंग में आ गये। 'खिड़की खोल दो तुम' पुस्तक हाथ में ली और एक-एक करके मुक्तक पढ़ने लगे। मस्ती में उन्होंने पुस्तक से कुछ चुनिंदा मुक्तक पढ़े।

आज बहारों ने गुलिस्ताँ को लूटने की कोशिश की है
सितारों ने आसमाँ को लूटने की कोशिश की है
धर्म अब पंथ की दीवारें तोड़ इंकलाब चाहता है
ठेकेदारों ने भगवान को लूटने की कोशिश की है।

X X X

इस देश के मंदिर में कहाँ दरार नहीं है
सही-सलामत एक भी दरो-दीवार नहीं है
मत पूछो किसने लूटा है इस गुलशन को
यह पूछो कि इस लूट में कौन हिस्सेदार नहीं है

ज्ञानी जी की आवाज में मौजूदा राजनीति का दंश मौजूद था—

देश को दुश्मनों से नहीं, गद्दारों से खतरा है
खजाने को चोरों से नहीं, पहरेदारों से खतरा है
धर्म की रक्षा के लिए सावधानी की जरूरत है
उसे नास्तिकों से नहीं, ठेकेदारों से खतरा है।'

दरबार हाल में तालियों की गूँज मुनि रूपचंद्र जी के शब्दों और ज्ञानी जी की आवाज के असर की गवाही दे रही थी।

समारोह सम्पन्न होने के चार घंटे के अन्दर-अन्दर भारत के राष्ट्रपति पद के लिए आर. वेंकटरमन के नाम की घोषणा हुई। राष्ट्रपति भवन में ज्ञानी जी का यह अन्तिम समारोह था। अपने स्वर में काव्य-पाठ कर उन्होंने इसे अविस्मरणीय बना दिया था।

अभी इस आयोजन की चमक धुँधली नहीं हुई थी। मुनि जी की कविताएँ साहित्यिक वातावरण में अपनी ताल ठोंक रही थीं कि उनका एक और कविता संग्रह 'तलाश एक सूरज की' प्रकाश में आया। इसका लोकार्पण उपराष्ट्रपति डॉ. शंकरदयाल शर्मा जी के कर कमलों से होना तय हुआ। उन दिनों संसद का सत्र भी चल रहा था।

इसलिए उनके सचिव ने बताया कि कार्यक्रम सुबह ही हो सकता है। साढ़े नौ से साढ़े दस तक का समय इसके लिए ठीक होगा ताकि उपराष्ट्रपति ग्यारह बजे तक संसद भवन पहुँच सकें और उनकी अध्यक्षता में राज्यसभा की कार्यवाही शुरू हो सके। सचिव ने यह भी स्पष्ट कर दिया था कि कार्यक्रम हर हालत में साढ़े दस बजे तक सम्पन्न हो जाय।

तय समय पर उपराष्ट्रपति भवन में कार्यक्रम शुरू हुआ। वक्ताओं में प्रमुख थे– श्रीमती आशारानी वोहरा, डॉ. गंगा प्रसाद विमल, श्री लक्ष्मीचन्द्र जैन तथा आचार्य नगराज जी महाराज। कार्यक्रम में संचालन, पुस्तक और लेखक परिचय का दायित्व सँभाला कवि-कथाकार प्रो. फूलचन्द मानव ने। सब कुछ संक्षेप में चल रहा था। घड़ी अपनी गति से चल रही थी। उपराष्ट्रपति जी और मुनि जी के वक्तव्य के लिए पन्द्रह-पन्द्रह मिनट निर्धारित थे।

मुनि जी ने आत्मकथ्य शुरू किया– 'युगों से मनुष्य ज्योति की खोज में प्रयत्नशील रहा है। वेदों, उपनिषदों, महावीर वाणी से लेकर भक्ति काल के संतों तक, डायोनिजीज से लेकर इमर्सन और टी.एस. इलियट तक आदमी चाहे पूर्व का हो या पश्चिम का, प्रकाश की खोज उसकी समान रूप से अनवरत चलती रही है।

आदमी के सम्पूर्ण इतिहास में अन्धकार युग सदा चिन्ता का विषय रहा है। उसे सदा प्रकाश की प्रतीक्षा रही है।

ज्योति की इस महायात्रा पर मैं बचपन से चलता आ रहा हूँ। महायात्रा में अनजाने मोड़ भी आते हैं, बाधाएँ भी आती हैं। पड़ाव भी आते हैं। कभी उत्साह से मन भर जाता है तो कभी विश्राम चाहता है। जाने-पहचाने चेहरे मुँह मोड़ लेते हैं तो अनजाने चेहरे अपने भी बन जाते हैं। अपना सब कुछ उत्सर्ग करने वाले भी मिलते हैं तो समय का लाभ उठाने वाले भी। ये अनुभव हम सबके हैं। मेरी ऐसी ही अनुभूतियों का संकलन है 'तलाश एक सूरज की।'

कुछ अनुभूतियाँ इन कविताओं के माध्यम से आपके समक्ष रखता हूँ–

'परम से जुड़ने की कोशिश में हर बार
हम जुड़ जाते हैं माटी से।
सूरज से जुड़ने की कोशिश में हर बार
हम जुड़ जाते हैं घाटी से।
परम हमारा आदर्श
महज इसलिए है
कि हम माटी का सुख भोग सकें।
सूरज हमारा पूज्य

महज इसलिए है
कि हम घाटी का सुख भोग सकें।
बहुत कठिन है माटी से ऊपर उठना
बहुत कठिन है घाटी से ऊपर उठना'

'...बहुत अच्छा, बहुत अच्छा...
कठिन है घाटी से ऊपर उठना...'

श्रोताओं के बीच से आवाजें आयीं 'मुनि जी एक और कविता आपके मुख से,' रसिक श्रोताओं का स्वर गूँजा।

'मन के आकाश पर
उग आये हैं धूप के टुकड़े,
इस तरह आवाज मत लगाओ
ओ दिशाओं!
कि ठहर जाय सूरज
और चिपक जाएँ टुकड़े
मेरे मन की दीवार पर।

कोई चाहे कितना ही उजला क्यों न हो
ठहर कर धब्बा बन ही जाता है
इस निराकार आकाश में'

'मुनि जी मन नहीं भरा एक और कविता? श्रोताओं के कहने पर मुनि जी ने एक और कविता का पाठ किया—

'बदबूदार नालियाँ बह रही हैं नीचे-नीचे
ऊपर बिछे हैं कीमती कालीनों पर
मखमली गलीचे।
जो नालियों की चर्चा करे
वह बेईमान है
जो कालीनों का और गलीचों का लाभ उठाए
वह बुद्धिमान है।
नालियों में आकंठ डूबा हुआ भी जो
जय-जय-गान गाए
वह महान है

आज मेरे समाज की
सबसे बड़ी यही पहचान है।'

तालियाँ और 'वाह-वाह...,' 'बहुत सुन्दर, बहुत सुन्दर...' शब्दों का वितान चारों ओर तना था। अब बारी थी डॉ. शंकरदयाल शर्मा की। मुनि जी की कविताएँ सुनकर उनका साहित्यिक मन और भी रस में डूब गया था। वे बोले—

'प्रवचन और कविताएँ सुनकर बहुत आनन्द आया। किन्तु मन नहीं भरा। दूसरी व्यवस्थाओं के कारण दिन में समय की सीमा का खयाल रखना होता है। मैंने 'तलाश एक सूरज की' पढ़ी। इसमें जीवन के गूढ़ अर्थों का सहज विश्लेषण है।

फिर उन्होंने पुस्तक खोली और पन्नों पर अंकित कविता की पंक्तियाँ पढ़नी शुरू कर दीं—

'अपराध यही था मेरा
कि मैंने इनकार कर दिया था
कालीन के नीचे से उठने वाली बदबू को
खुशबू मानने से।
जी नहीं,
उनको नहीं आती है बदबू
क्योंकि उसी के बीच रहते-रहते
नाक पक गया है उनका।
कुछ हैं भी ऐसे
जो छुपे-छुपे नाक ढँकते भी हैं
उस बदबू के मारे,
पर वे मुँह नहीं खोल सकते
उसी बस्ती में उन्हें रहना जो है
(दूसरी बस्ती में जगह मिले, शायद न मिले)

फिर वहाँ सारी सुविधाएँ भी हैं जीने की
रोटी के स्थान पर मिठाइयाँ
चटाई की जगह मखमली कालीन
सिर छुपाने के लिए
चिप्स और मारबल के आलीशान भवन
सबसे ऊपर पूजा प्रशंसा भरे स्तवन।
पर इन सबके लिए

बोलने ही होंगे उन्हें
बदबू के जय-जयकार नारे,
छेड़ो मत इन्हें
दया के पात्र हैं ये बेचारे'

डॉ. शर्मा के मुख से इस कविता के जरिये न जाने कितने राज खुद व खुद जाहिर हो गये। राजनीति का सच। सन्नाटे के बाद मामूली हलचल। उन्होंने एक और कविता पढ़ी। आवाज सागर की गहराइयों को भेद कर आ रही थी–

'बूँद
जो कीचड़ में गिरी
कीचड़ बन गयी,
जो जलती हुई भट्टी में गिरी
आग बन गयी,
जो समंदर में गिरी वह समन्दर बन गयी।
महत्त्व बूँद का नहीं
जुड़ने का है,
पाँखों का नहीं
उड़ने का है।'

उसके बाद कविता संग्रह पर बोलते-बोलते उपराष्ट्रपति जी भारतीय संत-साहित्य, दर्शन और मनीषा के विस्तार में चले गये। 'आधुनिक जीवन में बन्धन अधिक हैं। कवि बन्धन को तोड़ता चलता है। आरम्भ से ही इसे एक परम्परा के रूप में देखा जा सकता है। पालि, प्राकृत भाषा के कवियों से लेकर सूर, कबीर या तुलसी, मीरा सबमें इसे देखा जा सकता है। हैदराबाद यूनिवर्सिटी में मेरे एक गुरु थे। वे कहा करते थे कि मानस मन-चिन्तन में बँधा हो तो एकरूपता आती है। संतों ने शाश्वत मूल्यों को आधुनिक परिप्रेक्ष्य में दूसरे ढंग से रखा है। जैन धर्म बन्धन नहीं मानता। हरेक को सोचने देने का अधिकार होना चाहिए। इस अधिकार को दबाना नहीं है। कवि, ऋषि, चिन्तक सत्य की तलाश में सतत प्रयत्नशील रहता है। कवि हमें, समाज को हमेशा सचेत करता है, जाग्रत करता है। समाज को जाग्रत करने का काम कवि-कर्म है। यह कवि ही करेगा। आज नैतिक मूल्यों की स्थापना की बहुत-बहुत जरूरत है। और 'तलाश एक सूरज की' कविता-संग्रह के माध्यम से मुनि श्री रूपचन्द्र जी ने यह काम बखूबी किया है।'

कब ग्यारह बज गये। पता नहीं चला। साढ़े दस बजे की समय-सीमा लाँघी जा चुकी थी। सचिवों और अधिकारियों की बेचैनी बढ़ती जा रही थी। धीरज चुक गया था, लेकिन कहें तो कहें किससे। उप राष्ट्रपति स्वयं ही तो माइक पर बोल रहे थे। जैसे-तैसे

अपनी बात उन तक पहुँचाई। वे मुनि जी से बोले– 'मैं समय से बँध गया हूँ। बहुत आनन्द आया, किन्तु मन नहीं भरा। कभी रात को समय दीजिए ताकि मैं आपसे जी भर कर कविताएं सुन सकूँ। साहित्यिक चर्चा कर सकूँ।...' फिर वे बोले– 'देखिए ये लोग मुझे कैसे खींच रहे हैं चारों ओर से। मैं तो इस पद पर आकर औपचारिकताओं से घिर गया हूँ। मनचाहा कुछ भी नहीं होता।...'

और हाथ जोड़ कर हँसते हुए उन्होंने साहित्य-रसिकों से विदा ली। सब उनकी सादगी और साहित्य-प्रेम पर मुग्ध थे।

x x x

एक दिन कन्नड़ के सुविख्यात साहित्यकार प्रो (डॉ.) पंचाक्षरी हिरेमठ का दिल्ली आना हुआ। वे अपने साथ मुनि जी के काव्य संग्रह 'भूमा' के कन्नड़ अनुवाद की प्रति भी लाए थे। आनन-फानन में कार्यक्रम बना कि इसके कन्नड़ अनुवाद के लोकार्पण के बहाने 'भूमा' की चर्चा हो गयी। गोष्ठी का समय, तारीख और स्थान निश्चित हो चुके थे। गोष्ठी स्थल था दरियागंज स्थित उसी धर्मशाला का सभागार, जिसमें मुनि जी का चातुर्मास प्रवास था। डॉ. पंचाक्षरी तो सुबह ही धर्मशाला पहुँच गये थे। गोष्ठी से पहले मुनि जी और डॉ. पंचाक्षरी जी के बीच बातचीत का सिलसिला लम्बा चला। तमाम अध्यात्म मर्म की बातें, साहित्य की चर्चा और फिर बातों ही बातों में डॉ. पंचाक्षरी, मुनि जी को उस दौर में ले गये जब दोनों की पहली मुलाकात हुई थी। अवसर था सन् अड़सठ में हुबली में विराट कवि-सम्मेलन का। मुनि जी अपना काव्य पाठ कर पुनः मंचासीन हो चुके थे। डॉ. पंचाक्षरी हिरेमठ का भी काव्य-पाठ समाप्त हो चुका था। मंच पर दोनों साथ-साथ बैठे थे। मुनि जी ने जैसे ही पुनः स्थान ग्रहण किया, डॉ. पंचाक्षरी बोले– 'मुनि जी, मेरे काव्य पर तो आपने अपना नाम लिख दिया है।' इस पर मृदुल मुस्कान के साथ मुनि जी ने उत्तर दिया– 'आप चाहें तो मेरी कविताओं पर अपना नाम लिख सकते हैं।'

पुरानी यादों की ओर लौटते हुए पंचाक्षरी बोले– 'महाराज जी, मालूम नहीं था कि वह पहला परिचय इतनी दूर तक चलेगा। दरअसल आपकी कविताओं में मुझे अपने भावों की स्पष्ट झलक दिखाई देती है। मैं बहुत दिनों से ऐसा ही कुछ बुन रहा था कि आपका काव्य-संग्रह 'खुले आकाश में' मेरे हाथ लगा। उसे पढ़ने के बाद मैंने कुछ नया लिखने का विचार छोड़ दिया। 'खुले आकाश में' का कन्नड़ में ट्रांसक्रिएशन शुरू कर दिया। यह करते हुए सचमुच मैं आनन्द के असीम आकाश में उड़ने लगा। और अब वह कृति सबके सामने आयी।'

'और पंचाक्षरी जी इसके लोकार्पण का कार्यक्रम भी बड़ी धूमधाम से आयोजित हो

गया।' मुनि जी की यादों में सन् उनहत्तर में बंगलौर में आयोजित उसके लोकार्पण कार्यक्रम तैरने लगा। कर्नाटक के मुख्यमंत्री वीरेन्द्र पाटिल हिन्दी के भी ज्ञाता थे। उन्होंने लोकार्पण करते हुए हिन्दी और कन्नड़ दोनों भाषाओं में मुक्तक पढ़ते हुए कहा– इतना सजीव अनुवाद हुआ है कि किसको मूल कहें और किसको अनुवाद कहें, फर्क करना मुश्किल है। इस प्रसंग के साथ ही आपके प्रति मेरा मन गहरे प्रेम और भावना से सदा के लिए जुड़ गया।' डॉ. पंचाक्षरी भाव-विभोर हो कहते जा रहे थे। मुनि जी उसी प्रेम-भाव से सुन रहे थे। दोनों एक ही भाव-भूमि पर विचरण कर रहे थे। डॉ. पंचाक्षरी बोले- 'महाराज, सच पूछो तो अगर भावुकता न हो तो कोई कवि नहीं बन सकता। अरे, कवि क्या, सही मायनों में वह मनुष्य भी नहीं बन सकता।'

दोनों ही कवि-साहित्य और दर्शन-मर्मज्ञ चर्चा में गहरे उतर चले। बातों-बातों में डेढ़ बज गया। चटख धूप खिल चुकी थी। मौसम में हल्की ठंडक आ जाने से धूप सुहावनी लगने लगी।

तीन बजे गोष्ठी प्रारम्भ होनी थी। मुनि जी ने आहार किया। डॉ. पंचाक्षरी भी भोजन के लिए दूसरे कक्ष में चले गये।

निर्धारित समय पर हिन्दी के प्रख्यात साहित्यकार डॉ. प्रभाकर माचवे आ गये थे। थोड़ी देर बाद मुनि जी के एक और भक्त, मित्र प्रेमी प्रो. फूलचन्द मानव पहुँच गये। आचार्य नगराज जी की उपस्थिति से कार्यक्रम की शोभा और बढ़ गयी। धीरे-धीरे सभागार में अन्य साहित्य-प्रेमी भी आ चुके थे।

मुनि जी की काव्य-भूमि पर प्रकाश डालते हुए डॉ. पंचाक्षरी ने सबसे पहले बोलना शुरू किया। उनके लहजे में अहिन्दी भाषी होने का भान श्रोताओं को हो रहा था- 'मुनि रूपचंद्र एक प्रसिद्ध मुनि और चिन्तक हैं जिन्होंने जीवन की समस्त स्पृहाओं का त्याग कर साधना और तपश्चर्या का मार्ग अपनाते हुए उन भूमिकाओं की उपलब्धि की है जो एक दार्शनिक, कवि और योगी की साधना कही जा सकती है। तरुण होते हुए भी उनकी अनुभूतियाँ जितनी प्रौढ़ है, उतनी ही परिपक्व और विकासोन्मुख। भारतीय चिन्तन धारा में ऋषि और मुनि को कवि की संज्ञा से अभिहित किया गया है। ऋग्वेद की ऋचाएँ इसका प्रमाण है। प्रजापति की पंचभूतात्मक सृष्टि से भिन्न उसकी भाव-चेतना अपने सृजन में जिस विराट तत्व को रूपायित करती है, वह देश, व्यक्ति और काल की विविधता और द्वैतता से परे समग्र मानवीय चेतना को आकलित करते हुए जीवन विकास की उच्चतर भूमिका उद्‌घाटित करती है। इसी कारण दर्शन, साधना और चिन्तन की अन्तिम स्थिति है। कविता दर्शन और काव्य का यह समन्वित रूप व्यक्तित्व की पूर्णता का कारण बनता है। मुनि रूपचंद्र ऐसे ही कवि हैं। मैंने उनकी कविताओं को न केवल पढ़ा-सुना, बल्कि गुना भी है। और उन्हें कन्नड़ भाषा-भाषियों तक पहुँचाने का प्रयास किया है। 'खुले आकाश में' मुक्तक संग्रह को कन्नड़ में प्रस्तुत करने के बाद

मैंने 'भूमा' को कन्नड़ भाषा-भाषियों के समक्ष रखा। यहाँ 'भूमा' शब्द विराट तत्व का सूचक है। इसमें मुनि रूपचन्द्र जी ने अपनी कविताओं के माध्यम से बताया है कि 'यो वै भूमाःतत्सुखम्, नाल्पे सुखमस्ति'। 'भूमा' हमारे भारतीय दर्शन का निचोड़ है। 'भूमा' का अभाव दुःख का कारण है, क्योंकि अल्पता ही दुःख है। 'भूमा' का कन्नड़ में अनुवाद करते हुए मैंने महसूस किया कि सृष्टि की भाँति ही मुनि रूपचन्द्र की प्रतिभा नवनवोन्मेषशालिनी है। और फिर 'भूमा' सिर्फ कविताओं का संग्रह मात्र नहीं, जैन आगमों और अध्यात्म दर्शन से पाठक का साक्षात् भी कराता है। इसका अनुवादक होने के लिए मात्र कवि होना पर्याप्त नहीं, इसके लिए जैन-आगमों और अध्यात्म में हस्तक्षेप जरूरी है। इसमें पूरा जैन दर्शन है। इसका अनुवाद करते हुए मुझे जैन आगम पढ़ने पड़े।...'

डॉ. पंचाक्षरी के वक्तव्य के बाद आचार्य नगराज जी और प्रो. मानव ने भी 'भूमा' की कविताओं की चर्चा की। प्रो. मानव ने मुनि जी से आग्रह किया कि वे 'भूमा' में संग्रहित अपनी एक-दो कविताओं का सस्वर पाठ करें। मुनिजी ने कविता-पाठ आरम्भ किया—

जिन्दगी की मनहूस आवाजें
मौत से भी ज्यादा भयंकर होती हैं।

मौत का तकाजा है
कि उसका पैगाम सुनकर
यह प्राणों का पंछी बिना छटपटाए, स्वयं चला आये,
और जिन्दगी का तकाजा है
कि उसका हर अरमान इस आदम की
जीवित लाश को सुलगा-सुलगाकर जला जाय।
धुएँ के बादलों में सुलगती हुई आग
धधकते हुए अंगारों से ज्यादा भयंकर होती है!

खँडहर का पत्थर गा रहा है
कि दिन-भर के श्रम से थका हुआ
कोई पौरूष चुपचाप यहाँ सो रहा है,
और महलों से कोई स्वर आ रहा है
कि रात-दिन के विलास से ऊबा हुआ
कोई पौरुष सिसक-सिसककर यहाँ रो रहा है,

शायद, सिसकती हुई अमीरी की आहें
गरीबी की अनब्याही चाहों से ज्यादा भयंकर होती हैं।
पर यह आदमी भी बड़ा अजीब है
जो बिना जरूरत यों जिए ही जा रहा है,
और विष-भरे समन्दर को होठों पर लगाए
शंकर बनने की धुन में उसे पिए ही जा रहा है,
पर उसे नहीं मालूम
कि तिनकों की ओट में छिपी हुई सर्पिणी
गले में लिपटे साँप से ज्यादा भयंकर होती है।

गोष्ठी अपने अन्तिम पड़ाव की ओर बढ़ रही थी। रसिक श्रोताओं के आग्रह पर मुनि जी ने 'भूमा' से चार कविताएँ पढ़ीं। सभी उपस्थित श्रोतागण काव्य रस में निमग्न थे। अध्यक्षीय संबोधन के लिए डॉ. प्रभाकर माचवे खड़े हुए। वे हिन्दी के साथ-साथ कन्नड़ भाषा के भी ज्ञाता थे, इसलिए इस कृति को उनसे बेहतर कौन परख सकता था। डॉ. माचवे ने कहा– 'भूमा जैसी कृति को कन्नड़ भाषा में प्रस्तुत करने के लिए डॉ. पंचाक्षरी हिरेमठ को हृदय से साधुवाद देता हूँ। उन्होंने एक जाग्रत जिजीविषा के कवि का परिचय कन्नड़ के पाठकों से कराया है। 'भूमा' का कवि अपने गीतों से प्यार ही नहीं करता, वरन् उन्हें अपना संसार समझता है। वह धरती की हर गूँज को अपनी आवाज गिनता है। जिसे कहीं से भी सुना और देखा जा सकता है। मुनि रूपचन्द्र ने इन कविताओं में रागात्मक और संवेदनात्मक साँसें भर दी हैं, जिनसे खोखले बाँस और सपनों में भी निरन्तर रस-सृष्टि होती रहती है। 'भूमा' का कवि व्यापक अनुभूति और सार्थक अभिव्यक्ति का कवि है, जिसका रचनात्मक धरातल और कर्तृत्य एक ओर मानवीय ऊर्जा का धनी है तो दूसरी ओर सक्षम भावनाओं का ...।'

गोष्ठी में उपस्थित सभी श्रोताजन कहीं-न-कहीं अपने भीतर 'भूमा' तत्व का अनुभव लेकर लौटे।

X X X

सन् अठासी में दिल्ली में चातुर्मास के बाद नवासी में मुनि जी का हिसार में विशेष प्रवास रहा। मुनि जी हिसार पहुँचे तो मौसम में खासी ठंड थी, जनवरी का महीना जो ठहरा। लेकिन फरवरी आते ही वसन्त ने दस्तक देनी शुरू कर दी। इधर सर्दी का मौसम अलविदा कहने की तैयारी में था, उधर मुनि जी का भी हिसार से विदा लेने का समय पास आता जा रहा था। हिसार में मानव मंदिर मिशन का कार्य व्यवस्थित रूप ले चुका

था। इसी सिलसिले में मुनि जी की व्यस्तता पूरे प्रवास के दौरान रही। सभी का सहयोग सराहनीय था। मुनि जी के प्रवचनों में उपस्थितजन की संख्या दिनोंदिन बढ़ती जा रही थी। प्रवचन के समय नयी अनाज मंडी की ओर जाने वालों की भीड़-सी दिखाई देती। यहीं नवनिर्मित सत्य नारायण मंदिर के सभागार में अभी मूर्ति-प्रतिष्ठा नहीं हुई थी। मुनि जी के प्रवचनों से वहाँ का कण-कण अध्यात्म-रस से आप्लावित हो चला था।

हिसार-प्रवास में अक्सर एक चर्चा सामने आती कि अब मुनि जी को अपने सन्देश और धर्म-प्रचार के लिए पदयात्रा की बजाय वाहन का प्रयोग करना चाहिए। मुनि के मन में अजीब सा मंथन चल रहा था। एक ओर परम्परा थी तो दूसरी ओर यह तर्क कि अब अध्यात्म को विज्ञान से जोड़ा जाय। तभी उसका तेजी से प्रसार और मानव-कल्यांण सम्भव है। मुनि जी तो सदैव ही कबीर की तरह फक्कड़, नीर-क्षीर-विवेक से स्थितियों को तोलने वाले रहे। तभी तो एक दिन एक श्रावक ने मुनि जी के सामने कबीर की वह साखी दोहरा दी थी–

सिंहन के लेंहड़े नहीं, हंसन की नहीं पाँत।
लालन की नहीं बोरियाँ, साधु न चले जमात।।

मुनि जी ने गहन मंथन के बाद वाहन-प्रयोग का निर्णय लिया। इसके लिए उनके पास अनेक विवेकसम्मत तर्क थे।

हिसार से मुनि जी की विदाई का दिन समीप था। उनके दर्शन व प्रवचनों का लाभ लेने के लिए दस बजे ही सत्यनारायण मंदिर का सभागार खचाखच भर गया। सात सौ जिज्ञासु मुनि जी का प्रवचन सुनने को इकट्ठे थे। सवा दस बजे मुनि जी सभागार में उपस्थित हुए। उपस्थित जन का अभिवादन स्वीकार करने के बाद 'ओम् णमो अरिहंताणं...' के उच्चार के साथ बोलना शुरू किया–

'आज हम श्रमण-परम्परा की चर्चा करेंगे। श्रमण का अर्थ है जिसका जीवन सम, शम और श्रम से जुड़ा हो। श्रमण परम्परा में पद-यात्राओं को अनिवार्य क्यों माना गया? अक्सर यह प्रश्न पूछा जाता है। इसका उत्तर साफ है। उस युग में वाहन के रूप में प्रमुखतः पशुओं का ही प्रयोग होता था। हाथी, घोड़ा, ऊँट आदि पशु सवारी में काम आते थे। पशु-चालित वाहनों, अश्व-रथ, गज-रथ, बैलगाड़ी आदि का उपयोग होता था। आदमियों द्वारा उठाई जाने वाली पालकी का भी उल्लेख मिलता है। इन मानव-चालित अथवा पशुचालित वाहनों के प्रयोग से अहिंसा धर्म... खंडित होता था। जबकि भगवान महावीर का मुख्य उद्देश्य अहिंसा और बुद्ध का करुणा था। करुणा और अहिंसा के सन्देश को जन-जन तक पहुँचाने के लिए पशु वाहनों का उपयोग कैसे संगत होता? इससे तो हिंसा, क्रूरता और करुणा-हीनता को समर्थन मिलता।

लेकिन हमें एक बात समझनी चाहिए कि महावीर वाहन प्रयोग के विरुद्ध नहीं

थे। वे सिर्फ पशु-चालित और मानव चालित वाहनों को मुनि संघ के लिए वर्जित करते हैं। उन्होंने स्वयं भी नदी पार करने के लिए नौका का प्रयोग किया था। यदि वे वाहन मात्र के प्रयोग के विरुद्ध होते तो नदी पार करने के लिए नौका-प्रयोग का निषेध करते। उन्होंने अपने मुनि संघ को नौका-प्रयोग की अनुमति भी दी।

पद-यात्रा के विधान के पीछे दूसरा कारण अपरिग्रह के आचरण का भी रहा। मुनि धर्म में अहिंसा की तरह अपरिग्रह का आचरण भी उतना अनिवार्य है। वाहन-प्रयोग में परिग्रह, संग्रह की सम्भावना पग-पग पर बनी रहती है। स्वयं वाहन रखना तो परिग्रह है ही। वाहन को किराए पर लेना, किराया देने के लिए स्वयं धन-संग्रह करना अथवा गृहस्थ समाज से दिलवाना आदि क्रियाएँ भी अपरिग्रह आचरण की बाधाएँ हैं। इस अपरिग्रह धर्म के सम्यक् आचरण की दृष्टि से भी पदयात्रा ही विहार चर्या के लिए मानी गयी।

यह सुखद आश्चर्य नहीं तो और क्या कि आज ढाई हजार वर्ष बाद भी जैन मुनि पदयात्रा करते हैं। बौद्ध परम्परा में पाद चारिका हजार वर्ष पूर्व ही विलुप्त हो गयी थी। जैन साधु-साध्वियों को आज भी पूरे भारत में सड़कों पर पदयात्रा करते देखा जा सकता है। यह अलग बात है कि पदयात्रा की परम्परा आज अपने मूल उद्देश्य और प्रयोजन से हटकर केवल लकीर पीटने जैसी रह गयी है। यह एक सच्चाई है जो महावीरयुगीन मुनियों और आज के जैन मुनियों की पदयात्रा की तुलना करने में साफ समझ आ जाती है। आइए जरा देखें–

महावीरयुगीन मुनि अपनी पदयात्राओं से गाँव-गाँव, नगर-नगर में महाव्रतमूलक संयम-धर्म के प्रचार-प्रसार के लिए अलख जगाते दिखाई देते थे। आज के अधिकांश जैन मुनियों की पदयात्राओं का उद्देश्य एक शहर से दूसरे शहर के बीच की दूरी तय करना मात्र होता है।

किसी समाज विशेष अथवा वर्ग-विशेष तक सीमित न होकर महावीरयुगीन मुनियों की यात्राओं का उद्देश्य जन-कल्याण था, आज के अधिकांश जैन मुनियों की पदयात्राएँ स्पष्टतः समाज-विशेष अथवा वर्ग-विशेष के लोगों के हितों और सुखों के लिए प्रतिबद्ध होती हैं। धर्म-प्रचार की बजाय अपने-अपने संप्रदायों की चिन्ता आज ज्यादा दिखाई पड़ती है।

महावीरयुगीन मुनियों की पदयात्रा के साथ कोई आयोजना और व्यवस्था जुड़ी नहीं होती थी। आज के जैन मुनियों की पदयात्राएँ न केवल आयोजित, बल्कि कई बार प्रायोजित भी होती हैं। एक शहर के विदाई समारोह से लेकर अगले शहर में स्वागत-समारोह की तिथियों तक सब कुछ निश्चित-निर्णीत होता है।

महावीरयुगीन मुनि अल्प सामान रखता था ताकि उसे वह खुद अपने कन्धों पर

उठाकर चल सके। आज के अधिकांश जैन मुनियों का सामान ढोने के लिए कार, ठेला-गाड़ी, नौकर आदि की व्यवस्था समाज की ओर से होती है।

महावीरयुगीन मुनि की पदयात्राओं की व्यवस्था पर संघ अथवा समाज का एक पैसा भी खर्च नहीं होता था। आज के जैन मुनियों की पदयात्राओं की व्यवस्था पर संघ अथवा समाज के हजारों-लाखों और करोड़ों रुपये तक खर्च होते हैं। जितना प्रभावशाली मुनि, आचार्य उसकी व्यवस्था पर उतना ही बड़ा खर्च समाज को उठाना पड़ता है। विख्यात मुनियों, आचार्यों की अधिकांश पदयात्राओं की व्यवस्था का यही लेखा-जोखा है। जो जितना प्रभावशाली मुनि या आचार्य, उसके साथ उतना ही बड़ा कारों का काफिला। उतनी ही ताम-झाम वाली व्यवस्थाएँ। उतने ही तरह-तरह के पकवानों वाले चौके। कई बार लगता है कि ये पद-यात्राएँ आज तप से न जुड़कर यश, प्रतिष्ठा और प्रदर्शन से अधिक जुड़ गयी हैं।

महावीरकालीन मुनि रुग्ण अवस्था अथवा वृद्धावस्था के कारण जब पदयात्रा में असमर्थ हो जाता, तो ठाणापति अर्थात उसके लिए एक ही स्थान पर विश्राम करने का विधान भगवान महावीर ने दिया। ऐसा नहीं कि वाहन-प्रयोग से वह यात्रा करे। आज के अधिकांश जैन मुनियों, आचार्यों को किसी-न-किसी प्रकार के वाहन-प्रयोग से यात्रा करते देखा जा सकता है। कोई मनुष्यों द्वारा उठाई जाने वाली डोलियों में बैठकर यात्रा कर रहा है। कोई व्हीलचेयर से। कोई चार पहियों वाली गाड़ी पर सिंहासननुमा कुर्सी पर विराजमान होकर पद-यात्रा कर रहा है। चार पहियों वाली रेहड़ी गाड़ी का उपयोग तो काफी कॉमन हो गया है। अधिकांश साधु-साध्वियों के दल के साथ इस गाड़ी को देखा जा सकता है। कोई आरामदेह सुखपालकी पर पदयात्राओं को सुशोभित कर रहा है। इन पद-यात्रा सम्मत वाहनों को खींचते, ठेलते हुए पेशेवर व्यक्ति अथवा सहयोगी मुनियों के नजारे आज खूब देखे जा सकते हैं।

आश्चर्य है कि ये सभी वाहन आदमियों द्वारा खींचे जाते हैं। तो भी ये पद-यात्री मुनि संघ द्वारा स्वीकार्य हैं। अगर इन वाहनों के संचालन के लिए मशीन लग जाय तो स्वीकार्य नहीं। यह सब देखते हुए, मुनि संघ की पद-यात्राओं की व्यवस्था के भार से दबता हुआ समाज आँखें क्यों मूँदे हुए है, यह समझ से परे है।

मुनि-संघ की विहार-चर्या के लिए विहित पद-यात्रा के पीछे प्रमुख कारण अहिंसा और अपरिग्रह धर्म का आचरण रहा है। आधुनिक पद-यात्राओं में अहिंसा और अपरिग्रह का आचरण कितना अक्षुण्ण रह गया है, सबके सामने है।...'

'जी, महाराज जी। आप ठीक फरमा रहे हैं। यह मूल विधान से बिल्कुल हटकर है...' सामने बैठे श्रावकों में से एक की आवाज आयी।

'महाराज, इस परम्परा को बदलना चाहिए।' एक और आवाज आयी।

मुनि जी ने अल्प-विराम के बाद अपनी बात पुनः शुरू की– 'इसकी तुलना में वाहन-यात्रा में हिंसा और परिग्रह की अल्पता ही मिलेगी। आज के वाहन यंत्र-चालित हैं, पशु अथवा मनुष्य-चालित नहीं। इसलिए इनमें पंचेंद्रिय वध, बन्धन और उत्पीड़न की सम्भावना नहीं है। यंत्र-चालित वाहन रेल, बस, हवाई जहाज, कार आदि अपने नियमित क्रम में चलते ही चलते हैं। मुनि यदि इन वाहनों का प्रयोग करता है तो इनका उपयोग वैसा ही है, जैसे गृहस्थ श्रावक के घर में बनने वाले भोजन में से गोचरी या भिक्षा के रूप में मुनि थोड़ा अंशप्राप्त करता है। इससे आहार-उद्गम में होने वाली हिंसा का दोष जैसे नहीं लगता वैसे ही यह भी सहज-कृत्य है। यंत्रचालित वाहन-यात्रा में होने वाली हिंसा का दोष मुनि को क्यों लगना चाहिए? इन सबके ऊपर एक चौंकाने वाला तथ्य यह है कि वाहन-प्रयोग करने वाले मुनियों की अपेक्षा शायद पद-यात्री मुनियों की यात्रा में जन-वाहन का प्रयोग ज्यादा होता है। एक मुनि-समुदाय को दिल्ली से कलकत्ता पहुँचने में चार माह का समय लगा। उनके रास्ते की आवास तथा भोजन-व्यवस्था के लिए समाज की ओर से मोटर-कार उनके साथ चार माह तक रही। वह मोटर-कार चार महीने तक मुनि समुदाय के उपयोग में आयी। कार का उपयोग जैसे उसमें बैठने में है, वैसे ही चौके और अन्य सामग्री साथ लेकर चलने में है। क्या यह कार का उपयोग नहीं है? वाहन का उपयोग ज्यादा होने का अर्थ है हिंसा और परिग्रह का सेवन ज्यादा होना। यहाँ वाहन का उपयोग, उसमें होने वाली हिंसा और उस पर होने वाला यात्रा-व्यय अर्थात धन परिग्रह का उपयोग- इन तीनों दृष्टियों से वाहन-विहार और पद-यात्रा विहार क्या विचारणीय नहीं हैं? यंत्र-चालित वाहन, उनका सहज-कृत उपयोग और पदयात्राओं में प्रकारान्तर से होने वाला वाहन-प्रयोग, ये सब तथ्य वाहन-प्रयोग के समर्थन में जाते हैं। अब समाज के नेतृत्व पर निर्भर करता है कि वह समाज को लकीर का फकीर बनाए रखना चाहता है अथवा कुछ स्वस्थ, दूरदर्शी निर्णय लेकर जैन परम्परा को एक प्रगतिशील दिशा प्रदान करने का साहस दिखाता है।'

श्रावक गण में हलचल हुई। मुनि जी ने आगे बोलना शुरू किया–

'आज धर्म के हाथ में साम्प्रदायिक मान्यता या परम्परावादिता की बजाय विज्ञान का चिराग थामने की जरूरत है। तभी हम नयी पीढ़ी को आध्यात्मिक तेजस्विता की विरासत सौंप सकेंगे–

आज धर्म के हाथों में विज्ञान का चिराग चाहिए
सत्य को पाने के लिए खुला दिमाग चाहिए
धुआँ बनकर सौ वर्ष जिएँ यह मंजूर नहीं
चाहे घड़ी भर ही जिएँ, हमें आग चाहिए।'

'महाराज हम चाहते हैं आप अपने मानव मंदिर मिशन को आगे बढ़ाने और धर्म

के प्रचार के लिए अब पद-यात्रा की बजाय, वाहन-यात्रा को अपनाएँ।' एक वरिष्ठ श्रावक के स्वर में कई स्वर और मिल गये।

'महाराज, हिसार से आपकी विदाई वाहन में होनी चाहिए। आप हमारी सेवाएँ स्वीकार करें। कार से सुनाम जाएँ।'

समाज की इच्छा को मान देते हुए मुनिजी ने कहा– 'आगम-कालीन विहार-चर्या तथा वर्तमान युग की पद-यात्राओं के क्षत-विक्षत स्वरूप को ध्यान में रखते हुए मैं मुनि रूपचन्द्र यंत्र-चालित वाहनों के उपयोग-प्रयोग को विधि-सम्मत घोषित करता हूँ।'

इस घोषणा के साथ ही तालियों की आवाज के साथ 'भगवान महावीर की जय,' 'पूज्य गुरुदेव मुनिश्री रूपचन्द्र जी महाराज की जय...' ध्वनि सभागार में गूँजने लगी। मुनिजी को बाहर खड़ी कार तक श्रावक लेकर आये। कार में पिछली सीट पर सफेद आसन बिछाया गया। मुनि जी कार में विराजे। श्रद्धालु गण चरण वंदना के लिए झुक गये।

कार धीरे-धीरे सुनाम की ओर बढ़ चली। उस कार के पीछे पन्द्रह और कारों का काफिला, मुनि जी को सुनाम तक छोड़ने गया।

आज एक बार फिर मुनि जी ने लीक से हट कर नयी रेखा खींची थी, एक बड़े उद्देश्य के लिए।

X X X

यही वह दौर था, जब पंजाब में आतंकवाद चरम पर था। कई धनाढ्य व्यक्ति पंजाब से दूसरी जगहों पर जड़ें जमाने की कोशिश में थे। पंजाब का आतंकवाद देश की प्रधानमंत्री श्रीमती इंदिरा गाँधी को लील चुका था। इसकी विकराल होती लपटों को देख कई लोग सोचने लगे कि कहीं ऐसा न हो कि पंजाब में रहना ही दूभर हो जाय।

मुनि जी उन दिनों दिल्ली आये हुए थे। पश्चिम विहार में भेरा एन्कलेव में एक दिन पवन जी बंसल मुनि जी के दर्शनार्थ आये। श्री बंसल राजनीति क्षेत्र की हस्तियों में से तो थे ही, मुनि जी के प्रति अटूट श्रद्धा-भाव भी रखते थे। उस दिन उनके साथ सरदार लखविन्दर सिंह आये। मुनि जी का उनसे कोई परिचय नहीं था। दोनों ने आते ही मुनिजी को प्रणाम किया और बैठ गये। बंसल जी ने मुनि जी से अपने मित्र का परिचय कराया–

'महाराज ये हैं सरदार लखविन्दर सिंह। दिल्ली में रहते हैं, वैसे पंजाब से हैं। इनका एक परिचय और दे दूँ। ये अपने पूर्व राष्ट्रपति ज्ञानी जैल सिंह के भांजे हैं।' मुनि की कुटिया में तो सब समान होते हैं, छोटे-बड़े, नाथ-अनाथ, धनी-निर्धन। यहाँ तो भाव की पूजा होती है।

'महाराज जी आप सबकी कृपा बनी हुई है। अभी हाल में हमने दिल्ली के गूर्जरों से सराय काले खाँ के सामने काफी सारी जमीन खरीदी है। कुछ विचार है महाराज आगे करने का।' सरदार लखविन्दर सिंह बोले।

बातों-बातों में मानव मंदिर मिशन के हिसार केन्द्र की बात चली। मुनि जी ने दिल्ली में भी इसका केन्द्र बनाने की बात कही। बंसल जी ने लखविन्दर सिंह से कहा– 'भाई, अपनी सराय काले खाँ वाली जमीन में मानव मंदिर मिशन के लिए कुछ हो जाय तो...।'

'ऐसे पुण्य-कार्य में हमारा भी थोड़ा हाथ इसी बहाने लग जाएगा पवन जी...। तुहाडे बहाने ही सही।' लखविन्दर सिंह ने एक तरह से हामी भर दी।

'उस जमीन पर सेवा और साधना का अनूठा संगम होगा। महाराज जी की योजना वहाँ बेसहारा बच्चों के लिए एक आश्रय-स्थल बनाने की भी है।' बंसल जी बोले।

'शुभ काम में ज्यादा सोच-विचार नहीं होना चाहिए।' लखविन्दर जी बोले– 'जल्द ही कागजी कार्रवाई हो जाएगी।'

मुनि जी ने सोचा नहीं था, इतना बड़ा काम इतनी आसानी से हो जाएगा। मानव-मंदिर की कल्पना साकार होती दिखाई दे रही थी। कहते हैं ईश्वरीय कार्य, ईश्वरीय प्रेरणा से ही पूर्ण होते हैं। सर्दियाँ शुरू होते-होते दिल्ली में मानव मंदिर मिशन भवन की नींव रखी जा चुकी थी। लगभग तीन हजार गज में मानव मंदिर मिशन भवन के शिलान्यास कार्यक्रम में, अनेक साधु-संतों, गण्यमान्य व्यक्तियों ने भाग लिया। पवन बंसल और लखविन्दर सिंह तो थे ही।

यह जमीन क्या थी, गहरा गड्ढा था सूखे तालाब जैसा। लगभग आठ फुट भराव कराया गया और दो कमरों में मानव-मंदिर मिशन के क्रिया-कलाप शुरू हो गये।

एक पौध रोपी जा चुकी थी, फलना-फूलना समय के साथ बढ़ता रहा।

X X X

बीसवीं शताब्दी के आखिरी दशक से पूर्व सन् नब्बे का वर्षावास मुनि जी ने पंचकूला के असीम प्राकृतिक सौन्दर्य के बीच किया। हरी-भरी शिवालिक पहाड़ियों की गोद में पंचधाराओं के मध्य, महाभारत कालीन नगर पंचकूला का शान्त वातावरण। शब्द और अध्यात्म-साधना के एकदम अनुकूल। सड़क के दोनों ओर से आपस में मिलती, अलग होती मोरनी हिल, महाभारत काल की विशाल बावड़ी पंचकूला के महत्त्व को बढ़ा देती है। कहा जाता है कि इस बावड़ी में पाँचों पांडवों ने स्नान किया था। मुनि जी की आवास व्यवस्था श्री हनुमान प्रसाद प्रजापत के घर पर थी। कवि-मन के अनुकूल, ऋषि

की तपःस्थली जैसा आवास स्थल।

मुनि जी को बार-बार साध्वी मंजुलाश्री का आग्रह याद आता कि प्रवचन शैली में एक पुस्तक की रचना की जाय। मुनि जी के मानस में पुस्तक की आधार भूमि पहले ही तैयार हो चुकी थी। अब सिर्फ उसे कागज पर उतारना शेष था। पंचकूला के निर्मल सौन्दर्य में मुनि जी की कलम 'वो क्या जाने पीर पराई' पुस्तक की रचना करने लगी–

'मैंने सुना है अमेरिका का धन-कुबेर रथचाइल्ड जब मरण-शय्या पर अन्तिम साँसें गिन रहा था, उस समय उसके मित्र ने उससे कहा– 'गरीब परिवार में जन्म लेकर वैभव के जिस शिखर पर आप खड़े हैं, वहाँ तक महान भाग्यशाली व्यक्ति ही पहुँच पाता है। प्रभु-कृपा से आपकी हर इच्छा पूरी हुई है। आज जबकि आप संसार से विदा हो रहे हैं, मैं जानना चाहता हूँ, आप अपने मन में कोई अधूरी इच्छा लेकर तो नहीं जा रहे हो? यह सुनकर रथचाइल्ड ने गहरा निःश्वास छोड़ा और बोले– 'मेरे मित्र, बिल्कुल सही है कि मुझ पर प्रभु की अपार कृपा है। मैंने जो चाहा, वह मिला। जिसके पिता के पास दस डॉलर भी न हों, उसका बेटा दस अरब डॉलर का मालिक हो, इसे चमत्कार ही माना जाना चाहिए। अब रही इच्छाएँ पूर्ण होने की बात तो एक इच्छा मैं अपने मन में लेकर जा रहा हूँ। इस दस अरब डॉलर के ऊपर मैं एक बिन्दी और देखना चाहता था। मेरी बड़ी इच्छा थी कि सौ अरब डॉलर के मालिक के रूप में इस जगत से विदा लूँ। यह अधूरी इच्छा लेकर यहाँ से जा रहा हूँ।'

मुनि जी की कलम कागज पर सरपट दौड़ रही थी।

'विज्ञान युग का कोई रथचाइल्ड दस अरब डॉलर का मालिक होने पर भी एक और बिन्दी की अपूर्ण इच्छा लेकर धरती से प्रयाण कर देता है। मध्य युग का कोई सिकन्दर तीन-चौथाई धरती को जीत कर भी सम्पूर्ण विश्व-विजय का सपना आँखों में लिए संसार से विदा हो जाता है। महावीरयुगीन कोई धनपति मम्मण रत्न-जटित स्वर्णमयी बैलों की जोड़ी बनाने के लिए ठिठुरती सर्दी में रात्रि के समय फटे-चीथड़ों में लिपटे शरीर से नदी की धारा में बहते आ रहे लट्ठों को खींचते-खींचते दम तोड़ देता है। पौराणिक युग का ययाति युवा पुत्रों का यौवन लेकर एक सहस्र वर्षपर्यन्त, सांसारिक भोगों का आनन्द उठाते हुए अतृप्त और प्यासा रह जाता है।

आखिर कौन-सी है वह प्यास जो सर्वग्रासी ज्वालाओं की तरह इस जीवन की अनन्त रसधारा को लील जाती है। कौन-सी है वह भूख जो अनन्त-वैभव-सम्पदा से सम्पन्न जीवन को दीन, दरिद्र और दयनीय बना देती है। उपनिषद् के ऋषि कहते हैं... वह माया है। भगवान बुद्ध कहते हैं– वह तृष्णा है। भगवान महावीर कहते हैं– वह अज्ञान मोह-जनित इच्छाओं का अनन्त विस्तार है, जिसका आकाश की तरह कहीं भी अन्त नहीं है। इच्छाएँ आकाश की तरह अनन्त होती हैं।

जब हम सूरज की ओर पीठ किए होते हैं, तब हम पीछे होते हैं। हमारी परछाईं आगे होती है। हम उस परछाईं को पकड़ने की या पीछे छोड़ने की लाख कोशिश करें, पर वैसा सम्भव नहीं हो पाता। हम जितना दौड़ेंगे, परछाईं उतनी ही आगे सरक जाएगी।

छाया की तरह ही होती है माया, तृष्णा या इच्छाओं की उपस्थिति। उस परछाईं की तरह हम इसको जितना पकड़ने की कोशिश करते हैं, यह उतनी आगे सरक जाती है। हाथ में आकर भी हाथ में नहीं आ पाती। यही कारण है कोई रथचाइल्ड, कोई सिकन्दर, कोई मम्मण, कोई ययाति इसे पाने के लिए उम्र भर दौड़कर भी प्यासा रह जाता है। वह इस माया या तृष्णा का पार नहीं पाता।

छाया से आगे निकलने का एक ही उपाय है, हम अपना मुख सूरज की ओर कर लें। जैसे ही हमने सूरज की ओर मुख मोड़ा, हम आगे हो जाएँगे, और छाया पीछे रह जाएगी। ठीक ऐसे ही माया से मुक्त होने के लिए हम अपना मुख परम ज्योति की ओर कर लें। हमने ज्यों ही अपना मुख इन्द्रिय जगत से मोड़ा, आत्म-जगत से जोड़ा, माया स्वयं पीछे छूट जाएगी। हम उससे अपने को स्वयं ही आगे पाएंगे, केवल तभी हम उस प्यास से मुक्त हो सकेंगे, जो हमें उस अनन्त जीवन रस-धारा से वंचित कर दीन, दरिद्र और दयनीय बना देती है।

गुरु का महत्त्व इसलिए बताया गया है कि वह शिष्य का मुख छाया से मोड़कर सूरज की ओर कर देता है। माया से मोड़कर ज्योति की ओर कर देता है। पर है यह समर्थ गुरु से सम्भव। जबकि अधिकांश गुरु तो गद्दी चलाने वाले होते हैं। उनका प्रमुख काम होता है पंथ और समुदाय को चलाना। आस्था और समर्पण का उपयोग वे ज्योति के लिए नहीं, माटी के लिए करते हैं। साधना और सत्य के लिए नहीं, सम्प्रदाय और परम्परा के लिए करते हैं। समर्थ गुरु अपने शिष्य का मुख जहाँ सत्य और ज्योति की ओर करता है, वहाँ ये गद्दीनशीन गुरु अपने अनुयायी का मुख पंथ और सम्प्रदाय की ओर कर देते हैं। परिणामतः शिष्य और अनुयायी के हाथ में अन्ध-विश्वास, अन्धी परम्पराएँ एवं अन्धी मान्यताएँ आ जाती हैं।

मैं देख रहा हूँ धर्म के नाम पर आज आदमी के हाथों में अन्ध-विश्वासों की हथकड़ियाँ हैं। पाँवों में अन्ध-परम्पराओं की बेड़ियाँ हैं। आँखों पर अन्धी मान्यताओं की पट्टियाँ हैं और दिमाग के दरवाजे पर सम्प्रदाय का मजबूत ताला है। उसके होंठ अवश्य खुले हैं ताकि वह समय-समय पर उन अन्धविश्वासों, परम्पराओं, मान्यताओं और गद्दीधारी गुरुओं के जय-जय के नारे हवा में उछाल सके।

स्थिति यह है कि आदमी के पास न अपने हाथ हैं, न अपने पाँव। न अपनी आँखें हैं और न ही अपना दिमाग। वह जो भी करता है सम्प्रदाय के हाथों से करता है। वह चलता है तो सम्प्रदाय के पाँवों से। देखता है तो सम्प्रदाय की आँखों से देखता है। और

वह सोचता है तो सम्प्रदाय के दिमाग से सोचता है।

उसके पास अपने हाथ नहीं, इसलिए उसका अपना कर्तृत्व भी नहीं। अपने पाँव नहीं, इसलिए उसकी गति भी नहीं। अपनी आँखें नहीं, इसलिए उसका अपना दर्शन भी नहीं, अपना दिमाग नहीं, इसलिए उसकी अपनी सोच भी नहीं। उसी का परिणाम है कि वह हाथ होते हुए भी लूला है। पाँव होते हुए पंगु है। आँखें होते हुए भी वह अन्धा है। दिमाग होते हुए भी लाचार बना हुआ है।

इसका एक ही कारण है, पंथवाद या सम्प्रदायवाद। धर्म आदमी के भीतर सोई हुई अनन्त शक्तियों से पहचान कराता है। सम्प्रदाय सारी सम्भावनाओं को छीन लेता है। धर्म पाँवों को गति देता है। सम्प्रदाय पाँव ही छीन लेता है। धर्म आँखों को रोशनी देता है, सम्प्रदाय आँख छीन लेता है। धर्म दिमाग को प्रखर सोच देता है, सम्प्रदाय दिमाग ही छीन लेता है।

इन सारी परिस्थितियों में समर्थ गुरु पर दुहरा दायित्व आ जाता है। उसे ज्योति आनन्द की दिशा में मोड़ने के लिए व्यक्ति की चेतना को माया, तृष्णा और मोह से मुक्त करना होता है। वहाँ दूसरी ओर गद्दीनशीन गुरुओं एवं पंथों, संघ-सम्प्रदायों की गिरफ्त से व्यक्ति और समाज को मुक्त करने के लिए उनसे निरन्तर जूझना पड़ता है। उन साम्प्रदायिक ताकतों को ललकारते हुए कबीर को उद्घोषणा करनी पड़ती है–

फूटी आँख विवेक की, लखै न संत-असंत।
जाके संग दस-बीस हैं, ताको नाम महंत।।

इस ललकार की सजा भी उन्हें भुगतनी पड़ती है। किसी सुकरात को इसके लिए जहर का प्याला पीना पड़ता है, किसी मंसूर को सूली पर चढ़ना पड़ता है। किसी आनन्दघन को समाज का अपमान/बहिष्कार झेलना पड़ता है। पर इन सबके बावजूद समय साक्षी है। वही आवाज, केवल वही आवाज, सदियों-सदियों तक मानव समाज के मन-मस्तिष्क में एक गहरी गूँज छोड़ जाती है।...'

x x x

सितम्बर का महीना था। आकाश में बादल भरे थे। इधर मुनि जी का मानस। बादल धरती पर बरसते थे और धरती का आँचल भिगो जाते थे। मुनि जी का मानस शब्द-वर्षा कर कागज पर हमेशा के लिए अपने निशान छोड़ जाता। पन्द्रह दिन में ही 'वो क्या जाने पीर पराई' पुस्तक तैयार हो गयी। लेकिन मानस में बहुत कुछ उमड़ रहा था। मुनि जी की कलम से जैसे शब्दों की झड़ी लगी थी। माँ सरस्वती विराजी थीं उनकी कलम में। जैसे पहले राजगीर की पहाड़ियों और फिर पंचकूला की पहाड़ियों ने मुनि जी

की विपुल सृजनशीलता को दुनिया के सामने ला खड़ा करने की ठान रखी थी। मुनि जी दिन में दस-ग्यारह बजे लिखने बैठते तो दोपहर के भोजन के अंतराल को छोड़कर सूर्यास्त के पहले तक लिखते ही रहते। पर्वतों का ऋषि-तुल्य एकाकीपन साधकों के लिए अमृत होता है।

मुनि जी ने दूसरी पुस्तक 'अहिंसा है जीवन का सौन्दर्य' लिखनी शुरू कर दी थी।

'अहिंसा है जीवन का सम्मान', 'जिसे तू मारना चाहता है, वह तू ही है', 'आमंत्रण देकर न बुलाएँ महाविनाश को', 'व्यर्थ कुछ भी नहीं है इस धरती पर' जैसे लेखों में मुनि जी अहिंसा के विभिन्न पहलुओं को विस्तार से विश्लेषित कर चुके थे। 'युद्ध मजबूरी है, जीवन शैली नहीं' लेख में उन्होंने युद्ध और अहिंसा के बारे में अपनी नवीन दृष्टि को शब्दों में उतारना शुरु किया। शुरुआत एक घटनाक्रम से की-

'सीमांत चौकियों पर अपनी सेवाएँ देकर एक सैनिक अपने घर छुट्टियाँ मनाने आया। एक बार प्रवचन के बाद उसने बड़ा अहम् सवाल उठाया- जिस अहिंसा की इतनी महिमा आप गा रहे हैं, उस अहिंसा से क्या देश की रक्षा सम्भव है? मैं अभी-अभी सीमा से लौटा हूँ। सीमा पर भारी तनाव है। दुश्मन सेना का दबाव वहाँ दिन-प्रति दिन बढ़ता जा रहा है। हमारे कश्मीर पर उसकी गिद्ध नजर है। कश्मीर में आग लगाने के लिए वह बराबर हाथ-पाँव मार रहा है। इन दुश्मन सेनाओं की पीठ पर पश्चिमी शक्तियों का पूरा हाथ है। वे भारत को एक उभरती शक्ति के रूप में नहीं चाहतीं। संकट की इस घड़ी में अहिंसा की चर्चा कितनी प्रासंगिक है? अहिंसा किसी प्रकार के युद्ध या हिंसा की इजाजत नहीं देती। इस स्थिति में दुश्मन सेनाओं को क्या सीमा में घुसने दिया जाए? क्या देश को दुश्मनों के हाथ सौंप दिया जाय?'

'बहुत ही महत्त्वपूर्ण सवाल उठाया है आपने,' मैंने उससे कहा। एक ओर देश की रक्षा का प्रश्न है, दूसरी ओर अहिंसा का। यह सही है कि अहिंसा युद्ध की इजाजत नहीं देती। इसके साथ यह भी सही है कि अहिंसा देश को दुश्मनों के हाथ सौंपने की इजाजत भी नहीं देती। अहिंसा के लिए युद्ध की इजाजत देना इसलिए सम्भव नहीं है, क्योंकि युद्ध में भयंकर नरसंहार होता है। देश को दुश्मनों के हाथों में सौंपने की इजाजत भी अहिंसा इसलिए नहीं देती, क्योंकि स्वतन्त्रता की रक्षा हर कीमत पर अनिवार्य है।

युद्ध के बारे में अहिंसा का यह चिन्तन दुहरा लग सकता है। किन्तु ऐसा है नहीं। इसे दो टूक समझने के लिए हमारे राष्ट्रीय जीवन में अहिंसा और युद्ध की भूमिका को विस्तार से समझना होगा।

युद्ध के विश्लेषण में हम पाते हैं कि यह राष्ट्र की एक मजबूरी है। कोई भी देश युद्ध नहीं चाहता, क्योंकि युद्ध में हानि ही होती है। युद्ध में हारने वाला तो नुकसान में रहता ही है, जीतने वाला भी लाभ में नहीं रहता। दोनों ओर से नरसंहार होता है... देश

का वैभव एक तरह से दाँव पर लग जाता है, देश पर आर्थिक संकट भी गहरा जाता है।... युद्ध विनाश का ही दूसरा नाम है। किन्तु हानि और विनाश को भी स्वीकारना पड़ता है, क्योंकि देश की अस्मिता की रक्षा का बड़ा प्रश्न सामने जो होता है।

सारी हानियों के बावजूद हम देश-रक्षा के प्रश्न को नजरन्दाज नहीं कर सकते।... देश बचेगा तो व्यक्ति और समाज बचेगा। देश बचेगा तो उसका गौरव और वैभव बचेगा...। देश बचेगा तो धर्म बचेगा... इसलिए देश की रक्षा में अहिंसा का विरोध नहीं है।... युद्ध राष्ट्र की मजबूरी है और न चाहते हुए भी उसे पूरी गम्भीरता से युद्ध को स्वीकारना होता है...।

फिर युद्ध राष्ट्रीय जीवन का केवल एक पहलू है। राष्ट्रीय अस्मिता की रक्षा से जुड़ा पहलू है, इसलिए महत्त्वपूर्ण है। पर यह एक पहलू है, सम्पूर्ण राष्ट्रीय जीवन नहीं है। समग्र चिन्तन में उसका स्थान रोग-निवारण में दवा जितना ही हो सकता है, इससे अधिक नहीं।

राष्ट्र के सर्वतोमुखी विकास एवं निर्माण में शान्ति और अहिंसा ही प्रासंगिक हैं। युद्ध केवल तभी प्रासंगिक है, जब देश की स्वतन्त्रता खतरे में हो। युद्ध मजबूरी है। मजबूरी कभी भी जीवन शैली नहीं बन सकती। अहिंसा जीवन-शैली है, इसलिए वह कभी अप्रासंगिक नहीं हो सकती।...

अहिंसा और युद्ध-राष्ट्रीय जीवन में दोनों की अपनी-अपनी भूमिकाएँ हैं। बल्कि कहना चाहिए, युद्ध तो केवल देश-रक्षा के सन्दर्भ में आवश्यक है, जबकि अहिंसा जीवन के सभी सन्दर्भों में आवश्यक है। युद्ध के बिना पूरे विश्व का काम चल सकता है, अहिंसा के बिना एक दिन भी काम नहीं चल सकेगा। सच तो यह है कि आज की मानव जाति अहिंसा का संकल्प' ले, तो युद्ध की परिस्थिति ही उत्पन्न न हों।...'

युद्ध और अहिंसा पर मुनि जी की बात एक ही अध्याय में नहीं सिमटी। उनके सामने 'महावीर की अहिंसा और गीता का युद्ध' दोनों ही विचारणीय विषय थे। उन्होंने इसी शीर्षक के अन्तर्गत अपने चिन्तन को कलमबद्ध किया...

'जैन धर्म के लिए एक धारणा है कि वह युद्ध का विरोध करता है... इसके ठीक विपरीत श्रीमद्भगवद्गीता के बारे में धारणा है कि वह युद्ध का समर्थन करती है। युद्ध न करने के इच्छुक अर्जुन को श्रीकृष्ण बलात् युद्ध में प्रवृत्त करते हैं... इतना ही नहीं, युद्ध में दुश्मन को मारना पुण्य का कारण मानती है, गीता के प्रति ऐसी धारणा भी व्यापक रूप से है।

क्या भगवान महावीर देश की स्वतन्त्रता की कीमत पर भी युद्ध का विरोध या निषेध करते हैं? क्या श्रीमद्भगवद्गीता युद्ध-हिंसा का समर्थन करती है? युद्ध को महान धर्म के रूप में प्रतिष्ठापित करती है? इस प्रश्न का उत्तर पाने के लिए हमें महावीर-वाणी और भगवद्गीता का गहराई से अध्ययन करना होगा।

हिंसा नरक है

इसमें कोई सन्देह नहीं, भगवान महावीर हिंसा के पूर्णतया विरोध में हैं। हिंसा के प्रसंग मे उनकी स्पष्ट उद्घोषणा है। 'एस खलु गंथे, एस खलु मोहे, एस खलु मारे, एस खलु नरए' हिंसा ही ग्रंथि है। हिंसा ही मोह-मूढ़ता है। हिंसा ही मृत्यु है। हिंसा ही नरक है। महावीर अधर्म के मूल में हिंसा ही देखते हैं। जहाँ भी असत्य का आचरण है, जहाँ पवित्रता का अतिक्रमण है, संग्रह-परिग्रह है, सर्वत्र हिंसा है। महावीर की साधना के मूल में अहिंसा है। सत्य, अचौर्य, ब्रह्मचर्य और अपरिग्रह, ये सब अहिंसा के ही विस्तार हैं।

अहिंसा के लिए महावीर के दर्शन में विराट् अवधारणा है। उस विराट् अवधारणा में मनुष्य की तरह पशु-पक्षी, छोटे-मोटे कीड़े-मकोड़ों का समावेश तो है ही। मिट्टी, पानी, अग्नि, हवा और पेड़-पौधे भी शामिल हैं। महावीर कहते हैं- पशु-पक्षी और मनुष्य में जैसे आत्मा है, वैसे ही मिट्टी, पानी, अग्नि, हवा और पेड़-पौधों में भी आत्मा है। मनुष्य की तरह इन सबमें जीवन है, चेतना है, सुख-दुःख की अनुभूति है। वनस्पति जगत में चेतना का स्वीकार आज विज्ञान ने भी कर लिया है।... आत्मा की अतल गहराइयों में उतरकर भगवान महावीर ने पाया-मिट्टी, पानी, अग्नि, हवा वनस्पति, काई, पेड़-पौधे, सूक्ष्म कीटाणु, कीड़े-मकोड़े, पशु-पक्षी, मनुष्य सब में समान रूप से आत्म-चेतना विराजमान है। इनका जब हनन किया जाता है, इनको मारा-पीटा जाता है, गुलाम बनाया जाता है, यातना और पीड़ा दी जाती है, तब आदमी की तरह इन सबको भी दुःख और चेतना का अनुभव होता है। महावीर कहते हैं- समस्त प्राणियों को जीवन प्रिय है, सब सुख चाहते हैं, कोई भी दुःख नहीं चाहता... हिंसा के विरोध में एक अपराजेय तर्क देते हुए महावीर कहते हैं- सब्वे जीवा वि इच्छंति जीविउं न मरिज्जिउं तम्हा पाणवहं घोरं। सभी प्राणी जीना चाहते हैं, मरना कोई नहीं चाहता। इसलिए प्राण-वध एक घोर कर्म है। हम किसी को जीवन दे नहीं सकते। फिर किसी का जीवन छीनने का अधिकार भी हमें नहीं है। इस प्रकार भगवान महावीर निःसंदेह अहिंसा के पूर्ण समर्थन में हैं। हिंसा का लवलेश भी उन्हें स्वीकार नहीं है।

गीता का युद्ध-प्रसंग

अब जरा गीता के युद्ध-प्रसंग पर भी नजर डाल लें। कौरव-सेना और पांडव-सेना रण-क्षेत्र में युद्ध के लिए आमने-सामने खड़ी हैं। अर्जुन श्रीकृष्ण से कहते हैं– आप मेरा रथ दोनों सेनाओं के मध्य खड़ा करें। जिनके साथ मुझे युद्ध करना है, उन्हें में देखूँ तो सही। सारथी श्रीकृष्ण ने वैसा ही किया। अर्जुन ने दोनों सेनाओं में अपने स्वजन, परिजन, पितामह, आचार्य, भाई-बांधव, मित्रों-स्नेहियों को देखा। उन सबको देखकर वह खेद-खिन्न हो उठा। मोहाविष्ट हो कर उसने न लड़ने का निश्चय श्रीकृष्ण के सम्मुख प्रकट किया–

एतान् न हंतु मिच्छामि घ्नतोऽपि मधुसूदन।
अपि त्रैलोक्य राज्यस्य हेतोः किं नु महीकृते।।

हे मधुसूदन, मुझे ये मार डालें, फिर भी मैं इन्हें नहीं मारना चाहता। यह तो इस धरती के राज्य की बात है। अगर मुझे तीनों लोकों का राज्य मिले, फिर भी मैं युद्ध नहीं करना चाहता। युद्ध न लड़ने के समर्थन में अनेक तर्क रखते हुए अन्ततः शोक-मग्न अर्जुन, धनुष-बाण डालकर रथ के पिछले भाग में बैठ जाते हैं। तब श्रीकृष्ण कहते हैं—

यदृच्छया चोपपन्नं स्वर्ग-द्वार मपावृतम्
सुखिनः क्षत्रियाः पार्थ, लभन्ते युद्ध मीदृशम्

अर्जुन, यह स्वयं-प्राप्त युद्ध स्वर्ग का द्वार खोलने वाला है। ऐसा युद्ध भाग्यशाली क्षत्रियों को ही मिल पाता है। और अन्त में एक निर्णयात्मक आदेश देते हुए श्रीकृष्ण कह देते हैं—

हतो वा प्राप्यसि स्वर्गं, जित्वा वा भोक्ष्यसे महीम्।
तस्माद् उत्तिष्ठ कौन्तेय, युद्धाय कृत-निश्चयः।।

युद्ध में तू मारा जाता है तो तुझे स्वर्ग मिलेगा। अगर जीत जाता है तो पृथ्वी का राज्य भोगेगा। अतः युद्ध का निश्चय कर। तू खड़ा हो। इस प्रकार बार-बार प्रेरित करने पर अर्जुन युद्ध के लिए तैयार होते हैं।

युद्ध के प्रति अनिच्छुक अर्जुन को भगवान कृष्ण बलात् युद्ध में धकेल रहे हैं। इस सारे विवेचन के आधार पर शायद यह जन-धारणा बनी कि महावीर के चिन्तन में हिंसा नरक का ही कारण है, चाहे वह युद्ध में ही क्यों न करनी पड़े। गीता के चिन्तन में युद्ध स्वर्ग-प्राप्ति का हेतु है। किन्तु क्या ऐसा है?

यह सही है भगवान महावीर जीवन के किसी भी स्तर पर हिंसा के समर्थन में नहीं हैं। यह सही है कि श्रीमद्भगवद्गीता युद्ध के समर्थन में स्पष्ट घोषणा करती है। किन्तु इसका अर्थ यह नहीं कि महावीर व्यक्ति, समाज और राष्ट्रीय अस्मिता को नकार कर चलते हैं। इसका अर्थ यह भी नहीं कि गीता युद्ध के नाम पर हर आपसी द्वन्द्व के समाधान के लिए हिंसा की वकालत करती है। महावीर राष्ट्रीय अखंडता और स्वतन्त्रता के मूल्यों से सुपरिचित हैं। इसलिए महावीर-वाणी और गीता के सम्पूर्ण सन्दर्भों को सामने रखे बिना, केवल एक सन्दर्भ के आधार पर किसी निश्चयात्मक निष्कर्ष तक पहुँचना न्याय-संगत नहीं होगा। जबकि लगता है महावीर-वाणी और गीता के साथ ऐसा हुआ है।

अहिंसा और युद्ध के बारे में अन्तिम निर्णय तक पहुँचने के लिए हमें महावीर-दर्शन और गीता-दर्शन को समग्रता से समझना होगा। हमें यह भी देखना होगा कि भगवान महावीर के जीवन-काल में हुए युद्धों के बारे में उनका क्या दृष्टिकोण था। और यह भी देखना होगा कि गीता में अहिंसा के समर्थन में क्या कुछ मिलता है।

महावीरकालीन युद्ध-प्रसंग

मगध-नरेश अजातशत्रु तथा वैशाली गणराज्य के अधिपति चेटक– दोनों ही भगवान महावीर के अनुयायी श्रावक हैं। अजातशत्रु के अनुयायी होने में विचार-भेद है। बौद्ध परम्परा उन्हें बुद्ध का उपासक मानती है। राजा चेटक निर्विवाद रूप से महावीर के अनुयायी ही नहीं, बारहव्रती श्रावक भी हैं। राज्य-लिप्सा के कारण अजातशत्रु बार-बार वैशाली गणराज्य पर आक्रमण करते हैं। वैशाली जनपद की गणतंत्रीय व्यवस्था इतनी सुदृढ़ है कि हर बार अजातशत्रु हार जाते हैं। अन्ततः वह गौतम बुद्ध से वैशाली की अपराजेयता का राज पाते हैं और उस पर विजय का सूत्र भी। बुद्ध से हुई मन्त्रणा के आधार पर वे वैशाली गणतन्त्र में फूट डलवाते हैं। फिर वैशाली पर आक्रमण करते हैं। चेटक और अजातशत्रु के बीच घमासान युद्ध होता है। परम्परागत उल्लेखों के अनुसार दस दिनों के उस युद्ध में एक लाख अस्सी हजार व्यक्ति मारे जाते हैं...।

इस युद्ध के समय भगवान महावीर उन्हीं क्षेत्रों में विराजमान हैं। चेटक और अजातशत्रु दोनों का महावीर के प्रति समर्पण, श्रद्धा और अनुराग है। इसके बावजूद वह युद्ध दोनों के बीच, भगवान महावीर की विद्यमानता में होता है।

एक ऐसा ही युद्ध-प्रसंग उज्जयिनी नरेश चंड-प्रद्योत और सिन्धु-सौवीर-अधिपति उदयन के बीच मिलता है। ये दोनों राजा भी महावीर के भक्त अनुयायी हैं। बारह व्रतधारी श्रावक हैं। महावीर द्वारा प्रणीत श्रावक-आचार का दृढ़ता से पालन करने वाले हैं। फिर भी इनके बीच युद्ध होता है। संयोग से उस समय भगवान महावीर का विहार उन्हीं क्षेत्रों में होता है।

ये दोनों युद्ध-प्रसंग इतिहास-सम्मत हैं। दोनों का सम्बन्ध भगवान महावीर के शिष्य-अनुयायियों से जुड़ा है। दोनों ही प्रसंगों में महावीर मौन और तटस्थ रहते हैं। उस मौन और तटस्थता का अर्थ यद्यपि युद्ध-समर्थन नहीं होता, किन्तु उसका अर्थ युद्ध-निषेध या विरोध भी नहीं है। युद्ध-वर्जन की अनिवार्यता में या तो उन अनुयायी राजाओं में युद्ध होना ही नहीं चाहिए था, या फिर युद्ध की उपस्थिति का महावीर द्वारा सक्रिय अहिंसक प्रतिकार होना चाहिए था। किन्तु ऐसा कुछ नहीं मिलता। इसका अर्थ इतना है कि अहिंसा में अविचलित आस्था रखते हुए भी महावीर व्यक्ति और समाज की सीमाओं और विवशताओं से परिचित हैं। इसीलिए वे श्रावक की आचार-संहिता में जिन कुछ अनिवार्य हिंसाओं का निषेध या विरोध नहीं करते, उनमें युद्ध भी एक है। युद्ध श्रावक के लिए निषिद्ध नहीं है। एक जैन श्रावक की आचार-संहिता में भी देश की स्वाधीनता प्रथम स्थान पर है। उस स्वतन्त्रता की रक्षा करना उसका प्रथम कर्त्तव्य है। इसके लिए युद्ध करना पड़े तो वह करता है। इसी आचार व्यवस्था के तहत राजाओं

के युद्ध प्रसंग हैं। इसी के तहत इतिहास में अनेक जैन सेनापतियों का उल्लेख मिलता है... यह है युद्ध के प्रति भगवान महावीर का दृष्टिकोण।

गीता में अहिंसा-दर्शन

जहाँ तक गीता में अहिंसा दर्शन का सवाल है, वह उसके एक-एक श्लोक में भरा पड़ा है। गीता के केवल कुछ श्लोकों, जिनका सम्बन्ध कौरव-पाण्डव युद्ध से है, छोड़ दिए जाएँ तो किसी को यह सोचने का अवकाश नहीं मिलेगा कि श्रीमद्भगवद्गीता के चिन्तन में युद्ध और हिंसा का कोई स्थान है भी।'

एक महान चिन्तक के रूप में मुनि जी का चिन्तन तेजी से कागज पर अंकित होता जा रहा था। अनवरत प्रवाह के साथ लेखनी एक-एक शब्द गढ़ती जा रही थी–

'अर्जुन श्रीकृष्ण के अनन्य भक्त हैं...। प्रारंभिक श्लोकों में आततायियों के विरुद्ध शस्त्र उठाने के लिए श्रीकृष्ण उन्हें प्रेरणा देते हैं। किन्तु वे ही श्रीकृष्ण अपने प्रिय भक्त का लक्षण बताते हुए आगे श्लोकों में कहते हैं–

जो समस्त प्राणियों के प्रति द्वेष-रहित, सबका मित्र, करुणाशील, ममता-अहंकाररहित, सुख-दुःखों में सम, क्षमाशील, सन्तोषी, योग-मुक्त, संयम परायण और दृढ़-निश्चयी है तथा जिसने अपने मन और बुद्धि का अर्पण मुझमें कर दिया है, ऐसा भक्त ही मुझे प्रिय है। अब इन श्लोकों के दर्पण में युद्ध का चेहरा देखने की कोशिश करें। क्या कहीं भी ठहरता है, वह चेहरा इस दर्पण के सामने?

गीता के दूसरे अध्याय को लें। जिसमें श्रीकृष्ण नानाविधि तर्कों से अर्जुन को युद्ध के लिए तैयार करते हैं। युद्ध-प्रेरणा वाले श्लोकों के आगे के ही श्लोकों पर नजर डालें–

योगस्थः कुरू कर्माणि, संगं व्यक्त्वा धनंजय।
सिद्धसिद्धयोः समो भूत्वा, समत्वं योग उच्यते।

हे धनंजय, आसक्ति को त्यागकर, सफलता-असफलता में सम रहते हुए योगस्थ होकर कर्म कर। समता का नाम ही योग है। क्या युद्ध-चिन्तन और योग-दर्शन में आपस में कोई मेल भी है?...

इसी प्रकार कर्म-योग, कर्म-संन्यास-योग, ध्यान-योग, ज्ञान-विज्ञान-योग, भक्ति-योग, देवासुर-संपद्-विभाग योग, क्षेत्र-क्षेत्रज्ञ-विज्ञान योग आदि अध्यायों का युद्ध-चिन्तन से तो कोई सम्बन्ध है ही नहीं...। गुह्य अध्यात्म-विद्याओं पर भी ये अध्याय बड़े स्पष्ट और विस्तार से प्रकाश डालते हैं। उस अध्यात्म चिन्तन में यहाँ तक कह दिया गया है कि आत्मा ही आत्मा का बन्धु है। आत्मा ही आत्मा का शत्रु है। जिसने अपने मन को जीत लिया, उसकी आत्मा बन्धु है। जिसने अपने मन को नहीं जीता उसकी आत्मा शत्रु है। मन की जय-पराजय के सन्दर्भ में बाहरी युद्ध की विजय-पराजय का क्या मूल्य होगा?...

गीता के विविध श्लोक-प्रसंगों को यहाँ उद्धृत करने का तात्पर्य है कि इस महान् ग्रंथ में युद्ध-प्रसंग अत्यंत अल्प रूप में उल्लिखित है। गीता का अधिकतर सम्बन्ध अध्यात्म दर्शन से है। जहां अध्यात्म है, वहाँ अहिंसा है ही। इसलिए श्रीमद्भगवद्गीता युद्ध-हिंसा के समर्थन में है, इस निर्णय पर पहुँचने से पहले दूसरे-दूसरे सन्दर्भों को ध्यान में लेना जरूरी है।

क्या परस्पर अन्तर्विरोध है?

हमारे सामने महावीरकालीन युद्ध-प्रसंग हैं। गीता-प्रतिपादित अहिंसा-सन्दर्भ भी। उन युद्ध-प्रसंगों में भगवान महावीर मौन हैं, तटस्थ हैं। उन्होंने युद्ध का समर्थन नहीं किया। तो यह भी अपनी जगह सही है कि उन्होंने दास-प्रथा, जातिवाद, नारी-उत्पीड़न, पुरोहितवाद, वर्ग-भेद आदि की तरह युद्ध का सक्रिय विरोध नहीं किया। मौन का अर्थ समर्थन नहीं होता तो विरोध भी नहीं होता।

गीता के अध्यायों में अहिंसा, क्षमा आदि आत्म-दर्शन कूट-कूट कर भरा है। 'आत्मा ही मित्र है और आत्मा ही शत्रु' इस उद्घोषणा के समक्ष बाहर के शत्रु और बाहरी युद्ध का अस्तित्व ही कहाँ रह पाता है।

अहिंसा के सम्पूर्ण समर्थन में होते हुए भी भगवान महावीर अपने युग के युद्ध-प्रसंगों के प्रति मौन और तटस्थ क्यों है? क्या ऐसे प्रसंगों में हिंसा उन्हें स्वीकार्य है? उधर युद्ध-समर्थन में खड़ी श्रीमद्भगवद्गीता स्थित-प्रज्ञ, समता-योग, ज्ञान-योग, भक्ति-योग, अनासक्ति-योग आदि विषयों पर इतने विस्तार से मुखर है? क्या श्रीकृष्ण को भी लगता है कि युद्ध मात्र एक क्षणिक आवेश है, अन्ततः अहिंसा में ही जिया जा सकता है? स्वयं महावीर-वाणी और भगवद्गीता के चिन्तन-दर्शन में क्या अन्तर्विरोध नहीं है?

एक सर्वांगीण अध्ययन जरूरी

महावीरवाणी और भगवद्गीता के चिन्तन-दर्शन में अन्तर्विरोध कहीं भी नहीं है। इतना अवश्य है कि इनको सम्पूर्णता से समझने के लिए एक सार्वांगीण अध्ययन जरूरी होगा। हमने केवल एक-एक पहलू के आधार पर एक निश्चित निर्णय ले रखा है। इसलिए दूसरा पहलू सामने आते ही अन्तर्विरोध लगता है।... एक सर्वांगीण अध्ययन से यह स्वयं स्पष्ट हो जाएगा।'

लिखते-लिखते कब सूर्यास्त की वेला आ गयी, पता ही न चला। अगर आहार के लिए न कहा गया होता तो सूर्यास्त हो चुका होता और मुनि जी को उस दिन निराहार ही रहना पड़ता। लेकिन सहयोगियों को मुनि-चर्या का पूरा ध्यान रहता है। उस दिन के लिए कलम को विराम दे हाथ धोकर मुनि जी आहार के लिए तैयार हो गये। इतना

लिखने के दौरान निर्मल झरने-सा बहता-बहता मन अब सरोवर-सा शान्त हो चला था। अगले दिन के लेखन की पूरी रूपरेखा मानस में बन चली थी। मुनि जी रात को जल्दी सो गये। अगली सुबह अपनी दैनन्दिन चर्या से निवृत्त हो मुनि जी के फिर कलम उठाई। कलम कागज पर सरपट दौड़ने लगी पिछले दिन की तरह।

'जैसा कि हम बता चुके हैं भगवान महावीर जीवन के हर स्तर पर पूर्ण अहिंसा के समर्थन में हैं। किन्तु वे यह भी जानते हैं कि अहिंसा की पूर्णता तक हर कोई एकदम नहीं पहुँच पाएगा। उसके लिए साधना की अनेक भूमिकाओं में से गुजरना होगा। उस सम्पूर्ण अहिंसा की पराकाष्ठा को झेलने के लिए अपने को तैयार भी करना पड़ेगा। फिर एक गृहस्थ के सामने अपने जीवन-निर्वाह का भी सवाल है। अपने परिवार, समाज और देश की रक्षा का भी सवाल है। जीवन-निर्वाह के लिए आवश्यक कृषि तथा वाणिज्य-संबद्ध हिंसा से वह सर्वथा कैसे बच सकता है? इसी प्रकार अहिंसा के नाम पर वह गलत तत्वों, आतंकवादियों तथा शत्रुओं के हाथ में परिवार, समाज तथा राष्ट्र की प्रतिष्ठा, सुरक्षा-व्यवस्था तथा स्वतन्त्रता कैसे सौंप सकता है? इसलिए महावीर ने कहा-निरपराध व्यक्तियों, प्राणियों की संकल्पपूर्वक हिंसा न की जाय। यह अहिंसा का पहला चरण है। इसमें प्रमुखतः माँसाहार तथा क्रीड़ा/मनोरंजन के रूप में शिकार से होने वाली हिंसा का निषेध है। वैसे इसी अहिंसा-विश्लेषण में महावीर वन-काटना, तालाब सुखाना, भारवाही पशुओं के साथ क्रूर व्यवहार आदि हिंसा-प्रधान व्यवसायों का भी निषेध करते हैं। पर्यावरण-शुद्धता तथा प्राण-ऊर्जा के सन्तुलन में इन जंगलों, पेड़-पौधों तथा छोटे-बड़े जानवरों का कितना महत्त्व है, आज यह हमसे छुपा नहीं रह गया है। संक्षेप में भगवान महावीर अहिंसा के प्रबल पक्षधर थे किन्तु एक गृहस्थ की सारी सीमाओं को नजरन्दाज न करते हुए उसमें अनिवार्य हिंसा का निषेध नहीं करते हैं। उनकी अहिंसा में देश की गुलामी तथा दुष्टता को कोई स्थान नहीं है। वे हर व्यक्ति को बन्धनमुक्त देखना चाहते हैं, व्यक्ति-व्यक्ति की स्वतन्त्रता के हामी हैं। फिर वे देश को गुलामी के बन्धनों में देखना पसन्द कैसे कर सकते हैं? इसलिए स्वतन्त्रता की कीमत पर भगवान महावीर द्वारा युद्ध-विरोध की अवधारणा अपने में भ्रामक है, त्रुटिपूर्ण है।

युद्ध के समर्थन का अर्थ अहिंसा का विरोध नहीं

यह बिल्कुल असंदिग्ध है कि गीता युद्ध का समर्थन करती है। यह भी सही है कि शस्त्र फेंककर खड़े हुए अर्जुन को श्रीकृष्ण ही युद्ध के लिए तत्पर करते हैं। श्रीमद्भगवद्गीता क्या अहिंसा के विरोध में है? इसका अर्थ यह भी नहीं कि अर्जुन अहिंसा की भूमिका पर प्रतिष्ठित हैं और श्रीकृष्ण उन्हें बलात् हिंसा में झोंक रहे हैं। न गीता अहिंसा के विरोध में है और न ही अर्जुन अहिंसा-निष्ठा के कारण युद्ध से विरत हो रहे हैं।... सुखद

आश्चर्य यह है कि श्रीकृष्ण जहाँ अर्जुन को युद्ध के लिए तत्पर करते हैं, ठीक वहीं पर वे अहिंसा का विधान भी देते हैं।

गीता में वर्णित अहिंसा-दर्शन की चर्चा हम कर चुके हैं। अब जरा गीता के युद्ध-प्रसंग का अध्ययन करें। पहले अध्याय में अपने स्वजन-परिजनों को युद्ध के मैदान में देखकर अर्जुन शस्त्र फेंककर रथ के पिछले भाग में बैठ जाते हैं। युद्ध न करने का निर्णय श्रीकृष्ण से निवेदित कर देते हैं। गीता के दूसरे अध्याय के पूर्वार्द्ध-श्लोकों में श्रीकृष्ण आत्मा की अमरता, शरीर की नश्वरता, अनायास प्राप्त युद्ध के लिए क्षत्रिय-धर्म का प्रतिपादन करते हुए युद्ध-निश्चय करके खड़ा होने को कहते हैं।

'तस्माद् उत्तिष्ठ कौन्तेय, युद्धाय कृत निश्चयः।' इसके अगले श्लोक में कहा गया है—

सुख-दुःखे समे कृत्वा, लाभालाभौ जयाजयौ
ततो युद्धाय युज्यस्व नैवं पापमवाप्स्यसि।
मयि सर्वाणि कर्माणि संन्यस्याध्यात्म चेतसा
निराशी निर्ममो भूत्वा युध्यस्व विगत-ज्वरः।

अध्यात्म चित्त से, समस्त कर्मों को मुझमें अर्पण करके, आसक्ति और ममत्व को छोड़कर, राग-द्वेष के ज्वर से मुक्त होकर तू युद्ध कर। इन श्लोकों में एक ओर युद्ध-प्रेरणा है और दूसरी ओर अहिंसा और समता का उपदेश है। यहाँ श्रीकृष्ण कह रहे हैं, अर्जुन! तुझे युद्ध में प्रवृत्त होना है, सुख-दुःख, लाभ-हानि, जय-पराजय में सम रहते हुए युद्ध करना है। अध्यात्म-चित्त और समर्पण भाव से, आसक्ति और ममत्व को छोड़कर युद्ध करना है। राग-द्वेष से मुक्त होकर युद्ध करना है। इधर युद्ध की बात है उधर समता, अनासक्ति और वीतरागता अहिंसा की पराकाष्ठा है। वैसे गीता को सम्पूर्ण सन्दर्भों में देखा जाय तो युद्ध में हिंसा कहीं प्रासंगिक लगती ही नहीं है। सर्वत्र स्थित-प्रज्ञता, अनासक्ति-योग, समता, कर्म-फल त्याग, इंद्रिय-विजय, ज्ञान, श्रद्धा, भक्ति, संन्यास आदि अध्यात्म तत्वों की चर्चा है। इन सबके बीच हिंसा की चर्चा सोने के थाल में कील जैसा लगता है।

गीता का युद्ध प्रतीकात्मक

गीता में युद्ध-प्रेरणा भी है, अहिंसा की प्रतिष्ठा भी है। यह कैसे सम्भव है? इसी प्रश्न से एक प्रश्न उठता है, युद्ध के मैदान में जहाँ दोनों ओर सेनाएँ सन्नद्ध हों, रण का शंखनाद गूँज उठा हो, उस स्थिति में और उस घड़ी में क्या इतने गम्भीर दर्शन- संश्लिष्ट और वृहद्काय ग्रंथ की रचना सम्भव है? क्या व्यवहारिक भी है? यद्यपि गीता-रचना की उद्भावना यहीं से है। गीता का सम्पूर्ण दर्शन इस बात का स्पष्ट संकेत देता है कि इस महाकाव्य-रचना का युद्ध प्रतीकात्मक है। वस्तुतः यह युद्ध हर चेतनाशील, चिन्तनशील

व्यक्ति के भीतर निरन्तर चलने वाला द्वन्द्व है। कौरव-पांडवों के बीच होने वाली युद्ध-कथा को भीतरी द्वन्द्व का प्रतीक बनाया गया है। किन्तु गीता का युद्ध एक समय विशेष का युद्ध नहीं है। यह एक शाश्वत संघर्ष है जिसमें से हर देहधारी को गुजरना पड़ता है। यह युद्ध हर प्राणधारी को लड़ना ही है। कोई चाहे मन से वह युद्ध लड़े या बिना मन लड़े। शस्त्र फेंक कर लड़े या शस्त्र धारण करके लड़े। युद्ध से छुटकारा नहीं है। जीवन मिला है तो इसके साथ संघर्ष भी मिला है। उस संघर्ष को कैसे लड़ा जाय, इसका दिग्दर्शन इस ग्रंथ में कौरव-पांडव, युद्ध-कथा के प्रतीक रूप में है। इस प्रसंग में महात्मा गाँधी के विचार विशेषतः मननीय हैं। अनासक्ति योग की भूमिका में गाँधी जी लिखते हैं- सन् 1888-89 में जब गीता का प्रथम दर्शन हुआ, तभी मुझे लगा कि यह ऐतिहासिक ग्रंथ नहीं है। वरन् इसमें भौतिक युद्ध के वर्णन के बहाने प्रत्येक मनुष्य के हृदय के भीतर निरन्तर होते रहने वाले द्वन्द्व-युद्ध का वर्णन है। मानुषी योद्धाओं की रचना हृदयगत युद्ध को रोचक बनाने के लिए गढ़ी हुई कल्पना है।... महाभारत पढ़ने के बाद यह विचार और दृढ़ हो गया।... उसमें वर्णित पात्र मूल में ऐतिहासिक भले ही हों परन्तु महाभारत में उनका उपयोग व्यास भगवान ने केवल धर्म का दर्शन कराने के लिए किया है।

महाभारत युद्ध ने भौतिक युद्ध की आवश्यकता नहीं, उसकी निरर्थकता सिद्ध की है। विजेता से रुदन करवाया है, पश्चाताप करवाया है। दुःख के सिवा और कुछ नहीं रहने दिया।

...गीता जैसी पुस्तक की रचना सम्भव नहीं है। गाँधीजी ने गीता का अध्ययन ही नहीं किया है, उसे पल-पल जिया है। अनुभव में लिया है। उनका स्पष्ट समर्थन है इस विचार को कि गीता का युद्ध हर जीवात्मा के अन्तर्मन में चलने वाले द्वन्द्व का प्रतीक है। इसी भूमिका पर गीता का सन्देश व्यापक प्रतिष्ठा पा सकता है। इसी धरातल पर वह जन-जन के जीवन-संघर्ष से जुड़ सकता है। युद्ध जब आन्तरिक है, तो उसके साथ अहिंसात्मक दृष्टि ही अधिक सार्थक ठहरती है। यहाँ युद्ध और अहिंसा की सामंजस्यता स्वयं उभर आती है।

महावीर और गीता के चिन्तन में समरसता

महावीर-दर्शन और गीता-चिन्तन में युद्ध के प्रति परस्पर विपरीत दृष्टिकोण हैं, मैं इस अवधारणा को सही नहीं मानता। देश की आजादी की कीमत पर भगवान महावीर न युद्ध के विरोध में हैं और न भगवद्गीता। फिर दोनों में विरोध की अवधारणा कैसे ठहर सकती है। भगवान महावीर और भगवान कृष्ण दोनों की पृष्ठभूमि एक क्षत्रिय की है। क्षत्रिय युद्ध से पराङ्मुख नहीं हो सकता। इतना अवश्य है महावीर और गीता का युद्ध चित्त की अतल गहराइयों तक उतर गया है। बाहर का युद्ध कभी होता है, किन्तु भीतर

का युद्ध तो शाश्वत है। बाहर के युद्ध से हम अपने को बचा भी सकते हैं। भीतर के युद्ध से कोई कैसे बचेगा। भगवान महावीर और श्रीमद्भगवद्गीता का दर्शन उसी युद्ध से जुड़ा है। महावीर एक जगह ललकारते हैं–

'अप्पाण मेव जुज्झाहिं, किं ते जुज्झेण बज्झओ'

अपने से युद्ध कर। बाहर के युद्ध से क्या? भीतर शत्रु हैं, इसलिए तो बाहर शत्रु हैं। भीतर के शत्रुओं का नाश नहीं होगा तो बाहर के शत्रु नष्ट होकर भी नष्ट नहीं होंगे। खून की हर बूँद नये दैत्य को जन्म देने वाली होगी। इसलिए खून को ही दूध में बदलना होगा। वह भीतरी युद्ध पर विजय से ही सम्भव है। वह विजय ही सम्पूर्ण विजय हो सकती है।

यह ठीक है कि भगवान महावीर की वाणी में प्रमुखतः अहिंसा की उद्भावना है। गीता में युद्ध का स्वर प्रमुख है। इसका प्रमुख कारण महावीर और कृष्ण-कालीन युग-सन्दर्भ भी है। हर महापुरुष युगीन परिस्थितियों को सामने रखते हुए शाश्वत धर्म की व्याख्या देता है। तीर्थंकर और अवतार का अर्थ ही यही है कि वे नये युग-चिन्तन एवं समाज-सन्दर्भों के अनुरूप धर्म-चक्र-प्रवर्तन करते हैं। नयी समाज-दृष्टि में जो मूल्य अर्थहीन हो जाते है, उन्हें वे निरस्त करते हैं। आवश्यक मूल्यों की व्यवस्था देते हैं। इसीलिए हर महापुरुष की धर्म-व्यवस्था और व्याख्या में अन्तर पाया जाता है। वही अन्तर महावीर-वाणी और भगवद्गीता में है। मूल स्वर और प्रेरणा में कोई अन्तर नहीं है। गीता और महावीर वाणी के अध्ययन के पश्चात् दोनों के चिन्तन में समरसता झलक पड़ती है, ऐसा मेरा अभिमत है।'

पंचकूला में चातुर्मास समाप्त होते-होते मुनि जी ने 'अहिंसा है जीवन का सौन्दर्य' पुस्तक पूरी कर ली थी। बीच में एक दिन प्रो. फूलचन्द मानव मुनि जी के पास आये थे, उन्होंने पुस्तक की भाव-भूमि देखने के बाद कहा था–

'मुनि जी, इसकी भूमिका तो अमृता-प्रीतम की कलम से लिखी जानी चाहिए।'

उत्तर में तब मुनि जी ने इतना ही कहा- 'देखते हैं मानव जी' तब से मुनि जी ने सोच रखा था कि चातुर्मास के बाद वे दिल्ली जाएँगे। अन्य अनेक कार्यों के साथ अमृता जी से मिलना भी हो जाएगा। मुनि जी ने अमृता-प्रीतम की कहानियाँ-उपन्यास पढ़ रखे थे। संवेदनाओं की जिस महती भावभूमि पर वे उन्हें पाते थे, उसके आस-पास शायद कोई फटकता नहीं दिखता था। संवेदनाओं की जितनी गहराई, व्यक्तित्व की उतनी ही ऊँचाई। मुनि जी ने उस दिन प्रो. मानव से कहा था– 'अमृता जी जैसा लिखती हैं, वैसा वे ही लिख सकती हैं, दूसरा कोई और नहीं।'

x x x

मुनि जी दिल्ली आये और पूर्वनिर्धारित समय के अनुसार अमृता जी से मिलने उनके हौजखास स्थित आवास पर पहुँचे। उस दिन भी वे हमेशा की तरह गहरी और शिखर पर विराजी नजर आ रही थीं।

'...आइए, आइए मुनि रूपचन्द्र जी ...' दरवाजा स्वयं अमृता जी ने ही खोला। आप जरा ऊपर कमरे में चलें। मैं आती हूँ।' उन्होंने सीढ़ियों की ओर संकेत किया। मुनि जी एक-एक सीढ़ी चढ़ते हुए वहाँ दीवार पर सीढ़ीनुमा लगी पेंटिंग्स को देखते जा रहे थे। जैसे शब्दों की सघनता कैनवास पर उतर आयी थी। सभी पेंटिंग्स के नीचे इमरोज के हस्ताक्षर थे। अमृता-इमरोज की अद्वैत उपस्थिति का प्रमाण प्रस्तुत कर रहा था वह घर। एक ही पथ के दो राही, एक कलम थामे, दूसरा कूची थामे। पेंटिंग्स को निहारते हुए मुनि जी कमरे में दाखिल हुए। वहाँ भी चित्रों के रूप में इमरोज की उपास्थिति थी। वे स्वयं कहीं नहीं दिखाई दे रहे थे। मुनि जी सोच रहे थे, शायद वे ऊपर होंगे।

पाँच मिनट बाद अमृता जी आयीं। मुनि जी के पंचकूला से लौटने की बात चली तो पंजाब में आतंकवाद और हिंसा पर टिक गयी।

'हिंसा का नंगा नाच मैंने सन् सैंतालीस में पार्टीशन के वक्त देखा था।' अमृता जी बोलीं और उनकी आँखों में वह मंजर तैरने लगा।

'आपके उपन्यास 'पिंजर' में भी तो विभाजन की त्रासंदी पूरो के जरिये दिखाई गयी है। ऐसी सजीवता और संवेदना के साथ उस पूरी त्रासदी को आपने शब्दों में उतारा है कि मन भीतर तक हिल उठता है। ऐसा आप ही लिख सकती थीं।' मुनि जी बोले।

'भोगी हुई पीड़ा कागज पर उतरे शब्दों के बहुत करीब होती है।' अमृता जी के शब्दों में गहन पीड़ा समाई हुई थी।

'हिंसा की जहाँ चर्चा चली तो जल्दी ही अहिंसा पर आ गयी। महावीर की अहिंसा, बुद्ध की करुणा, गीता का कर्मयोग, महाभारत का युद्ध गाँधी की अहिंसा पर देर तक चर्चा होती रही। इसी बीच मुनि जी ने अपनी पुस्तक 'अहिंसा है जीवन का सौन्दर्य' के बारे में बताया और कहा– 'अमृता जी इस पुस्तक की भूमिका आप लिखें। हमारी यह परम इच्छा है। आशा है आप मना नहीं करेंगी... ।'

'मुनि जी अहिंसा पर मैंने बहुत विचार किया है। आपका दृष्टिकोण जानकर अच्छा लगेगा। मैं मना तो नहीं करूँगी, लेकिन कुछ समय अवश्य लग सकता है।' अमृता जी इतनी सहजता से प्रस्ताव स्वीकार कर लेंगी, मुनि जी को आशा नहीं थी। लेकिन उन्हें यह तो विश्वास था कि महान लोग यूँ ही महान नहीं होते।

'अमृता जी, कोई जल्दी नहीं है। आप अपने हिसाब से वक्त लें।' मुनि जी बोले।

लगभग डेढ़ घंटे की इस बातचीत में एक बार इमरोज कमरे में आये। शायद कुछ लेने आये थे। मुनि जी से मौन अभिवादन का आदान-प्रदान हुआ और उल्टे पाँव वे लौट गये।

मुनि जी और अमृता प्रीतम का साहित्य की भावभूमि पर यह मिलन काल के पन्नों में दर्ज हो गया। अमृता जी खुद मुनि जी को द्वार तक छोड़ने आयीं। जैसे चमेली के ढेर सारे फूल मुनि जी की श्वेत चादर में झरकर सिमट गये हों। वृक्ष जितना फलों से लद जाता है, उतना ही झुकता चला जाता है। कागज ते कैनवास, रसीदी टिकट, पिंजर जैसी सौ के लगभग साहित्यिक कृतियाँ रचने वाली, साहित्य अकादमी सम्मान पाने वाली पहली महिला, भारतीय ज्ञानपीठ, पद्मश्री जैसे सम्मान पाने वाली अमृता प्रीतम से मिलकर उन्हें लगा जैसे सम्मान अमृता जी के नाम से धन्य हो गये।

x x x

मुनि जी दिल्ली में जब होते तो साहित्यिक मित्र-मंडली की गोष्ठियाँ अक्सर चलती रहतीं। कवि, चिन्तक, कथाकार कोई न कोई आते ही रहते। एक शाम कवि गंगा प्रसाद विमल, प्रो. फूलचन्द मानव ने तय किया कि आज शाम मुनि रूपचन्द्र जी के साथ देर तक बैठेंगे। कुछ सुनेंगे, कुछ सुनाएँगे। मुनि जी से दोनों की बात हो चुकी थी। मुनि जी भी अपनी चर्या समाप्त कर काव्य-त्रिवेणी के लिए तैयार थे। तभी दिन में दो बजे के करीब अमृता जी के यहाँ से सूचना आयी कि पुस्तक की भूमिका उन्होंने लिख दी है, किसी से भेजकर मँगा लें। मुनि जी ने भूमिका मँगाने की व्यवस्था कर दी थी। मन-ही-मन सोच रहे थे, कैसा सुअवसर है, आज शाम को विमल जी और मानव जी भी आ रहे हैं। पुस्तक और भूमिका पर खूब चर्चा छिड़ेगी और इस प्रकार अप्रत्यक्ष रूप से अमृता जी भी उस गोष्ठी में शामिल हो जाएँगी।

साढ़े पाँच बजे तक मुनि जी के पास भूमिका पहुँच गयी। पश्चिम में सूर्यास्त के संकेत मिल रहे थे। सवा छह बजते-बजते मानव जी आ गये और पन्द्रह मिनट बाद विमल जी भी आ गये। मुनि जी को भूमिका पढ़ने का समय ही नहीं मिला।

'आइए, आइए विमल जी, आपकी ही प्रतीक्षा हो रही थी। आज मानव जी ने मोर्चा मार लिया। जल्दी आ गये।' मुनि जी ने आत्मीयता से विमल जी को पास वाली कुर्सी पर बैठाया। सामने कुर्सी पर मानव जी पहले से बैठे थे। दस मिनट तक इधर-उधर की चुहलभरी बातों के बाद मुनि जी ने कहा– 'अमृता जी ने अपने वादे के अनुसार 'अहिंसा है जीवन का सौन्दर्य' पुस्तक की भूमिका लिख दी है। कोई एक घंटा पहले यह मेरे हाथ में आयी है। अभी पढ़ नहीं पाया। बस शीर्षक ही देखा है। देखिए कितना प्रभावी शीर्षक दिया है उन्होंने– 'आस्था का अग्नि-स्नान'। मानव जी अब आप पढ़िए इसे। हम और विमल जी श्रोता की भूमिका में रहेंगे। हम अच्छे श्रोता हैं, इसमें तो आपको कोई सन्देह नहीं...।' मुनि जी और कुछ कहते, इससे पहले ठहाका कक्ष में गूँज गया और मुनि जी

ने भूमिका के तीनों पन्ने मानव जी को थमा दिए। वाचन में तो मानव जी का वैसे भी कोई जवाब नहीं। उनके स्वर में अमृता जी के शब्द जैसे सोने में सुहागा...

'दुनिया के मिथहास में एक परिकल्पना की जाती है कि एक शक्ति है, जिसे काल-मुक्त होने के लिए कई बार अग्नि-स्नान करना होता है। उसका कहीं कोई नाम नहीं दिया गया। लेकिन कह सकती हूँ कि उसका नाम आस्था है...

'आस्था' शब्द को बहुत आसानी से होंठों पर लाया जाता है, लेकिन उसकी शक्ति जाग्रत न हो तो इसका कोई अर्थ नहीं होता। मैं समझती हूँ कि उसकी शक्ति को जाग्रत करने के लिए उसके अक्षरों को एक अग्नि-स्नान करना होता है।

जिज्ञासा, संकल्प, संवेदना, तर्क, चिन्तन, चेतना और साधना की सात अग्नि-नदियाँ है, जिनमें आस्था को उतरना होता है और इस अग्नि-स्नान से काल-मुक्त होना होता है...

मुनि रूपचन्द्रजी की आस्था, जिस तरह आहिस्ता-आहिस्ता अपने अक्षरों से अहिंसा के रहस्य खोलती है, हर रज-कण में उतरती है, जल-कण में भीगती है, प्रलय और विनाश के अन्तर को दिखाती है, और अहिंसा की उस नींव की ओर संकेत करती है, जिस नींव पर हमारी संस्कृति का निर्माण हुआ है, कह सकती हूँ कि मुनि जी की आस्था ने सचमुच अग्नि-स्नान किया है, जिससे वह भय-मुक्त, सीमा-मुक्त और काल-मुक्त हो पाई है...

हमारे प्राचीन ऋषियों और मुनियों ने ब्रह्माण्ड की एकता का जो रहस्य अन्तर-दृष्टि में पाया था, आज वही विज्ञान की पकड़ में आ रहा है। फूल-पत्तों की छाती में धड़कते हुए प्राणों को आज के जो वैज्ञानिक देख पाए हैं, वे इस कद्र देख पाए हैं कि एक जलती हुई दियासलाई किसी के हाथ में देकर जब एक पत्ते को जलाया गया, तो उन्होंने देखा कि पास के पत्ते सहम कर सिकुड़ गये। उन्होंने देखा, तजुर्बा किया कि जिस किसी ने जलाया था, कई दिनों के बाद, जब उसे पत्तों के पास लाया गया तो पत्ते उसे पहचान गए थे। उसके पास आते ही सिकुड़ गये थे...

एक साइंसदाँ हुए हैं– लैथब्रिज, वे लिखते हैं– 'एक पहाड़ी थी, जिसके शिखर पर, एक ओर का किनारा वहाँ आने वालों को अपनी ओर खींचता था।' एक बार उनकी पत्नी वहाँ गयी, और वह लिखते हैं, 'वह उसी ओर खिंचतीं चली गयी, और जब वहाँ जाकर खड़ी हो गयी तो एक गहरी उदासीनता में घिरती गयी। इतना उसे लगा कि उसके पाँव उसके बस में नहीं थे। वह उस पहाड़ी के उस कोने में खड़ी नीचे की ओर गिरना चाह रही थी। एक अजीब स्याह ताकत उसे अपनी ओर पकड़ रही थी- और कई दिनों की खोज के बाद उसे पता चला कि कुछ महीने हुए– किसी आदमी ने ठीक उसी स्थान पर खड़े होकर नीचे को छलाँग लगा दी थी और आत्महत्या कर ली थी।'

बात नकारात्मक शक्ति की हो या सकारात्मक शक्ति की, दोनों शक्तियाँ वायुमंडल में तरंगित हो जाती हैं। जिस स्थान पर कोई मानसिक यातना में तड़पता है, वह स्थान हजार बरसों के बाद भी पीड़ित रहता है। एक स्याह-ताकत वहाँ बनी रहती है। जिस गुफागार में कोई बरसों साधना करता है, उस गुफागार का कण-कण आत्मिक रोशनी से तंरगित हो जाता है।

यही लैथब्रिज थे, जिन्होंने जमींदोज शक्तियों का पता पाने के लिए जो पेंडुलम तैयार किया, उससे पाया कि सिर्फ सोना, चाँदी जैसी धातुओं का पता ही नहीं पाया जा सकता, बल्कि इन्सान के अहसास का भी पता पाया जा सकता है। जब उन्होंने एक पत्थर का मुआयना किया जो दो हजार साल पहले किसी जंग में इस्तेमाल हुआ था, तो देखा उस पर मौत की रेखाएँ अंकित हो चुकी थीं। और जो दो हजार साल के बाद भी इन्सान के क्रोध और नफरत का पता देती थीं। उन्होंने देखा कि मौत का पता पाने के लिए उन्होंने जो दर नियत किए थे, ठीक वही दर इन्सान के क्रोध और अत्याचार का पता देते थे। यानी क्रोध, नफरत, अत्याचार और मौत का एक ही दर है।

मुनि रूपचन्द्र जी जब अपने अनुभव को अक्षरों में उतारते हैं कि कोई भी युद्ध इन्सान की जीवन-शैली नहीं हो सकता तो इसी विज्ञान में उतरते हैं, जहाँ खेतों की हरियाली किसी फौज के बूटों तले रौंद दी जाती है। वहाँ एक पीड़ा धरती की परतों में उतर जाती है और फिर उसी धरती पर, हिंसा की नींव पर जो संस्कृति निर्मित होती है, वह फिर किसी नये युद्ध को जन्म देती है। उनका संकेत बहुत गहरे में उतरता है, 'हिंसा भी अपनी और अहिंसा भी अपनी'– प्रश्न तो चुनाव का है। अपने ही हाथों विनाश को निमंत्रण दे रहे हैं।

पत्थर, पत्थर है, वह किसी युद्ध के दौरान क्रोध से भरे हुए हाथों में आ जाय तो उस पर मौत की रेखाएँ अंकित हो जाती हैं। और कोई अन्तर्मन से उसके कण-कण को सुन ले तो वह गोर-हिरा हो जाता है, जिससे कुरान की आयतें सुनाई देती हैं।

इस पुस्तक का अक्षर-अक्षर मुनि रूपचन्द्र जी की अन्तर्वेदना से निकला है, इसलिए मैं मानती हूँ कि पढ़ने वाले की रग-रग में तंरगित हो जाएगा।

अहिंसा में उनकी आस्था, जैन परम्परा से जरूर आयी होगी, पर जो ज्ञान अर्जित किया जाता है, वह तब तक अपना नहीं होता जब तक वह अपने अनुभव में नहीं उतरता। और अहसास होता है कि उनकी आस्था सिर्फ संस्थाई और संस्कारित आस्था नहीं है, उनकी आस्था ने गहरी जिज्ञासा, संकल्प, संवेदना, तर्क, चिन्तन, चेतना और कठिन-साधना का अग्नि-स्नान किया है...।'

—अमृता प्रीतम

अमृता प्रीतम के शब्दों में कुछ ऐसा था कि तीनों ही कुछ पल के लिए निःशब्द सोचते रहे। फिर विमल जी बोले– 'एक-एक शब्द गहन अनुभूति का प्रमाण है।' मुनि जी के मुँह से बस इतना ही निकला– 'अमृता जी जैसा अमृता जी ही लिख सकती हैं, कोई दूसरा नहीं।' मानव जी ने एक गिलास पानी पिया और फिर बोले– 'इसके बाद अब और कोई बात करने का मन नहीं होता। देर तक इस शब्द-गंगा में नहाने दो। दो-एक बार फिर बैठेंगे। बात मुनि जी और विमल जी को भी ठीक लगी। नाश्ता-पानी लेने के बाद दोनों ने मुनि जी से विदा ली।

अप्रैल के महीने में मुनि जी का जब दिल्ली आना हुआ तो वे मानव मंदिर मिशन की व्यवस्थाएं देखने सराय काले खाँ स्थित आश्रम भी पधारे। बड़े महाराज जी यानी संघ प्रवर्तिनी साध्वी मंजुलाश्री और दूसरी साध्वियों ने उनकी अगवानी की। साध्वी मंजुलाश्री ने एक लिफाफा मुनि जी के हाथ सौंपते हुए कहा, 'गुरुदेव तीन-चार दिन पहले आपके नाम से यह लिफाफा आया है। आचार्य सुशील मुनि जी का कोई सन्देश है।'

मुनि जी ने लिफाफा खोला। आचार्य सुशील कुमार जी महाराज के लेटरहेड पर मुनि जी के लिए पत्र था–

'परम प्रेममूर्तिश्री रूपचन्द्र मुनि जी,

आपको यह जानकर अति प्रसन्नता होगी कि भारत से बाहर जैन तीर्थ के रूप में सिद्धाचलम् का विकास हो रहा है। एक सौ आठ एकड़ में विस्तृत यह भूखंड अनेक वन-विहारी प्राणियों का क्रीड़ा-केन्द्र तो है ही। इसी के साथ परम दयालु, अहिंसा के देवदूत अरिहंत भगवान का भी यह दिव्य जैन मंदिर है। दो से ग्यारह अगस्त, इक्यानवे तक जैन मंदिर की प्रतिष्ठा होने जा रही है। संसार के बहुत से देशों से अनेक विद्वान, धर्म-मूर्ति, अर्हत् उपासक सहस्रों की संख्या में एकत्रित हो रहे हैं। यह मंदिर प्रतिष्ठा समारोह अनुपम होगा। उसमें आपकी उपस्थिति अत्यावश्यक है। मुझे नॉर्थ अमेरिकन जैन कांग्रेस के अध्यक्ष श्री सुलेख जैन ने जोर देकर कहा है कि आप रूप मुनि को अवश्य बुलाएँ। वह आपकी बात को किसी तरह टालेंगे नहीं। और बहुत से जैन केन्द्रों के अध्यक्षों ने जैसे न्यूयॉर्क, न्यूजर्सी, टोरन्टो, क्लीवलैंड आदि जैन केन्द्रों एवं महावीर मिशन के अध्यक्षों ने भी यही आग्रह किया है–

आपके कार्यक्रम बहुत-सी जगह पर आयोजित किए जा रहे हैं। महापर्व पर्युषण के लिए भी कई संघों का आमंत्रण है। अतः आप पासपोर्ट बनते ही अविलम्ब वीजा लेने के पश्चात् विदेश को प्रस्थान करें।

बन्धु त्रिपुटी बहुश्रुत विद्वान योगनिष्ठ श्री कीर्ति चन्द्र जी महाराज जी महावीर मिशन के उपसभापति हैं, उन्होंने भी आपके यहाँ आने का अति आग्रह किया है।

आपका स्वास्थ्य अच्छा होगा। लोग बेसब्री से आपकी बाट जोह रहे हैं। आप अपना विदेश शुभागमन का कार्यक्रम शीघ्रातिशीघ्र ही सूचित कराएँ।

आचार्य सुशील कुमार
Founder President of International
Mahavir Jain Mission
मुनि कीर्तिचन्द्र (बन्धु त्रिपुटी)
Vice Chairman of IMJM"

भावभीने आग्रह को टालना मुनि जी के लिए सम्भव नहीं था। वीजा और पासपोर्ट सम्बन्धी जरूरी औपचारिकताएँ पूरी होने में करीब डेढ़ महीना लग गया। विमान-यात्रा को लेकर अब उनके मन में कोई ऊहा-पोह नहीं था। तीन साल पहले वाहन-प्रयोग कर उन्होंने एक लीक को तोड़ा ही था। आचार्य सुशील मुनि तो सन् पचहत्तर में विमान-यात्रा कर महावीर के अहिंसा के सन्देश को विश्व में प्रसारित करने विदेश पहुँचे थे। मुनि जी ने समारोह में अपनी उपस्थिति की सूचना सुशील मुनि जी को भिजवा दी थी। बाईस जुलाई को भारत से उनके प्रस्थान-गमन के समाचार छपे। कलकत्ता से प्रकाशित होने वाले दैनिक विश्व मित्र में मुनि जी की अमरीका-यात्रा के सन्दर्भ में उनसे साक्षात्कार भी प्रकाशित हुआ। उसमें साक्षात्कारकर्ता ने एक प्रश्न यह भी किया– 'विदेश-गमन के लिए वाहन का प्रयोग तो होगा ही। क्या जैन समाज में मुनि के लिए वाहन-प्रयोग का विरोध नहीं है?'

प्रश्न के उत्तर में मुनि जी ने कहा– 'विरोध तो है, पर समर्थन नहीं हो, ऐसा भी नहीं है। वैसे हर नयी प्रवृत्ति का आरम्भ में विरोध होना स्वाभाविक है। समय की कसौटी पर खरी उतरने वाली प्रवृत्ति का विरोध धीमे-धीमे कम हो जाता है। वाहन-प्रयोग में मुझे ऐसी सम्भावनाएँ लगती हैं। हर परम्परा में ऐसा चिन्तन आवश्यक है कि युग की गति के साथ वह अपने कदम बनाए रखे। समय किसी का इन्तजार नहीं करता। वह अपनी गति से निरन्तर चलता है। जो समय की गति को पहचान कर निर्णय नहीं लेता, स्वयं पिछड़ जाता है।'

बाईस जुलाई को निर्धारित समय पर मुनि जी इंदिरा गाँधी अंतरराष्ट्रीय हवाई अड्डे पर पहुँच गये। सुरक्षा सम्बन्धी तमाम औपचारिकताओं में एक घंटा लग गया। सहयात्रियों के साथ मुनि जी ने विमान में प्रवेश किया। उनकी सीट खिड़की के साथ वाली थी। विमान ने रन-वे पर दौड़ना शुरू किया। कुछ ही मिनटों में विमान आकाशीय तरंगों पर तैरने लगा। क्षणभर के लिए मुनि जी बचपन की ओर लौट चले, जब वे डोर की चरखी हाथ में थामे अपनी पतंग को आकाश में ऊँचा और ऊँचा उड़ाते थकते नहीं थे। आज वे भी पतंग की तरह आकाश में तैर रहे थे। भीतर बहुत कुछ उमड़-घुमड़ रहा था। मुनि जी ने कागज-कलम निकाली और अनुभव को कागज पर उतार दिया–

'सौंपकर
चालक के हाथ में
सम्पूर्णतया अपने जीवन की डोर,
हम उठ पाते हैं आकाश की ओर!
संशय
ऊपर उठने नहीं देता कभी भी
जमीन की सीमाओं से।

आकाश की ऊँचाइयों का अनुभव,
संशय से नहीं
समर्पण से ही है सम्भव।'

दस घंटे बीत चले थे विमान में। मुनि जी ने आँखें खोलीं और घड़ी की ओर देखा। कब नींद आ गयी, उन्हें पता ही न चला। कुछ थकान महसूस होने लगी थी। एयरहोस्टेस को बुलाया, उसने सेब के जूस की बोतल मुनि जी को दी। इसे पीने से थोड़ा ठीक लगा।

'मुनि जी ने खिड़की से देखा। दूर-दूर तक अथाह जलराशि समेटे सागर लहरा रहा था। क्षितिज का अनुमान लगाना कठिन था। आकाश और सागर दोनों का रंग एक जैसा था। अद्भुत दृश्य था।' मुनि जी की कलम फिर काव्य-रचना को मचल उठी—

'जल-तरंगों पर
तैरते हुए जल-यान की तरह
ऊँचे, बहुत ऊँचे
आकाश की तरंगों पर
तैर रहा है वायुयान।
मैं सोच रहा हूँ
नौका-यात्रा से
यदि नहीं होता है खंडित मेरा धर्म।
तो वह खंड-खंड कैसे हो जाता है
विमान-यात्रा से?
विरोध में उठते शोरो-गुल को सुनकर सोचता हूँ
क्या इससे सचमुच ही
आकाश टूट पड़ता है धर्म की जमीन पर?
यदि किसी ने देखा है
टूटते हुए आकाश को, मेरे मित्र

तो वह आकाश नहीं, अखरोट है,
आकाश टूटने की इस अफवाह के पीछे
निश्चित ही
किसी लोमड़ी की नीयत में खोट है।'

अठारह घंटे की लम्बी यात्रा के बाद विमान न्यूयॉर्क के जे.एफ. कैनेडी हवाई अड्डे के रनवे पर उतरा। हवाई अड्डे पर तमाम लोगों की नजरें श्वेत वस्त्रधारी, मुख-पट्टी बाँधे मुनि रूपचन्द्र पर टिक गयीं थीं। वे जैसे-जैसे आगे बढ़ते, नजरें उनका पीछा करतीं। उन लोगों के मन में मुख-पट्टी को लेकर जिज्ञासा हो रही होगी। हवाई अड्डे के प्रतीक्षा लाउंज में मुनि जी की अगवानी के लिए अनेक भारतवंशी मौजूद थे। इनमें से कुछ मुनि जी के परम भक्त थे। विदेशी धरती पर मुनि जी के चरण बढ़ चले थे।

एयरपोर्ट परिसर से बाहर आये तो लू के थपेड़ों ने स्वागत किया। वातानुकूलित परिसर से बाहर आने के बाद इन थपेड़ों ने मुनि जी को दिल्ली की याद दिला दी। वे सोचने लगे, दिल्ली में गर्मी छोड़कर आये, यहाँ भी वही गर्मी। दिल्ली जैसी ही चिलचिलाती गर्मी और धूप थी। मुनि जी कार में बैठे और कार तेजी से न्यूजर्सी की ओर बढ़ चली। वहीं सिद्धाचलम् में उनका बेसब्री से इन्तजार हो रहा था। कार फर्राटे से न्यूयॉर्क की सड़कों पर दौड़ रही थी। थोड़ी देर में मुनि जी ने आसमान की ओर देखा, धूप की चमक कुछ फीकी पड़ने लगी थी। बादलों के टुकड़े आकाश में इधर-उधर मँडराने लगे थे। कुछ देर बाद घटाएँ घिरने लगीं, फिर झमाझम बारिश की झड़ी लग गयी। न्यूयार्क से न्यूजर्सी में सिद्धाचलम तक का रास्ता दो घंटे का है। पूरे रास्ते मूसलाधार बारिश होती गयी। मौसम सुहावना हो चला था। पहले से ही साफ-सुथरी सड़कें और इमारतें अब धुली-धुली नजर आने लगी थीं। कार अब जंगल और पहाड़ों के रास्ते से गुजर रही थी। मुनि जी बाहर बिखरे प्राकृतिक सौन्दर्य का आनन्द ले रहे थे।

'यह पोकोनो की पर्वत श्रृंखला है'– मुनि जी के कानों में शब्द पड़े।

मुनिजी बोले– 'कितनी हरियाली है। और बारिश ने तो इन पहाड़ियों और पेड़-पौधों को नहला दिया है। इनका असली रंग निखर कर सामने आ गया है।'

न्यूजर्सी का सैकड़ों मील का रास्ता पहाड़ों के बीच से गुजरता है। पहाड़ों के सर्पिल रास्तों से गुजरते हुए कार मड पौंड रोड पर आ गयी थी। थोड़ी देर में कार हरी-भरी पहाड़ियों के बीच विशाल मंदिर परिसर के द्वार पर रुकी। बारिश अभी रुकी नहीं थी। कुछ हल्की जरूर हो गयी थी। सुशील मुनि जी और दूसरे महानुभावों ने बड़ी गर्मजोशी से मुनि जी का स्वागत किया। मुनि जी सिद्धाचलम् परिसर में थे। सिद्धाचलम् भारत से बाहर पहला जैन तीर्थ स्थल है। सन् तिरासी में आचार्य मुनि सुशील कुमार जी ने

इसकी नींव डाली थी। पोकोनो की पहाड़ियों में सवा सौ एकड़ में बने सिद्धाचलम् तीर्थ के पीछे सुशील मुनि जी की दूरदर्शी सोच और अमरीका में बसे जैन समाज का सहयोग था। पैंसठ-मड पौंड रोड पर जहाँ अब सिद्धाचलम् तीर्थ बना है, पहले यहूदियों का केन्द्र होता था। लेकिन उस स्थान पर यहूदियों के लिए अपनी गतिविधियाँ चलाना बड़ा दूभर हो चला था, ईसाइयों के विरोध के चलते। बाद में यहूदियों ने यह स्थान छोड़ने का निर्णय लिया। स्थानीय भारतीय समाज के सहयोग से सिद्धाचलम् तीर्थ को साकार रूप देने के लिए इसी जमीन का अधिग्रहण किया गया। बहुत सारा ढाँचा पहले से ही तैयार था। सात-आठ साल में सिद्धाचलम् का पुनरुद्धार पूरा हुआ और यह एक दर्शनीय तीर्थ-स्थल के रूप में श्रद्धालुओं के सामने था। इसमें प्रमुख रूप से पाँच जैन तीर्थकरों की प्रतिमाएँ स्थापित की गयीं। पहले तीर्थकर भगवान आदिनाथ, आठवें चन्द्रप्रभु, सोलहवें शांतिनाथ, तेईसवें पार्श्वनाथ और अन्तिम भगवान महावीर। इसी सिद्धाचलम् में मूर्ति-प्रतिष्ठा समारोह में मुनि जी का आना हुआ था। मुनि जी के साथ ही भारत से मुनि कीर्तिचन्द्र, मुनि जिनचन्द्र, मुनि अमरेन्द्र कुमार, भट्टारक चारूकृति, भट्टारक देवेन्द्र कृति, परमार्थ निकेतन के स्वामी चिदानन्द सरस्वती, अक्षर धाम मंदिर के प्रमुख स्वामी जी पहुँचे थे। स्थानीय मेयर और अमरिकी कांग्रेसमैन यानी अमरीकी सांसद तथा विशाल भारतीय समुदाय की उपस्थिति में सिद्धाचलम् में मूर्ति प्राण-प्रतिष्ठा समारोह सम्पन्न हुआ। एक नया इतिहास लिखा जा चुका था सिद्धाचलम् के रूप में।

पोकोनो की खूबसूरत पहाड़ियाँ और सिद्धाचलम् मुनि जी के मानस में रचता-बसता जा रहा था। वहाँ के लोगों ने बताया कि सितम्बर के महीने में ये पहाड़ियाँ अपना रंग बदल लेती हैं। मुनि जी हैरान हुए। 'वह कैसे?'

दरअसल बर्फीली सर्दी के बाद पेड़ों पर नयी कोंपलें खिल उठती हैं, पेड़ फूलों-फलों से लद जाते हैं। पोकोनो की पहाड़ियों पर हरे-भरे घने जंगल पतझर से पहले नित नये रंग-बिरंगे वस्त्रों में शृंगार करते हैं। और फिर अक्टूबर तक पतझर का शिकार हो जाते हैं।

पन्द्रह अक्टूबर अपने दीक्षा-दिवस पर सवेरे-सवेरे मुनि जी अपने कक्ष में गहन एकाकीपन में लिखने बैठे। और एक-एक कर पोकोनो पहाड़ियों को केन्द्रित कविता रचीं—

पतझर से पहले
कितने-कितने प्यारे रंग
उतर आये हैं पूरे वन-प्रान्तर पर।
ऊपर से नीचे तक
बहुरंगी चूनड़ी ओढ़े
रंगों में नहाई पोकोनो की पहाड़ियाँ

ऐसी लग रही हैं
जैसे सज-धज कर जौहर के लिए
निकली हों
चित्तौड़ की वीरांगनाएँ।
कितने-कितने रंगों में
जीवन
स्वागत कर सकता है मृत्यु का,
इसे देखना हो
तो आमंत्रण है तुम्हें
पोकोनो की घाटियों का।

सितम्बर-अक्टूबर में पोकोनो की पहाड़ियाँ देखने के लिए विशेष रूप से बड़ी संख्या में लोग वहाँ पहुँचते हैं। आम पर्यटकों से अलग मुनि जी पोकोनो की पहाड़ियों से बहुत कुछ अपनी झोली में भरकर ले जा रहे थे।

X X X

क्वीन्स! न्यूयार्क की एक बहुमंजिला इमारत पार्कर टावर की लॉबी। इसी इमारत की सत्रहवीं मंजिल पर मुनि जी का प्रवचन था। मुनि जी नीचे लॉबी में खड़े लिफ्ट की प्रतीक्षा कर रहे थे। और भी लोग थे। सभी अमरीकी लग रहे थे। तीन मिनट बाद एक अमरीकी युवती मुनि जी के पास तेजी से चलती हुई आयी। और बिना किसी परिचय या औपचारिकता के मुनि जी के सामने प्रश्न दागा—

'व्हाई यू हैव कवर्ड योर माउथ?'

मुनि जी के लिए प्रश्न नया नहीं था। पहले भी ऐसे प्रश्नों का उत्तर कई बार देना पड़ा था। बोले— 'वी जैन मुनीज स्ट्रिक्टली बिलीव इन नॉन-वायलेंस। दिस इज ए सिम्बुल ऑफ नॉन वॉयलेंस।'

उसने फिर पूछा— 'आर यू ऐ फॉलोअर ऑफ महात्मा गाँधी?'

अब हैरान होने की बारी मुनि जी की थी। उन्हें अंदाजा नहीं था कि यूँ ही कोई आम अमरीकी महात्मा गाँधी के बारे में जानता होगा। मुनि जी ने युवती के प्रश्न के उत्तर में प्रश्न ही सामने रखा— 'डू यू नो एबाउट महात्मा गाँधी?'

युवती ने बड़े विश्वास से उत्तर दिया, 'नॉट ओनली आई नो अबाउट हिम, बट स्ट्रोंगली बिलीव दैट गाँधीज नॉन-वॉयलेंस इज द ओनली पाथ ऑफ वर्ल्ड पीस।'

उस युवती ने न अपना नाम बताया, न मुनि जी का परिचय पूछा। लिफ्ट आ

गयी थी। मुनि जी प्रवचन के लिए सत्रहवीं मंजिल पर पहुँच गये। अनेक श्रावक गण पहले से उनकी प्रतीक्षा में उपस्थित थे। मुनि जी के प्रवचन सभी ने बड़ी श्रद्धापूर्वक सुने।

X X X

कनाडा के जैन समुदाय द्वारा विश्व प्रसिद्ध न्याग्रा जलप्रपात (फॉल्स) के किनारे पहाड़ी पर बने लौरैटो सेंटर में सात दिवसीय यूथ कैम्प का आयोजन किया गया। सबकी इच्छा थी कि शिविर में मुनि जी का प्रवचन हो। न्यूयॉर्क से मुनि जी सीधे कनाडा पहुँचे। कनाडा में न्याग्रा फॉल्स के साथ-साथ आकर्षण रहता है बड़ी तादाद में भारतीय समुदाय के लोगों की उपस्थिति का। शिविर में पहुँचकर लगा, जैसे भारत में ही कोई आयोजन हो। अगले दिन मुनि जी विश्व प्रसिद्ध न्याग्रा फॉल्स पहुँचे। उनके साथ थे मुनि जिनचन्द्र, हरीश जैन और कमल जैन। न्याग्रा फॉल्स देखने के लिए किनारे-किनारे बने लम्बे-चौड़े प्लेटफार्म पर खड़े मुनि जी के मुख से निकला–

'अद्भुत'!

कुछ क्षण के लिए अवाक् प्रकृति का चमत्कार देखते रहे। सामने थी प्रचंड वेग से आती विशाल नदी। देखते ही देखते पूरी की पूरी नदी सैकड़ों फीट गहरे खड्ड में गिरती जा रही है। अनवरत। पलक झपकने की भी मोहलत नहीं। कितने बरसों से उफनती नदी यूँ ही गहरे खड्ड में गिरती चली आ रही है कोई नहीं जानता। मुनि जी देख रहे थे कि इतनी ऊँचाई से और इतने वेग से न्याग्रा नदी गिर रही है। न्यूटन के गुरुत्वाकर्षण सिद्धांत की धज्जियाँ उड़ाते हुए धरती की सतह से वापस आकाश की ओर उछाल मार रही है। नजर टिके तो कहाँ। धरती पर या आकाश पर। नदी का संगीत चारों दिशाओं में गूँज रहा था। आकाश छूती फुहारें। चंद मिनटों में इन फुहारों ने सूर्य की रोशनी में इन्द्रधनुष बना लिया। आसमान में सतरंगी लहरिया चूनर लहराने लगी। पौना घंटा वहाँ रुकने के बाद हरीश ने कहा– 'महाराज, आप जहाँ इस पूरी नदी को गिरते हुए देख रहे हैं, हम वहाँ तक भी चलेंगे। इसी प्लेटफार्म के नीचे से गुफानुमा रास्ता वहाँ फॉल्स तक ले जाता है। तब हम इसके बहुत करीब होंगे।'

मुनि जी उस स्थान को ठीक से देख नहीं पा रहे थे, जिसकी बात की जा रही थी। वहाँ कोई इंसान पहुँच सकता है, इसकी कल्पना भी नहीं की जा सकती। वहाँ तो सिर्फ फुहारों का गुबार दिखाई दे रहा था।

'क्या ऐसा सम्भव है?' मुनि जिनचन्द्र ने आश्चर्य से पूछा।

'हाँ, क्यों नहीं, अब हम वहीं के लिए रवाना होते हैं।' और तीनों उस पहाड़ी पर बने प्लेटफार्म के नीचे स्थित गुफानुमा रास्ते से सचमुच उस स्थान पर पहुँच गये।

तूफानी शोर के साथ नदी को ऊपर से नीचे आता देखना चमत्कारिक अनुभव था। हालाँकि धार से बहुत दूर थे वे, वहाँ तक कोई जा नहीं सकता। लेकिन इतनी दूरी पर भी फुहारों की सघनता ने उन्हें भिगो दिया था। फुहारों की सफेदी मुनि जी के श्वेत वस्त्रों से होड़ कर रही थी। दूर-दूर तक श्वेताम्बरी छटा! लग रहा था जैसे भारी-गर्जना के साथ आसमान फट गया हो। इस रोमांचकारी दृश्य को आत्मसात् करते हुए कब बीस मिनट बीत गये, पता ही नहीं चला। कमल बोले– 'महाराज जी, आइए अब शिप (जहाज) से चलेंगे। वहाँ धार के पास तक।'

जहाज में सवार होने वालों की लम्बी कतार थी। लेकिन जहाजों की तादाद भी कम नहीं थी। टिकट लेने के आधा घंटा बाद नम्बर आया। मुनि जी अपने साथी मुनि और हरीश जैन व कमल जैन के साथ जहाज में सवार हो गये। जहाज न्याग्रा की प्रचंड धार की ओर बढ़ रहा था। मुनि जी के मानस में कहाकवि जयशंकर प्रसाद के महाकाव्य 'कामायनी' की पंक्तियाँ साकार हो रही थीं। क्या मुनि जी 'कामायनी' के मनु की तरह प्रलय का साक्षात्कार करने जा रहे थे?

'ऊपर हिम था, नीचे जल था
एक तरल था, एक सघन
एक तत्व की ही प्रधानता
कहो उसे जड़ या चेतन।'

धार से करीब तीन-चार सौ मीटर की दूरी पर जहाज तेजी से मुड़ा। वहाँ ठहरने या धीरे चलने की गुंजाइश नहीं थी। मुनि जी ने ऊपर देखा और हाथ ऊपर कर उस असीम, अदृश्य शक्ति को मन-ही-मन नमन किया। अभी न्याग्रा यात्रा पूरी नहीं हुई थी। हरीश बोले– महाराज, अब हम आई मैक्स थियेटर में न्याग्रा फॉल्स का एक और रूप और इतिहास देखेंगे।'

त्रिआयामी (थ्रीडी) विशाल आई मैक्स थियेटर में बड़े से परदे पर न्याग्रा के दिखाए जा रहे दृश्य इतने करीब महसूस हो रहे थे कि लगता, सब डूब ही जाएँगे।

न्याग्रा से जुड़ी एक कथा भी दृश्यांकित की गयी थी। हजारों साल पहले यहाँ के आदिवासियों ने एक युवती का विवाह उसकी इच्छा के विरुद्ध एक बूढ़े व्यक्ति के साथ तय कर दिया। एक दिन युवती मौका देख कर भाग आयी। सीधे ऊँची पहाड़ी से नदी की प्रचंड लहरों के साथ नीचे आयी और तिरोहित हो गयी। मुनि जी ने सोचा तो क्या अन्याय के खिलाफ उसकी गूँज आज तक नदी की लहरों के चीत्कार के रूप में सुनी जा सकती है?

न्याग्रा से लौटने के बाद। मुनि जी का कवि-मन उसी वेग से लिखने को मचल रहा था। साँझ के झुटपुटे में विराम लेने के बाद वे अपने कक्ष में गये। भीतर से कुंडी चढ़ाई और लिखने बैठ गये।

पूरे वेग से
दौड़ता आ रहा घुड़सवार
अचानक गिर जाय गहरी खाई में,
किन्तु धूलि-धूसरित होने से पहले ही
जो उछाल दे अपने को ऊपर आकाश की ओर
और लगाम पकड़ ले सूरज की आँखों की,
उसे क्या कहेंगे हम?

यूँ तो
गिरने का अर्थ ही
ऊपर से आना होता है नीचे की ओर,
किन्तु ऊँचाइयाँ और नीचाइयाँ
जिसके लिए
विपरीत ध्रुव नहीं,
बन जाएँ उत्कर्ष के आयाम।
और उसमें से
उभर आएँ जीवन के विविध रंग,
उसे क्या कहेंगे हम?

बहुत अद्‌भुत है
कुदरत की क्रीड़ा यहाँ
जहाँ आकाश
बाँहें फैलाए उतर आया है लहरों पर,
और जमीन ने
अपनी पूरी ताकत के साथ
अपने को उछाल दिया है आकाश की ओर।

सूरज ने
पहना दिए हैं जिसे
झीनी-झीनी किरणों के पारदर्शी कपड़े,
फिर भी
पूरे निस्संग भाव से
जो सबमें होता हुआ भी,

कहीं भी न हो
बोलो
उसे क्या कहेंगे हम?

उनकी कल्पना से वह आदिम युवती ओझल नहीं हो रही थी। वे पूरे न्याग्रा जलप्रपात को उस युवती से जोड़ कर देखने लगे—

इस अद्भुत जल-प्रपात की
गरजती-लरजती लहरों में
क्या दिखाई देता है तुम्हें वह खुबसूरत चेहरा,
जिसने सभ्यता के इतिहास में
शायद पहली बार
उठाया था हाथों में बगावत का परचम
अन्याय के खिलाफ?

और जो समा गयी थी हँसते-हँसते
इन्हीं प्रलयंकर लहरों में
उस अनसुने गीत की तरह
जिसकी गूँज
धीमे-धीमे खो जाती है दूर आकाश की परतों में!।
तुम्हें दीख रही हैं लहरें
आगे-पीछे, दाएँ-बाएँ लहरों पर लहरें
पर मैं साफ देख रहा हूँ
उन लहरों के पीछे
उठता हुआ वह चट्टानी चेहरा
नहीं लील पाई हैं जिसे
शताब्दियों बाद भी ये तांडव लहरें।
और न कभी
ये लील ही पाएँगी उसे
क्योंकि यह अथाह जल
है उसी की आँखों से निकली अश्रु-धारा,
उसका रुदन ही है यह भयंकर गर्जन
उसकी आहें ही हैं
जमीन से आकाश तक को घेरे ये वाष्प-कण।...

x x x

चार माह तक विदेश में व्यस्त कार्यक्रमों में चातुर्मास अवधि पूरी कर मुनि जी भारत लौटे। मानव मंदिर मिशन को नया आयाम देने में जुट गये। योजना थी बेसहारा बच्चों को आश्रय-स्थल उपलब्ध कराने की। सराय काले खाँ स्थित आश्रम भवन में साध्वियों के रहने के लिए भवन बन चुका था। मुनि जी वहाँ से दो किलोमीटर दूर भोगल में रहते थे, दिन में काम-काज, विचार-विमर्श के लिए आ जाया करते। बेसहारा बच्चों के पालन-पोषण, आश्रय, शिक्षा का जिम्मा सँभालना आसान काम नहीं था। मुनि जी इन्हीं बालकों को मानव-मंदिर की जीवन्त मूर्तियों के रूप में गढ़ना चाहते थे। सरकार के समाज-कल्याण विभाग आदि से सम्पर्क किया। अपनी इच्छा समाज के कुछ प्रमुख लोगों को बताई। कुछ ने प्रश्न रखा, बच्चों के खाने-पीने रहने की व्यवस्था कैसे होगी? पैसा, धन चाहिए। तब मुनि जी बोले– 'जिस अदृश्य सत्ता ने मन में यह विचार दिया है, वह साधन भी देगी।'

जब विचारों में दृढ़ता हो तो साधन भी जुट ही जाते हैं। सन् तिरानवे में ग्यारह बच्चे मानव मंदिर में आये। कुछ ही दिन में यहाँ के पावन वातावरण में ऐसे रच बस गये कि अपना अतीत भुला बैठे। शुद्ध-सात्विक, स्वादिष्ट भोजन। गाय का दूध-घी। खेलने को मानव मंदिर का विशाल प्रांगल। बच्चों की किलकारियों, क्रीड़ाओं में मुनि जी को मूर्तिकार के हथौड़े-छैनी की खुट-खुट सुनाई देती। वे दिन-ब-दिन जीवन्त मूर्तियों को आकार लेते देख रहे थे। साध्वियों की विशेष रूप से साध्वी मंजुलाश्री की माँ जैसी देख-रेख और मुनिजी के रूप में गुरु व पिता जैसी बरगद की छाँव!

X X X

मौसम में ठंड ने दस्तक दे दी। गुनगुनी धूप सुहावनी लगने लगी थी। मुनि जी मानव मंदिर आये बच्चों के बीच बैठे उनसे बातचीत कर रहे थे। तभी खबर मिली कि उनके सांसारिक पिता श्री जयचंदलाल जी का स्वर्गवास हो गया है। समाचार सुनने के बाद मुनि जी एकांत कक्ष में चले गये। तीन साल पहले के अपने कलकता प्रवास की घटनाएँ एक-एक करके उनकी आँखों के सामने फिल्म की रील की तरह घूमने लगीं। विशेष रूप से माँ पाँची देवी की बात और उनकी मुख-मुद्रा।

उस दिन माँ पाँची देवी ने मुनि जी से कहा था– 'आपके पिता जी वृद्धावस्था में हैं। उम्र का तिरासीवाँ वर्ष चल रहा है। घुटनों के दर्द के कारण चलना-फिरना बिल्कुल नहीं हो पाता। उनकी सेवा मेरा पहला कर्तव्य है। उस कर्तव्य-पालन के लिए ही गृहस्थ आश्रम में हूँ। मन तो पूरी तरह संसार-त्याग का है। आपसे यही कहना है कि कर्तव्य-पालन में अगर मुझे आपके पिताजी से पहले सौ बरस आ जाएँ तो अलग बात

है। और अगर उनको सौ बरस पहले आते हैं और मेरा शरीर तथा इंद्रियाँ साथ देती हैं तो श्रावक के दूसरे मनोरथ को ध्यान में रखते हुए मेरा मन मुनि-दीक्षा का है। मेरा विश्वास है, आप मेरा मनोरथ अवश्य पूरा करेंगे।'

छियासी वर्ष की आयु में मुनि जी के पिता श्री जयचंदलाल जी का निधन हो गया। माताश्री की आयु इक्यासी वर्ष थी। जयचंदलाल जी के निधन के तीसरे दिन पूरा परिवार इकट्ठा हुआ। पाँची देवी ने परिवार के सैकड़ों सदस्यों के बीच घोषणा की— 'पति की सेवा हर भारतीय नारी का पहला कर्तव्य होता है। मेरा वह कर्तव्य अब पूरा हो गया। अब मैं जीवन का शेष समय संसार के राग-मोहात्मक वातावरण में नहीं खोना चाहती। उम्र का शेष भाग मैं त्याग, संयम और जप-स्वाध्याय में लगाना चाहती हूँ। परिवार-संसार में रहते हुए यह सब सम्भव नहीं है। इसलिए मैंने मुनि-दीक्षा लेने का निश्चय किया है। मैंने इस बारे में मुनि श्री तथा साध्वीश्री मंजुलाश्री जी से बात कर ली है। अब मैं अपने इस निर्णय में आप सबकी अनुमति और सहयोग चाहती हूँ।'

परिवार के सदस्य पाँची देवी की इस घोषणा से अवाक् थे। सबने अपने-अपने ढंग से उन्हें मोह-बन्धन में बाँधने की कोशिश की। उनके दृढ़-संकल्प के सामने सभी निरुत्तर थे। पिताजी की तेरहवीं पर वे परिवार के सभी सदस्यों को लेकर दिल्ली में सराय काले खाँ स्थित मानव मंदिर आश्रम में आ गयीं।

उनकी अवस्था इक्यासी वर्ष की थी पर शरीर पूरी तरह स्वस्थ था। सभी इंद्रियाँ सकुशल थीं। फिर भी मुनि जी को चिन्ता थी। उम्र को देखते हुए उन्हें किसी भी समय सेवा-शुश्रूषा की आवश्यकता पड़ सकती है। इसी को ध्यान में रखते हुए मुनि जी ने आश्रम की साध्वियों से परामर्श किया। मुनि जी आश्वस्त हुए जब साध्वी मंजुलाश्री, साध्वी मंजुश्रीजी तथा सभी सहयोगी साध्वियों ने मुनि जी की मातुश्री श्रीमती पाँची देवी की दीक्षा के लिए अपनी सहर्ष सहमति प्रकट की।

दिल्ली में परिवार के सदस्यों ने कुछ समय बाद दीक्षा लेने की बात कही। उन्होंने मुनि जी से कहा, 'कुछ समय परिवार के साथ ठहरने के लिए आप उन्हें समझाएँ।' इस पर मुनि जी ने कहा, 'इक्यासी वर्षों तक मातुश्री परिवार के बीच ही रही हैं। अब जीवन का शेष समय वे साधना में लगाना चाहती हैं। आपको रोकना नहीं चाहिए। फिर आप लोगों ने अब तक तो मातुश्री की सेवा की है। अब मुनि-मर्यादा के अनुरूप मुझे उनकी सेवा का मौका मिल रहा है तो उसमें आप सबको सहयोग करना चाहिए।' पाँची देवी के दृढ़ संकल्प और मुनि जी के परामर्श को मानकर परिवार के सदस्य उनकी मुनि-दीक्षा के लिए राजी हो गये।

एक सादा समारोह में विधिवत् उनकी दीक्षा हो गयी। उनका साध्वी जीवन का नाम साध्वीश्री पद्मावती हो गया। उनका साधना काल करीब चौदह माह का रहा।

पल-पल जप-तप, स्वाध्याय-भजन और कषाय-मुक्ति के अभ्यास में गुजरने लगा। वे अक्सर मुनि जी से कहतीं– 'मेरे जीवन की दो मनोकामनाएँ थीं। पहली मुनि दीक्षा। दूसरी अन्तिम समय में संथारा। आपने मुनि-दीक्षा प्रदान कर एक इच्छा पूरी कर दी। अब आप मुझे अन्तिम समय में संथारा अवश्य करवा दें। कहीं ऐसा न हो कि मैं बिना संथारे के ऐसे ही संसार से विदा हो जाऊँ।'

उम्र के तिरासीवें वर्ष में उनकी पाचन-क्रिया कमजोर हो गयी थी। डॉक्टरों ने बताया कि उनके लिवर में खराबी आ गयी है। इसलिए डॉक्टरों का सुझाव था कि भोजन में केवल तरल पदार्थ दिए जाएँ। बीमारी का पता लगने पर साध्वी पद्मावती जी ने दृढ़-संकल्प की भाषा में कहा– 'मेरे संथारे का समय आ गया है। यह शरीर मुझे छोड़े, इससे पहले मैं शरीर को छोड़ देना चाहती हूँ।' इस पर मुनि जी ने कहा– 'आपको ऐसी कोई गम्भीर बीमारी नहीं है। सिर्फ इतना ही है कि आप भोजन में तरल पदार्थ लें, जिससे पाचन में कोई कठिनाई न हो।' मुनि जी व साध्वी मंजुलाश्री जी ने संथारा न करने के लिए उन्हें समझाया। किन्तु वे अपने दृढ़-संकल्प पर अडिग रहीं। बोलीं– 'संथारे का पच्चक्खाण जब आपका मन हो, मुझे दिलवाएँ। किन्तु मैंने अपने मन से संथारा स्वीकार कर लिया है।'

तीन दिनों तक मुनि जी ने उन्हें संथारे का पच्चक्खाण नहीं दिया। संथारा लेने का अर्थ है अन्तिम श्वास तक अन्न-भोजन का पूर्ण परित्याग। यह श्वास की डोर कब टूटे, यह निश्चित नहीं कहा जा सकता। इसलिए संथारा आमतौर पर दिया नहीं जाता। इसे लेकर मुनि जी और साध्वी मंजुलाश्री असमंजस में थे। मंत्र-पाठ के साथ विधिवत् संथारा देने का अर्थ है फिर इस भौतिक शरीर के पोषण के लिए कुछ नहीं खाना। किन्तु वे अपने संकल्प से एक इंच डिगी नहीं। आखिर चौथे दिन चैत्र कृष्णा चतुर्दशी को मुनि जी ने सांसारिक पक्ष में अपनी माँ और अब साध्वीश्री पद्मावती को अरिहंत सिद्ध भगवान की साक्षी से मंत्र-पाठ के साथ संथारे का पच्चक्खाण दे दिया।

संथारा-यानी शरीर की इच्छाओं से ऊपर उठकर आत्मस्थ हो जाना। संथारा यानी भोजन, दवा सब कुछ त्याग कर मरण-इच्छा को स्वीकार कर लेना। संथारा यानी जीवन और मृत्यु की कामना से मुक्त हो जाना। संथारा यानी शरीर, घर-परिवार, संघ-पंथ की मोह-ममता से मन को हटाकर परमात्मा के ध्यान में लीन हो जाना। मुनि जी ने अनुभव किया, संथारे के दिनों में साध्वीश्री पद्मावती के भीतर की निर्मलता और मुख पर तेज शब्दातीत है। उनका भविष्य जैसे सामने था। संथारे के पाँचवें दिन उन्होंने प्रसंगवश कहा– 'चैत्र नवरात्र की अष्टमी माता-पूजन के दिन सवेरे मैं देह त्याग दूँगी।'

संथारे की खबर जैसे-जैसे लोगों तक पहुँची, दर्शनार्थी भाई-बहिनों का ताँता लग गया। चैत्र सप्तमी, संथारे के नौवें दिन उनके शरीर में काफी सुस्ती आ गयी, फिर भी

मनोबल और आत्म-बल में कोई कमी नहीं थी। सायं जब मुनि जी अपने आवास स्थल जाने लगे तो माँजी की शारीरिक सुस्ती देखकर बोले– 'माँजी महाराज, हम अभी जा रहे हैं। सबेरे आपके दर्शन हो जाएँगे न?' तब उन्होंने सधे हुए शब्दों में कहा– 'सवेरे सूर्योदय के पश्चात् आपके आ जाने पर मैं आपसे मंत्र-पाठ, आगम वाणी सुनते-सुनते ही अगली यात्रा के लिए प्रयाण करूँगी।'

मुनि जी अपने आवास पर लौटे। भीतर एक विचित्र-सी आकुलता थी। सोने की कोशिश की, लेकिन नींद नहीं आ रही थी। कागज-कलम निकाली और अपने भाव कागज पर उतार दिए–

दूध-सी सफेद
उजली चादर में लिपटी
कोई बेचैनी
भीतर चैन से सोई है,
करवट बदलती है इधर
कोई सूरत बेचैनी से,
न उस पर हँसी है
और न वह रोई है।
न उसने जाना था
यह लौ यों बुझ जाएगी,
लहरों में हँसता-हँसता
सूरज यों डूब जाएगा,
न उसको पता था
किश्ती का मुसाफिर
इतनी जल्दी ही
दरिया से ऊब जाएगा,
सोचा था यह तूफान है
केवल दो दिन का,
ढलती हुई दुपहरी-सा
यह भी ढल जाएगा,
यह तोड़-फोड़, उखाड़-पछाड़
बेचैनी-मायूसी,
यह अमावस का अँधेरा
पूनम में बदल जाएगा।

पर अचानक
सूरज का
रोशनी देने से मुकर जाना,
मायूस चेहरे से
चाँद का
आना, बिफर जाना,
हँसने से पहले
मासूम कली का चटक जाना,
समय से पहले
उफनते दरिया का उतर जाना,
मस्त फ़िज़ाओं की
आँखों का यों भर-भर आना,
चहकती चिड़ियों का
पास से
मौन-उदास गुजर जाना,
पहलू में दबे
दर्द का,
सहसा उभर आना।

यह सब देख
मन
शंकाओं से जरूर भर आया था,
कोई अपशकुन भरा विचार
भीतर-भीतर जरूर उभर आया था,
पर नहीं सोचा था
इतनी जल्दी
यह साया यों उठ जाएगा,
उम्र भर का
सिलसिला
अचानक यों टूट जाएगा।
जग-वत्सले!
जब तुम थीं

उतनी न भी थीं शायद,
आज तुम्हारे बिना
सब कुछ
सूना-सूना लगता है
चाँद-सा ललाट
काँपती लौ-सा बदन
तुम्हारे होने का अहसास
अब पहले से दूना लगता है।
बड़ा अजीब-सा लगा
उस दिन
तुमसे यह सुनकर-
मेरा काम हो गया अब पूरा है,

हो गये होंगे चाहे
तुम्हारे सारे सपने पूरे,
पर मेरा सपना
अभी अधूरा है, अधूरा है।
इसलिए बातों ही बातों में
तुम्हारा इस मन को बहलाना,
नहीं
मुझे मंजूर नहीं,
तुम्हारा यों चले जाना।
तभी लगा
सूनी है महफिल
लम्बी नींद में साकी है,
अचानक
मैंने करवट बदली
पूछा—
रात कितनी बाकी है?

आँखें बन्द कर मुनि जी लेट तो गये, लेकिन नींद नहीं आयी। भोर में जल्दी उठे। सूर्योदय होते-होते मानव मंदिर आश्रम पहुँच गये। सीधे मातुश्री के कक्ष में गये तो देखा, समस्त जीवों से खमत खामणा (क्षमा-याचना) करके जैसे वे महाप्रयाण की तैयारी में पहले

से हो था। जान-अनजान में हुई भूलों के लिए मिच्छामि दुक्कड़ (मेरे दुष्कृत निष्फल हों) किया, फिर प्रणाम मुद्रा में बोलीं— 'आप मुझे अन्तिम आलोचना, लोगस्स पाठ, णमोत्थुणं, शांतिपाठ, मंगल पाठ, अरिहंत सिद्ध शरण दिलवाएँ। मेरा परलोक यात्रा का समय आ गया।' उनका शरीर उस समय पूर्णतः कायोत्सर्ग की मुद्रा में था।

दोनों हाथ प्रणाम मुद्रा में थे। आँखें बन्द। इस स्थिति में पवित्र मंत्रों को सुनते-सुनते उन्होंने आँखें खोल दीं। न कोई ओह-हाय, न कोई तनाव-खिंचाव। न कोई हिचकी-जम्हाई, न कोई ऊँचा-नीचा श्वास। पूर्ण शान्ति और समाधि में उन्होंने देह त्यागकर ज्योतिर्मय स्वरूप को प्राप्त कर लिया। अपने जीवन-मंदिर पर स्वर्ण-कलश चढ़ाकर इस संसार से विदा हो गयीं।

x x x

विशाल लहराते सिन्धु नदी की लहरों की अठखेलियाँ मुनि जी के मानस में ज्यों की त्यों थीं। जून दो हजार तीन के पहले सप्ताह में लद्दाख में सिन्धु दर्शन समारोह से लौटने के बाद मानव मंदिर आश्रम में भी मुनि जी की स्मृतियों में लेह और सिन्धु जीवंत हो उठा। दिल्ली लौटने के बाद दिनभर की व्यस्तताओं से फुर्सत पाकर मुनि जी शयन कक्ष में सोने के लिए गये। नींद का नामोनिशान नहीं। सिन्धु-यात्रा की स्मृतियाँ फिल्म की तरह चल रही थीं। उनके कानों में बार-बार अपने आत्मीय मित्र परमार्थ निकेतन के स्वामी चिदानंद सरस्वती के शब्द गूँज रहे थे— 'जुलाई के पहले सप्ताह में कैलाश-मानसरोवर यात्रा का कार्यक्रम बन रहा है। मैं चाहता हूँ, उस यात्रा में आप भी रहें। बहुत आनन्द रहेगा।'

स्वामी चिदानंद की बात के प्रत्युत्तर में मुनि जी ने तटस्थ भाव अपनाया। न 'हाँ', न ही 'न'!

लेह से लौटने के बाद मुनि जी को हर वर्ष की तरह अपनी विदेश-यात्रा को अन्तिम रूप देना था। लेटे-लेटे उस बारे में भी सोच रहे थे। न्यूयार्क में होने वाले राना कन्वेंशन में योग पैनल के लिए आमंत्रण, सिनसिनाटी डेटन, ओहायो में होने जा रहे बारहवें द्विवार्षिक जैना कन्वेंशन में विशेष प्रवचन। डिट्रॉयट, टोरंटो, ओटावा, लन्दन-आंटोरियो, न्याग्रा फॉल्स नगर आदि में होने वाली ध्यान कक्षाएँ। चर्चा-गोष्ठियाँ तथा प्रवचन। तमाम चीजें एक साथ गड्डमड्ड हो रही थीं। बस यूँ ही कब आँख लगी पता ही न चला।

दिन बीतते गए, अठाइस जून को अमरीका जाने के लिए एयर इंडिया का टिकट भी आ गया। अमरीका यात्रा की तैयारियाँ चल रही थीं कि इक्कीस जून की रात अचानक

ऋषिकेश से स्वामी चिदानंद सरस्वती का फोन आया। सहसा मुनि जी के मानस में फिर लेह में दिया गया कैलाश-मानसरोवर का आमंत्रण घूम गया। इस बार भी उनका वही प्रश्न था– 'कैलाश मानसरोवर यात्रा के लिए आपने क्या निर्णय लिया?' उत्तर में मुनि जी अपने पूर्वनिश्चित विदेश कार्यक्रमों की चर्चा करते हुए कैलाश-मानसरोवर यात्रा के लिए असमर्थता प्रकट की। लेकिन स्वामी चिदानंद जी ने अपनी ओर से पूरे आग्रह के साथ कहा– 'आप एक बार फिर विचार कर लें। मैं कल रात्रि में आपको फिर फोन करूँगा।'

कैलाश-मानसरोवर के पुण्य-तीर्थ से स्पष्ट आमंत्रण था। लेकिन कवि रवीन्द्र नाथ टैगोर की 'गीतांजलि' के भक्त की तरह वे उस अज्ञात इशारे को समझ नहीं पा रहे थे।

टैगोर अपनी कविता में लिखते हैं कि भक्त की पुकार सुनकर प्रभु अपने रथ पर बैठकर उसे दर्शन देने आये। भक्त ने रथ के पहियों की गड़गड़ाहट सुनी भी, किन्तु बादलों की गड़गड़ाहट समझते हुए उस पर गौर नहीं किया।

प्रभु भक्त के द्वार आ गये। द्वार बन्द थे। उन्होंने बार-बार दस्तक दी। भक्त ने दस्तक को सुना, लेकिन उसे हवा का तेज झोंका समझते हुए अनसुना कर दिया।

टैगोर लिखते हैं, भगवान उल्टे वापस लौट गये। भक्त को अचानक प्रभु की करुणा का खयाल आया। उसने दरवाजा खोला। देखा, बहुत दूर प्रभु का रथ वापस जा रहा है। भक्त का हृदय पश्चात्ताप से भर उठा।

अगले दिन मुनि जी आनंदित थे, शायद इसलिए कि गीता के अर्जुन की तरह अन्ततः प्रभु के संकेतों का अर्थ समझ में आ गया।

पिछली रात बड़ी पसोपेश में बीती। स्वामी चिदानंद सरस्वती जी के समक्ष उन्होंने यात्रा के लिए असमर्थता तो प्रकट कर दी थी, किन्तु उसके बाद बहुत देर तक वह सो न सके। भीतर उथल-पुथल रही। बार-बार लगा जैसे कोई कह रहा दो– कैलाश पर्वत जैसे भगवान शिव की लीला-भूमि है, वैसे ही भगवान ऋषभदेव की निर्वाण-भूमि। कैलाश पर्वत के शिव से सम्बन्ध के बारे में सब जानते हैं। लेकिन कितने ऐसे हैं जिन्हें भगवान ऋषभदेव की निर्वाण-भूमि की जानकारी है? जिन्हें जानकारी है भी, तो उनमें भी कितने ऐसे हैं, जिन्हें इस तीर्थ-भूमि की यात्रा का अवसर मिला हो। पिछले ढाई हजार वर्षों के इतिहास में किसी भी जैन मुनि ने क्या कैलाश अष्टापद मानसरोवर की यात्रा की है?

सम्पूर्ण जैन साहित्य में कैलाश/अष्टापद को भगवान ऋषभदेव की तपो-भूमि और निर्वाण-भूमि के रूप में स्वीकार किया गया है। जैन समाज के लिए इससे अधिक महिमापूर्ण और कौन-सी तीर्थ-भूमि होगी? फिर भी इस तीर्थ की यात्रा के लिए पिछले हजारों वर्षों में क्या कोई प्रयास हुआ? एक अज्ञात शक्ति निरन्तर मुनि जी से कह रही थी- आज तुम्हारे सामने अनायास ही एक अवसर उपस्थित हुआ है। आश्चर्य है फिर

भी तुम इस अवसर के प्रति उदासीनता दिखा रहे हो।

वैदिक संस्कृति के प्रथम पुरुष भगवान शिव और श्रमण संस्कृति के प्रथम पुरुष ऋषभ देव। दोनों की प्रिय भूमि है कैलाश-पर्वत। कैसा अद्‌भुत साम्य! यह साम्य जब-जन साधारण के समक्ष आएगा, तब सांस्कृतिक एकता का वातावरण स्वयं ही बन जाएगा।

अनुसंधान की गहराई में उतरने पर शायद यह तथ्य भी प्रकाश में आ जाय कि भगवान ऋषभ देव और भगवान शिव मूलतः एक ही हैं। दोनों के चिह्न के रूप में ऋषभ/नन्दी है। दोनों के मस्तक पर जटाएँ हैं। दोनों के लिए हिरण्यगर्भ, प्रजापति, केशी, दिगम्बर, आदिनाथ, आदिदेव, आदीश्वर जैसे पर्यायवाची शब्दों का एक समान प्रयोग होता है। और भी बहुत से तथ्य सामने आ सकते हैं किन्तु यह तभी सम्भव है, जब वैदिक संस्कृति के प्रतिनिधियों के साथ श्रमण संस्कृति का प्रतिनिधि भी हो। 'मुनि रूपचन्द्र, यह दायित्व आज तुम पर है।' अज्ञात शक्ति मुनि जी को श्रीमद्‌भगवत्‌गीता के कृष्ण की तरह 'उत्तिष्ठ कौन्तेय' कह कर प्रेरित कर रही थी।

मंथन! मंथन! मंथन!

इतने मंथन के बाद मुनि जी ने प्रणामपूर्वक उस अज्ञात अदृश्य शक्ति के निर्देश को शिरोधार्य किया। उसी रात कैलाश-मानसरोवर यात्रा का निर्णय ले लिया। अगले दिन उन्होंने स्वामी चिदानन्द को अपने निर्णय से अवगत कराया। वे बहुत आनंदित हुए। स्वामी जी को अपना निर्णय बताने से पहले मुनि जी ने अमरीका-कनाडा में कार्यक्रमों से संबद्ध व्यक्तियों से परामर्श किया। निर्णय-परिवर्तन के लिए उनकी सहमति आवश्यक थी। सुखद आश्चर्य यह था कि सभी ने एक स्वर से इस यात्रा के लिए प्रसन्नतापूर्वक अपनी सहमति जताई।

दो जुलाई को तीर्थयात्रियों का दल इंडियन एयर लाइंस के विमान से काठमांडू रवाना हुआ। दिल्ली और काठमांडू—दोनों हवाई अड्डों पर श्रद्धा और भक्तिपूर्ण वातावरण था। दिल्ली में भावभीनी विदाई तो काठमांडू में गर्मजोशी से स्वागत। दोनों में भक्ति-रस प्रमुख था।

काठमांडू पहुँचते ही मुनि जी को अपना सन् छियत्तर का विराट नगर प्रवास याद हो आया। तब विराट नगर प्रवास धर्म प्रभावना की दृष्टि से बहुत महत्त्वपूर्ण रहा था। उसी को देखते हुए तब नेपाल के तत्कालीन महाराजाधिराज ने काठमांडू आने का आमंत्रण दिया था। अपने दल-बल सहित मुनि जी ने काठमांडू की ओर विहार प्रारम्भ किया था। उनका काफिला नेपाल के औद्योगिक नगर हिटोड़ा तक पहुँच भी गया था और काठमांडू मात्र चालीस किलोमीटर की दूरी पर था कि आचार्यश्री तुलसी का विशेष आदेश मिला और वे सब भैरहवा की ओर मुड़ गये। तब काठमांडू की देहरी से लौटे थे, आज सीधे काठमांडू ही पहुँचे थे।

तीन दिवसीय काठमांडू प्रवास में पशुपति नाथ मंदिर, बूढ़ा नीलकंठ और स्वयंभूनाथ आदि सुप्रसिद्ध बौद्ध तथा हिंदू मंदिरों में जाना हुआ। एक संवाददाता सम्मेलन हुआ, जिसे स्वामी चिदानंद सरस्वती और मुनि जी ने संबोधित किया। स्वामी जी ने हिन्दू दृष्टिकोण से कैलाश-मानसरोवर की महत्ता पर प्रकाश डाला। मुनि जी के जरिये जैन दृष्टिकोण से पहली बार कैलाश-मानसरोवर की महत्ता लोगों के सामने आयी। भारत-नेपाल मैत्री समाज द्वारा नागरिक अभिनंदन का कार्यक्रम आयोजित किया गया। नेपाल में भारत के राजदूत ने तीर्थयात्रियों का अभिनंदन किया था। अनेक परिवारों में मुनि जी के संक्षिप्त प्रवचन, भजन और मंगल-पाठ हुए।

काठमांडू से कैलाश-मानसरोवर का मार्ग बिल्कुल सीधा है। तिब्बत के पास श्रमण परम्परा की एक समृद्ध बौद्ध विरासत है। उसके साक्षात्कार की जिज्ञासा ने यात्रा-रथ को ल्हासा की तरफ मोड़ दिया। पाँच जुलाई को दुनिया की छत कहे जाने वाले तिब्बत की राजधानी ल्हासा पहुँचा तीर्थ यात्री दल।

ल्हासा-तिब्बत पहुँचते ही दलाई लामा का स्मरण हो आया। कभी वह इस तिब्बत देश के धर्म गुरु और शासनाध्यक्ष थे। यहाँ बौद्ध धर्म का व्यापक प्रभाव था। लेकिन उन्नीस सौ उन्सठ के बाद दलाई लामा अनुयायियों के साथ वहाँ नहीं रह सके। तब से उनका निवास अपने भारत में हिमाचल प्रदेश के धर्मशाला में मैकलॉडगंज है। मुनि जी को दलाई लामा जी के साथ बिताया समय भी याद हो आया। विमान से ही ल्हासा के मनोरम प्राकृतिक सौन्दर्य की झलक मिलने लगी थी। ब्रह्मपुत्र नदी, जिसे इसके विशाल पाट के कारण नद भी कहा जाता है, विमान से नाले जैसी लग रही थी। लेकिन जैसे-जैसे विमान नीचे आता गया, ब्रह्मपुत्र अपनी विशालता में प्रकट होने लगी। हवाई अड्डे से मुख्य ल्हासा शहर की दूरी लगभग नब्बे किलोमीटर थी। बस में सवार यात्रियों का काफिला ल्हासा शहर की ओर बढ़ चला। बसें ब्रह्मपुत्र के किनारे-किनारे सड़क पर तेज रफ्तार से बढ़ चलीं थीं। इस काफिले में आधे तो अप्रवासी भारतीय थे और पैंतीस विदेशी। मुनि जी बस में खिड़की के पास बैठे थे, खिड़की से बाहर कभी लहराती ब्रह्मपुत्र दिखाई देती और कभी इतनी हरियाली कि लगता हरियाली की गोद में बैठे हैं। लगभग पैंतालीस मिनट चलने के बाद बस ब्रह्मपुत्र नदी के किनारे रुकी। मुनि जी ने ब्रह्मपुत्र को प्रणाम किया और चारों तरफ नजर घुमाई। पहाड़ बहुत दूर नजर आ रहे थे, लेकिन यहाँ हरियाली खूब थी। विराम मुख्यतः खाना आदि खाने के लिए था। ब्रह्मपुत्र के तट पर दस्तरखान सज गये। सबने खाना खाया, पानी पिया और वापस आकर बस में बैठ गये। तभी मुनि जी के साथ बस में बैठे विदेशियों ने ड्राइवर से बात की और उसे जरा रुकने के लिए कहा। उनके हाथ में बड़े-बड़े झोले थे। वे तेजी से उस स्थान पर गये, जहाँ सब लोगों ने खाना खाया था। उन्होंने झटपट उस स्थान पर बिखरी जूठी प्लेटें और

खाली बोतलें अपने झोलों में भरनी शुरू कर दीं। वे प्रकृति का सम्मान करना जानते थे। उन्हें जूठी प्लेटें और बोतलें उठाते देख शर्म महसूस हुई। मुनि जी सोच रहे थे, बिना कुछ कहे विदेशी यात्रियों ने भारतीयों को कितना बड़ा सन्देश दिया कि प्रकृति का सम्मान करो, पर्यायवरण का चीर-हरण नहीं। अपने-अपने झोले लेकर वे बस में बैठ गये और बस फिर अपनी उसी रफ्तार से ल्हासा शहर की ओर दौड़ने लगी।

ल्हासा। पहाड़ों की घाटी में बसा शहर। चारों तरफ ऊँचे-ऊँचे पहाड़। मुनि जी को ब्रह्मपुत्र नदी का अपने साथ-साथ चलना बड़ा लुभावना लग रहा था। समुद्रतल से लगभग ग्यारह हजार फुट की ऊँचाई पर बसे ल्हासा शहर पहुँचने पर यात्रियों के स्वास्थ्य पर ऑक्सीजन की कमी का असर दिखाई देने लगा। साँस फूलना, घबराहट महसूस होना, सिर दर्द जैसी तकलीफें सामने आने लगी थीं। घरेलू नुस्खे के रूप में कपूर सूँघने जैसे प्रयोग के अलावा धीमे कदमों से चलना, कम खाना, पेय पदार्थ ज्यादा लेने आदि के निर्देश दिये गये। सावधानी के तौर पर यात्रियों को ऑक्सीजन सिलेंडर भी दिए गये। यहाँ तीन दिन रुकने का कार्यक्रम था। शहर की सीमा में प्रवेश करते ही विदेशी धरती पर होने का अहसास गहराने लगा। भाषा, परिवेश और व्यवहार सब कुछ विदेशी। कभी एक स्वतन्त्र देश का अस्तित्व रखने वाला दलाई लामा का देश तिब्बत आज चीन का अंग बन गया है। तमाम बौद्ध मठों वाला शहर ल्हासा कभी बौद्ध धर्म का गढ़ रहा था, इसका प्रमाण हैं आज भी मौजूद तमाम बौद्ध मठ। सन् उन्नीस सौ छियासठ में यहाँ सांस्कृतिक उथल-पुथल के बावजूद सारी प्राचीन विरासत मिटाई नहीं जा सकी। प्राचीन धरोहर के रूप में 'पोटाला पैलेस' आज भी अपनी भव्यता में ज्यों-का-त्यों मौजूद है। यह छठे दलाई लामा से लेकर आज के चौदहवें दलाई लामा का आवास रहा है।

ल्हासा पहुँचने के बाद पहले पोटाला पैलेस जाने का कार्यक्रम बना। बसें पोटाला पैलेस के पास रुकीं। आयोजकों ने सभी यात्रियों को बस में बैठे रहने को कहा और खुद महल के मुख्य द्वार पर प्रवेश सम्बन्धी औपचारिकताएँ पूरी करने के लिए पहुँचे। मुनि जी ने देखा, भिखारियों की भीड़ ने उन्हें घेर लिया, जैसे दीमकों की टोली अचानक हमला कर दे। ऐसे तमाम भिखारी ल्हासा शहर में खूब देखने को मिले। प्रवेश द्वार पर जैसे-तैसे भिखारियों से छुटकारा मिला तो मुनि जी अपने संगी-साथियों के साथ महल की ओर बढ़े। ऊपर नजर दौड़ाई तो मुँह से अनायास निकला– 'भव्य और दिव्य।' दलाई लामा के प्रति मन मधुर भाव से भर गया। साथ चल रहा गाइड पूरे दल को बता रहा था– 'यह महल मारयो पहाड़ियों पर बना है। ल्हासा घाटी से एक सौ तीस मीटर ऊँचाई पर स्थित हैं ये पहाड़ियाँ। महल की ऊँचाई एक सौ सत्तर मीटर है। यह तिब्बत की सबसे भव्य ऐतिहासिक-धार्मिक धरोहर है। इसका निर्माण सोंग त्सेन राजा के काल में छह सौ सैंतीस ईस्वी में हुआ था। बौद्ध धर्म के अनुयायी सोंग त्सेन ने ध्यान-स्थल

के रूप में इसका निर्माण करवाया था। वर्तमान महल का निर्माण सोलह सौ पैंतालीस में पाँचवें दलाई लामा के काल में हुआ था।'

मुनि जी बड़े ध्यान से गाइड की बातें सुनते हुए सीढ़ी-दर-सीढ़ी ऊपर चढ़ते जा रहे थे। उनके दल के कुछ ही जिज्ञासु साथियों का ध्यान गाइड की बातों की ओर था। अब वे सब ऊपर पोट्रांग कार्यो तक पहुँच गये थे। पोट्रांग कार्यो यानी सफेद महल। गाइड बता रहा था, 'इस सफेद महल को बनाने में सात हजार मजदूरों ने काम किया और आप जो महल की छत और दीवारों पर कारीगरी देख रहे हैं, यह डेढ़ हजार कारीगरों और शिल्पियों का कमाल है।'

मुनि जी को पता चला कि चीनी आक्रमण से पहले यह महल और भी भव्य था। सन् 1959 में जब तिब्बत में भारी असन्तोष का वातावरण बना और दलाई लामा को अपने अनुयायियों के साथ यह महल ही नहीं, तिब्बत भी छोड़ना पड़ा, तब इस महल को काफी नुकसान पहुँचा था।

हालाँकि पोटाला पैलेस देखने में यात्री दल थक चुका था लेकिन नाम-त्से-झील देखने का मौका कोई नहीं चूकना चाहता था। इस विशाल झील में सूर्योदय देखना अपने आप में एक अनुभव होता है। लेकिन सूर्यास्त भी कम भव्य नहीं होता। मुनि जी दो हजार वर्ग मीटर में फैली समुद्र तल से लगभग चौदह हजार फुट की ऊँचाई पर स्थित ताजा पानी वाली नाम-त्से-झील में सूर्यास्त की छटा देख रहे थे। प्रकृति का अद्भुत नजारा देखते ही देखते आसमान में लाल गोले जैसा सूरज नाम-त्से-झील की गोद में समा गया जैसे माँ ने बालक को आँचल में छुपा लिया और थपकी देकर सुलाने लगी हो।

रात घिरने लगी थी, सब लोग जल्दी-जल्दी बस में बैठे और होटल में आ गये। थकान के साथ नींद आंखों में भरी हुई थी। आहार आदि लेने के बाद सब सोने चले गये। मुनि जी ने आहार नहीं किया। सूर्यास्त के बाद तो लेने का कोई प्रश्न ही नहीं था। कुछ देर ध्यान किया और फिर अगली भोर तक के लिए निद्रा में लीन हो गये।

अगले दिन यात्री दल कैलाश-मानसरोवर के लिए रवाना होना था। लैंड क्रूजर गाड़ियों में काफिला कैलाश मानसरोवर के दुर्गम पथ पर बढ़ चला। पीछे दो तीन बसों में खाने-पीने का सामान। ल्हासा से बारह सौ किलोमीटर का यह कठिन रास्ता तय करना था। सुबह ही निकले थे। पहला पड़ाव था दो सौ पचहत्तर किलोमीटर दूर ल्हात्से। समुद्रतल से इसकी ऊँचाई लगभग 12,000 फुट है।

देर शाम को अन्ततः अपने प्रथम लक्ष्य मानसरोवर के आनन्द तट पर पहुँचा यह काफिला। लक्ष्य को पा लेने का आनन्द अनूठा होता है। फिर मानसरोवर का कहना ही क्या। किन्तु मानसरोवर, कैलाश-अष्टापद– सबके मनोवांछित दर्शन अगले दिन ही हो पाए, क्योंकि मानसरोवर की पहली रात वर्षा द्वारा भव्य स्वागत में ही गुजरी। ईश्वर

की कृपा थी कि अगले दिन बादल छँट गये, आसमान साफ हो गया। मानो सूर्य देवता अपनी प्रकाश-किरणों से भगवान शिव और ऋषभदेव की भूमि पर तीर्थ-यात्रियों की अगवानी करने स्वयं धरती पर उतर आये हों। भोर में मुनि जी अपने विश्राम-स्थल से निकलकर बाहर आये। सामने था मीलों दूर तक फैला स्वच्छ पवित्र जल। सूर्य की किरणें मानस के जल में अठखेलियाँ कर रही थीं। मानसरोवर की उठती-गिरती लहरें चंचल समुद्र की लहरों का आभास दे रही थीं। क्षितिज और मानस का जल एकाकार प्रतीत हो गया था। जल की सीमा कहाँ शुरू होती है। कहाँ क्षितिज शुरू होता है। इस पहेली का हल सम्भव प्रतीत नहीं हो रहा था। चारों ओर पठारी मैदान और पहाड़ियाँ। बीच में यह दिव्य अपार जलराशि। पुराणों के अनुसार मानसरोवर झील का जन्म ब्रह्माजी के मानस से हुआ है। यहाँ देवगण स्नान करने आते हैं। जैन शास्त्रों में इसे पद्मरूप कहा गया है। सागर तल से लगभग पन्द्रह हजार मीटर की ऊँचाई पर दो सौ वर्ग मील में फैली मानसरोवर की विशाल, पवित्र जल-राशि मुनि जी के मानस में उतर आयी। सरोवर तट की अपूर्व शान्ति, एक उजला, सात्विक आकर्षण।

थोड़ी देर में बाकी यात्री भी अपने-अपने विश्राम स्थल से बाहर आ गये। मंत्रोच्चार के साथ कुछ तीर्थ यात्रियों ने पूजा, हवन सम्पन्न किया। कुछ मानसरोवर में स्नान करने उतर गये। बर्फ-सा ठंडा पानी, लेकिन अनुपम आनन्द।

मानसरोवर सबके मानस में लहराने लगा था। अब कैलाश अष्टापद की आस थी।

कैलाश पर्वत मानसरोवर से लगभग बीस किलोमीटर की दूरी पर है। मुनि जी को बताया गया कि आकाश बिल्कुल साफ हो, शिखर के आसपास बादल न हों तो मानसरोवर से भी कैलाश-दर्शन हो जाते हैं। किन्तु ऐसा सौभाग्य कम ही मिलता है। हिमाच्छादित शिखर के आसपास खुले आकाश में बादल अक्सर डेरा जमाए रहते हैं। बारह जुलाई को दोपहर चार बजे के आसपास कैलाश शिखर कुछ समय के लिए अपने सम्पूर्ण वैभव के साथ प्रकट हुआ। मुनि जी उसी दिशा में मंत्रोच्चारपूर्वक कैलाश दर्शन कर आनन्द-विभोर हो उठे।

अगले दिन गुरु पूर्णिमा थी। मुनि जो को ध्यान आया कि आज मानव मंदिर (सराय काले खाँ स्थित) में गुरु पूर्णिमा का उत्सव मनाया जा रहा होगा। इस बार मुनि जी मानसरोवर के तट पर गुरु पूर्णिमा का उत्सव अनूठे ढंग से मना रहे थे। रात्रि में मानसरोवर झील के किनारे की पहाड़ियों में से उठते हुए पूर्ण चन्द्रमा की छटा अलौकिक थी। वह दृश्य मुनि जी के मानस में अमिट रेख की तरह अंकित हो गया।

चौदह जुलाई, श्रावण बदी एकम सोमवार। सावन का महीना और सोमवार दोनों ही भगवान शिव की आराधना से विशेष रूप से जुड़े हैं। यह जैन संवत्सर का पहला दिन है। इसलिए इसकी महत्ता विशेष रूप से बढ़ गयी। सभी तीर्थयात्रियों के मन में

अष्टापद पूजन और कैलाश दर्शन की उत्सुकता बढ़ रही थी। लगभग ग्यारह बजे सभी कैलाश अष्टापद पहुँच गये। जैन परम्परा में अष्टापद और कैलाश दोनों एक ही हैं। कहा जाता है कि राजा सगर के साठ हजार पुत्रों ने इस पर्वत पर स्वर्ण जिनालय बनाने के लिए दंड रत्न से आठ पाद-स्थान बनाकर इसकी भूमि खोदना आरम्भ किया था, इसलिए इसका नाम अष्टापद प्रसिद्ध हो गया।

अष्टापद पर्वत की तलहटी में बौद्ध अनुयायी भगवान बुद्ध के बोधि दिवस पर हर साल विशेष समारोह के साथ ध्वजारोहण करते हैं। स्वामी चिदानंद सरस्वती जी और मुनि जी साथ-साथ चल रहे थे। बातों-बातों में उन्होंने मुनि जी को बताया कि हिन्दू समाज कैलाश दर्शन के लिए यहीं रुद्राभिषेक-हवन करता है। दोनों संतों के चरण कैलाश पर्वत शिखर की ओर बढ़ते जा रहे थे। थोड़ी देर आरोहण के बाद बरसों की साध पूरी हुई। कैलाश शिखर नयन पथगामी हुआ, किन्तु अभी भी बादल मँडरा रहे थे। मुनि जी का साक्षात शिव से संवाद का अवसर। अभी मौन संवाद चल ही रहा था कि प्रसिद्ध कथावाचक किशोर व्यास जी भी वहाँ पहुँच गये। स्वामी चिदानंद जी के हाथ कैलाश की वंदना में आकाश की ओर जुड़े हुए थे। मुनि जी ने मौन संवाद में प्रभु से निवेदन किया। खड़े-खड़े समाधि की मुद्रा में निःशब्द संवाद– 'हे प्रभो, मैं अपना अहोभाग्य प्रकट करता हूँ। आपकी अकारण असीम करुणा के कारण मैं आज आपकी निर्वाण भूमि पर खड़ा हूँ। जैन शास्त्रों में उल्लेख है कि आपके निर्वाण के बाद चक्रवर्ती भरत ने इसी कैलाश-अष्टापद पर रत्न-सुवर्णमय भव्य जिनालयों का निर्माण कराया था। उस घटना को हजारों साल बीत गये। प्रभो, आपकी गोद में स्थित वे मंदिर आज दिखाई नहीं देते। क्या हिमाच्छादित हो गये? उसके बाद भगवान महावीर द्वारा इस भूमि की महिमा जानकर गणधर गौतम अपने विद्या-बल से यहाँ आये और आपकी वंदना की। इस घटना को भी ढाई हजार वर्ष बीत गये। इसके बाद इतने लम्बे अन्तराल में किसी भी जैन मुनि की कैलाश यात्रा का उल्लेख नहीं मिलता। प्रभो ढाई हजार वर्षों के बाद मेरे जैसे साधारण जैन मुनि को कैलाश-अष्टापद मानसरोवर यात्रा का यह अवसर प्रदान कर आपने हजारों वर्षों के इतिहास में प्रथम जैन मुनि के रूप में जो मेरा गौरव बढ़ाया, उसके लिए में आपके समक्ष मन, काया, वचन से नतमस्तक हूँ।' और मुनि जी प्रणाम की मुद्रा में बैठ गये।

थोड़ी देर में हवन-पूजन की तैयारियाँ पूरी हो गयीं। वैदिक मंत्रों की मधुर ध्वनि। भगवान शिव को प्रसन्न करने के लिए रुद्राभिषेक, हवन और आरती हुई। श्री कैलाश पति की प्रार्थना के स्वर गूँज उठे।

अब जैन मंत्रों के उच्चार के साथ भगवान ऋषभदेव की वन्दना प्रारम्भ हुई। सहज प्राकृतिक स्तम्भ के सहारे जैन ध्वज लहराया गया। वातावरण में मुनि जी की वाणी से उच्चरित श्लोक गुंजायमान होने लगे–

णमो अरिहंताणं

णमो सिद्धाणं...

और फिर आदिनाथ भगवान की आरती के साथ पूजा-विधि सम्पन्न हुई। लन्दन से आए श्री धीरज भाई, पुनीता बेन शाह के आरती के स्वर देर तक कानों में बसे रहे।

भारतीय संस्कृति के उद्गम-स्थल कैलाश अष्टापद शिखर पर वैदिक और श्रमण धारा का अद्भुत गंगा-जमुनी मिलन था। 'ऊँ नमः शिवाय' के स्वरों में ईश-वंदना से धरती-आकाश गूँज उठे। कैलाश पर्वत पर यह जय नाद दुगुने वेग से मुखर हो उठा था। जैसे हृदय की गहराइयों से निकले इस भक्तिनाद से भगवान शिव और भगवान ऋषभदेव की अंतश्चेतना प्रसन्न हो गयी। तभी तो कुछ देर में भगवान कैलाश अधरों पर मुस्कान और कर कमलों में आशीर्वाद लिए अपने विराट रूप में प्रकट हुए। प्रभु की अनिर्वचनीय करुणा से सारे तीर्थयात्री रोमांचित। गद्गद हृदय से भाव-विभोर हो उठे, जैसे समाधि के अनुभव में उतर आये हों।

मुनि जी की भाव-दशा शब्दों से परे थी। उनकी मुँदी आँखों में कभी भगवान शिव और कभी भगवान ऋषभ देव विद्युत की चमक की तरह प्रकाशित हो रहे थे। समाधि के क्षणों में निःशब्द प्रणाम-मुद्रा में मुनि जी ने प्रभु-चरणों में अपने भाव-सुमन अर्पित किए।

हवन-पूजन के बाद सबने साथ-साथ प्रसाद का आनन्द लिया। हिमाच्छादित पवित्र पर्वतमाला के परिवेश से दूर होने का किसी का मन नहीं था। दिनभर उसी की गोद में विचरते रहे। भगवान कैलाश जैसे अपना पूरा समय भक्तों के साथ बिताने प्रसन्न मुद्रा में प्रकट हुए हों। दिनभर सभी तीर्थयात्री कैलाश के दर्शन करके अपने नयनों, हृदय और आत्मा को तृप्त करते रहे। साँझ ढले सब मानसरोवर लौट आये। मुनि जी और कुछ अन्य तीर्थयात्री परमार्थ निकेतन, हरिद्वार के स्वामी चिदानंद सरस्वती के मार्गदर्शन में बने अतिथि भवन में ठहरे थे। मुनि जी अपने कमरे में पहुँचे तो दिनभर का तृप्ति-भाव जैसे कलम में उतर आया।

अनायास कई मुक्तकों की रचना हो गयी—

सत्यं और सुन्दरं शिव का जो निवास है,
ऋषभदेव की तपोभूमि निर्वाण-वास है
दसों दिशाओं में बिखरी है जहाँ दिव्यता
अष्टापद-कैलाश विश्व का चिदाकाश है।

X X X

अमल धवल यह शिखर सनातन श्वेताम्बर है,
है आधार दिगम्बर शाश्वत शिव-शंकर है,
ऐसा ही है दृश्य सामने इन आँखों के
अम्बर में धरती है, धरती में अम्बर है।

x x x

हिम-आच्छादित शिखर स्वयं शाश्वत मंदिर है,
देवों का अधिवास यहाँ इसके अन्दर है,
जैसी श्रद्धा, उनके पाएँ पावन दर्शन,
जो अरूप के विविध रूप सत् शिव-सुन्दर है।

सोलह जुलाई को कैलाश-मानसरोवर से विदाई के क्षण आ गये। भीतर दिव्य अनुभव समेटे मुनि जी अन्य तीर्थयात्रियों के साथ वापस हो लिए। अठारह जुलाई को पड़ाव था चीन का सीमांत शहर नयालम्। अगले दिन नयालम् से काठमांडू के लिए रवाना हुए। इस मार्ग की प्राकृतिक सुषमा सबका मन मोह रही थी। हिम-पर्वतों से कल-कल कर बहने वाली जल धाराएँ जगह-जगह झरनों के रूप में प्रकट हो रही थीं। सैकड़ों फीट की ऊँचाई से कदम-कदम पर कल-कल नाद करते झरनों की शोभा देखते ही बनती थी। शाम तक सब काठमांडू पहुँच गये।

अगले दिन सुबह-सुबह मुनि जी के विश्राम कक्ष में आठ बजे फोन की घंटी बज उठी। फोन मुनि जी के साथ गये बालक सौरभ ने उठाया। मुनि जी उस समय कुछ पढ़ रहे थे।

'गुरुदेव जी, विराट नगर से सुपारस सिंघी जी का फोन है।' सौरभ ने मुनि जी को बताया।

'हाँ, हेलो...' मुनि जी ने कहा तो दूसरी तरफ से सुपारस ने निवेदन किया— 'आज का दिन आपके हाथ में है। आपका एक दिन के लिए सत्संग हो जाय, समाज की इच्छा है।'

समाज की भावना को ध्यान में रखते हुए मुनि जी ने हामी भर दी। डेढ़ घंटे बाद मुनि जी विराट-नगर में थे। विराट नगर प्रवास की अट्ठाइस वर्ष पहले की यादें ताजा हो आयीं। मुनि जी के अचानक आगमन से सबको सुखद आश्चर्य हुआ। जैन-अजैन समाज के लोग मुनि जी के दर्शन को आये। मुनि जी सोच रहे थे कि बरसों पहले और आज में लोगों के श्रद्धा-भाव में तनिक भी अन्तर नहीं आया था। दोपहर का प्रवचन मुनि जी के गृहस्थ आश्रम के सबसे बड़े भाई श्री शुभकरण सिंघी के आवास पर हुआ।

वही बड़े भाई शुभकरण, जिन्होंने मुनि जी की दीक्षा न हो पाए, इसके लिए एड़ी-चोटी का जोर लगाया था। लेकिन आज वे अपने उसी छोटे भाई के संत के रूप में दर्शन करके स्वयं को धन्य मान रहे थे। उनके आवास पर प्रवचन कार्यक्रम से भाईश्री व भाभीश्री की वर्षों की इच्छा फलवती हुई। दिनभर की व्यस्तता। शाम को मुनि जी फिर अपने काफिले के बीच वाग्मती नदी के तट पर पहुँच गये। आरती के बाद यात्रा में सम्मिलित संतों का नेपाल समाज की ओर से विशेष सम्मान किया गया।

इक्कीस जुलाई को काफिला दिल्ली एयरपोर्ट पहुँचा सब अपनी-अपनी दिनचर्या में संलग्न हो गये। मानव मंदिर आश्रम में बच्चे और अन्य साध्वियाँ और भक्तजन मुनि जी की प्रतीक्षा कर रहे थे। जल्दी ही प्रतीक्षा समाप्त हुई।

मुनि जी जैन इतिहास में एक नया अध्याय जोड़कर वापस मानव मंदिर आ गये थे।

X X X

मानव मंदिर में संध्या अपनी एक खास अदा से आती है। मुख्य द्वार की ओर पश्चिम में डूबता सूरज देखना अपने आप में एक अनूठा अनुभव होता है। अपने कक्ष के बाहर बरामदे में बैठे मुनि जी देर तक मुख्य द्वार पर लोहे के सरियों के वितान पर फैली हरी-भरी सफेद फूलों की बेल को निहारते रहे। फिर सहसा उनकी नजर डूबते सूरज पर पड़ी। शायर की गजल का एक शेर याद हो आया—

चढ़ते सूरज को लोग जल देंगे।
जब ढलेगा तो मुड़ के चल देंगे।।

सच है कि सभी चढ़ते सूरज को सलाम करते हैं। लेकिन विरले पुरुष ही ढलते सूरज को श्रद्धा-सुमन अर्पित करते हैं। तिल-तिल ढलते सूरज को मुनि जी देर तक देखते रहे। पूर्ण सूर्यास्त के बाद प्रणाम करके पुनः अपने स्थान पर बैठ गये। पीछे से कोयल के स्वर मंद पवन के साथ ताल मिला रहे थे। मानव मंदिर के तमाम पेड़-पौधे तालियाँ बजाकर जैसे कीर्तन कर रहे थे। मुनि जी गहन मंथन में खोए हुए थे,

उन्हें आज दिन की घटना याद आ रही थी। एक सार्वजनिक कार्यक्रम में मुनि जी को कई लोगों ने आचार्य रूपचन्द्र जी महाराज कह कर संबोधित किया। उन्हें अपने नाम के साथ आचार्य शब्द अटपटा लगा था। लेकिन बाईस सितंबर, उन्नीस सौ निन्यानवे को मानव मंदिर में मुनि जी के जन्म-दिन पर आयोजित साध्वी संघ का नेतृत्व करते हुए साध्वी मंजुलाश्री जी ने कहा था 'हे, गुरुदेव, आज हम सब आपको आचार्य के रूप में अभिवादन करते हैं। इस पद के अधिकारी तो आप बरसों से हैं, लेकिन हम

सबकी कामना है कि अब हम आपको आचार्य के रूप संबोधित करें। हमें विश्वास है आप हमारे निवेदन को स्वीकार करेंगे।' इसके साथ ही मानव मंदिर के ध्यान कक्ष में उपस्थित सौ से ज्यादा श्रद्धालुओं ने करबद्ध खड़े होकर साध्वी मंजुलाश्री के स्वर में स्वर मिलाते हुए कहा- 'आचार्यश्री रूपचन्द्र जी महाराज की जय, आचार्यश्री रूपचन्द्र जी महाराज की जय, आचार्यश्री रूपचन्द्र जी महाराज की जय... ।' मुनि जी अनपेक्षित इन स्वरों को सुनकर हैरान हुए। फिर हाथ जोड़कर स्वीकार करने के अलावा कोई विकल्प नहीं था। तब से सब लोगों ने मुनि जी के नाम के साथ आचार्य लिखना और बोलना शुरू कर दिया, लेकिन मुनि जी को यह भारी-भरकम शब्द अपने नाम के साथ जुड़ना भाया नहीं। वे 'मुनि' शब्द के साथ हल्के-फुल्के रहना चाहते थे। इसलिए जब भी कोई 'आचार्य' संज्ञा से उन्हें संबोधित करता तो उन्हें अटपटा जरूर लगता। 'आचार्य' शब्द के साथ गुरु होने का भाव; प्रशासक/व्यवस्थापक होने का भाव जुड़ा रहता है, मुनि जी स्वयं को 'मुनि' के रूप में फक्कड़ संत के रूप में ज्यादा सहज महसूस करते। संत और 'आचार्य' शब्द को अपने सन्दर्भ में तोलते हुए मुनि जी को आधा घंटा बीत गया। सूर्य पूरी तरह क्षितिज में अस्त हो चला, शाम ढल गयी थी। संध्या वंदन के लिए संत-साध्वियाँ और आश्रम में रहने वाले बच्चे बाहर मुनि जी के पास एकत्रित हो गये। गुरु-वंदना व ईश वंदना के स्वर मानव मंदिर के आँगन में तैरने लगे। रोज ही देर रात तक इन स्वरों की अनुगूँज आसपास के निर्जन, शान्त वातावरण में महसूस की जा सकती है। यह मानव-मंदिर का नियम है, ऐसे ही सुसंस्कार लेकर यहाँ पलने वाले बेसहारा बच्चे जब बाहर जाते हैं, तो सबसे अलग दिखाई देते हैं। धीरे-धीरे रात्रि अपने चरण बढ़ा रही थी। सभी अपने-अपने कक्षों में जा चुके थे। मुनि जी भी अपने कक्ष में आये और जप-पाठ प्रारम्भ करने के बाद ध्यान में लीन हो गये।

X X X

मानव मंदिर में मुनि जी के पास अक्सर जिज्ञासु भक्तों, साहित्य-प्रेमियों का ताँता लगा ही रहता। कोई अपनी व्यक्तिगत परेशानी लेकर आता तो कोई अपनी तमाम जिज्ञासाओं की पोटली मुनि जी के सामने खोल देता। मुनि जी की वाणी सुन उन्हें परेशानियों के बीच सांत्वना मिलती हौसला भी मिलता और जिज्ञासु मनों को असीम तृप्ति। सभी अपनी झोली भरकर लौटते। मुनि जी के पास ऐसी ही एक जिज्ञासु मंजु बाई जैन अक्सर आती रहतीं। मानव मंदिर से उनका नाता बहुत पुराना रहा। यहाँ पर रहने वाले बेसहारा बच्चों के लालन-पालन और शिक्षा में उनका बड़ा हाथ रहा। न कोई अहं भाव, न ऊँचे मिजाज। श्रद्धानत मंजु बाई हमेशा मुनि जी के सामने बस अपनी

जिज्ञासाओं का पिटारा खोले रहतीं। उनकी मधुर वाणी से प्रश्न भी मोती की तरह झरते।

उतरते नवम्बर में हल्की गुनगुनी धूप में मुनि जी मानव मंदिर के आँगन में बैठे थे। मंजु बाई का आना हुआ। प्रणाम करके मुनि जी के सामने बिछी चटाई पर हमेशा की तरह उन्होंने आसन जमा लिया। बातों ही बातों में चर्चा मुनि जी की विदेश-यात्राओं और वहाँ उनके प्रभाव की ओर मुड़ चली।

'गुरुदेव आप इतने देशों में इतनी बार जा चुके हैं, कहते हैं पश्चिम में धर्म और धर्मगुरुओं के प्रति लोगों का रुझान बढ़ रहा है। इस बात में कितना सत्य है? आपके पास तो इसके प्रत्यक्ष अनुभव हैं।' मंजु बाई जी ने प्रश्न किया। उत्तर में मुनि जी बोले–

'पश्चिम के लोग भौतिकता से अब उकता गये लगते हैं, इसलिए उस चरम का तोड़ उन्हें आध्यात्मिकता में नजर आने लगा है। मैं आपको बताऊँ, यही कारण है कि वे भारत की ओर इस सन्दर्भ में बड़े श्रद्धा-भाव से देखते हैं। आप देखिए न 'इस्कॉन' के जरिये कितने विदेशी लोग कृष्ण-भक्ति से जुड़े। हरे-कृष्णा, हरे कृष्णा, हरे राम, हरे राम का जाप करते, भारतीय परिधान धोती-कुर्त्ता पहने, शिखा धारण किए दिखाई देते हैं। एक-एक करके विदेशों में बन रहे भव्य मंदिर इसका प्रमाण हैं। भारत की आध्यात्मिक विरासत उनके भीतर जिज्ञासा पैदा करती है। यहाँ का दर्शन उन्हें आकर्षित करता है।'

इससे पहले कि मंजु बाई और कोई प्रश्न करती उनके लिए प्रसाद रूप में दो प्लेटों में नाश्ता और गर्म दूध आ गया था। गुनगुनी धूप में गुनगुना दूध और साध्वी मंजुलाश्री की ममत्व भरा आदेश–

'मंजु बाई जी पहले ये सब आपको लेना होगा। फिर आगे की बात।'

'जी, महाराज। आपकी बात कैसे टाल सकते हैं।' और मंजु बाई ने झटपट नमकीन की दो-चार फंकी मारने के बाद दूध पी लिया। उन्हें मुनि जी से चर्चा में रस आ रहा था। मुनि जी ऐसे फुर्सत के क्षणों में कम ही मिलते हैं। शीघ्र ही मुनि जी की ओर श्रद्धा-भाव से देखते हुए वे कुछ और पूछतीं, इससे पहले खुद वे ही बोल पड़े–

'मुखवस्त्रिका को लेकर कई बार विचित्र-सी स्थितियाँ पैदा हो गयीं। सन् तिरानवे में मैं लंदन प्रवास में था। वहाँ प्रवचन अक्सर शाम को हुआ करते थे। एक बार रात को प्रवचन से लौट रहा था। श्री पुरुषोत्तम गोयल जी कार चला रहे थे। कार अपनी रफ्तार से दौड़ रही थी कि बीस मिनट बाद कार को कमांडोज ने घेर लिया। गाड़ी रुकवाई और पुरुषोत्तम गोयल जी को हथकड़ी पहना दी। कारण पूछने पर कमांडोज ने बताया कि हमें सूचना मिली थी कि आप किसी को किडनैप करके ले जा रहे हैं। असल में मेरी मुखपट्टी देखकर किसी को भ्रम हो गया कि मेरा अपहरण किया जा रहा है। मुँह बाँध दिया है। उसने गनमैन को खबर कर दी। उन दिनों यू.के. में आयरिश आतंकवाद

जोरों पर था। जब मैंने कमांडोज को खुद अपना परिचय दिया और मुखपट्टी बाँधने का कारण बताया तब कहीं जा कर उन्होंने पुरुषोत्तम जी की हथकड़ियाँ खोलीं। मुझे विनम्र लहजे में हिदायत दी कि मैं सड़क पर निकलते समय मुखपट्टी नहीं पहनूँ। इससे भ्रम फैल सकता है।'

मंजु बाई बड़ी मगन होकर मुनि जी की बात सुन रही थीं– 'महाराज, उसके बाद तो फिर ऐसी कोई घटना नहीं घटी होगी?'

'अरे! नहीं। एक बार न्यूयॉर्क में एक टोल पोस्ट पर हमारी कार रुकी। वहाँ खड़े सुरक्षाकर्मी ने जाँच के दौरान उतारा। कार के ड्राइवर से तमाम पूछताछ करने लगा। उसने बताया, समझाया लेकिन वह नहीं माना। वह सुरक्षाकर्मी खासा भारी-भरकम था। उसकी तोंद अलग ही नजर आ रही थी और वह लगातार बोलता जा रहा था। आखिर मैंने अपना परिचय दिया तो वह बोला, 'आपने मुँह को ऐसे क्यों ढँक रखा है?'

मैं धीरे से मुस्कुराया, जिसे वह देख नहीं सका और बोला– 'इट इज ए साइलैंट मैसेज दैट वी मस्ट टॉक लैस एंड ईट लैस' मेरी बात सुनकर वह बोला, 'आपका इशारा मेरी तोंद की तरफ है।' और फिर वह हँसने लगा। मैंने कहा– 'जैसा आप समझें।' फिर मैंने अहिंसा व्रत की बात बताई।'

मुनि जी के चेहरे पर आयी मुस्कान उस घटना की प्रामाणिकता सिद्ध कर रही थी। मंजु बाई जैन से बातचीत करते मुनि जी एक बार मानस-यात्रा पर विदेश निकल चुके थे। मंजु बाई ने अगला प्रश्न किया– 'गुरुदेव आपकी अनेक धर्म गुरुओं और आध्यात्मिक पुरुषों से भेंट होती रहती है। पश्चिम में पादरियों की भारतीय अध्यात्म के बारे में क्या सोच है?'

'इस बात से एक घटना याद आयी। सन् पिच्चानवे की बात है ... फादर डोनल के प्रीस्टहुड की पचासवीं वर्षगाँठ पर सर्वधर्म प्रार्थना सभा का आयोजन किया गया था। प्रार्थना के बाद भोजन आदि की व्यवस्था थी। भोजन के बाद मैंने देखा कि चर्च के सदस्यों के साथ वाइन का प्याला हाथ में लिए फादर भी डांस कर रहे हैं। डांस करते-करते वे मेरे पास आये और एक प्याला वाइन ऑफर करने लगे। मैंने मना किया तो वे यूँ ही पूछ बैठे– 'ईस्ट और वेस्ट में मुख्य अन्तर क्या है?' मैंने हँसते हुए उत्तर दिया– 'आपके समारोह 'वाइन' से जुड़े होते हैं और हमारे समारोह 'डिवाइन' से जुड़े होते हैं।' मेरा उत्तर सुनकर पादरी थोड़ा झेंपे और फिर डांस करने लगे।'

'गुरुदेव जी आपने बहुत अच्छे ढंग से ईस्ट और वेस्ट का फर्क बता दिया सिर्फ दो शब्दों में। 'वाइन' और 'डिवाइन'।' मुनि जी की हाजिर जवाबी पर मंजु बाई को गर्व हुआ।

'ऐसे ही लंदन में सन् सत्तानवे में एक विद्वान पादरी से धर्म-दर्शन पर लम्बी चर्चा चली। तब मैंने कहा कि 'वी आर इम्मोर्टल यू आर मोर्टल' क्योंकि पूर्व में मान्यता है कि हम शरीर नहीं, आत्मा हैं। और आत्मा अमर है। जबकि आपके यहाँ तो आत्मा की अवधारणा ही नहीं है। तब अमरत्व की बात क्या की जाय।' मुनि जी ने न जाने ऐसी कितनी बातों से पश्चिमी समाज में भारत की अच्छी साख बनाई। मंजु बाई के जरिये कुछ-कुछ बातें सामने आ रही थीं।

'महाराज, क्या पश्चिम का वैज्ञानिक समाज भारतीय दर्शन में आस्था रखता है?' मंजु बाई किसी शोधकर्त्ता की तरह मुनि जी से प्रश्न करती जा रही थीं। मानो नचिकेता उनमें आ बसे हों।

सहसा मुनि जी का मानस अमेरिका के नासा अंतरिक्ष केन्द्र में जा पहुँचा। बात सन् सत्तानवे की है। पूरा अंतरिक्ष केन्द्र दिखाने के बाद वैज्ञानिक मुनि जी को एक विशाल पारदर्शी ग्लास हाउस के सामने ले गये और बोले– 'यह वो कमरा है, जहाँ से अंतरिक्ष को नियंत्रित किया जाता है।' मुनि जी सहसा पूछ बैठे– 'मस्तिष्क को नियंत्रित करने वाला आपका कमरा कहाँ है?'

इस अचानक आये प्रश्न पर वैज्ञानिक दो पल ठहरे। फिर बोले– 'वह भारत में है, क्योंकि भारत के पास समृद्ध आध्यात्मिक विरासत है।' 'लोगों के मन में पश्चिम का बहुत आकर्षण है। विशेष रूप से युवा पीढ़ी के मन में। आपकी नजर में पश्चिम...?' मंजु बाई ने जिज्ञासु भाव से पूछा।

मुनि जी ने उत्तर में अपने दो मुक्तक सुना दिए जो पहली विदेश यात्रा से लौटने के बाद लिखे थे–

'पराया देश चाहे कितना ही विशेष होता है
लेकिन हमारे लिए वो सिर्फ विदेश होता है
माटी की महक नहीं मिलती है कंचन में
अपना देश आखिर अपना ही देश होता है

आपके प्रश्न के उत्तर में एक और मुक्तक–

डॉलर है सुख-सुविधाएँ हैं, लेकिन वो मस्ती नहीं है
सभी जगह मिल जाए मस्ती, इतनी तो सस्ती नहीं है
माना हमने नाव फँसी है राजनीति के भँवर जाल में
किन्तु डूब जाय दरिया में ऐसी वो किश्ती नहीं है'

'कहाँ राम, महावीर कहाँ, है बुद्ध कहाँ नानक, गाँधी
इनके सम्मुख खड़ी हो सके, पश्चिम में हस्ती नहीं है
साझे रिश्ते, साझे मेले, सांझी खुशियाँ, साझे आँसू
कहीं देख लें, इस धरती पर, भारत-सी बस्ती नहीं है'

बातों का सिलसिला लम्बा चल निकला था। चार बज गये थे। मुनि जी विश्राम करना चाहते थे। थोड़े विश्राम के बाद आहार। सर्दियों में सूरज जल्दी ढल जाता है। मंजु बाई ने श्रद्धा से झुक कर मुनि जी के चरणों में प्रणाम किया। उन्हें अपने घर नोएडा पहुँचकर शाम के खाने की व्यवस्था देखनी थी।

X X X

मुनि जी की विद्वत्ता, धार्मिक संस्कारों और सकारात्मक ऊर्जा के कारण देश-विदेश के हजारों-लाखों लोगों की अटूट श्रद्धा उनके साथ जुड़ गयी। पूरब से पश्चिम तक उनकी ऊर्जा के प्रकाश से ज्योतित हो चला था। ज्योति की यात्रा अनन्त है, यह ज्योति मुनि जी के भीतर निरन्तर प्रवहमान रही। हिमगिरि के उत्तुंग शिखर से सागर की अनन्त लहरों तक-इसका विस्तार कहाँ नहीं। सागर की लहरें उन्हें बार-बार आमंत्रण दे रही थीं। ऐसा ही आमंत्रण स्वामी विवेकानंद को मिला था और वे कन्याकुमारी पहुँचे थे बंगाल की खाड़ी, हिन्द महासागर और प्रशान्त महासागर के संगम स्थल पर। मुनि जी को विवेकानंद स्मारक बुला रहा था। सागर की उत्ताल तरंगें बुला रही थीं। सागर में दूर क्षितिज में उगता सूरज बुला रहा था। आखिर कन्याकुमारी जाने का प्रसंग बन ही गया!

प्रकृति का सान्निध्य और अध्यात्म व शान्ति का वातावरण दोनों के लिए विवेकानंदपुरम् से अधिक उपयुक्त स्थान क्या हो सकता है? मुनि जी ने कन्याकुमारी प्रवास के दौरान वहीं ठहरने की बात सोची। विवेकानंदपुरम् के निदेशक और जीवनव्रती वासुदेव जी से पहले ही बात हो चुकी थी। मुनि जी के कन्याकुमारी प्रवास की बात सुन कर वे गद्‌गद थे। मुनि जी सीधे विवेकानंदपुरम् पहुँचे। भोर का सुरम्य वातावरण! कुहू-कुहू... कोयल की मीठी-मीठी तान, पंछियों का कलरव और पंख फैला, नृत्य मुद्रा में स्वागत करता मोर, रस की मटकियाँ अपने सिर पर उठाए हवा के झोंकों के साथ झूमते नारियल और पाम के वृक्ष ऐसे झूम रहे थे मानो समुद्र की लहरों का सन्देश लेकर आयी हवा ने इन्हें गुदगुदा दिया हो। सामने स्वामी विवेकानंद के चित्र पर मुनि जी की दृष्टि टिक गयी। नीचे लिखा था, 'उठो, जागो और लक्ष्य-प्राप्ति तक रुको नहीं।' देर तक यही वाक्य मानस में घुमड़ता रहा। उनके कदम स्वागत कक्ष की ओर बढ़ रहे थे, तभी श्वेत कुर्ता-पायजामाधारी एक सज्जन उनके सामने आये। हाथ जोड़कर पूछा—'आप आचार्य रूपचन्द्र जी हैं ना?'

'वासुदेव जी, वासुदेव जी...' मुनि जी बोले। दोनों ने एक-दूसरे को पहचान लिया। हालाँकि पहले कभी दोनों की साक्षात् भेंट नहीं हुई थी। वासुदेव जी ने तो मुनि जी को श्वेत वस्त्रों और मुख वस्त्रिका से पहचाना था और मुनि जी ने वासुदेव जी के प्रश्न से।

'आचार्य जी, आपके लिए कुटिया की व्यवस्था हो गयी है। आइए चलें।'

नारियल और पाम वृक्षों की कतारें पार करते हुए दोनों कुटिया की ओर बढ़ चले। दो मिनट बाद मुनि जी कुटिया में थे। वासुदेव जी ने उन से विदा ली।

मुनि जी के मानस को स्वामी विवेकानंद का सन्देश अभी भी मथ रहा था– 'उठो, जागो और लक्ष्य पाने तक रुको नहीं...' लक्ष्य! लक्ष्य! लक्ष्य! क्या है जीवन का लक्ष्य? जाग तो वे तेरह साल की उम्र में ही गये थे और एक अनन्त-यात्रा पर चलना भी शुरू कर दिया था। वे सोचने लगे कि 'जितना चला हूँ, लगता है हर बार एक नयी पगडंडी खुल जाती है। मुनि जी पूरे दिन कुटिया में ही रहे। खिड़कियों का परदा हटा दिया था। लग रहा था जैसे पूरी प्रकृति कुटिया में समा गयी हो। नाचते, झूमते, झूलते वृक्ष खिड़कियों से दिखाई दे रहे थे। कोयल और दूसरे पक्षियों के स्वर और समुद्री हवा की रफ्तार और शोर, सबका अनुभव कुटिया में ही किया जा सकता था।

सूरज ढलने के बाद मुनि जी कुटिया से बाहर निकले। बाहर खासी चहल-पहल थी। वे स्वागत-कक्ष पहुँचे। स्वागताधिकारी से विवेकानंदपुरम् की छोटी-सी पुस्तिका ली, दो मिनट के लिए सरसरी नज़र डाली और फिर आगे निकल पड़े। बुक स्टॉल पर जिज्ञासुओं की खासी भीड़ थी। हस्तकला केन्द्र, ग्रंथागार के सामने से गुजरते हुए वे केन्द्र के संस्थापक एकनाथ रानाडे की समाधि पर पहुँचे। कुछ देर वहाँ रुके। जिज्ञासु भाव से उनके कदम बढ़ते गये। सामने फिर 'अराइज अवेक' शब्द दिखाई दिए तो ठिठक गये। 'यह स्वामी जी के जीवन पर आधारित चित्र प्रदर्शनी है, पास से गुजर रहे एक युवक ने बताया।

मुनि जी प्रदर्शनी सभागार में भीतर गये। स्वामी जी का जीवन-काल चित्रों के माध्यम से सामने था। भगवा चोले में शिला पर ध्यानमुद्रा में स्वामी जी के चित्र के नीचे लिखे हुए शब्द वे पढ़ने लगे– 'शिला के पवित्र एवं महत्त्व के कारण ही स्वामी विवेकानंद ने परिव्राजक अवस्था में इस दर्शनीय स्थान पर ध्यान किया। धनाभाव में भी उनकी इच्छा इतनी तीव्र थी कि शिला तक पहुँचने का दूसरा कोई उपाय न पाकर उन्होंने अथाह समुद्र में छलाँग लगा दी और प्रचंड लहरों को चीर कर ढाई फर्लांग की दूरी तैर कर पार की। वहाँ उन्होंने तीन-दिन 25, 26, 27 दिसम्बर, 1892 को ध्यान किया।'

मुनि जी ने अगले दिन उस पवित्र शिला के दर्शन का निश्चय किया, जिस पर साधना के बाद स्वामी विवेकानंद की भारत पुनरुत्थान यात्रा में एक नया मोड़ आया था।

जब हम पाथेय छोड़ अमर्यादित आचरण करने लगते हैं तो तमाम व्यवस्थाएँ चरमराने लगती हैं। यह सोचते हुए मुनि जी शान्त भाव से देर तक लहरों का मन पढ़ने की कोशिश करते रहे।

सूरज अपनी पूरी आभा के साथ पूरब में दमकने लगा था। मुनि जी ने खड़े होकर बाल सूर्य को प्रणाम किया। पीछे देखा तट पर से भीड़ छँटने लगी थी। मुनि जी भी लौटने को तैयार हो गये। तट पर तीन अलग-अलग रंगों का रेत साफ दिखाई दे रहा था। तीन सागरों– बंगाल की खाड़ी, हिन्द महासागर और प्रशान्त महासागर– से आने वाली लहरें अपने साथ अलग-अलग रंग की रेत ले आयी थीं। मुनि जी नीचे झुके, एक हथेली में काला रेत लिया और दूसरी में लाल। रेत के साथ उनकी हथेली में एक-दो सीप भी आ गये थे। वे उन्हें बड़े गौर से देख रहे थे कि तभी अपने पूरे वेग के साथ ललकारती हुई लहरें आयीं और मुनि जी के पाँवों को धोती हुई उनके नीचे का रेत अपने साथ बहा ले गयीं। पाँव अपनी जगह पर ही दो इंच नीचे धँस गये। मुनि जी ने अपनी दोनों हथेलियों का रेत लहरों को अर्पित किया और द्वार की ओर बढ़ चले। सात बजने वाले थे। यानी द्वार बन्द होने का समय।

कुटिया की ओर बढ़ते हुए उन्होंने बाईं ओर दृष्टि डाली– सूरज की रोशनी में कन्याकुमारी शहर सोने जैसा दमक रहा था। मंदिरों के ऊँचे शिखर, चर्च की शिखा पर चमकते क्रॉस–सब स्वर्णिम आभा से पूरित थे। पक्षी विहार में दो मोर पंख फैलाए झूम-झूम कर नाच रहे थे। कुटिया तक पहुँचते-पहुँचते चार-पाँच मोर-मोरनियों ने मुनि जी को अपनी तरह से प्रणाम निवेदित किया।

दिन में कुटिया में बैठे मुनि जी अपने सुबह के अनुभव को लिपिबद्ध करते रहे। शाम को चार बजे के लगभग विवेकानंद शिला स्मारक की ओर रवाना हुए। विवेकानंदपुरम से डेढ़ किलोमीटर की दूरी उन्होंने पैदल ही तय की। देवी कन्याकुमारी मंदिर से आगे स्मारक के लिए जाने का रास्ता अपने आप ही पता लग गया। हजारों की संख्या में लोग वहाँ जाने के लिए टिकट की लाइन में खड़े थे। मुनि जी आगे बढ़े। तट पर पहुँचे। सामने विवेकानंद शिला स्मारक और संत तिरुवल्लुवर की प्रतिमा दिखाई दे रही थी। लेकिन वहां तक फेरी से ही पहुँचा जा सकता था। स्मारक और तट के बीच थी लगभग एक किलोमीटर की दूरी और इस दूरी को दिन-रात नापती समुद्र की हहराती लहरें।

दूर से तट की ओर आती हुई फेरी को देखते हुए मुनि जी सोच रहे थे, जिस पछाड़ खाते समुद्र की हहराती लहरों को फेरी का लौह निर्मित वज्र शरीर बलपूर्वक चीर कर ही आगे बढ़ पाता है, उसे स्वामी विवेकानंद जैसे युवा संन्यासी ने तैर कर पार किया था। कहा जाता है कि उस समय यहाँ के सागर में शार्क मछलियाँ विहार करती थीं। स्वामी जी के पास किराए के पैसे नहीं थे कि वे नौका से शिला तक पहुँचते। उनके

मन में माँ कन्याकुमारी के चरण दर्शन की कैसी दुर्दम्य इच्छा रही होगी कि उन्होंने उफनती लहरों में छलाँग लगा दी। और उन्हीं लहरों के बीच शिला पर बैठ कर तीन दिन तक साधना की। तब आज जैसा भव्य स्मारक नहीं था। यह तो सन् 1971 में वर्तमान रूप में सामने आया।

प्रतीक्षा समाप्त हुई, फेरी एक झटके से तट पर लगी। सौ के लगभग लोग हाथ में लाइफ जैकेट लिये निकले और उतने ही लोग लाइफ जैकेट के साथ फेरी में चढ़ने लगे। हिचकोले खाती हुई, घर्र-घर्र की आवाज के साथ फेरी शिला की ओर बढ़ रही थी। पन्द्रह मिनट में वह विवेकानंद शिला स्मारक के तट से जा लगी। मुनि जी सीढ़याँ चढ़ते हुए समतल स्थान पर पहुँचे। उन्होंने देखा, दाईं ओर स्थित मंदिर में माँ कन्याकुमारी के चरण चिह्न विराजमान हैं और दायीं ओर विवेकानंद मंडपम्। कई सीढ़ियाँ चढ़ते हुए वे मंडपम् के भीतर पहुँचे। यही है वह पवित्र स्थान जहाँ स्वामी जी ने साधना की थी। काले ग्रेनाइट पत्थर से बना पूरा मंडपम् मधुर कविता जैसा लग रहा था। मुनि जी सोच रहे थे शिल्पकारों ने कितनी कुशलता से इसके स्तंभों पर वृषभ, सिंह और वृक्ष आदि को उकेरा है। स्मारक के ही एक कर्मचारी ने बताया कि यह पूरा मंडप एक ही पत्थर से बनाया गया है। मंडप के चारों स्तंभों के बीच स्वामी विवेकानंद की विशाल कांस्य प्रतिमा के सम्मुख मुनि जी हाथ जोड़कर खड़े हो गये। क्षण भर बाद वातावरण में 'ओम् अर्हम ... ओम् अर्हम' की ध्वनि गूँजने लगी। वहाँ उपस्थित सभी श्रद्धालुओं ने मुनि जी के स्वर में स्वर मिलाया। कुछ देर में ओम् अर्हम का स्वर सागर की लहरों और हवाओं में विलीन हो गया। मुनि जी मंडपम् के पीछे की ओर आ गये।

जहां तक नजर जाती वहाँ सागर ही सागर था– महासागर। लहरें इतनी तेजी से शिला स्मारक से टकरा रही थीं कि फुहारें पच्चीस-तीस फीट ऊपर तक आकर सबको आनन्द रस में भिगो रही थीं। हवा अपनी तूफानी गति का अहसास कराने में कोई कोर-कसर नहीं छोड़ रही थी। तेज हवा में पाँव टिकाना मुश्किल था। मुनि जी की श्वेत चादर हवा के झोंकों की गति बता रही थी। वे वहीं एक सीढ़ी पर बैठ गये। दृष्टि सामने क्षितिज पर टिकी थी। क्षितिज को लेकर सुबह से उनके मन में तमाम प्रश्न उठ रहे थे। उन्होंने कागज-कलम हाथ में लिया और लिखने लगे– 'क्षितिज सिर्फ भ्रम है या सत्य? दरअसल क्षितिज एक अन्तहीन सिलसिला है। यह प्रकृति की अनन्त यात्रा का एक प्रतीक है। हम सभी इस अनन्त यात्रा के पथिक हैं। लगता है अभी तक जितना चला हूँ, क्षितिज पर क्षितिज खुलते जा रहे हैं। लेकिन अब तक की यात्रा में इतना अवश्य जान पाया हूँ कि कोई भी क्षितिज कहीं मिलने वाला नहीं। किन्तु चलना हमारा धर्म है। इन लहरों को देखो, चल ही तो रही हैं अनन्त-अनादि काल से। कभी शान्त चलती हैं, कभी तूफानी वेग से। कभी गरजती हैं, कभी विलाप करती हैं। चट्टानों से

टकराती हैं लेकिन बिखरती नहीं। हर बार भीतर चट्टानी ताकत जुटा फिर चल पड़ती हैं अनन्त यात्रा पर...' मुनि जी आगे कुछ और लिखते तभी हवा का तेज झोंका आया। इस बार हवा के कन्धों पर सवार लहरों ने उचक कर मुनि जी को छू लेना चाहा। ठीक वैसे ही जैसे पेड़ की ऊँची डाली को छूने की जिद करते बच्चे को पिता कन्धे पर बिठा कर पेड़ के नीचे ले जाय और वह उचक-उचक कर डाल छूने की कोशिश करे। लहरें मुनि जी को छू तो नही पाईं लेकिन असंख्य नन्ही-नन्ही बूँदें इन्द्रधनुषी रंगों में चारों ओर छा गयीं। इस दैवीय अनुभूति को जब तक वे आत्मसात् करते, उनके हाथ का लिखा कागज हवा के रथ पर सवार हो गया। और देखते ही देखते लहरों के साथ अनन्त यात्रा पर चल पड़ा, धरती का ओर-छोर नापने। मुनि जी अवाक् रह गये। उनकी श्वेत चादर आकाश की ओर पसरी बाँहों में नौका के पाल-सी फड़फड़ा रही थी। पृथ्वी, आकाश, पाताल सब एकाकार थे। सहसा वातावरण में संत कबीर की पंक्ति उभरी– उड़ जाएगा... उड़ जाएगा... हंस अकेला... हंस अकेला।

□□□